생명평화포럼 20년(2004~2025년) 백서

— 생명평화기독연대에서 생명평화포럼으로

생명평화기독연대에서
생명평화포럼으로

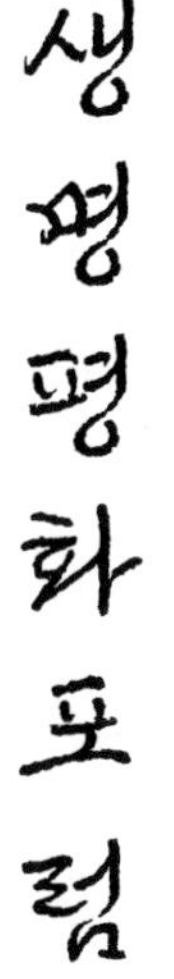

생명평화포럼

20년

[2004~
2025년]

백서

생평 20주년 백서편찬위원회 지음
생명평화포럼 엮음

iworkbook
아이워크북

생명평화포럼 20주년 기념 백서 발간사

정세일
생명평화포럼 상임대표

생명평화포럼이 첫 백서를 세상에 내놓습니다.

생명평화포럼은 지난 20년 동안 생명과 평화라는 변함없는 가치를 중심에 두고, 인천이라는 지역에서 시민들과 함께 걸어왔습니다. 이 백서는 그 시간의 기록이자, 우리가 왜 이 길을 선택했고 어떻게 지켜왔는지를 되돌아보는 성찰의 결과물입니다.

이 백서가 생명평화포럼의 실천과 활동 기록을 정리한 책이지만, 지역과 현장에서 함께한 시민들의 생명과 평화를 향한 마음과 연대가 어떻게 축적되어왔는지를 담아 지역에 공감되고 공유되는 공동의 기억이길 바라는 소망도 담았습니다.

생명평화포럼은 사회적 약자와 소외된 이웃과 함께하며 화해와 환대를 실천하려 노력해 왔습니다.

2004년 생명평화기독연대 창립 취지대로 예수의 가르침에 따라 생명과 평화의 가치를 가장 소중히 여기며, 권력자와 가진 자의 횡포와 탐욕에 맞서 약자와 소수자 그리고 가난한 자와 애통하는 자를 감싸고, 동시에 구조적 모순을 혁파하여 공의를 추구하는 결사공동체를 지향해 왔습니다. 이웃 종교와 이방인에 대한 배움과 이해를 통해 진정한 화해와 환대를 실천하려고 노력해 왔습니다. 지역의 교회들과 함께 '고난받는 이웃과 함께하는 연합예배'를 성탄절과 부활절에 현장을 찾아 예배함으로 약자와 소수자 그리고 소외된 자를 위로하고 불평등에 저항하며 교회가 사회 구조적 문제에 관심을 갖도록 촉구해 왔습니다.

2019년 생명평화포럼을 인천광역시에 비영리단체로 등록하여 세상에 문을 좀 더 활짝 열고 사회의 깊은 속으로 들어가 현장에서 연대하며 구체적 활동과 적극적 개입을 통해 목소리를 내고 있습니다.

이러한 역할과 활동은 2025년 인천NCC의 출범에 일익을 감당했고, 인천NCC의 기독교사회 운동에 생명평화포럼은 연대하며 함께 이어갈 것입니다.

생명평화포럼은 '생명평화기독연대'로 첫발을 뗀 이래 꾸준함으로 한 길을 걸어왔습니다. '생명평화기독연대'의 출범부터 '생명평화포럼'의 지금까지 지난 20년은 사회와 환경의 격한 변화와 우리가 마주한 거친 도전으로 결코 평탄한 시간이 아니었습니다만 견뎌내고 여기까지 왔습니다.

IMF 경제 제재 이후 우리 사회에 '세계화'라는 온화한 얼굴로 등장한 신자유주의는 성장과 개발, 경쟁과 효율, 적자생존과 강자독식, 기계적 공정과 글로벌 스탠다드 그리고 든든한 안보가 덕목이고 최우선 과제였습니다. 이들 과제는 생명, 평화, 정의 등의 절대적 가치와의 갈등을 증폭시켰습니다. 이러한 상황에서도 절대적 가치를 주제로 매달 약속된 포럼을 진행하여 이제 218회차에 이르러 지역사회의 소중한 포럼으로 자리를 잡았습니다. 이는 단순히 지식을 나누는 모임을 넘어, 지역의 활동가들에게 공론의 장을 제공함은 물론 우리 모두가 지치지 않도록 버팀목으로서 역할을 해야 한다는 사명감으로 버텨온 결과입니다.

생명평화포럼은 책상에만 머물지 않고 지역과 현장에서 행동과 연대를 실천해 왔습니다. 계양산에 골프장을 지으려는 재벌의 횡포에 맞서는 인천 시민의 '계양산 지키기' 투쟁에 지역사회와 연대하며 힘을 한껏 보탰고, 이명박의 '한반도 대운하 계획'과 '4대강 사업' 추진에 맞서 동암역 북광장에서 한반도 대운하 및 4대강 사업 반대 촛불 기도회를 지속적으로 주관하여 시민사회 집회에 불씨를 집혔습니다. 촛불 기도회에 참여한 진보적 시민사회는 이를 계기로 '집회와 서명전의 동암역 북광장 시대'를 열게 되었고 생명평화기독연대의 연대가 더 넓게 발현된 것이라고 평가해 주었습니다.

생명평화포럼은 인천의 정체성을 '평화도시 인천'로 재정립하는 역할을 감당해 왔습니다.
인천은 오랫동안 '상륙작전의 도시', '분쟁의 서해'라는 군사적 이미지가 강했습니다. 게다가 2010년 연평도 포격 사건으로 안보와 보복의 분위가 지역을 덮을 때 생명평화포럼은 "평화가 밥이며 생명이다", "평화가 풍어를 부른다"고 끊임없이 목소리를 냈으며, 전쟁과 분쟁의 상흔을 기리는 방식에서 한 걸음 나아가 서해 평화수역 설정이나 한강 하구 생태 보존과 같은 미래 지향적 의제를 포럼을 통해 끊임없이 던졌습니다. '평화도시 인천'이 국제도시 인천의 미래를 위한 이미지에 걸맞다는 주장도 게을리하지 않았습니다.

생명평화포럼은 한반도의 정전 체제를 종전 체제, 나아가 평화 체제로의 전환을 위해 노력해 왔습니다.

생명평화포럼은 매년 휴전협정일인 7월 27일에 '7.27 한강하구 평화의 배띄우기' 행사를 지역의 시민사회와 연대하여 20년째 추진해 오고 있습니다. 이 행사는 정전협정 제1조 5항을 근거로 한강 하구의 민간 선박의 항행 권리를 주장하며, 지역 차원에서 남북 대화와 교류의 물꼬를 트기 위한 사업입니다. 현재 남북이 만나기 위해 남측이 통과해야 하는 DMZ를 휴전협정을 근거로 유엔사가 가로막고 있는 상황에서 같은 휴전협정문에 한강 하구는 유엔사가 통제할 수 없는 수역으로 명시하여 사실상 중립 수역임을 고려할 때 꽉 막힌 남북의 대화와 교류에 숨통을 틔울 수 있는 바늘구멍이라는 점에서 '한강하구 평화의 배띄우기' 사업의 미래 가치를 가늠해 봅니다.

이제, 지난 20년을 기억하며 생명과 평화가 꽃을 피우는 희년을 향해 갑니다.

지난 20년을 다시 정리해 돌아보면, 개발과 성장이라는 이름 아래 생명의 가치가 흔들렸고, 평화보다는 갈등과 혐오가 일상이 되었으며, 경쟁과 차별 그리고 불평등으로 지역 공동체는 점점 약화되어 붕괴 직전에 와 있습니다. 이러한 현실 속에서 생명평화포럼은 크고 화려한 성과보다 작지만 지속적인 실천을 선택해 왔습니다. 생명의 존엄을 이야기하고, 평화의 언어를 잃지 않으며, 지역에 뿌리를 두고 시민들과 함께 고민하고 화해와 환대를 실천하려 노력하며 연대하는 길을 꾸준히 걸어왔음에 자부심을 갖습니다.

이 백서에는 포럼의 이름으로 남은 활동뿐 아니라, 기록되지 않은 활동과 이름 없이 헌신해 주신 수많은 시민, 회원, 활동가, 후원자 그리고 연대 단체들의 시간이 고스란히 담겨 있습니다. 그분들의 참여와 연대가 없었다면 오늘의 생명평화포럼도 존재할 수 없었을 것입니다. 이 자리를 빌려 깊은 감사의 마음을 전합니다.

지금 우리는 또 다른 전환의 시기에 서 있습니다. 기후 위기, 전쟁과 폭력, 혐오와 차별 그리고 민주주의의 위기는 생명과 평화의 가치를 다시 근본적으로 묻고 있습니다. 이러한 시대적 과제 앞에서 생명평화포럼은 지난 20년의 성찰 위에 새로운 30년을 더해 모든 것이 회복되어 평화와 생명이 꽃피는 희년을 준비해야 합니다. 더 낮은 자리에서, 더 많은 시민과 함께, 지역을 넘어 생명과 평화의 가치를 확장하는 역할을 감당하고자 합니다.

이 백서는 끝이 아니라 새로운 출발점입니다.

기록된 역사를 넘어, 앞으로 써 내려갈 이야기를 시민 여러분과 함께 만들어 가고자 합니다. 생명평화포럼의 다음 30년도 생명과 평화를 향한 흔들림 없는 걸음으로 이어질 수 있도록, 변함없는 관심과 연대를 부탁드립니다.

끝으로 이 백서를 위하여 애쓰신 백서위원회와 도서출판 동연(아이워크북) 그리고 김영호 대표께 각별한 고마움을 표합니다.

감사합니다.

2026년 1월

축하의 글

생명평화포럼 20년 백서 출간을 축하하며

박종렬 목사
생평 초대 공동대표

생명평화기독연대로부터 시작하여 생명평화포럼으로 이어온 20년의 역사를 담은 백서의 출간을 축하드립니다.

20년 전으로 돌아가 이 단체의 탄생과 끈질긴 활동의 면면을 돌아보면서 생명과 평화를 향한 우리들의 열정을 다시금 일깨우게 됩니다.

생명평화기독연대를 만들 때 초기의 고민은 민주화운동과 노동, 빈민 선교에 참여했던 기독인들의 사회참여의 길을 만들어가는 것이었습니다. 특히 목회자들이 참여보다 평신도들의 참여가 있는 단체를 통해 기독인들의 올바른 신앙적 자세를 구현하려는 것이었습니다. 그래서 EYC 출신 기독인들과 함께하려 하였습니다. 그리고 교회 안 다니고 있는 분들은 이제 교회도 나가게 하면서 진정 기독인들의 사회단체를 만들자는 의욕을 가졌습니다. 이런 의욕은 초기부터 쉽지 않았고, 지금도 그리 녹록지는 않은 것임을 생각합니다.

그래도 그런 바람이 만든 교회가 있으니, 인천평화교회가 그런 데가 아닌가 생각해 봅니다.

윤인중, 백영민, 정한식, 이민우, 저 박종렬, 이렇게 이민우의 태안 옛 고향집에 가서 일박을 하면서 "생명과 평화로 이끄시는 예수님의 뒤를 따라 지역사회에서 평화, 통일, 환경, 복지운동을 실천하는 것을 목적"으로 하는 생명평화기독연대를 만들자고 다짐했던 것이 기억이 납니다.

그래서 초기에는 기독인의 올바른 신앙 자세를 갖추기 위한 '민중신학의 재정립을 위한 강좌'가 많았습니다. 그 당시 평신도 신학자 정강길의 신학 강좌는 매우 인기 있었고, 우리의 신앙의 자세를 세우는 힘이 되었습니다. 이런 것들이 기초가 되어 평화통일운동, 환경운동 등의 사회참여에 올바른 방향을 제시하는 '생명평화포럼'이 제자리를 잡게 된 것이라 여겨집니다.

지금도 이어지는 '한강하구 평화의 배 띄우기운동'도 있었고, '계양산 지키기' 투쟁으로 윤인중 목사의 계양산 소나무숲 고공 시위, 이런 활동은 잊지 못할 기억들입니다.

그럼에도 불구하고 그동안은 여전히 목회자가 앞장서서 이끄는 운동이었던 것 아닌가 생각이 됩니다.

2010년 총회에서 정세일 공동대표가 참여하면서부터 김영호 공동대표와 함께 평신도가 주도하는 사회단체로 제대로 나아가게 된 것이라는 느낌이 듭니다.

또한 생명평화기독연대에서 '생명평화포럼'으로 정관도 새로 만들고, '생명평화의 기치를 지향하는 민주시민공동체를 실천하는 것을 목적'으로 발족하여 나아가고 있는 모습이 더욱 돋보입니다.

EYC 출신 기독청년들이었던 분들(정세일, 김영호, 임병구)이 주축이 되어 나아가며, 김광성, 윤미경 님 등이 공동대표로 참여하고, 운영위원장으로 손인수 님이 함께하며 나아가는 모습에 생평 고문으로서 뿌듯한 마음으로 축원을 보냅니다.

과거의 자료를 잘 정리해 두었던 이상선 목사(전 운영위원장), 이광민 사무국장, 정한성 목사, 이진권 목사 등의 기록 정리가 큰 도움이 되었다고 알고 있습니다. 특별히 이 복잡난해하고 어려운 자료들을 정리하고 편집하고, 또 디자인까지 진두지휘하여 만들어 낸 김영호 공동대표(도서출판 동연 대표)의 덕분에 생명평화포럼의 백서가 드디어 나올 수 있게 된 것을 진심으로 축하드립니다.

축하의 글

생명평화포럼 20주년 기념 백서 발간을 축하하며

이진 목사
인천NCC(기독교교회협의회) 상임회장

2004년 "생명평화기독연대"로 출범해서 "생명평화포럼"으로 자리 잡기까지 지난 20년간 포럼이나 세미나 형식의 모임을 지속하기 힘들고 열악한 인천 지역에서 200회가 넘는 강연회와 토론 문화를 정착시킨 모든 분께 먼저 축하드립니다.

저는 출범 당시 2004년부터 2019년까지 인천을 떠나서 서울(4년)과 충북 옥천(11년)에서 목회를 하고 있었습니다. 그런데 어느 날 메일과 문자를 통해서 생명평화기독연대의 출범을 알리고, 모임이 있을 때마다 15년 동안 변함없이 소식을 전해 준 분이 있습니다. 정세일 대표였습니다. 정세일 대표는 어린 시절 같은 교회를 다니며 자랐고, EYC 활동도 했고, 인천교회 장로가 되셨고, 모임 장소도 대체로 인천교회로 되어 있어서 인천교회 중심으로 뜻있는 분들이 만든 모임으로만 여기며, '정세일 장로가 참 애를 쓰고 있네'하며 멀리서 응원하고 격려만 했습니다. 그런데 2020년 인천에서 다시 목회하게 되면서 알아보니 엄청난 일을 한 것임을 알게 되었습니다. 저도 인천에서 1980년대 중반부터 인천 NCC 목회자 인권위원회와 목요회 활동을 했었는데, 결코 쉬운 일이 아니거든요. 그런데 정세일 대표가 흔들림 없이 포럼을 지킴으로 함께하는 분들의 저변이 확대되고 오늘에 이르게 된 것 같습니다. 물론 혼자의 힘으로 되는 것은 아니지요.

생명과 평화를 주제로 하는 모임의 뜻에 동참한 분들의 의지가 모여서 오늘에 이른 줄 압니다. 저도 늦게 동참하게 되었지만 2023년 이후로 제 일정표에 중요한 일정의 하나가 되었습니다.

그리고 저에게는 무엇보다도 중요하게 여기는 일이 있었습니다. 1980년 중반에 결성된 인천 NCC 목회자 인권위원회가 2000년대 초반까지 지속되면서 교회 개혁과 사회 개혁에 앞장을 섰는데 저도 서울로 가게 되면서 어느날 사라져 버렸습니다. 제 탓인 듯하여 인천에 돌아온 후 재결성을 시도해 보았지만 모두 불가능해 포기 직전이었습니다.

그러다가 2024년 말쯤에 모인 포럼에 갔는데 그날 여러 교단의 목사님들과 장로님들께서 모인 것을 보고 목회자들만이 아닌 평신도들과 함께하는 인천 NCC를 만드는 것이 바람직하다고 여겨서 몇 분과 의논을 했더니 모두 흔쾌히 동의해 주셨습니다. 그래서 "생명평화포럼"의 회원 중에서 목회자는 김도진 목사(감리교, 인천산선), 김영철 목사(예장, 부평광장 이사장), 이진 목사(기장, 선민교회) 그리고 평신도 대표로 정세일 장로(기장, 인천교회)와 최근 장로가 되신 임병구 장로(기장, 인천 평화교회) 이렇게 5인이 모여서 인천 NCC(인천기독교교회 협의회를 2025년 6월 29일 창립)를 결성할 수 있게 된 것입니다. "생명평화포럼"이 없었다면 결코 일어날 수 없는 일이 덕분에 생기게 된 것입니다. 저는 개인적으로 포럼 덕분에 소원 성취도 했지만, 이것은 개인의 성취가 아니라 극우의 길로 가는 인천 기독교를 살리는 일의 초석을 생명평화포럼이 마련했기에 반드시 백서의 한 부분에 기록되어야 할 중요한 사건입니다.

또한, 생명과 평화는 지구촌에 사는 인류 모두에게 중요한 과제이며, 특별히 80년을 넘어 분단된 땅에서 사는 우리 민족과 바다와 강, 육지가 북한과 마주 보며 지내야 하는 인천은 모든 것이 우리의 문제입니다. 새 정부가 들어섰으니 이제는 이전보다 더 구체적으로 활동하며, 기후 위기 시대에 생명을 지키고 살리는 일에 앞장서고 한반도를 위시한 모든 분쟁 지역에 평화가 오도록 솔선수범하는 포럼이 되기를 바랍니다.

끝으로 지난 20년간 헌신적으로 이 자리를 펼쳐주신 임원들과 함께 동행하며 20년 자리를 지켜 주신 모든 회원께 하나님의 은혜가 가득하시기 바랍니다.

축하의 글

생평포럼 20주년을 축하드리며

이민우 이사장
사)인천민주화운동계승사업회

1980년 5월 17일에 전두환 신군부는 계엄을 전국으로 확대하고 학생운동 지도자, 민주화운동 지도자, 정치지도자 등을 강제 연행하여 검거하고 광주에 공수부대를 침투시켜 광주를 피로 물들이고, 5.18민주항쟁을 촉발시켜 많은 시민이 희생자되는 공포정치의 시대를 만들어 민주주의가 압살당하는 암흑의 시대를 지나 1987년 6월항쟁, 7.8월 노동자대투쟁의 시기를 지나며 민주주의 시대가 도래하게 되었습니다.

87년의 투쟁의 결과 현재까지 헌정체제인 제6공화국의 헌법에 의한 민주주의 체제가 형성되어 90년대에는 그야말로 시민운동 시대가 도래하여 인천에도 수많은 시민단체가 만들어지고 활동하면서 시민운동의 르레상스 시대가 탄생하게 되었습니다.

유신 시대와 전두환 군부독재 시절에 온갖 탄압을 뚫고 그 시대의 아픔에 고난을 받으며 치열하게 활동했던 산업선교, 인권선교운동 등 활동했던 기독교운동은 오히려 후퇴하고 일반 시민운동의 시대가 된 것입니다.

인천에서 이러한 침체된 기독교 운동을 일으키고자 '생명평화기독연대'라는 기독교 운동체를 2004년에 조직하여 활동하게 되었습니다.

전쟁과 폭력을 반대하고 민족의 분열 대립을 넘어 평화와 통일을 지향하며 환경과 복지운동을 실천하는 것을 목표로 삼았습니다.

기독교에 대한 사회적 신뢰가 낮아지고 있는 현실에 대한 우려를 표시하며 목회자와 평신도들이 함께 지혜를 모아 사회의 빛과 소금의 역할을 다짐하며 창립하였습니다.

그래서 초기 공동대표제로 하여 목회자를 대표하여 박종렬 목사님이, 평신도를 대표한다고 하여 저 이민우가 맡아서 활동하게 되었습니다,

운영위원장에는 윤인중 목사님이 맡아서 활동하여 초창기에 맹렬한 활동을 하게 되었다. 출범 전 2004년 3월부터 월례강좌를 열어 환경과 평화통일, 민중신학, 교회개혁 등을 주체로 하여 기독교 운동의 방향성을 토론하는 '생명평화포럼'을 개최해 왔습니다.

이라크 파병 반대 등 반전평화 운동에 참여하고, 한강하구 평화의 배띄우기 행사, 무기장난감 바꿔주기 행사, 친환경농산물 직거래 사업 등의 행사를 벌였습니다.

2006년 1월 총회에서는 신학 선언을 통해 "가부장적 기독교 역사를 반성하고 상호 평등하며, 민주적 소통구조로서 수평적 기독교공동체를 지향한다"고 발표하였습니다.

이러한 초기 지향을 그대로 하고 지금까지 20여 년을 지속적으로 활동하는 모습은 너무나 감사하며 감개무량합니다.

특히 생명평화포럼을 지속하여 시대적 과제와 상황, 투쟁의 방향을 제시하는 등 시대 상황에 부응한 활동을 지속하는 것은 대단히 중요하다고 생각하게 됩니다.

지금에 활동을 이끌고 있는 생명평화포럼의 활동가 여러분들께 진심으로 감사의 인사를 합니다.

앞으로도 시대의 소명과 부르심에 충실하실 여러분께 감사하며 축하의 인사를 드립니다.

축하의 글

생명평화포럼 20주년을 축하드립니다

박찬대 국회의원
전 생명평화포럼 운영위원

생명평화포럼 식구 여러분, 반갑습니다. 같은 곳을 바라보며 함께 걸어온 동지로서 인사드립니다. 더불어민주당 국회의원 박찬대입니다.

드디어 우리 포럼의 역사를 꾹꾹 눌러 담은 '20주년 백서'가 세상에 나왔습니다. 정말 가슴 벅찬 일입니다. 진심으로 축하드립니다.

우리 포럼이 2004년 '생명평화기독연대'로 첫 깃발을 올린 지 어느덧 20년이 흘렀습니다. 저 또한 그 역사의 한가운데인 2013년부터 합류해, 지난 13년간 여러분과 함께 생명과 평화의 길을 걸어왔습니다. 포럼의 일원으로 함께 머리를 맞대고 치열하게 고민했던 시간들이 지금 제가 흔들리지 않고 정치를 할 수 있게 해주는 가장 단단한 '뿌리'입니다.

강산이 두 번 변하는 동안 우리는 쉼 없이 달려왔지만, 세상은 여전히 우리의 손길을 필요로 합니다. 날로 심해지는 불평등, 위태로운 기후 환경, 그리고 위기에 처한 민주주의까지. 지금이야말로 우리가 지켜온 '생명'과 '평화'의 정신이 그 어느 때보다 절실한 순간입니다.

오늘 발간된 이 백서가 기록을 넘어, 이 혼란한 시대를 헤쳐 나가는 우리의 '나침반'이 되어주리라 믿습니다. 저 박찬대도 언제나 여러분 곁에서, 변함없는 동지로 끝까지 함께 걸어가겠습니다.

다시 한번 백서 발간을 축하드리며, 회원 여러분 가정마다 생명과 평화의 은총이 가득하기를 기도합니다.

감사합니다.

머리말

공간과 시간의 변증, '장소' 그리고 생평 20년 백서

"장소의 미학"이라는 말이 있습니다. 지난 20년의 역사를 한 권의 백서로 재구성하면서 머릿속에 떠오른 화두입니다.

인기 다큐멘터리 <건축탐구, 집>을 보면 "집은 그 사람을 닮았다"는 말이 자주 나옵니다. 다시 말하면 집은 그 주인(사람)의 정체성을 담고 있다고 할 수 있습니다. 장소의 미학이란 그런 의미입니다. 집이 그 주인의 가치관을 담아내듯, 우리 단체가 머물렀던 공간들 역시 '생명평화기독연대'(이하 생평연대)의 정체성을 고스란히 품고 있었습니다. "사람은 장소를 만들고, 장소는 사람을 만든다"는 윈스턴 처칠의 명언을 빌려, 그 '장소'들을 통해 생평의 20년을 되짚어보고자 합니다.

먼저, 태동과 공동체성이 형성된 2004년 시기로, 동암역 사무실 시절입니다. 생평연대가 시작하면서 동암역 인근 6평 남짓한 사무실을 임대하면서 시민단체로서의 틀을 갖추었습니다. 거의 매주 정례적인 공부 모임과 포럼을 열었고, 정기총회나 큰 강연이 있을 때면 소성교회로 이동해 고인이 되신 홍세화 선생이나 오강남 교수, 김조년 선생과의 만남을 갖고는 했습니다. 이 시기는 공동체성이 강하게 작동했습니다. 생평연대의 주체가 되는 인물들이 서로 수년에서 수십 년까지 알고, 또 같은 길(민중교회운동)을 걷던 사람들이라 당연히 그렇기도 했습니다.

그리고 계양동 새봄교회 시절로 이어집니다. 영성과 행동의 결합이 이루어진 곳이라 할 수 있습니다. 2009년, 이진권 목사가 운영위원장을 맡으며 활동의 중심은 계양동 새봄교회로 옮겨갔습니다. 이곳은 계양산 골프장 반대 시위 등 현장의 '행동'과 기도학교·영성수련회 등

깊이 있는 '영성' 프로그램이 조화를 이룬 시기였습니다. 치열한 현장과 고요한 아카데미가 공존하며 생평의 활동 지평을 넓혔습니다.

2011년 하반기, 인천 전역에서 접근성이 높은 간석동의 인천교회(기장)에서 새로운 장을 열게 되었습니다. 포럼 대상이 넓어지고, 포럼의 주제나 강사도 더 다양화되었으며, 이에 따라 참석 인원도 늘었습니다. 2011년 하반기에 세 차례에 걸쳐 복지 문제를 다룬 것이 그 사례라 할 것입니다. 이후에도 선거, 전쟁과 평화, 먹거리, 인천 등을 소재로 강연을 이어 갔고, 특히 7차례에 걸친 '종교 간 대화' 시리즈는 인천 지역 기독교를 대표하는 연대 기구로서의 위상을 확립해 주었습니다. 생평연대 초창기에 계양산골프장 반대 시위와 소나무 위 고공 농성으로부터 꾸준히 진행해왔던 행동의 날은 이제 동암역으로 옮겨 사안마다 촛불기도회와 1인시위 등으로 계속해 갔습니다.

2017년 3월부터 포럼 장소가 인천교회에서 부평아트센터로 옮겼습니다. 기독교를 넘어 한국 사회와 정치 문제를 본격적으로 다루기 위해 교회라는 장소에서 대중적인 장소를 선택한 것입니다. 2017년 종교개혁 500주년을 맞아 우리 사회에 절실한 적폐 청산-사회개혁을 위해 한 해 동안 언론개혁, 정치개혁, 종교개혁 등 개혁을 주제로 다루었습니다.

2018년은 평화를 주제로 삼았습니다. 북한 핵과 노래 속 평화나 신자유주의 등 다양한 방면에서 평화를 탐구했습니다.

2019년, '생명평화포럼'이라는 비영리민간단체로 등록하며 조직의 변화를 꾀했습니다. 특히 공공사업을 하기 위해서도 필수불가결한 일이었습니다. 그해 20여 년간 지켜온 '엄숙한 총회'를 '동암 바보주막'에서 축제처럼 치른 것은 상징적인 사건이었습니다. 이런 취지는 2020년에도 이어져 갔습니다.

2020년부터 3년간의 기나긴 코로나 팬데믹이 전 세계를 황폐화하는 와중에도 포럼은 빠뜨리지 않고 이어갔습니다. 여전히 대사회적 주제로 총선, 촛불, 한반도의 문제를 다루었고, 특히 인천시에서 선정된 "인천시민 평화강좌"를 6차례에 걸쳐 진행했습니다.

2021년, 드디어 "여행인문학 도서관 '길 위의 꿈'"이라는 꿈의 장소에서, 이제 우리는 전환과 개방의 시대를 열었습니다. 이곳 대표이자 생평 공동대표인 김광성 회원의 배려로 이곳에 둥지를 틀게 되었습니다. 넓고, 층고 높은 탁 트인 도서관이라는 공간의 개방성은 참여자들의 마음까지 열어주었습니다. 매달 40~50여 명의 청중이 모여 한완상, 이수호, 변상옥, 김누리,

김준형, 조희연 등 비교적 널리 알려진 인물들과 시의성이 있는 주제의 강사들을 모셨고, 세대공감, 청년정치 등을 주제로 여러 강사와 패널이 함께 토론하는 광경도 생겼습니다. 화제의 중심에 있던 인물과 당대 석학들과 자유롭게 토론하면서 포럼은 그 어느 때보다 역동적으로 확장되었습니다.

이렇게 '장소'들을 통해 20년을 돌아보며 과거와 현재를 대비하면서 되짚어 보니, 역설적으로 장소에 지배당하지 않는 주체가 되길 바라는 마음이 들었습니다.

공간의 확장이 우리에게 준 혜택과 확장성은 매우 긍정적인 일입니다. 그러나 한편으로는 우려도 남습니다. 장소가 넓어지고 다중(多衆)의 목소리가 커지면서, 생평의 세 축이었던 '포럼', '실천적 운동', '종교성' 중 '포럼'이 절대적 위치로 가면서 내면의 탐구를 뜻하는 '종교성'이 어느덧 희미해진 것은 아닌가 하는 점입니다.

장소에 지배당하면 주체는 공허해지기 마련입니다. 인간이 장소의 주인이 되어야 합니다. 20주년을 맞는 지금, 우리는 공간이 주는 안락함 너머로 생명평화포럼의 초심인 세 축의 균형을 다시금 바로잡아야 할 것입니다.

마지막으로, 독자 여러분께 백서를 편집하며 느낀 소회와 당부를 전하고자 합니다.

본래 백서란 기록자의 주관이 개입된 서술보다는, 사실에 기반한 자료의 집합체입니다. 독자가 스스로 느끼고 판단할 수 있도록 그 바탕이 되는 근거들을 최대한 건조하게 제시하는 것이 이번 백서의 지향이자 백서 편집의 일차적인 목적이었습니다.

이를 위해 가장 핵심적인 매체로 '총회 회의록'을 활용했습니다. 지난 20년간 성실하게 축적된 회의록을 살피며, 이 기록을 남기기 위해 수고하신 분들의 얼굴이 갈피마다 떠올랐습니다. 그 정성이 없었다면 이번 백서 발간은 불가능했을 것입니다.

물론 방대한 역사만큼이나 아쉬움도 남습니다. 첫째, 230차가 넘는 운영위원회 회의록을 모두 싣지 못했습니다. 이를 다 담으면 지나치게 방대해질 우려가 있기 때문입니다. 둘째, 총회준비위원회(총준위)를 비롯한 상반기 평가회, 리더십 트레이닝(L.T.), 회원 워크숍(M.T.) 등의 자료가 달라진 점입니다. 과거 1박 2일간 치열하게 정체성과 방향성을 논했던 기록들은 경탄을 자아내기 충분했습니다. 그러나 어느 시점부터 그런 모임들은 자취를 감추고, 총준위

모임은 현안 처리에 급급할 정도로 축소되고, 이에 따라 기록도 간소화된 점은 우리가 돌아봐야 할 대목입니다. 한 해를 돌아보고 새해를 설계하는 장이 되어야 할 총준위의 운영과 기록 보존의 중요성을 다시금 되새기게 됩니다. 여기에 덧붙여 매년 상반기를 돌아보며 옷매무시를 가다듬어 하반기를 준비하던 "상반기 평가 워크숍"도 어느샌가 슬그머니 좀 더 편한 '기행'의 형태로 바뀐 것을 발견할 수 있었습니다.

시각 자료인 화보는 두 갈래로 나누어 90쪽에 걸쳐 구성했습니다. 그 둘은 '포럼 화보'(포스터 및 사진)와 '행사 활동 사진'입니다. 다만 90회차 이전에는 포스터 기록이 없었고, 특히 초창기 사진이 많이 부족하여 현장을 재구성하는 데 큰 어려움을 겪었습니다.

마지막으로, 회원들의 글을 통해 역사의 빈틈을 메우려 했던 시도는 의도의 30% 정도밖에 달성하지 못해 못내 아쉽습니다. 집담회 자료 역시 내용이 산만하고 해독이 난해하여 요약문으로 대체하게 되었고, 2차 집담회도 모이지 못해 집담회를 통해 생평을 시작하게 된 동기와 초기의 일들을 들어보려던 시도가 안타깝게도 어긋났습니다.

이 20주년 백서가 나오기까지 도움을 주신 모든 분께 감사드립니다. 특별히 귀한 자료를 성의껏 모아 제공해 주고, 또 정리해 주신 이상선 전 운영위원장/공동대표와 김성만 운영위원께 깊은 감사를 전합니다.

이 책 속에 담긴 담백한 기록들 사이에서 여러분은 분명 생명평화의 숨결을 발견하시게 될 것입니다. 생평포럼에 애정을 가진 분들이라면 어느 페이지든 찬찬히, 혹은 부분적으로라도 살펴봐 주시기를 기대합니다.

2026. 1. 16.

백서 편집자/공동대표 김영호

차 례

제1부

생명평화포럼이 걸어온 길

I. 생명평화포럼 연혁

2003년 11월 17일 첫 준비모임 이후 12차에 걸친 준비 모임, 창립을 구체화하는 준비 회의를 8차에 걸쳐 진행하다.

2004년 3월 25일 1차 포럼. 단체 구성과 방향성에 대한 논의를 구체화하기 위해 생명과 평화 신학에 관련된 포럼을 진행. 단체의 정체성을 구체화하고, 회원 조직과 수련의 의미가 깊은 사업. 생명평화, 민중신학, 교회개혁을 다루었음.

2004년 1월 12일 4차 준비모임에서 단체명을 "생명평화기독연대"(약칭: 생평)로 명명함.

2004년 3월 25일 "평화운동과 그리스도인의 역할"(강사: 조정현)을 시작으로 매월 월례 포럼을 동암역 사무실에서 개최하다. 포럼은 생명평화기독연대가 출범한 이후에도 포럼을 이어 나감.

2004년 6월 10일 1차 성경공부. 기독운동 단체로서 말씀에 뿌리를 두고 생명과 평화의 사회적 실천 활동을 전개하고자 하는 열린 모임이다.

2004년 10월 10일 창립총회(소성교회) 2024년 10월 10일(일) 오후 4시 소성교회에서 개최. 공동대표: 박종렬 목사, 이민우 선생, 운영위원장: 윤인중 목사, 감사: 김상목, 김상곤 선출(회원 26명, 후원회원 11명). 이어 창립예배 드림.

2004년 10월 18일 인천 시민사회단체연대, 기독교사회선교연대회의 회원단체로 가입

2006년 11월 소식지로서 회보 발간

2006년 10월 26일부터 12월 20 155일 동안 본회 운영위원장인 윤인중 목사가 계양산 골프장 반대 고공 시위를 했음. 생평연대는 지속적으로 계양산 롯데골프장 건립에 반대운동을 해왔고, 이후에도 인천시에서 전면 보류가 될 때까지 계속 이어 갔다.

2007년 1월부터 "한강 하구 평화의 배 띄우기"에 대해 집중 논의

2007년 12월 고난받는 이웃 성탄예배 개최. 성탄예배를 회원들과 후원교회인 남섬, 새봄, 예본, 평화교회가 참가하여 음악예배를 드림(헌금 50만원은 부당해고투쟁을 전개하고 있는 콜트악기 노동조합에 지원). 이후 매년 공동개최함.

2010년 6월부터 동암역 촛불기도회를 시작함. 매월 행동의 날을 정하고, '4대강의 생명, 평화를 위한 촛불기도회'를 동암역 북광장에서 진행함. 이후 간헐적으로 부평역에서도

했고, 국정교과서, 한미 FTA, 세월호 등 사안마다 동암역 북광장에서 함께 예배를 드렸고, 2020년 코로나-19 시기에는 1인시위로 이어가기도 함.

포럼 장소 변경

2010년 1월부터 　동암역 사무실을 새봄교회로 옮김에 따라 기존 동암역 사무실에서 개최해 오던 포럼 장소를 계양구 새봄교회에서 변경하여 개최하다.

2012년부터 　새봄교회에서 개최해 오던 포럼 장소를 대중 접근성을 위해 변경하여 인천교회로 옮기다.

2017년 3월부터 　인천교회에서 개최해 오던 포럼을 매월 대관 신청하여 부평아트센터 세미나실로 장소를 옮기다.

2022년부터 　부평아트센터 세미나실에서 해오던 포럼을 김광성 대표(본회 운영위원)가 운영하는 "여행인문학 도서관 길위의 꿈"에서 개최하다.

2019년 1월 10일 　"생명평화포럼"으로 개칭. 제15차 정기총회에서 "안건 4. 비영리민간단체 신청안"으로 "생평의 변화와 발전을 위해 '비영리민간단체' 등록을 준비하여 2019년에 인천시에 그 신청을 진행한다"를 의결하다.

이에 따라 이상선 운영위원장을 중심으로 준비하여 2019년 9월 18일 인천시로부터 "생명평화포럼" 비영리민간단체 등록증 발급 받음. 이어 2019년 10월 4일 남인천세무서로부터 "생명평화포럼" 고유번호증 발급 받음.

이와 더불어 원래 회칙에 있던 상임대표를 선출하기로 결의하다(상임대표: 정세일)

주요 포럼

100차 포럼 　2014/2/16 제목 "길, 현장에게 희망을 묻다" 박형규, 조화순 두 분 목사님 모시고 인천교회 본당에서 200여 명이 참석하여 다양한 행사를 했음.

115차 포럼 　박근혜 정부 시절, 〈광복 70년, 분단 70년〉 기념 "사악한 시대를 향한 원로학자의 경종" 제하로 국사편찬위원장을 지내신 이만열 선생님을 모시고 포럼 개최

200차 포럼 　생평 20주년을 겸하여 행사와 함께 "팍스아메리카나의 몰락과 대한민국의 선택", 김준형 교수(전 국립외교원장) 포럼 개최

2025년 12월 4일 　218차 생평포럼 "우리의 도시, 더 깊은 민주주의 공동체"(강사: 김창수, 인문도시연구소 소장)으로 월례 포럼을 이어가고 있음.

II. 생명평화기독연대/생명평화포럼 연도별 주요 활동

2004년

3월부터 2007년까지 월 1회 생명과 평화, 신학에 관련된 포럼 개최

3월 8일	2004 한국교회환경정책협의회 포럼 및 간담회 참석
3월 29~31일	2004 기독교사회포럼 참석
4월 22일	인천환경단체회의(주관 — 인천지역환경단체)
4월 24일	지구의 날 행사(주관 — 인천지역환경단체) 강화양민학살희생자위령제(주최 — 인천평화와통일을여는사람들)
4월 28일	옹진군 해사채취철회 및 환경대책위원회 발족 기자회견(주관 — 인천지역환경단체). 소래해양생태공원지역 골프장건설계획규탄 기자회견(주관 — 인천지역환경단체)
5월 19일	굴포천방수로관련 합동회의(주최 — 한국수자원공사)
5월 25일	창립준비위원회 구성
6월 10일부터	성경공부 모임 운영
6월 14일	환경세미나 참석(주최 — 한국기독교교회협의회)
6월 22일	경인운하 간담회 참석
7월 1~2일	기독교사회선교연대회의 정책수련회 참석
7월 8일	송도갯벌생명체위령제(주최 — 인천지역환경단체)
7월 21일	소래해양공원택지개발 기자회견
8월 27~28일	제4회 인천지역시민사회단체 활동가대회(주관 — 인천시민연대)
8월 30일	굴포천테마설정을위한 토론회(주관 — 인천광역시 하천살리기추진단)
9월 11일	굴포천자전거답사(주관 — 경인운하건설사업백지화를 위한 수도권시민 공동대책위원회)
9월 16~17일	제3회 종교인대화마당 참석(주최 — 종교환경회의)
9월 21일	기만적인굴포천방수로공사규탄대회(주관 — 경인운하건설사업백지화를 위한 수도권시민공동대책위원회)
9월 22일	덕적도쓰레기실태조사 참석(주관 — 환경운동연합)
10월 10일	창립 총회 — 공동대표: 박종렬 목사, 이민우 선생, 운영위원장: 윤인중 목사 선출

10월 15일	가칭)민족의 화해와 국가보안법 폐지를 위한 기독교운동본부 발족식 및 기도회 참석
10월 18일	인천시민연대 단체대표자회의 참석. 회원단체로 가입 승인
10월 29일	종교개혁연합기념제 심포지움 참석(주최 – 종교개혁연합기념제 준비위)
11월 2일	경인운하건설반대 인천팀 회의 참석
11월 15일	민족의 화해와 국가보안법 폐지를 위한 기독교운동본부 집행위 참석
11월 23일	남동공단 환경오염 실태 모니터링(주관 – 인천환경운동연합)
12월 27일	경인운하 관련 간담회 참석
12월 29일	굴포천 방수로 간담회 참석

2005년

1월 27일	2차 정기총회
2월 16일	제1회 생명평화아카데미 개최
3월 3일	제2회 생명평화아카데미
3월 10일	생명평화아카데미 종강
3월 11일	6.15 공동준비위원회 대표자회의 참석
3월 23일	한미연합군사작전훈련, 독수리훈련(RSOI/FE)반대 1인 시위 참석
3월 31일	인천지역종교인대화모임 참석(연화사)
4월 5일	기독교 역사 기행 개최(강화)
4월 7일	6.15공동준비위원회 인천본부 발대식 참가(종합문화예술회관)
4월 14일	인천지역환경회의 참석(주관 – 인천지역환경단체)
4월 16일	영흥도 화력발전소 민관공동조사단 참가(영흥도)
5월 3일	기독교 환경주일 에너지 문제 정책회의 참석(에너지 대안센터)
5월 4일	페트리어트 미사일 대책회의 참가
5월 9일	아이들이 만드는 평화의 나라(무기장난감 행사) 개최(열우물 놀이터)
5월 22일	평택미군기지현장 답사
5월 27일	지역사랑 생태산행 참가
6월 7일	사회복지협의체 포럼 참가(주최 – 인천참여자치연대)
6월 11일	한강하구에 평화의 배 띄우기 인천지역 준비모임
6월 15일	6.15 공동행사 참가. 평화의 물결 전체회의 참가(서울, 기사련)

6월 16일	평화의 물결 인천지역 1차 준비모임 참가
6월 20일	인천인권영화제 준비모임 참석
6월 26일	문학산 패트리어트배치반대 시민걷기대회 참가
6월 30일	인천시민연대 활동가대회 참가
7월 10일	평택 미군기지 확장반대 국민대회 참가
7월 21일	한강하구 평화의 배 띄우기 기자회견(세실)
7월 27일	한강하구 평화의 배 띄우기 행사 개최
8월 10일	장애인교육권대책위 참석
9월 22~25일	인천인권영화제 참석(주안 맥나인 극장)
9월 26일	아이들이 만드는 평화의 나라 기획회의
10월 8일	아이들이 만드는 평화의 나라 개최(가좌4동 놀이터)
10월 16일	창립 1주년 감사예배(소성교회)
10월 26일	'교회의 날' 평신도가 드리는 예배 개최
11월 4일	평화신학모임 개최(새봄교회)
11월 17일	창립 1주년 기념 연속강좌 개최(3회) (장소: 청암감리교회, 강사:이현주 목사)
12월 1일	기독교회교회협의회 인권위원회 주최 토론회 참석
12월 10일	한강하구 평화의 배 띄우기 수련회(강화)
12월 21일	고난받는 이웃과 함께하는 성탄절 행사 및 거리모금 실시
12월 23일	사학법개정을 지지하는 인천지역 목회자 기자회견 참석(인천시청)

2006년

1월 2일	김석봉 사무국장 시무
1월 6일	2006 지방선거대응을 위한 정책토론회 참가(주관 — 인천시민연대)
1월 12일	인천광역시 환경보전과와 지역환경단체모임 참가
1월 13일	6.15 공동위 종단모임 참가
1월 16일	생명평화기독연대 밴드 평화울 노래모임 시작
1월 26일	제3차 정기총회(소성교회)
1월 31~2월 2일	침묵영성수련회 참가(천안, 디아코니아)
2월 1~3일	영성수련회 개최(강화, 평화영성센터)

2월 10일	2005 교회의 날 해단식 및 계속위 구성을 위한 모임 참가
2월 18일	애니어그램 초급강좌 개최(나섬교회)
2월 25일	애니어그램 중급강좌 개최(소성교회)
3월 9일	종교환경회의 총회 참석(명동성당)
3월 11일	평화의 배 띄우기 습지탐방(자유로)
3월 14일	새만금 생명평화를 위한 개신교 기도회 참가
3월 23일	푸른인천가꾸기시민준비위원회 참석
4월 14일	기독교환경연대 축하공연(평화울)
4월 24~26일	기독교사회포럼 참석(유일레저타운)
4월 28일	한강하구 평화의 배 띄우기 청소년캠프 현장답사
5월 7일	회지(생명, 평화의 길) 발간
5월 21일	인천민중교회운동연합 대동제 참가
5월 24일	경인여대민주화기념식 참가
6월 7일	평택미군기지확장반대 농성 참가(광화문)
6월 15일	에큐메니안 토론회 참가(기독교회관)
6월 17일	아이들이 만드는 평화의 나라 개최(가좌4동 체육공원)
6월 25일	아이들이 만드는 평화의 나라 개최(삼산초등학교)
7월 7일	경인운하 평가회 참가(시티은행)
7월 13일	기독교사회운동 토론회 참가(에큐메니안). 미군기지확장을 반대하는 촛불집회 참가(동암역)
7월 27일	2006 한강하구 평화의 배 띄우기 행사 개최
8월 4일	평화의 배 띄우기 평가회(인천강화지역, 볼음도)
8월 21~22일	종교인환경회의 수련회 참가(수동감리교 교육원)
8월 25~26일	하기수련회 개최(강화)
9월 1~2일	인천시민연대 활동가대회 참가(유일레저타운)
9월 4일	기독교사회선교연대회의 참가(기독교회관). 기독교 FTA공동대책위 토론회 및 거리행진 참가. 이진권 목사 반상근 시작
9월 12일	비노바 바베 심포지움 참석. 계양산골프장건설저지를 위한 인천시민대책위 참여
9월 13일	계양산 살리기 주점(주관 — 평화울)
9월 16일	아이들이 만드는 평화의 나라 개최(부개동)

9월 27일	계양산 골프장건설저지를 위한 서명전 참여
9월 29일	월미평화포럼 참여
9월 30일	아이들이 만드는 평화의 나라 개최(구월동)
10월 1일	월미평화축제 참여
11월 17일	영성수련모임
12월 8일	2006 인천사회포럼 참가(인하대, 정석도서관)
12월 14일	계양산골프장건설저지를 위한 삼보일배 참여
12월 20일	윤인중 목사(운영위원장) 계양산 나무 위 농성 돌입
12월 21일	계양산골프장건설저지를 위한 삼보일배 및 촛불문화제 참여
12월 25일	고난받는 이웃과 함께하는 성탄예배 개최(1회)

2007년

1월 1일	신년산행
1월 2일	계양산 지킴이 활동 시작
4월 14일	강화양민학살위령제 참여. 기독교환경연대 25주년행사 참여
4월 18일	인천지역 고난받는 노동자들을 위한 기도회 참여
5월 14일	계양산골프장저지 및 시민공원추진 시민위원회 정기회의 참여
5월 18일	계양산내셔널트러스트운동관련 토론회 참여
5월 23일	윤인중 운영위원장 나무 위기도회 대장정(155일) 마침
5월 24일	석가탄신일 축하메시지 보내기(인천불교회관, 법명사, 용천사)
5월 31일	2007 기독교사회포럼 참여(서울유스호스텔)
6월 6일	한강하구생태평화기행 진행
6월 7일	계양산골프장저지 및 시민공원추진을 위한 1인 시위 및 1인 1만원, 한평사기 서명운동 참여
6월 25일	토론회('한강을 평화의 강으로, 인천을 평화의 도시로') 개최(부평구청 중회의실)
7월 26~27일	2회 청소년 생명평화마당 개최(김포, 청소년수련원)
7월 27일	2007 한강하구 평화의 배 띄우기 개최
9월 13일	계양산살리기 공연(주점, 평화울)
10월 9일	계양산살리기 촛불집회(계산역 6번 출구, 부평 문화의 거리, 가좌시장 앞) 분산 개최

10월 25일	공동회갑연(박종렬, 양재덕, 염성태, 이총각) 참여
10월 29일	인천인권영화제 정기총회(전교조 인천지부) 참여
11월 8일	2회 인천시민사회포럼(인하대) 참여
12월 4일	계양산살리기 촛불집회(집중 — 부평 문화의 거리) 참여
12월 13일	고난받는 이웃과 함께하는 성탄예배(나섬교회) 개최

2008년

1월 24일	4차 정기총회(동암역 사무실 교육실)
2월 21일	생평 6인조 밴드 〈평화울〉은 2/21 도법 스님 탁발순례강연회를 비롯하여 2008년 7차례 공연을 했고, 12/11 연말에는 독자적으로 '고난받는 이웃을 위한 작은 음악회'를 열었다.
5월 14일	'경인운하 탐방'. 이명박 정부가 벌이는 '대운하사업'과 연관
7월 16일	부평구청에 '도서출판 생명 평화'라는 이름으로 출판사를 등록했고(등록일 2008년 7월 16일, 등록번호 351-2008-9호), 윤인중 저 〈솔숲에서 띄운 편지〉를 출판. 또한 홈페이지가 새롭게 단장(www.peacelife.or.kr)
7월 21일	'한강하구 평화의 배 띄우기' 행사
8월 5일	굴포천에서 계양산을 잇는 '생명의 강 살리기 종교인 순례단'에 함께 걸었다.
8월 21~22일	종교인환경회의에서 주최한 '종교인 대화마당'(실상사) 참여
8월 25~31일	'생명평화탁발순례단' 인천지역 순례에 동참
8월 31일	계양산 공원 솔밭에서 열린 '계양산 생명평화 기원제'에 참여

2009년

3월 10일	생명의 강을 살리는 인천지역 종교인대책위 구성, 운하 탐사
5월 8일	계양산골프장저지를 위한 촛불집회 1주년 차며. 평화울 공연
6월 9일	정책 수련회. 회원 후원회원 만남의 날
9월 8일	인천사회포럼 조직위 참여. 수련회(SWOT 분석)
10월 13일	포럼, 콜트해고자를 위한 종교인 음악회, 경인운하 수도권 공대위 공동대표 참여, 계양산 릴레이 단식 참여
11월 5일	콜트악기 해고노동자를 위한 종교인 음악회를 인천지역 종교인 대화모임에서 주최, 공동 주최자로서 참여

12월 11일 고난받는 이웃을 위한 작은 음악회에 생명평화기독연대가 공동 주최했으며, 평화울은 공연을 하였다.

2010년

1월 14일 사무실을 새봄교회로 이전
1월 27일 제6차 정기총회
3월부터 수차례에 걸쳐 웹진 발송(월간)
4월 18일 매월 행동의 날 활동 — 셋째 주 목요일에 하기로
6월 17일 4대강의 고난받는 생명을 위한 촛불기도회
7월 18일 상반기 활동 평가 및 하반기 계획
10월 24일 생명평화기독아카데미 내용, 일정 확정, 리플렛 시안 검토

2011년

1월 13일 제7차 정기총회. 사무실 이전(인천시민사회단체연대 사무실에 입주)
세 위원회(포럼위원회, 조직위원회, 활동위원회) 체제로 조직 개편
1월부터 매월 행동의 날(누계 18차)
4월~9월 뉴스레터 발행(월 1회 총 7회)
6월, 10월 4대강 지키기 운동과 인천앞바다의 평화 실현 운동

2012년

1월 5일 제8차 정기총회
1월부터 매달 셋째 주 화요일 7시(하절기 7시 30분), 동암역 북광장에서 행동의날 진행(운영위원회에서 행동의날 주제와 피켓 슬로건을 정하고, 2012생명평화기독교행동과 적극 결합). 총 12회 진행
1월~4월 뉴스레터 발행
1월, 7월 후원 교회 예배 참석(1/15, 7/11, 7/18)
4월 2~7일 고난주간 특별기도회로 1인 피켓시위를 이어감(총 5회)
5월 28일 사월초파일. 불교 및 원불교의 주요 기념일에 이웃종교로서 적극적인 마음을 표시했고, 부처님오신날에 약사사에 연대의 현수막을 걸고, 화응스님과 환담을 나누는 시간 가짐

6월 말	사무실(인천시민사회단체연대 이주) 종료
7월	회원의 날 "강화에서 놀자" 모임
7월 24일	콜트콜텍 기도회(30여 명 참석)

2013년

1월 19일	제9차 정기총회
4월 2일~6월 18일	생명평화 써클모임 '온전한 삶으로의 여행'(3개월 12주)
3월 10일	생명평화 리더쉽 트레이닝(L.T.). 인천시민연대에서 총 14명 참석하여 진행
2월 13~12월 28일	행동의 날 기도회 및 1인기도(동암역 등지에서 16회 진행)
8월 11일	상반기 활동평가 및 하반기 계획 워크숍
8월 15일	천승현 사무국장 후임으로 이광민 사무국장 선임
9월 16일	고난받는 이들과 함께하는 기도회 (콜트콜텍, 고난함께 공동)
10월 24일	국정원 대선개입 규탄 촛불집회 참여 (부평역)
12월 6~7일	총회준비위원회 M.T.(강화도 백영민 목사 댁에서 총 13명 진행)
12월 28일	민주노총 총파업 참여 (서울시청)

2014년

1월 19일	제10차 정기총회
1월부터	포럼 시작 전 노래 모임 진행(진행자 임희영 목사)
3월 3일 이후	16차례 행동의 날. 한미군사훈련 반대-세월호 참사-평화협정-내성천 살리기를 주제로 기도회와 1인시위 병행
2월 16일	100차 포럼 "길, 현장에게 희망을 묻다"(박형규, 조화순 목사) 300여 명 참석한 가운데 인천교회에서 다양한 행사와 함께 진행
4월 8일~5월 27일	7회 동안 침묵기도학교 개최(새봄교회)
4월 20일	복지사각지대에 처한 이웃들, 세월호 참사 희생자들을 위한 부활절 연합예배(약 200명 참석)
8월 11일	상반기 활동평가 및 하반기 계획
8월 15일	천승현 사무국장 후임으로 이광민 사무국장 선임
12월 25일	만석동 괭이부리말 주민과 함께하는 성탄절 연합예배(약 200명 참석)

2015년

1월 11일	제11차 정기총회
2월부터	10차례 행동의 날 동암역 서명운동, 연합예배 등 개최
4월 7일 이후	10회 동안 '꿈' 강좌 진행(새봄교회)
4월 24일	분단 70년, 탈북 이웃과 함께하는 부활절 인천 연합예배
7월 9일	115차 포럼 현 시국에 대한 경종을 울리기 위해 이만열 선생 모시고 특별히 진행(인천교회 본당에서 개최. 120여 명 참석)
8월 23일	상반기 활동 평가 및 하반기 계획을 위한 평가회 모임
10월 17일부터	3차에 걸쳐 월례 피정 모임(10/17, 11/21, 12/19)
12월 3일	2015년 인천의 시민사회단체 활동을 정리하는 차원으로 네 가지 현안과 각 단체 대표자의 발언을 종합한 포럼 개최. 이를 위한 준비 작업 진행
12월 25일	고난받는 이웃과 함께하는 성탄절 인천 연합예배 공동 개최

2016년

1월 7일	제12차 정기총회(장소: 인천교회). 공동대표에 이상선 목사 선임, 윤인중 목사 사임. 비영리민간단체 등록 준비하기로 함.
3월부터	행동의 날은 7차례 개최. 세월호 참사, 국정교과서 폐지, 위안부 협약 무효 등에 대해 응답하는 활동을 적극적으로 펼치기로 하다.
3월 27일	고난받는 이웃과 함께하는 부활절 인천 연합예배
4월 17일~5월 22일	생명평화 교양강좌(제목: 문화사적인 관점에서 바라보는 기독교, 강사: 김형기, 장소: 부평 바보주막)
4월 29일	인천 5.3민주항쟁 심포지엄 참여
8월 28일	상반기평가회(상반기 활동 평가 및 하반기 계획 건, 16명 참석)
9월 18일	유가족과 함께하는 안산 세월호 예배 모임(장소: 안산 세월호 추모관)
12월 25일	고난함께 인천연합예배 참여

2017년

1월 12일	제13차 정기총회(장소: 인천교회). 생평성례(예배) 열기로 함. 임기가 끝난 위원(공동대표, 운영위원, 감사, 실무자)이 생평과 연결고리가 끊기지 않도록 역대 위원들을 통합하여 상임위원단을 만든다.

2월 16일부터	10차례 행동의 날(박근혜 탄핵, 성주 사드 반대, 광주민주화운동, 세월호, 울산 원전 반대, 광화문 촛불시민혁명 1주년, 거리서명 및 캠페인 참석 등)
4월 2일, 16일	생평성례(세월호 추모: 세월호 진실의 부활을 소망한다)
5월 14일부터	5주간. 생명평화 교양강좌(주제: 문학, 성경을 해석하다, 강사: 김형기, 장소: 풍성한교회)
6월 6일	생명평화순례(한강하구길 순례)
8월 25~26일	여름수련회(상반기 평가 및 하반기 계획 / 둘레길 등반, 장소: 계양산 입구 영배움막, 참석 인원: 12명)
10월 14일부터	4주간. 생명평화 교양강좌(주제: 고전어입문특강, 강사: 김형기, 장소: 인천교회)
11월 12일	종교인평화음악회 참여

2018년

1월 11일	제14차 정기총회(장소: 인천교회. "'생명평화기독연대'(약칭 생평기연)" 개정 등의 회칙 개정안 심의, 의결)
4월 1일	'고난받는 이웃과 함께하는 인천연합예배' 참여
6월 23일	한강하구 생명평화순례(주제: "평화를 품고 북녘땅을 바라보다", 일정: 강화 연미정~장후리~철산리, 8명 참석)
7월 27일	'7.27 평화의 배 띄우기' 참여
8월 24~25일	여름수련회(가평 초록빛펜션, 회원 13명 참석)

2019년

1월 10일	제15차 정기총회(장소: 동암 바보주막)
4월 16일	4.16 세월호 5주기 기억예배 참여
4월 21일	고난받는 이웃과 함께하는 인천연합예배 참여 동구 배다리마을 주민과 함께하는 부활절연합예배
4월 27일	4.27DNZ평화의손잡기 행사 참여 / 강화도
7월 27일	평화의 배띄우기 참여
8월 23~24일	회원여름수련회
10월 4일	인천시비영리민간단체 등록: 등록증 발급
11월~2020년 1월	총회준비위원회 활동: 3차 회의를 진행

2020년

1월 21일	2020년 정기총회
5월 16일	5.18 민주화 운동 제40주년 행사 참여
6월 10일	제34주년 인천 5.3 민주항쟁계승대회. 제33주년 6.10 민주항쟁
7월 8일	민선7시 평가 및 향후 과제 모색 정책 토론회
7월 9일	한강하구 중립 수역을 평화의 바다로(7월9일)
7월 27일	2020년 한강하구 평화의 배 띄우기 행사
10월 27일	평화도시 공모사업인 3차 평화순례
10월 30일	인현동 화재사건 시민 추모제

2021년

2월 4일	2021년 정기총회
4월 4일	부활절 연합예배 참석 (미얀마 민주화 운동 지지하는 부활절예배)
5월 3일	제35주년 인천 5.3 민주항쟁계승대회
7월4일	미문의 일꾼교회에서 179차 운영위원회 회의와 피켓팅 진행
9월 11일	평화지도 제작현장 답사(강화도 일대)
10월 30일	노동자의 길 — 함께 걷기 참석
11월 16일	2021년 인천 민족민주노동열사.희생자 합동추모제
11월 18일	세월호 참사 진상규명을 위한 2021년 인천 월례 기도회
12월~2022년 1월	총회준비위원회 활동: 3차 회의를 진행

2022년

1월 20일	2022년 정기총회
4월 17일	(부활절) 고난받는 이웃과 함께하는 인천연합예배 공동주관
5월 3일	제36주년 인천 5.3 민주항쟁 계승대회 (일시: 2022년 5월 3일(화) 오후 5시, 장소: 주안쉼터공원)
7월	2022년 "7.27 한강하구 평화의 배띄우기"주관단체 참여
8월	김대중 대통령 서거 13주기 추모식 후원단체 참여
8월 26~27일	8월 수련회. 1박 2일(석모도 휴양림)
9월 6일	강화뉴스 이사장 이취임식 및 사무실 이전 개소식 — 후원 참여

9월 21일	2022년 한강하구 "평화의 배띄우기"
10월 29~30일	전국 민주시민 합창 축전
10월 31일	종교재판 30년, 교회권력에서 묻다 — 공동주관: 생명평화포럼
11월 14일	2022년 인천 민족민주노동열사 · 희생자 합동추모제
11월 17일	인천시민사회단체연대 후원 행사
11월 23일	영화 '태안'(한국전쟁전 후 태안지역 민간인 학살을 다룬 다큐멘테이 감독 구자환)

특별 활동

182차 4월 포럼	마음의 치유로 구성하여 쉼과 명상 활동
184차 6월 포럼	주안 영화공간에서 "그대가 조국" 상영. (생명평화포럼 영화 초대권 62장 발권) 시네마토크 감독과 대화(진모영 감독, 박지훈 대표)
8월 26~27일	수련회(13명 참여) 현재까지 생평이 걸어온 길에 대해 박종렬 고문님의 이야기 나눔을 통해 생평의 태동과 앞으로 가야 할 방향을 회원이 공유하는 의미 있는 1박 2일 여정이었다.
188차 11월 포럼	인천 만석동일대 공장 및 부두를 함께 걸으며 문학기행(일제강점시대 노동자의 삶부터 90년대 괭이부리말의 달동네까지)
연대사업	2022년에도 직접 참여와 간접 참여를 통해 연대사업은 지속되었다.

2023년

1월 13일	2023년 정기총회: "계층을 넘어 통합으로 분단을 넘어서 통일로" — 1부, 2부(가족 힐링 음악여행) 회원가족이 참여하는 총회
8월 25~26일	생명평화포럼수련회 서울YMCA 영흥센터 (1박 2일). 내용: 후쿠시마 핵오염수 방류 규탄에 대한 피켓 진행 및 생평 20년 준비하면서 생평의 역할과 방향 검토

연대 활동

1월 11일	2023 인천시민사회연대 신년하례회 — 검찰독재와 전쟁위기를 막기 위한 비상시국회의
1월 19일	원로 93명의 '비상시국회의'제안 기자회견(종로5가 기독교회관)
2월 6일	인천지역 평화통일단체 신년하례식
2월 25일	2023 강화역사인물강좌 — 첫 번째: 강화의 바울 항일민족운동의 선구자 — 성재 이동휘 선생의 삶과 사상. 강화중앙교회

3월 2일	2022 내가 살아 온 이야기 – 출간 기념 북 토크. 주안영상미디어센터 8층 오픈 스튜디오
3월 25일	사) 부평광장 사무실 개소식(부평구 신촌로 86-6). 김영철 이사장(생평평화포럼 자문위원)
4월 6일	한성임시정부 13도 대표자회의 104주년 기념대회. 만국공원(현 자유공원) – 일본 육군조병창 병원건물 철거반대시민촛불집회 참석
4월 9일	고난받는 이웃과 함께하는 2023 부활절 인천연합예배. 하늘교회(연수구 옥련동 159-1)
4월 27일	정전70주년 한반도평화 인천행동 출범과 〈427인 인천평화선언〉 발표. 기자회견: 오전 11시 30분, 인천시청
5월 3일	제37주년 인천 5.3민주항쟁계승대회. 오후 6시 30분 주안쉼터공원
6월 5일	친일매국 검찰독재정권 퇴진과 주권 회복을 위한 월요시국기도회. 주안1동 성당. 늦은 7시 30분
6월 6일	국경선평화학교 준공식
6월 7일	전국비상시국회의 6월 항쟁 36주년 온라인 만인공동회. 6월 민주항쟁 36주년 시민기념식 및 음악회(한국기독회관 2층 조예홀 1시). 기념식 참여와 양회동 열사추모 연대집회, 촛불집회 참석
6월 20일	함세웅 신부 초청 시국 강연회. 중구 답동성당 사회사목센터 5층
6월 26일	정전 70주년 기념강연(미·중 갈등의 최전선 한반도 평화의 해법은?/김준형 전 국립외교원 원장
8월 17일	김대중 대통령 서거 14주기 인천추모식
11월 27~30일	인천시민사회단체시민연대 활동가 평화기행
11월 30일	제5회 5.3 합창단 정기 연주회
12월 14일	인천시민사회단체시민연대 재정기금마련 후원행사. 주안 1동 성당
운영위원회 회의	총 12회 진행(월1회)

2024년

연대 활동

3월	한부모 가족과 함께하는 부활절 연합 예배에 5만원을 헌금
6월	인천시민사회단체 연대회의 후원 행사에 10만원을 후원

7월	7/20 한강 배띄우기 행사에 적극 참여
9월	인천 상륙작전의 역사적 성찰 세미나'에 20만원을 후원
10월	2024 인천민족민주노동열사 · 희생자 합동추모제' 후원
10월 23일	윤석열 정권 퇴진 인천 시국 대회'와 관련해서 적극 홍보 및 참여
	노후 희망 유니온이 주최하는 '노장년합동 결혼식' 후원

특별 활동

2월 23~24일	운영위원회 워크숍. 강화도
8월 23~24일	동학 유적지 답사

2025년

연대 활동

1월	사회대전환 윤석열정권퇴진 인천운동본부
2월	3학년 2학기 #전국수학여행@인천상영
5월	인천 5.3 민주항쟁 계승대회. 도시산업선교회 창립. 인천광장정치연합
6월	대선선거 참여 홍보 활동. 노동희망발전소 후원. 인천시민연대 행사 후원
7월	7.27한강하구배띄우기, 한반도평화인천행동
8월	인천국제평화컨퍼런스
9월	인천여성노동자회 후원의 날
10월	2025 인천민족민주노동열사 · 희생자 합동추모제'. 민주노총인천지역본부 후원 행사. 인천시민사회 연속 정책토론회(한강하구 평화정착 토론회)
11월	조지오글 목사 5주기 추모 기도회. 5.3 합창단 정기공연 참석. 인천평화교회 장로임직, 담임목사 취임예배

특별 활동

8월 29~30일	평화와 통일을 기원하는 DMZ 기행
10월	생명평화포럼 회원과 함께하는 가을 음악회

III. 집담회: 생명평화포럼 태동 배경과 초창기의 역사

일시: 2023년 4월 13일(목)
오후 2시 49분부터 4시 10분까지(총 81분 동안)
참석자: 소집자(사회) 김구 외 김영철, 박종렬, 백영민, 윤인중, 정한식 등 참석자 9명 참석

생평20좌담회 (1차)

생평 20년을 정리하는 좌담회(1차)를
다음과 같이 진행하려고 합니다.

일시: 2023년 4월 13일 (목) 오후 2시
장소: 길위의꿈 도서관카페
화제: 생평 창립과정, 초기활동, 전반 10년 주요 활동
좌담: 박종렬, 백영민, 윤인중, 정한식 (존칭생략)
사회 · 기록: 김구
기타: 1) 길위의꿈 위치를 참고하십시오.
인천 미추홀구 구월로 17, 할렐루야빌딩 1층
인천지하철 2호선 석바위시장역 1번 출구 앞
2) 좌담은 3시간 이내로 진행하도록 하겠습니다.
3) 좌담 후 공동식사를 준비하겠습니다.

집담회(좌담회) 공고문

다음은 2023년 4월 13일 행한 집담회 기록을 AI를 활용하여 정리한 자료입니다.

초기 집담회 내용은 평화 및 생명 가치 강조, 환경문제에 대한 실질적 대응, 평신도·목회자가 함께 이끄는 구조 등으로 정리됩니다.

생명평화기독연대(생명평화포럼)의 창립 20주년을 맞아 진행된 집담회 내용에서, 2003~2006년 중심의 초창기 활동과 그 이후 흐름을 요약하면 다음과 같습니다.

창립 배경과 조직의 성격

• 생명평화기독연대는 이라크 파병 등 평화 이슈, 인천지역 민중교회 운동의 쇠퇴와 환경 문제 대두 등 사회적 필요성에 의해 2004년 인천에서 설립되었다. 평신도와 목회자가 동등하게 참여하며, 생명·평화·생태·환경 실천을 중요한 가치로 삼았다.

초기 활동과 주요 사건

• 설립 준비: 이라크 파병 반대, 환경 문제 대두(롯데골프장 및 계양산 운동), 기존 사회단체의 해체와 한계 인식에서 출발해, 지역 단체들과 연대하며 기독교 사회운동 조직 필요성이 제기됨.

• 창립 모임: 2004년 10월 10일, 인민교회·산업선교·환경선교 등 다양한 배경을 가진 인물들이 모여 조직을 결성.

• 계양산 대책위 활동: 환경운동가 및 시민단체와 협력하며 인천 지역 사회운동, 고공 시위, 평화예배 등 적극 참여. 이 투쟁이 조직의 존속과 정체성 확립에 결정적으로 작용함.

• 포럼 중심 운영: 신학 담론, 사회 이슈(민중신학, 시민사회, 평화, 분단 등)와 실천 활동(독서 모임, 종교인 간 대화, 사진전, 평화의 배 운동) 등이 주요 사업으로 설정됨.

• 실무와 리더십: 평신도(특히 정 장로 등)의 출현이 조직의 평신도 중심성을 확대하며 리더십 변화를 이끎.

조직 운영·담론·활동의 변화

• 실무자 선정, 외부 시민단체와 연대, 실질적 지역 교회의 참여, 교회와 시민사회 접점 모색 등이 이어짐.

• 청년층 참여의 과제, 고령화, 코로나19로 인한 활동 단절, 조직 지속성 고민 등 변화가 있었다.

• 생명·평화·기독교 정체성, 영성 및 포럼의 지속적 발전, 사회적 이슈에 대한 대응방식 다변화가 중요하게 논의됨.

현재와 미래 전망

• 포럼은 200회 이상 진행되었으며 지역사회와 교계에 독자적 모델로 자리함.

• 앞으로도 청년층 접점 창출, 조직의 지속성, 사회 이슈별 선택과 집중, 활동 내실화 등이 핵심 과제로 남아 있음.

주요 등장 인물(집담회에서 두 번 이상 언급된 이름 총 목록 – 가나다순)

김영호/ 김일회/ 김정대/ 김현호/ 김형기/ 김호성/ 박경서/ 박민/ 박종렬/ 박현규/ 백영민/ 손신철/ 송숙자/ 오영호/ 이광민/ 이민우/ 이승호/ 이은우/ 이종철/ 이진권/ 임병구/ 정강길/ 정미경/ 정세일/ 조유형/ 조정현/ 황룡사 주지…

(위 이름들은 집담회 녹취문과 행사 회고에서 등장한 인물들을 정리한 것입니다. 실무자, 활동가, 평신도, 목회자 등 다양한 역할의 구성원이 포함됨).

2장

한눈에 보는 생명평화포럼
— 회차별 생평포럼

2004년도 포럼부터 2025년도 포럼까지

회차	날짜		주제	강사
1	2004년	3/26	평화운동과 그리스도인의 역할	김정수
2		4/29	인천지역 환경현안	조경두 연구위원 (인천발전연구원)
3		6/24	현 기독운동의 흐름과 연대방향	조정현
4		7/12	새로운 민중신학의 영성론과 기독운동	정강길 소장 (생명평화연구소)
5		8/26	민중신학의 전개과정과 새로운 대안모색	정강길 소장 (생명평화연구소)
6		9/23	한국교회의 현황과 새로운 기독운동	정강길 소장 (생명평화연구소)
7		10/28	한국교회의 개혁과제와 기독언론의 역할	김종희
8		11/25	한국교회에서 평신도 사회운동의 의미와 역할	김종원 장로
9		12/23	2005년 기독연대 방향과 사업계획에 대하여	윤인중 (생명평화기독연대 전 공동대표)
10	2005년	1/27	21세기 지구화시대의 생태여성신학과 실천운동	구미정 박사 (필휴먼생명학연구소 전임 연구원, 기독교윤리학)
11		2/24	평신도 예수 이야기	정연복 (한국기독교연구소 편집위원)
12		3/24	'역사적 예수' 제 3탐구의 딜레마와 그 해결책	김덕기 교수 (대전신학대학)
13		4/28	현대 과정신학의 의의와 전망	장왕식 교수(감신대학교)
14		5/26	생명평화의 길	이현주 목사
15		6/23	한국사회 속에서 민중신학의 역할	권진관 교수 (민중신학회 회장)
16		7/28	생명평화기독연대에 대한 제언	이민우
17		8/25	목회현장에서 느끼는 한국교회 개혁	유상태
18		9/22	종교성, 사회운동의 철학적, 정신적 지평	이형용(미래사회와종교성 연구원 상임이사)
19		10/27	믿음	이현주 목사
20		11/17	소망	이현주 목사
21		11/24	사랑	이현주 목사
22		12/22	생명평화기독연대에 대한 성찰과 모색	임병구
23	2006년	2/23	신자유주의시대와 크리스찬 경제윤리	강원돈 교수 (한신대학교)
24		3/23	지역자치와 교회의 역할	이대수 목사

회차	날짜		주제	강사
25		4/27	에큐메니칼 교회의 역할	김상근 목사
26		5/25	청소년 대안교육	김현수
27		6/29	타종교와의대화: 이슬람 종교와 문화	이주화
28		8/24	평택사태와 미국의 전략적 유연성	유영재 (평화통일연구소 연구위원)
29		9/28	도시농업 — 생태도시 아바나 사례	안철환 (전통농업연구소 대표)
30		10/29	기독교 생명평화운동에 대하여	김조년 교수
31		11/23	기독교 평화운동사례 — 개척자들의 신앙과 행동	개척자들
32	2007년	1/25	우리사회 갈등현황과 해결방안	박태순 (한국사회갈등연구소장)
33		2/22	지구온난화와 인천의 난개발	박병상 (인천도시생태환경연구소 소장)
34		3/22	평화로 가는 길— 이라크 평화운동 나눔	임영신 (평화 활동가)
35		4/26	지역에서 협동공동체를 어떻게 만들 것인가?	임종한 교수 (인하대학교)
36		5/31	계양산 나무 위 생활 나누기	윤인중 (생명평화기독연대 전 공동대표)
37		6/28	생명평화운동에 대하여	김찬호
38		8/23	멕시코 해외선교 경험 나누기	이택규
39		9/27	네 이웃을 네 몸 같이 사랑하라	최원경
40		11/1	2007 대선을 읽는 법	오세제 박사 (서강대학교, 정치학)
41		12/6	아나벱티스트의 평화사상	이재영 (한국아나뱁티스트 평화 프로그램센터 간사)
42	2008년	2/21	생명평화 탁발순례기	도법 스님 (생명 · 평화 탁발순례단)
43		3/27	생명평화와 예수살기운동	김경호 목사 (들꽃향린교회)
44		4/24	한국사회 진보운동의 성찰과 방향	홍세화 (작가, 사회운동가)
45		5/29	차별받아 마땅한 사람은 그 어디에도 없다	고상균 목사 (한국기독교장로회)
46		6/26	李시대, 한국교회 예수는 없다	오강남 교수 (『예수는 없다』 저자)
47		9/25	영성과 사회적 실천의 통합, 어떻게?	한상봉 신부

회차	날짜		주제	강사
48		10/23	세계화에 대한 교회의 대응	김영철 목사
49		11/27	민중신학과 새로운 신학운동	김진호 목사
50	2009년	2/12	한국교회가 극복해야 할 종교관 1	이현주 목사
51		3/12	한국교회가 극복해야 할 종교관 2	류상태 목사 (전 대광고교 교목실장)
52		4/9	한국교회가 극복해야 할 사회관 3	박득훈 목사
53		5/14	한국교회가 극복해야 할 신관	김은규
54		6/11	한국교회가 극복해야 할 교회관	이상성 (연세대 연합신학대학원 겸임교수)
55		8/13	한국교회의 개혁과제	하종강 (성공회대 노동아카데미 주임교수)
56		9/1	종교와 과학과의 대화	김희헌 목사
57		10/15	우주전쟁시대의 평화	개그넌 (미국 평화활동가)
58		11/22	한국교회에 있어서 기독교 사회주의 1	이덕주 (감리교신학대학교 교수)
59		11/29	한국교회에 있어서 기독교 사회주의 2	이덕주 (감리교신학대학교 교수)
60	2010년	2/17	요한복음 새롭게 보기 1	김진호 목사
61		3/4	요한복음 새롭게 보기 2	김진호 목사
62		4/1	오늘의 새로운 예수 이해	김규항
63		5/6	신학의 새로운 패러다임	김준우 목사
64		6/3	한국사회와 기독교	최형묵 목사
65		7/1	생명평화운동과 기독교	주요섭 선생 (한살림 모심과살림연구소 부소장)
66		9/2	진보적 교회와 교인들의 역할	김민웅 교수(성공회대)
67		10/7	기독교사회운동과 영성	김홍일
68		11/4	한국교회의 행태, 전망, 과제	이혁배 교수(숭실대학교)
69		12/2	초대교회에서의 먹고 마심의 의미	우진성
70	2011년	2/10	예수그리스도 – 평화의 길	이현주 목사
71		3/1	예수그리스도 – 생명의 길	이현주 목사
72		4/14	예수 혁명	이현주 목사

회차	날짜		주제	강사
73		5/12	이웃종교의 눈으로 본 예수	이현주 목사
74		6/9	쿠바를 통해 본 느림과 비움의 영성	홍인식 목사
75		7/14	해방신학의 성서읽기	홍인식 목사
76		9/8	복지국가를 위한 사회운동전략	박원석 (전 참여연대 협동처장/ 19대 국회의원)
77		10/6	교회의 복지 흐름 – 사회적 기업	이준모 목사
78		11/3	복지와 정치	김영수
79		12/1	교회의 복지참여의 성찰과 전망	권춘택
80	2012년	2/2	선거, 정치에 있어서 기독교인의 역할	이수호
81		3/8	선거, 정치에 있어서 기독교인의 역할	조화순
82		4/5	종교, 선거, 정치	이재정 (전 통일부 장관)
83		5/3	경제민주화와 기독교 경제윤리	강원돈 교수
84		6/7	성서에서 보는 전쟁상	김형기 목사
85		7/5	성서에 나타난 평화상	김형기 목사
86		8/9	나를 찾아 떠나는 여행	이진권 목사
87		9/6	먹거리 복지와 교회운동	김정택 목사
88		10/11	세계의전장 인천, 평화를 말하다	정진오
89		11/1	생명평화운동과 시민정치운동	정세일
90		12/6	케노시스의 관점에서 보는 토마스 베리	천승현
91	2013년	2/7	기독교의 심장 I(1, 2장)	정원진 목사
92		3/7	기독교의 심장 II(3, 4장)	정원진 목사
93		4/4	기독교의 심장 III(5, 6장)	정원진 목사
94		5/2	기독교의 심장 IV(7, 8, 9장)	정원진 목사
95		6/7	기독교의 심장 V(10, 11, 12장)	정원진 목사
96		9/12	비통한 사람들의 정치학	이진권 목사
97		10/10	영성과 생명운동	이병철
98		11/7	마을공동체 운동과 영성	최철호 목사
99		12/5	일상과 영성	박총
100	2014년	2/16	길, 현장에게 희망을 묻다 (100차 기념포럼)	박형규, 조화순
101		3/6	한국교회의 현재와 건강한 작은교회 운동	이진오

회차	날짜		주제	강사
102		4/3	이보운의 기독교 청년운동과 사회주의 활동 연구	이성진
103		5/1	종교 간의 대화 ① 불교와 기독교의 대화: 동양적 정신의 정수 '불교'	이찬수 (서울대학교 교수)
104		6/5	종교 간의 대화 ② 이슬람과 기독교의 대화: 예수와 경전을 보는 시각을 중심으로	손영광 (한국외국어대학교 교수)
105		7/3	종교 간의 대화 ③ 유교와 기독교의 대화: 도의 신학 서설	김흡영 (강남대학교 명예교수)
106		8/7	종교 간의 대화 ④ 샤머니즘과 종교적 영성: 샤머니즘과 네오샤머니즘	신은희 (경희대학교 교수)
107		10/2	종교 간의 대화 ⑤ 원불교와 기독교의 대화: 원불교 바로알기	이경환 (원불교 교무)
108		11/6	종교 간의 대화 ⑥ 동학과 기독교의 대화: 우리시대의 동학사상	오문환 (천도교 선도사)
109		12/18	종교 간의 대화 ⑦ 동서양 종교의 구원사상: 자속과 대속, 그 不二적 관계	이정배 (감신대 명예교수)
110	2015년	2/5	동방박사 이야기로 본 과학과 종교	현우식 (호서대학교 교수)
111		3/5	토마스 머튼의 사회적 영성: 죄스러운 방관자	문영석
112		4/2	세월호의 가르침과 이후의 우리 — 신앙, 정치, 교육의 관점에서	이은선 (세종대학교 교수)
113		5/7	무의식이 증언하는 세월호	고혜경 (치유상담대학교 교수)
114		6/4	〈광복 70년, 분단 70년〉 예수에게 한반도 통일을 묻다	허호익 (대전신학대학 은퇴교수)
115		7/9	〈광복 70년, 분단 70년〉 사악한 시대를 향한 원로학자의 경종 (115차 기념포럼)	이만열 (전 국사편찬위원장)
116		9/3	종교개혁 기념주일 연속포럼 (1) 성경에서 읽는 종교개혁과 사회개혁	김형기 목사
117		10/8	종교개혁 기념주일 연속포럼 (2) 한국경제의 현실과 노동의 쟁점	김성희 (고려대학교 교수)
118		11/5	종교개혁 기념주일 연속포럼 (3) N포 시대, 청년이 개혁과 희망을 말하다	조성주 (청년유니온 정책기획실장)
119		12/3	2015년 한국사회와 인천을 돌아보며 (1) 세월호 진상규명 · 안전사회 건설 (2) 역사교과서 국정화 반대 (3) 인천지역, 한국사회 환경현안 (4) 일본의 집단적자위권과 동북아 평화	남영신(세월호 부평서명팀) 김재용(인천행동하는양심) 조강희(인천환경운동연대) 유정섭(통일을여는사람들)
120	2016년	2/4	한국사회의 극우주의와 개신교	김진호
121		3/3	자본국가시대의 보수주의와 정치의 소멸	문부식 (「말과 활」 기획주간)
122		4/8	가난한 사람들은 왜 부자를 위해 투표하나	홍세화 (장발장은행 은행장)

회차	날짜		주제	강사
123		5/6	기독교인으로서 이땅에서 정치하기	박찬대 (국회의원)
124		6/2	성소수자에 대한 기독교적 이해	임보라 (향린교회 목사)
125		7/7	여성적 관점에서 위험사회를 성찰하다	최순양 (이화여자대학교 교수)
126		9/1	탈북이주민의 현황과 인권	신영욱 목사
127		10/6	정치가 인간을 구원할 수 있을까? 기독교와 정치학의 만남(1)	박상훈 (정치발전소 학교장)
128		11/3	정치가 인간을 구원할 수 있을까? 기독교와 정치학의 만남(2)	박상훈 (정치발전소 학교장)
129		12/1	영세교 최태민을 파헤친다	허호익 (대전신학대 은퇴교수)
130	2017년	2/2	기본소득제와 경제민주화	금민 (기본소득연구소 소장)
131		3/2	적폐 청산 개혁 시리즈 ①정치개혁: 시민혁명 정치혁명	김민웅 (경희대학교 교수)
132		4/6	적폐 청산 개혁 시리즈 ②언론개혁: 언론개혁과 새로운 나라	손석춘 (언론인)
133		5/11	적폐 청산 개혁 시리즈 ③재벌개혁: 경제개혁 재벌개혁	김진방 (인하대학교 교수)
134		6/1	적폐 청산 개혁 시리즈 5: 한반도 평화: 개념, 과정, 과제	서보혁 (서울대학교 교수)
135		7/6	적폐 청산 개혁 시리즈 6: 문재인 정부의 복지정책	김연명 (중앙대학교 교수)
136		9/7	종교개혁 500주년 기념 강좌 1: 중세말 유럽사회와 종교의 개혁운동 — 유럽 종교개혁사회사 1	이승무 박사 (순환경제연구소 소장)
137		10/19	종교개혁 500주년 기념 강좌 2: 유럽의 국제정치와 독일의 종교개혁 — 유럽 종교개혁사회사 2	이승무 박사 (순환경제연구소 소장)
138		11/9	종교개혁 500주년 기념 강좌 3: 종교개혁과 동학혁명	정관영 (루터대학교 외래교수)
139		12/21	우리는 과연 중국을 얼마나 제대로 알고 있는가? 애물단지 아닌 보물단지 중국 바로보기	우수근
140	2018년	2/8	북한핵과 한반도 평화체제 전망	장철운 (경남대 극동문제연구소)
141		3/8	평화 강좌 1: 감(減)폭력의 정치와 평화의 신학	이찬수 (서울대학교 교수)
142		4/5	평화 강좌 2: 아일랜드 록그룹 U2의 음악과 평화	윤영훈 박사 (빅퍼즐연구소 소장)
143		5/10	평화 강좌 3: 신자유주의와 평화	박숭인 (협성대학교 은퇴교수)
144		6/7	평화 강좌 4: 함석헌의 평화운동과 평화담론	이호재 (전 성균관대학교 교수)

회차	날짜		주제	강사
145		7/5	평화 강좌 5: 평화를 배반한 종교 — 원리주의, 근본주의의 폭력성	김정준 교수 (성교회대학교)
146		9/6	내가 본 북녘, 북녘의 종교	최재영 (손정도학술연구원 원장)
147		10/4	통일과 평화 이야기	한상렬 목사 (전주고백교회 원로목사)
148		11/8	주체사상과 그리스도교	정대일 박사 (그리스도교-주체사상대화연구소 연구실장)
149		12/6	분단체제를 넘어 평화체제로	이삼열 (대화문화아카데미 원장)
150	2019년	2/14	삼일운동 백주년기념 연속포럼1: 삼일혁명과 종교 주제강연1: 삼일혁명과 종교 그리고 천도교 주제강연2: 삼일혁명에서 기독교의 역할과 인천의 운동	이우원(천도교 선도사) 박철호(기념탑교회 목사)
151		3/7	삼일운동 백주년기념 연속포럼2: 삼일혁명과 그리스도교 민족운동	황보윤식 (함석헌평화연구소 소장)
152		4/4	미국의 정치지형과 한반도 평화	정의길 (한겨레신문 대기자)
153		5/2	미국 근본주의와 미국 정치	배덕만 교수 (느헤미야기독연구원)
154		6/17	독립운동 100주년 발자취	한지원 작가 (KBS)
155		7/4	독립운동가들이 꿈꾸던 나라	이준식 관장 (독립기념관)
156		9/5	시대를 앞서간 민족지도자 몽양 여운형	장원식 실장
157		10/10	한국교회의 추락은 어디까지?	최형묵 목사 (천안살림교회)
158		11/11	한용운, 정지용, 운동주 — 시(詩)로 쓴 독립운동	김응교 교수 (숙명여자대학교)
159		12/5	약산 김원봉의 생애와 독립투쟁	이원규(소설가)
160	2020년	2/6	유엔사(UNC)의 법적 문제와 남북관계발전을 위한 과제	이장희 (한국외국어대 명예교수)
161		3/12	2020 총선과 한국정치의 미래	이준한 (인천대학교 교수)
162		5/14	촛불 이후 한국사회의 과제	이래경 (주권자전국회의 상임공동대표)
163		6/17	인천시민평화강좌 1: 전쟁의 기억 기억의 전쟁	한홍구 (성공회대학교 교수)
164		7/2	인천시민평화강좌 2: 70년, 전쟁상태를 끝내자	문경환 (국민주권연대 정책위원장)
165		8/20	인천시민평화강좌 3: 인천상륙작전, 어떻게 볼 것인가? 미국 문서로 본 인천상륙작전	전갑생 (서울대 사회발전연구소)

회차	날짜		주제	강사
166		9/10	인천시민평화강좌 4: 인천상륙작전의 명과 암	최태육 (사)한반도통일역사문화연구소장)
167		10/15	인천시민평화강좌 5: 유엔사를 통한 한반도 개입 전략	정욱식 (평화네트워크 대표)
168		11/12	인천시민평화강좌 6: 미국의 세계 패권 전략과 한반도의 미래	이재봉 (원광대학교 교수)
169		12/3	미국의 한반도 전략과 우리의 자세	이재봉 (원광대학교 교수)
170	2021년	2/28	코로나19와 공동의료	조승연 (인천의료원 원장)
171		3/4	기후위기 과학기술로 극복 가능한가?	박병상 (도시생태연구소 소장)
172		4/1	생명이란 무엇일까?	주요섭 (생명사상연구소 소장)
173		5/6	기후위기와 미래사회와 미래세대	오창길 (사)자연의벗연구소장)
174		6/3	2030 청년 정치를 듣는다	신지혜 (기본소득당 상임대표)
175		7/8	기후위기와 인권	조효제 (성공회대학교 교수)
176		9/16	인천, 전쟁과 평화로 가는 길 1	황보윤식 (함석헌사상연구회 회장)
177		10/21	인천, 전쟁과 평화로 가는 길 2	이재봉 (원광대 명예교수)
178		11/9	복지국가 성과와 과제	김연명 (중앙대 교수, 전 청와대 사회수석)
179		12/2	부동산 문제와 토지평등권 개혁	박창수 박사 (희년사회)
180	2022년	2/10	2022 세대공감; MZ세대에게 듣는다	조민경(연수구의원) 강진명(협동조합 이사장) 이강민(사회적기업 대표) 박승우(대학생)
181		3/3	적대적 공생의 비극	한완상 (전 통일부, 교육부 장관)
182		4/7	마음 치유 콘서트	이진권 목사 (영성수련원장)
183		5/12	유물이 품은 인천이야기	유동현 (인천시립박물관장)
184		6/9	〈그대가 조국〉 — 공동체 (영화) 상영	진모영 (영화감독)
185		7/7	청년 정치	조민경(전 인천 연수구 의원) 김한별(전 인천시장 후보)

회차	날짜		주제	강사
186		9/1	우크라이나 사태 이해와 국제질서 개편	조한범 박사 (통일연구원 선임연구원)
187		10/6	소설 속 인천노동자 이야기	양진채 (소설가)
188		11/5	소설 속 인천 문학기행	양진채 (소설가)
189		12/1	고려인 디아스포라	문영숙 작가 (독립운동가 최재형기념사업 이사장)
190	2023년	2/9	해방자 예수와 한반도 현실	김근수 박사 (해방신학연구소장)
191		3/7	기자의 앵글너머 북녘 : 북녘사람들이 보는 동북아 정세와 남북관계	진천규 (통일TV 대표)
192		4/	전태일과 풀빵: 한국노동현실과 연대	이수호 (전태일 · 이소선 장학재단 상임이사장)
193		5/4	윤석열 정권의 노동정책 진단과 방향	하종강 (성공회대 노동아카데미 주임교수)
194		6/1	공동체 영화 관람 〈다음소희〉	정주리 (영화감독)
195		7/6	윤석열 정부의 외교 · 국방정책 평가와 전망	김종대 교수 (전 정의당 국회의원)
196		9/7	윤석열 정부의 에너지 정책평가와 전망	이현석 정책위원 (에너지 정의행동)
197		10/5	내가 가 본 구소련 한인독립투쟁사 현장	이원규 (소설가)
198		11/2	시민 민주주의와 뉴스 리터러시	변상욱 (전 CBS대기자)
199		12/12	거대 위기 시대 대한민국 대전환	김누리 (중앙대 교수)
200	2024년	3/7	팍스아메리카나의 몰락과 대한민국의 선택	김준형 교수 (전 국립외교원장)
201		4/2	이승만을 내세운 극우세력의 기민과 음모	임헌영 (민족문제연구소 소장)
202		5/7	청일전쟁과 오늘의 동북아정세	홍용덕 (한신대 외래교수, 전 한겨레신문기자)
203		6/6	인천의 현대사, 평화의 길을 찾아서	안내자: 장회숙 대표 (인천도시자원디자인연구소)
204		7/4	미술로 본 인권 (인권,환경,평화)	공주형 (한신대학교 평화교양대학 교수, 미술 평론가)

회차	날짜		주제	강사
205		9/5	글로벌 사우스와 한반도 평화	백원담 (성공회대학교 석좌교수)
206		10/10	경제윤리 관점에서 본 뉴라이트와 극우 기독교	강원돈 (한신대 명예교수)
207		11/7	미국 대통령 당선자와 한반도 평화	이재봉 (원광대 명예교수)
208		12/5	탈 세습 자본주의, 성장 패러다임 전환	윤홍식 (인하대학교 교수)
209	2025년	2/13	민주주의 위기의 시대 사회대개혁의 방향과 전망	조희연 (전 서울특별시교육감)
210		3/6	탄핵심판 이후의 한국정치	서복경 (더가능연구소 대표)
211		4/3	다시 만난 세계 탄핵연합에서 선거연합, 정부연합까지	김태일 (사회대개혁정책포럼 대표)
212		5/15	남태령에서 다시 만난 시민주권의 세계	김후주 (청년농부, 국민주권전국회의 상임집행위원장)
213		6/12	한국 사회 속의 극우정치와 기독교	최형묵 박사 (한신대 객원교수)
214		7/3	21세기 K-극우와 그리스도교 그 위험한 접속에 대하여	김진호 목사 (제3세대연구소 이사)
215		9/11	남북관계와 한미동맹의 대변동 그리고 한반도 평화	정욱식 (평화네트워크 대표)
216		10/2	내란 극복과 국민주권을 지키는 시민성 교육	김거성 (연세대 연합신학대학원 객원교수, 전 청와대 시민사회수석)
217		11/6	한강을 살려야 인천에 생명, 평화가 온다.	김원 (전 대통령직속 국가물관리위원회 위원)
218		12/4	우리의 도시, 더 깊은 민주주의 공동체	김창수 (인문도시연구소 소장)

제 3 부

총회 자료집

I. 연차별 총회 자료집

창립총회(2004년도)

(창립예배 및 창립총회 자료집과 2005년 정기총회의 전회의록을 정리한 내용)

1. 창립준비과정

<생명평화기독연대/생명평화포럼>은 2003년 11월 17일 창립을 발의하는 첫 모임을 갖고 준비에 들어가 2004년 10월 10일 창립총회를 개최함으로써 창립되었다.

1) 준비모임은 2003년 11월 17일에 첫 모임을 가졌으며, 이후 2004년 5월까지 매월 두 차례씩 12차에 걸쳐 모임을 진행했다. 이 모임들을 통해서 회원 조직과 이름, 회칙, 방향성과 정체성에 대한 논의가 이루어졌다. 4차 준비모임(1/12)에서는 단체명으로 '생명평화기독연대'라는 이름이 가칭으로 정해졌고, 7차 준비모임(2/23)에서 회칙초안이 확정되었다. 정체성과 방향성 논의를 구체화하기 위해 9차 준비모임(3/25)부터 포럼을 열기 시작했고, 생명과 평화, 신학적 관련 주제들을 다루어나갔다. 5월 25일 태안에서 가진 수련회를 통하여 창립준비위원회를 구성하고 창립 때까지 매월 두 차례씩 8차에 걸쳐 회의를 열어 회원을 조직하며 창립에 관한 전반적인 내용을 논의하였다.

2) 창립 때까지 (가칭)생명평화기독연대의 정체성과 방향성의 논의를 위해 주제별로 전문가들을 강사로 초청해 개최한 포럼은 다음과 같다. 포럼은 매월 넷째 목요일 7시에 시작되었다.

— 1차 포럼(3/25): 평화운동과 그리스도인의 역할 (김정수)

— 2차 포럼(4/29): 인천지역 환경현안 (조경두)

— 3차 포럼(6/24): 현 기독운동의 흐름과 기독연대 방향 (조정현)
— 4차 포럼(7/12): 새로운 민중신학의 영성론과 기독운동 (정강길)
— 5차 포럼(8/26): 민중신학의 전개과정과 새로운 대안 모색 (정강길)
— 6차 포럼(9/23): 한국교회의 현황과 새로운 기독운동 (정강길)

창립과정에서는 또 정체성이나 방향성의 확립뿐만 아니라 생명과 평화의 사회적 실천활동을 전개하기에 앞서 신앙인으로서 자질을 갖추기 위한 수련의 일환으로 6월 10일부터 월례 성경공부 모임도 진행하였다. 정태현 저 <거룩한 독서>를 기본교재로 삼아 생활나눔, 말씀묵상과 말씀나눔을 통해 영성 함양을 추구한 것이다.

3) 또한 창립과정에서는 아직 구체적인 연대활동은 실현하지 못했으나, 환경, 평화통일, 종교단체, 지역이라는 네 부문에서 전개되고 있는 활동에 참석함으로써 그 준비를 갖출 수 있었다. 부문별 참석 내용은 다음과 같다.

(1) 환경: 인천환경단체회의(4/22), 지구의 날 행사(4/24), 옹진군해사채취철회 및 환경대책위원회발족 기자회견(4/27), 소래해양생태공원지역 골프장건설계획규탄 기자회견(4/28), 굴포천방수로관련 합동회의(5/19), 경인운하간담회(6/22), 송도갯벌생명체위령제(7/8), 소래해양공원 택지개발 기자회견(7/21), 굴포천 테마설정을 위한 토론회(8/30), 굴포천 자전거답사(9/11), 영흥소화력발전소 가동에 대한 시민사회단체 간담회(9/15), 기만적인 굴포천방수로공사규탄대회(9/21), 덕적도쓰레기실태조사(9/22)

(2) 평화통일: 강화양민학살희생자위령제(4/24)

(3) 종교단체: 2004한국교회환경정책협의회 포럼 및 간담회(3/8), 2004기독교사회포럼(3/29~30), 기독교사회선교연대회의 정책수련회(7/1~2), 제3회 종교인대화마당(9/16~17)

(4) 지역: 제4회 인천지역시민사회단체활동가대회(8/27~28)

2. 창립총회와 창립예배

1) 생명평화기독연대는 이상과 같은 준비과정을 거쳐 2004년 10월 10일 (일) 오후 4시부터 인천 소성교회에서 창립총회를 개최함으로써 창립되었다. 창립총회는 창립준비위원인 임병구 회원의 사회로 진행되었다. 사회자의 개회선언 후 서기 선출에 이어 창립준비위원인 윤인중 회원의 경과보고가 진행되었다. 회칙이 제정되었고, 공동대표에 박종렬, 이민우 2인, 운영위원장에 윤인중, 감사에 김상목, 김상곤 2인이 각각 선임되었다. 안건으로 (1호) '2004년 사업계획 및 예산승인의 건', (2호) 인천시민연대 '상급단체 가입의 건'이 각각 승인되었다.

2) 총회에 이어 창립예배를 드렸다. 예배는 창립준비위원인 박종렬 목사가 집례했고, 동 이민우 교사가 대표기도를 올렸다. 성경은 누가복음(14:15-24)이 봉독되었고, 감리교신학대 교수인 이정배 목사가 '도시문화를 넘어서 — 녹색신앙의 길'이라는 제목으로 말씀을 전했다. 아카펠라팀의 찬양과 나섬교회성가대의 축송이 이어졌다. 인천환경운동연합 홍재웅 의장과 상동성당 호인수 신부의 축사가 이어졌고, 성신교회 박동일 목사의 축도로 예배를 마쳤다.

3) 창립 시 회원과 후원회원의 명단은 다음과 같다.

(1) 회원(26명): 윤인중, 차성수, 이재병, 김영수, 곽경전, 김유호, 정한식, 백영민, 임병구, 민숙희, 유동우, 이민우, 최재성, 박종렬, 이종철, 김정수, 정강길, 김종필, 신옥희, 김상곤, 허광, 강경태, 김태인, 문남의, 김봉은, 최동조

(2) 후원회원(11명): 조성일, 이영희, 최윤경, 이주섭, 김금일, 하태훈, 서은옥, 양향미, 김정범, 이강희, 임익철

4) 회원 외 방명록에 기록된 창립총회 축하참여자
홍재웅(인천환경운동연합 의장), 정동석(인천평화와통일을여는사람들 사무국장), 박성호(예향교회 준목), 이현락 외(인천온누리교회 교우), 오충일(전실련 목사), 문병호(국회의원),

이은주(민주개혁인천시민연대 집행위원장), 윤현수(민주개혁인천시민연대 평통위원), 이정배(감리교신학대학교 교수), 김성미경(인천여성의전화), 김경호(전인천EYC 총무), 이준모(해인교회 목사), 조성혜(부평자활후원기관 관장), 박인규(인천참여자치연대 사무처장), 김경희(목원교회 목사), 이원희(새봄교회 목사), 황치빈(창영교회), 이택규(지평교회 목사), 김지태(새벽교회 목사)와 나섬교회 교우들, 도성훈(전교조인천지부 지부장, 축의금 전달), 박천응(기독교사회선교연대회의 대표, 화환)

3. 창립총회 이후 진행된 2004년 활동

1) 조직이 확대되었다: 정회원 38명(CMS 29명), 후원회원 19명, 후원교회 8처(나섬, 아름다운 사랑방, 인천민교, 예본, 흥광, 새벽, 동강, 강동).

2) 운영위원회(11/9)는 1차 회의에서 신학위원회와 사무국을 설치하기로 하고, 신학위원장에 정강길, 사무국장에 이종철을 선임하였고, 3차 회의(2005. 1/14~15)에서는 환경, 평화, 홍보위원회를 설치하기로 하고, 위원장에 백영민(환경), 이진권(평화), 이강희(홍보)를 선임하였다.

3) 인천시민연대에 회원단체로 가입이 승인되었다(10/18).

4) 생명평화포럼은 실시해온 대로 매월 넷째 주 목요일 저녁에 계속해서 개최하였다.

— 7차 포럼(10/28): 2004년의 한국교회 개혁과제와 기독언론의 역할 (김종희)

— 8차 포럼(11/25): 한국교회에 평신도 사회운동의 의미와 역할 (김종원)

— 9차 포럼(12/23): 2005년 기독연대 방향과 사업계획에 대하여 (발제 윤인중, 논찬 임병구, 정강길)

5) 성경공부 모임도 매월 둘째 주 목요일 오후 7시에 계속해서 이어나갔다.

6) 연대를 위한 참여는 다음가 같이 실시되었다: 민족의 화해와 국가보안법 폐지를 위한 기독교운동본부 발족식과 기도회(10/15), 비상시국회의(10/21, 28 부평), 종교개혁기념제 심포

지움(10/29), 경인운하건설반대 인천팀회의(11/2), 민족의 화해와 국가보안법 폐지를 위한 기독교운동본부 집행위(11/15, 29), 인천시민연대 후원의밤(11/19), 평화와통일을여는사람들 10주년 후원의밤(11/23), 남동공단환경오염실태 모니터링(11/23), 생명선교연대 금식기도회 방문(11/29, 12/6), 기독교운동본부 금식천막농성장 방문(11/29), 희망21 창립보고대회(12/3), 새생명교회 이전감사예배(12/5), 굴포천살리기 토론회(12/6), 목정평 20주년기념대회 및 후원의밤(12/7), 새봄교회창립22주년기념 및 취임감사예배(12/12), 경인운하관련 간담회(12/27), 굴포천방수로 간담회(12/29)

7) 창립 후 2004년 3개월간의 결산내역(10/1~12/31)은 다음과 같다: 수입총액 5,571,200원 지출총액 5,571,200원

제2차 정기총회(2006년도)

(2007년 연초에는, 전년 연말부터 시작된 운영위원장의 계양산 보존 농성 활동으로 인하여 총회를 개최하지 못했고, 따라서 2006년도 활동에 대한 총회 보고서는 존재하지 않는다. 아래 내용은 운영위 회의록과 그 밖의 자료들을 종합한 것이다.)

1. 회의

제3차 정기총회: 2006년 1월 26일 (목) 오후 7시부터 소성교회에서 개최하였다. 회의 전 예배에 노창식 목사의 말씀이 있었다. 회원 17인이 참석하였다: 박종렬, 이민우, 윤인중, 백영민, 감상목, 이진권, 김정수, 김영수, 임병구, 송숙자, 김경아, 박성호, 김석봉, 김유호, 차성수, 임희영, 정강길.

2. 조직현황

(2006년 11월에 간행된 소식지 <생명! 평화의 길>에 따르면, 회원은 49인, 후원회원 30인, 후원교회 11개 처이다.)

회원: 강경태, 곽경전, 김경호, 김상곤, 김상목, 김석봉, 김영수, 김유호, 김정수, 김종필, 김태인, 류재성, 문남의, 민숙희, 박경란, 박종렬, 백영민, 복기만, 서진권, 성미경, 송기윤, 신옥희, 오태수, 유동우, 윤인중, 윤현수, 이강희, 이남경, 이민우, 이승용, 이재병, 이재춘, 이종철, 이준모, 이진권, 임병구, 임희영, 정강길, 정다혜, 정세일, 정한식, 조성일, 조정일, 차성수, 최경희, 최성곤, 최재성, 허광, 황치빈

후원회원: 강은숙, 김광성, 김금일, 김봉은, 김성준, 김윤종, 김은철, 김정범, 김혜선, 문병호, 문장영, 서은옥, 양향미, 유봉희, 이영규, 이영희, 이용찬, 이주섭, 이택규, 이혜경, 이혜진, 임익철, 임창국, 전병화, 정재원, 조인영, 최영민, 최윤경, 하태훈, 한계희

후원교회: 강동교회, 경동교회, 공릉교회, 나섬교회, 동광교회, 새길교회, 인천민중교회연합,

초원교회, 해인교회, 향린교회, 홍광교회

3. 조직활동

조직활동의 일환으로 진행되어 온 '노래 소모임'은 연말을 기해 '밴드'로 전환을 기획하고 공연을 준비하였다. 구성원은 김경아, 박경란, 박성호, 송숙자, 정미영 5인이다.

4. 교육훈련 부문 생명평화포럼

매월 마지막 주 오후 7시에 동암 교육실에서 9차에 걸쳐 다음과 같은 주제로 진행되었다.
— 2/23 "신자유주의 세계화와 크리스챤 경제윤리" (강원돈)
— 3/23 "지방자치시대와 크리스챤" (이대수)
— 4/27 "에큐메니칼 운동의 현주소 — KNCC를 중심으로" (김상근)
— 5/25 "청소년 대안교육 — '들꽃피는 마을'을 중심으로" (김현수)
— 6/29 "이슬람 종교와 문화" (이주화 이맘)
— 8/24 "평택사태와 미국의 전략적 유연성" (유영재)
— 9/28 "도시농업 — '생태도시 아바나' 사례" (안철환)
— 10/29 "기독교 생명평화운동에 대하여" (김조년)
— 11/23 "기독교 평화운동사례 — '개척자들'의 신앙과 행동" (개척자들)

5. 교육훈련 부문

(1) 금요독서모임(1/20): <청년 평화센터 푸름의 평화운동 연구보고서>를 중심으로 공부모임을 가지다(회원 6인 참석). (2) 애니어그램: 초급강좌(2/18~19)를 나섬교회에서 백영민 목사 강사로 진행하다(9인 참석). 중급강좌(2/25~26)를 소성교회에서 이강옥 선생 강사로 진행하다(12인 참석).

6. 영성수련회

2박3일 동안(2/1~3) 강화 평화영성센터에서 박종렬 목사를 지도강사로 하여 수련회를 진행했다(회원 8인 참가).

7. 실천활동 부분

1) 가족들이 동참하는 생명평화기행(4/5)을 실시하였다.

2) '아이들이 만드는 평회의 나라' 행사는 6차에 걸쳐서 실시되었다.

— 6/17 가좌4동 체육공원

— 6/25 삼산초등학교

— 9/16 부개동

— 9/30 구월동

— 10/21 연희동 간촌공원

— 10/28 계산동 체육공원

3) 2006 한강하구 평화의 배 띄우기/청소년 평화캠프는 7월 27일과 28일 양일에 걸쳐서 장마비 속에서도 원만히 시행되었으며, 청소년 150여 명이 참가하였다. 행사는 인천시청, 외포리와 창후리, 한강하구, 교동도 월선포와 흥왕 체험학습장에서 이루어졌다.

4) 평택 미군기지 확장이전을 반대하는 촛불집회(7/13)를 인천민중교회연합과 연대하여 동암역 광장에서 진행하였다.

5) 계양산 북사면 30여만 평에 골프장을 짓는 계획(롯데걸설)에 반대하여 대책위원회와 함께 기자회견과 서명운동에 참여하였고, 위원회는 10월 26일부터 소나무 고공시위에 돌입했고, 12월 20일부터는 생평의 운영위원장인 윤인중 목사가 이를 이어서 155일 동안 고공시위를 계속했다.

8. 홍보활동

소식지로 2006년 가을호 <생명! 평화의 길>이 제작 배포되었다. 소식지에는 토마스 머튼의 글이 머리글로 실렸고, 특집으로 2006년 여름수련회 발제문 두 편이 수록되었다: '우리의 우물에서 우리의 샘물을'(임병구 운영위원), '우리가 걸어가고자 하는 길은 어떤 길인가'(이진권 평화위원장). 행사 후기로 김석봉 2006평화의배 사무국장의 '7.27 한강하구 평화의 배 띄우기'를 실었다. 노래모임에 관한 인터뷰 기사도 수록되었다. 이 소식지에는 발행일자가 표시되지 않았는데, 내용을 살펴보면 11월 초중순께 제작되어 배포된 것 같다.

9. 연대 및 실천 활동 (보고서에 따른 정리)

2/14 6.15 공동위 운영위원회

2/23 평화의 배 인천모임

3/5~6 평화순례단 – 평택 대추리 평화기도회 (평택 대추리)

3/9 종교환경회의 (명동성당)

3/10 새만금 간척사업 중단 촉구를 위한 2006인 선언 및 기자회견 (광화문 열린광장)

3/10 기독교사회포럼 집행위원회

3/11 한강하구 습지 탐방

3/14 새만금 생명평화를 위한 개신교 기도회 (광화문 열린광장)

3/17 한강하구 평화의 배 띄우기 내부 워크샾 (한백교회)

4/4 한강하구 평화의 배 인천지역 소위원회

제3차 정기총회(2007년)

(2008년 1월 24일 개최된 4차 정기총회에 보고된 사항의 정리)

1. 회의

♧ 인천 계양산 일대에 골프장을 건설하려는 롯데그룹의 계획에 맞서 인천 시민사회는 계양산자연공원을 추진하며 2006년 10월 26일부터 소나무 고공시위에 들어갔고, 12월 20일부터는 생평 운영위원장 윤인중이 155일 동안 고공시위를 이어갔다. 생평은 이 갑작스러운 사태로 인해 2007년 연초에 있게 될 총회를 실시하지 못했다.

♧ 2007년에 생평은 9차에 걸쳐 운영위원회를 열고 계양산 지키기와 평화의 배 띄우기에 집중하며 대책들을 논의했다(1/8, 3/11, 4/9, 5/7, 6/13, 9/27, 10/8, 11/9~10, 12/13),

2. 2007년 조직현황은 회원 39명, 후원회원 38명, 후원교회 12처(강동교회, 공릉교회, 나섬교회, 동광교회, 수도교회, 예본교회, 인천평화교회, 지평교회, 초원교회, 해인교회, 향린교회, 홍광교회)이며, 후원기관은 한국기독교장로회총회이다.

3. 생명평화기독연대 밴드인 <평화울>은 모두 16차에 걸쳐 모임을 가졌고, 공연으로는 기독교환경연대(4/14)와 계양산살리기(8/14, 9/13) 활동에 참여했고, 연말에는 고난받는 자와 함께하는 성탄음악회를 개최하였다(12/13).

4. 매월 넷째 목요일 저녁 7에 실시된 <생명평화포럼>은 10차에 걸쳐 다양한 주제로 열렸다: '우리 사회 갈등현황과 해결 방안'(박태순, 1/25), '지구온난화와 인천의 난개발'(박병상, 2/22), '평화로 가는 길 — 이라크 평화운동 나눔'(임영신, '지역에서 협동공동체를 어떻게 만들 것인가?'(임종한, 4/26), '계양산 나무 위 생활나누기'(윤인중, 5/31), '생명평화운동에 대하여'(김찬호, 6/28), '멕시코 해외선교 경험나누기'(이택규, 8/23), '네 이웃을 네 몸과 같이 사랑하라'(최원경,

9/27), '2007 대선을 읽는 법'(오세제, 11/1), '아나뱁티스트의 평화사상'(이재영, 12/6).

5. 그 밖에 전개된 고유사업으로는 포럼을 쉰 7월에는 교육훈련 부문에서 공부 모임(무탄트 메시지를 읽고)이 있었고(7/12), 11월에는 소나무 시위 1주년 기념행사로 실시한 계양산 산행이 있었고(11/11), 12월에는 회원들과 후원교회인 남섬 새봄 예본 평화 4개 교회가 참가하여 <평화울> 중심으로 음악예배 형식을 취한 '고난받는 이웃들과 함께하는 성탄예배'를 드렸고, 이 예배에서 드려진 헌금 50만원을 부당해고 투쟁을 전개하고 있는 콜트악기 노동조합에 지원했다.

6. 기독교를 포함한 종교 연대활동으로는, 기독교사회선교연대회의 회원으로, 기독교사회포럼('한국교회의 정치참여', 5/31)에 참여했고, 석가탄신을 기해 3처(인천불교회관, 법명사, 용천사)에 축하 현수막을 걸었다.

7. 지역연대활동으로는, (1) '민주개혁을 위한 인천시민연대' 회원으로, 또 (2) '계양산 롯데골프장 저지 및 시민자연공원 추진을 위한 인천시민대책위원회'에 참여하고 있다. 계양산 골프장 저지활동으로 소나무 위 시위가 2006년 10월 26일부터 2007년 5월 23일까지 210일 동안 지속되었는데, 시위에는 운영위원장인 윤인중이 2006년 12월 20일부터 2007년 5월 23일까지 155일 동안 참여했다. 생평은 또 2007년 7월부터 매주 화요일 저녁 7시부터 3처(계산역, 부평 문화의거리, 가좌동)에서 진행된 촛불집회, 시청앞 농성, 전철 홍보활동, 후원의밤 행사(9/13)에도 참여하였다. (3) 생평이 지역연대활동으로 참여한 '2007 한강하구 평화의 배 띄우기'는 '한강을 평화의 강으로, 인천을 평화의 도시로'라는 주제로 열린 토론회(6/25)를 시작으로, 이에 대한 기자회견(시청기자실, 7/19)을 이었고, 월말에는 김포청소련수련원에서 '청소년 생명평화마당'을 개최하였는데, 이 행사에는 학생과 교사를 포함하여 152명이 참여하였다. '2007 한강하구 평화의 배 띄우기' 본행사(7/27)는 인청시청, 강화 외포리, 창후리, 한강하구에서 진행되었으며, 참여자 총수는 271명이었다. (4) 또한 생평은 무기 장난감을 책이나 화분으로 바꾸어주는 나섬교회가 주관한 행사 '아이들이 만드는 평화의 나라'에 참여하였는데, 이 날(6/24) 어린이와 주민 250여 명이 함께 활동했다. 이 밖에 지역연대활동으로 (5) 대우자판과 콜트악기를

지원하는 '인천지역 고통받는 노동자를 위한 연대활동'에 참여해 왔고, (6) 강화 양민학살 위령제(4/14)에도 참여하였다.

* 4차 정기총회(2008년 1월 24일 오후 7시, 동암역 사무실) 사진

제4차 정기총회(2008년)

(2009년 1월 22일 개최된 5차 정기총회에 보고된 2008년 회의와 사업)

1. 정기총회(4차)

♧ 일시: 2008년 1월 24일 늦은 7시

♧ 장소: 생명평화기독연대 교육실(동암역)

♧ 참석: 박종렬 유동우 김상목 윤인중 백영민 김영수 이종철 이진권 임희영 차성수 김영호 정다혜 천승현 정한식

♧ 총회는 김상목 회원의 기도로 시작되었고(19시 25분), 내빈으로 참석한 조정현 기독교사회 선교연대회의 회장이 축사를 하였다.

♧ 제4차 정기총회에서는 임원선임이 있었는데, 총준위의 안대로 공동대표에 박종렬(유임), 윤인중(유임), 김영호(신임), 운영위원장에 정한식(신임), 감사에 유동우(신임), 김상목(유임) 회원이 선임되었다.

♧ "서두르지 않는 운동, 몰려다니지 않는 운동, 낮은 곳을 향하는 운동, 따뜻한 가슴으로 하는 운동, 마음이 이끄는 대로 움직이는 운동, 소수자를 존중하는 운동, 자발적인 운동"을 활동원칙으로 삼아 '생명평화포럼', '애니어그램 강좌', '공부 소모임', '영성수련회', '생명평화아카데미' 등의 사업을 계획하였다.

♧ 김영호 신임공동대표의 기도로 폐회했다(20시 25분).

2. 생평의 2008년 회의는 운영위원회로 연간 10차에 걸쳐 모였다(1/14; 2/10; 3/10; 4/14; 6/9; 8/11; 9/8; 10/13; 11/10; 12/7).

3. 총회일 현재 조직현황은 회원 34명, 후원회원 44명, 후원교회 8처(강동교회, 나섬교회,

동광교회, 수도교회, 인천평화교회, 지평교회, 초원교회, 홍광교회)이며, 후원기관은 한국기독교 장로회총회이다.

4. 조직 구성에 포함되는 사항으로, 생명평화기독연대 밴드로서 6인으로 구성된 <평화울>은 2008년 7차에 걸쳐 활동을 벌였다. 서울 가톨릭회관에서 열린 '도법 스님 탁발순례강연회'(2/21)를 비롯하여 '남북평화재단 경인본부 창립대회'(2/22), '지평교회 환경교육'(4/5), '계양산 골프장저지를 위한 촛불집회 1주년 행사'(5/8), '기장 생태운동본부 창립예배'(5/10)에 출연했고, 11월에는 인천지역 종교인모임에서 주도한 '콜트악기 해고노동자를 위한 종교인음악회'(11/5)에 참여했으며, 연말을 기해 독자적으로 '고난받는 이웃을 위한 작은 음악회'를 열었다(12/11).

5. <생명평화포럼>은 매월 둘째 목요일 저녁 7시에, 독자적으로 7차에 걸쳐서 개최했으며, 2월(2/21)에 열린 도법 스님을 강사로 초청한 '생명평화 탁발순례기'는 시민사회포럼, 가톨릭환경연대와 공동추최하였고, 7월에는 '한강하구 평화의 배 띄우기' 행사로(7/27), 또 12월에는 <평화울>의 '작은 음악회'로 대체했다. 생평 교육실과 소성교회를 오가면서 개최된 포럼은 상반기에는 '생명평화와 예수살기운동'(김경호, 3/27), '한국사회 진보운동의 성찰과 방향'(홍세화, 4/24), '차별받아 마땅한 사람은 그 어디에도 없다'(고상균, 5/29), '李시대의 한국교회, 예수는 없다'(오강남, 6/26)는 주제로 모였고, 하반기에는 '영성과 사회적 실천의 통합, 어떻게?'(한상봉, 9/25), '세계화에 대한 교회의 대응'(김영철, 10/23), '민중신학과 새로운 신학운동'(김진호, 11/27)을 주제로 다루었다.

6. 또한 생평이 2008년에 고유사업으로 전개한 활동 가운데 기록할 것은 굴포천 방수로에서 검암역을 걸으며 살펴본 '경인운하 탐방'이다(5/14). 이 활동은 정부가 벌이는 '대운하사업'과 연관된다.

7. 생평은 이 해에 홍보활동의 일환으로 부평구청에 '도서출판 생명 평화'라는 이름으로 출판사를 등록했고(등록일 2008년 7월 16일, 등록번호 351-2008-9호), 윤인중 저 <솔숲에서 띄운 편지>를 출판했다. 또한 홈페이지가 새롭게 단장된 사항도 보고되었다(www.peacelife.or.kr).

8. 2008년도 재정집행은 수입총액 18,644,607원, 지출총액 18,619,817원, 잔액 24,760원이었다.

9. 생평이 2008년에 전개한 기독교 및 타 종교와 가진 연대활동은 다음과 같다. 생평은 '기독교사회선교연대회의'와 '기독교사회포럼'의 회원으로 참여했다. 석가탄신일에는 인천불교회관에 축하 현수막을 걸었다. '인천지역 종교인 대화모임'이 열려(3/12) 참여하고 있으며, '대운하저지를 위한 인천지역 종교인대책위'에 참여해 기자회견에 동참했다(4/3). '콜트악기해고자 원직복직 및 비정규노동자들을 위한 종교인기도회'에 참여했다(4/17). 서울 청파감리교회에서 열린 '대운하반대 기독교행동' 발족식에 참여했다(4/18). 굴포천에서 계양산을 잇는 '생명의 강 살리기 종교인 순례단'에 함께 걸었고(8/5), 종교인환경회의에서 주최한 '종교인 대화마당'(실상사, 8/21~22), '생명평화탁발순례단' 인천지역 순례에 동참했으며(8/25~31), 계양산 공원 솔밭에서 열린 '계양산 생명평화 기원제'에 참여했다(8/31). 그리고 '경인운하 수도권 공동대책위'에도 가입했다.

10. 지역연대활동으로는 '민주개혁을 위한 인천시민연대', '계양산 롯데골프장 저지 및 시민자연공원 추진을 위한 인천시민대책위원회', '2007 한강하구 평화의 배 띄우기', '대운하저지를 위한 인천시민행동', '인천지역 고난받는 노동자를 위한 연대활동(대우자판비정규, 콜트악기)', '촛불문화제', '인천인권영화제', '인천시민사회포럼', '강화양민학살위령제'를 함께 전개했다.

제5차 정기총회(2009년)

일시: 2009년 1월 22일(목) 오후 7시

장소: 소성교회

인천시 부평구 십정2동 418번지 기문빌딩 4층

전화: 032-426-3226 팩스: 032-431-8637

http://peacelife.or.kr

생명평화기독연대

제5차 정기총회 자료집 순서

□ 5차 정기총회 식순

□ 회칙

□ 2008년 사업보고

□ 2008년 결산보고

□ 2009년 사업계획

□ 2009년 예산보고

□ 기타

□ 회원, 후원회원 명부

제5차 정기총회 식순

□ 개회기도

□ 개회선언

□ 개회사

□ 성원보고

□ 회의록 서기 선출

□ 회순통과

□ 전회의록 낭독

□ 안건심의

안건 1. 회칙 개정

안건 2. 감사보고

안건 3. 2008년 사업보고

안건 4. 2008년 결산보고

안건 5. 신임원 선출

— 공동대표, 감사, 운영위원장

안건 5. 2009년 사업계획

안건 6. 2009년 예산계획

기타 안건

□ 회의록 채택

□ 폐회선언

□ 폐회기도

□ 전회의록 보고

일시: 2008년 1월 24일 늦은 7시

장소: 생명평화기독연대 교육실

사회: 박종렬 공동대표

참석자: 박종렬, 유동우, 김상목, 윤인중, 백영민, 김영수, 이종철, 이진권, 임희영, 차성수,

김영호, 정다혜, 천승현, 정한식

내빈: 조정현(기독교사회선교연대회의 회장)

▶ 개회기도 – 회원 김상목의 기도로 시작하니 7시 25분이더라.

▶ 성원보고 – 운영위원장 윤인중의 성원보고 후 회원 백영민의 회원명부 중 일부 누락된 회원 재정리를 요구하여 이를 수정 보완키로 하다.

▶ 회의록 서기 – 운영위원장 윤인중께서 회원 정한식을 추천하고 이에 회원 전원 동의, 제청하다.

▶ 회순검토 – 회의록에 상정된 원안대로 진행키로 하다.

▶ 전 회의록보고 – 전 사무국장 김석봉의 부재로 자료 취합치 못하여 추후 보완키로 하다.

▶ 내빈 인사 – 조정현 기독교사회선교연대회의 회장께서 축하하다.

▶ 안건 심의

1. 회칙 개정에 대한 건

– 전 회의록 확인 후 개정할 사항을 차기총회에서 재론키로 하다.

2. 감사보고에 대한 건

– 감사 김상목의 재정난에 대한 심각성을 극복키 위한 후원금 확보의 시급성에 대해 감사 결과 평하다.

– 감사보고 내용을 문건화할 것을 공동대표 박종렬께서 요청하고 이를 실행키로 하다.

3. 사업보고에 대한 건

– 운영위원장 윤인중께서 보고한 후 회원 백영민의 9월 종교환경회의 사업이 누락된 것을 지적하자 이에 가 사업을 '기독교연대활동'의 내용으로 추가 삽입키로 하다.

4. 2007년 재정결산에 대한 건

– 운영위원장 윤인중의 결산보고 후 연대회비 중 기사련 회비 2007년 분 탕감 받은 것을 확인하고 2008년부터 성실 납부키로 하다.

– 이에, 회원 백영민의 2년 만에 개최되는 총회인 고로 2006년 결산이 누락된 것을 지적하자

작년의 긴급했던 상황(운영위원장 윤인중의 계양산 농성)을 고려 원안대로 받기로 하다.

5. 신임 임원선출에 대한 건

— 회원 이진권의 총준위안 보고(공동대표 — 박종렬, 윤인중, 김영호, 운영위원장 — 정한식, 감사 — 유동우, 김상목)하고 그 중 신임으로 추천된 유동우(감사), 정한식(운영위원장), 김영호(공동대표)의 소견 청취후 회원 백영민 동의와 회원 이종철의 제청으로 총준위안 통과시키다.

6. 2008년 사업계획에 대한 건

— 운영위원장 정한식의 사업계획 보고 후 회원 이진권의 차기 운영위원회를 통한 사업검토가 적절타고 하자

— 이에, 회원 백영민의 사업계획 5번(제3세계 노동자와 아동을 위한 선교활동준비)에 대한 보충설명을 요구함.

— 이에, 공동대표 윤인중과 공동대표 김영호의 네팔선교에 대한 보충설명 청취 후 원안대로 통과시키기로 함.

7. 2008년 재정예산에 대한 건

— 공동대표 윤인중의 보고 후 회원 백영민의 노래반 멤버들의 회원가입 독려와 회원 및 후원회비가 10,000원 이상이었던 것을 5,000원 이상 하기로 하고

— 노래반 월 지원비 150,000원을 100,000원으로 제안

— 이에, 노래반 임희영께서 노래반 현실을 설명하고

— 노래반원의 회원가입을 회원 임희영께서 독려키로 하다.

8. 기타

— 운영위원장 정한식의 CMS(회원, 후원회원 가입신청서) 확장에 대한 협조

— 홈페이지 관리를 위해 회원 차성수와 공동대표 김영호가 담당키로 하다.

— 회원, 후원회원 명부를 조정하여 줄 것을 사무국에 건의하다.

▶ 공지

1. 2월 포럼 안내

— 28일 개최 예정이었던 포럼 일정이 강사(도법 스님)의 사정에 의해 부득이 21일로 옮겨짐에 따라

— 행사주관을 시민사회포럼과 가톨릭환경연대와 공동개최키로 하고
— 장소는 추후 통보키로 하다.
2. 김영철 목사 입국(2월 1일)에 대한 공지

▶ 폐회
— 공동대표 김영호의 기도로 폐회하니 오후 8시 25분이더라.

□ 2008년 사업계획

1. 사업기조 "예수 그리스도의 향기가 나는 공동체"

1) 예수 그리스도를 따르는 제자공동체로서 평화운동과 생명살림운동을 전개한다.
2) 목회자와 평신도가 협력하여 운동을 하되, 평신도 대중운동으로서 발전할 수 있도록 한다.
3) 교회와 기독운동단체와 협력하여 교회개혁운동을 전개한다.
4) 이웃종교와의 대화와 협력을 심화시킨다.
5) 시민사회단체와의 연대를 발전시킨다.

2. 활동원칙

1) 서두르지 않는 운동
2) 몰려다니지 않는 운동
3) 낮은 곳을 향하는 운동
4) 따뜻한 가슴으로 하는 운동
5) 마음이 이끄는대로 움직이는 운동
6) 소수자를 존중하는 운동

7) 자발적인 운동

3. 사업목표와 계획

1) 신앙적, 신학적 성숙을 위한 교육, 훈련과정을 체계화한다.

(1) 생명평화포럼(매월 4번째 목요일 저녁 7시)
(2) 에니어그램 강좌(초급과정, 중급과정 각 2회 개설)
(3) 공부 소모임(명상기도와 공부, 평화와 생태의 가치를 중심으로)
(4) 영성수련회(침묵과 명상, 기도와 성서읽기, 겨울)
(5) 생명평화아카데미(기독청년, 학생들)

2) 조직의 내실화, 확대, 체계화

(1) 회의의 정기적 개최(정기총회, 운영위원회)
(2) 회원, 후원회원, 후원교회, 후원단체를 확대한다.
회원(2007년 현재 39명, 2008년 50명 목표)
후원회원(2007년 현재 38명, 2008년 50명 목표)
후원교회와 단체(2007년 현재 12교회, 2008년 15교회 목표)
(3) 지도위원을 위촉한다
(4) 위원회 활성화
생명위원회: 경인운하 대책위와 기독환경연대회의를 중심으로
평화위원회: 무기장난감 행사, 한강하구 배 띄우기 사업 추진
(5) 집행력을 강화
운영위원장의 상근체계를 중심으로 안정적인 집행력을 확보한다.
(6) 소모임 활동을 계발
평화울(생평밴드)

평신도 공부모임(계획)

(7) 대학, 청년모임을 구성할 수 있는 방안 모색과 추진

대학생, 청년회원을 중심으로

교단 청년연합회와의 교류와 연대를 모색한다.

3) 행사

(1) 전체 회원이 참여할 수 있는 행사를 기획하고 실행한다.

생명평화기행: 철원인근 비무장지대

무기장난감을 평화의 선물로(2회 실행)

2008 한강하구 평화의 배 띄우기 행사

여름 전체 회원 가족 수련회

창립 4주년 기념예배와 특별강좌

고난받는 이웃과 함께하는 성탄절 행사

(2) 홍보활동을 강화한다.

홈페이지 활성화(정보의 다양한 제공과 회원 대화의 장)

2008년 조회수 50명 — 100명 정도 참여

분기별 회지 발행

(3) 교회와 기독교운동(선교) 단체 사이의 유기적 결합

교회: 범교단(감리교, 예장 통합, 성공회)이 참여하는 운동으로 승화

인천기독운동단체: 감리교 사회연대, 인천민중교회연합, 목회자 정의평화 실천협의회, 인천지역 인권위원회와의 연대와 협력(종교개혁주일 또는 인권주간 예배, 강연회 개최)

전국기독운동단체: 기독사회선교연대회의, 기독교환경운동연대, '교회의 날' 준비위원회에 참여하여 활동을 한다.

(4) 이웃 종교와의 연대와 협력

가톨릭, 불교, 원불교 등 이웃 종교인과의 만남과 대화

불탄일 축하방문

6.15공동위를 중심으로 평화통일운동 전개

(5) 시민단체와의 연대

민주개혁을 위한 인천시민연대

환경단체 모임

6.15 공동위원회

인천, 강화 양민학살 문제를 연구하고, 추모하는 행사

계양산 골프장 저지와 시민자연공원 조성을 우한 인천시민위원회

경부운하, 경인운하 대책활동

4) 재정자립과 사무실 독자 공간 마련

(1) 회원과 후원회원의 회비 참여 비율 증대(재정의 60%)

(2) 후원교회와 단체의 확대와 긴밀한 결합

(3) 사무실 독자 공간 마련 대책

5) 제3세계 노동자와 아동을 위한 선교활동을 준비하여 실행

□ 2008 사업보고

1. 조직

1) 조직 현황

- 회원: 39명
- 후원회원: 41명
- 후원교회: 8교회(강동교회, 나섬교회, 동광교회, 수도교회, 인천평화교회, 지평교회, 초원교회, 홍광교회)

— 후원기관: 한국기독교장로회 총회

2) 평화울(생명평화기독연대 밴드)

팀장: 송숙자 신디사이저: 박경란 플룻: 정미영 기타: 임희영

베이스기타: 박성호 보컬: 김경아

일 시	내 용	장 소	주관단체
2월 21일 19시	도법 스님 탁발순례강연	가톨릭회관	생명평화기독연대
2월 22일 16시	남북평화재단 경인본부 창립대회	수림공원별관	남북평화재단경인본부
4월 5일 19시	지평교회 환경교육센터	지평교회	지평교회
5월 8일 18시	계양산골프장저지를 위한 촛불집회1주년	계산역 6번 출구 입구	계양산골프장저지를 위한 대책위원회
5월 10일 11시	기장 생태운동본부 창립예배	경동교회	기장 생태운동본부
11월 5일 19시	콜트악기 해고노동자를 위한 종교인 음악회	부평구청대강당	인천지역 종교인 대화모임
12월 11일 7시	고난받는 이웃을 위한 작은 음악회	잔치마당	생명평화기독연대 평화울

3) 회의

(1) 운영위원회: 매월 두 번째 월요일 오후 7시, 사무실에서 개최

운영위원 — 박종렬, 윤인중, 김영호, 유동우, 김상목, 백영민, 임병구, 김영수, 이진권, 임희영, 차성수, 김석봉, 정한식

일 시	주요 결의 내용	참석자
1/14	4차 총회일정 확정, 총준위 구성(윤인중, 김영호, 이진권, 임병구)	박종렬, 윤인중, 김영호, 정한식, 백영민, 김석봉, 임병구
2/10	회원정리, 위원회 정비, 운영위원 구성, 임원 확정. 포럼 확정	박종렬, 윤인중, 김영호, 백영민, 김영수, 김상목, 이진권, 김석봉, 차성수, 임희영, 유동우, 정한식
3/10	포럼 확정, 생명의 강을 살리는 인천지역 종교인대책위 구성, 운하탐사	김영호, 백영민, 차성수, 김영수, 이진권, 김석봉, 정한식
4/14	홈피 재개설, 출판사 등록, 생명의강	김영호, 백영민, 차성수, 김영수,

	살리기종교인순례단 탐사기행,	이진권, 김석봉, 정한식
6/9	정책수련회, 출판 간행물 수입금 사용, 회원 후원회원 만남의 날	박종렬, 윤인중, 백영민, 차성수, 이진권, 정한식
8/11	수련회 일정, 탁발순례, 포럼	윤인중, 백영민, 임병구, 이진권, 정한식
9/8	인천사회포럼 조직위 참여, 기사련 연회비, 이랜드·기륭전자 후원, 종교환경회의 탈퇴, 수련회(SWOT 분석)	박종렬, 윤인중, 백영민, 김영호, 이진권, 차성수, 김석봉, 정한식
10/13	포럼, 콜트해고자를 위한 종교인 음악회, 경인운하 수도권 공대위 공동대표 참여, 계양산 릴레이 단식 참여	박종렬, 윤인중, 김영호, 이진권, 김영수, 임희영, 김석봉, 정한식
11/10	포럼, 총회 및 송년회, 평화울 공연	박종렬, 윤인중, 김영호, 백영민, 이진권, 김석봉, 정한식
12/7	수련회로 진행하려 했으나 폭설로 인해 연기. 나섬교회 사택에서 진행. SWOT 분석 결과 발표 및 2009년 운영에 대한 논의	윤인중, 김영호, 백영민, 이진권, 차성수, 회귀– 박종렬,김석봉

4) 행사 및 활동

(1) 생명평화포럼

일시	장소	강사	주제	비고
2월 21일	가톨릭회관	도 법	생명평화 탁발순례기	시민사회포럼, 가톨릭환경연대 공동주최
3월 27일	교육실	김경호	생명평화와 예수살기운동	
4월 24일	소성교회	홍세화	한국사회 진보운동의 성찰과 방향	
5월 29일	교육실	고상균	차별받아 마땅한 사랑은 그 어디에도 없다.	
6월 26일	소성교회	오강남	李시대 한국교회, 예수는 없다	
7월 27일	한강하구 평화의 배 띄우기 행사로 대신 함.			
9월 25일	교육실	한상봉	영성과 사회적 실천의 통합, 어떻게?	
10월 23일	교육실	김영철	세계화에 대한 교회의 대응	
11월 27일	교육실	김진호	민중신학과 새로운 신학운동	
12월	고난받는 이웃과 함께하는 작은음악회로 대신 함.			
*포럼은 매월 넷째 주 목요일 저녁 7시에 개최됩니다.				

(2) 고난받는 이웃들과 함께하는 평화울 공연

일 시: 2008년 12월 11일(목) 저녁 7시

장 소: 잔치마당

(3) 경인운하 탐방

일 시: 2008년 5월 14일(수) 이른 10시

장 소: 굴포천방수로 — 검암역

5) 기독교 및 타 종교와 연대활동

(1) 기독교사회선교연대회의

(2) 기독교사회포럼

(3) 석가탄신일 축하 플래카드(인천불교회관, 수미정사)

(4) 인천지역 종교인 대화모임

일 시: 2008년 3월 12일(화) 이후 현재까지

장 소: 인천불교회관

(5) 대운하저지를 위한 인천지역 종교인대책위 기자회견

일 시: 2008년 4월 3일(목) 오전 11시

장 소: 인천불교회관

(6) 콜트악기해고자 원직복직 및 비정규노동자들을 위한 종교인기도회

일 시: 2008년 4월 17일(목) 늦은 6시

장 소: 부평역 택시승강장

(7) 대운하반대 기독교행동 발족식

일 시: 2008년 4월 18일(금) 늦은 3시

장 소: 청파감리교회

(8) 생명의 강 살리기 종교인 순례단

일 시: 2008년 8월 5일(금) 오전 10시부터

장 소: 굴포천 방수로 — 계양산

(9) 종교인 대화마당(주최:종교인환경회의)

일 시: 2008년 8월 21~22일

장 소: 실상사

(10) 생명평화탁발순례단 인천지역순례

일 시: 2008년 8월 25일~31일

장 소: 인천지역

(11) 계양산 생명평화 기원제

일 시: 2008년 8월 31일(일) 오후 2시~5시

장 소: 계양산 공원 관리소, 솔밭

(12) 경인운하 수도권 공동대책위

6) 지역연대활동

(1) 민주개혁을 위한 인천시민연대

(2) 계양산 롯데골프장 저지 및 시민자연공원 추진을 위한 인천시민대책위원회

(3) 2007 한강하구 평화의 배 띄위기

(4) 대운하저지를 위한 인천시민행동

(5) 인천지역 고난받는 노동자를 위한 연대활동(대우자판비정규, 콜트악기)

(6) 촛불문화제

(7) 인천인권영화제

(8) 인천시민사회포럼

(9) 강화양민학살위령제

7) 출판 및 홍보

(1) 도서출판 '생명 평화' 등록

신고처: 부평구청

등록일: 2008년 7월 16일

등록번호: 351-2008-9호

간행물: 윤인중 저, “솔숲에서 띄운 편지”

(2) 회지발간: 2008년 2회 발간

(3) 홈페이지 새단장(www.peacelife.or.kr)

□ 2008년 결산

수입부 2008년 1월~12월 31일

관	항	목		금액		비고
				2008년 예산	2008년 결산	
수입	이월금	2008년 잔액		42,688	42,688	
		소계		42,688	42,688	
	회 비	회원	CMS	6,000,000	10,275,830	회원,후원회원
		후원회원		6,000,000		
		후원교회	15교회 예상	7,200,000	5,900,000	8교회
		소계		19,200,000	16,175,830	
	기 타	대납회수비	통신료(계양산...)		200,000	
		기타후원		3,000,000	800,000	기장총회
		특별후원	인천평화교회		300,000	
		결산이자	국민은행		89	
		기타		100,000		
		소계		3,100,000	1,300,089	
	합계			22,342,688	17,518,607	

지출부

관	항	목			금액		비 고
					2008년 예산	2008년 결산	
지출	운영비	경상유지비	임대료	17*12	2,040,000	2,040,000	17*12
			인건비	70*13	9,100,000	8,700,000	70*11+30
			통신료	3*12	360,000	442,350	
			공과금	-	-	965,351	
			소계		11,500,000	12,147,701	

	사업비	업무추진비	운영비	10*12	1,200,000	393,976	
			사무비	3*12	360,000	-	운영비에 포함
			비품비	3*12	360,000	-	
			소계		1,920,000	393,976	
		연대사업비	연대비		700,000	1,250,000	
			사업비		600,000	600,000	시민연대회비
			선교비	성탄절	1,000,000	-	
			노래반	15*12	1,800,000	600,000	5*12
			소계		4,300,000	2,450,000	
		회의비			240,000	421,000	
		경조비			720,000	229,000	
		수련회			600,000	110,000	
		출판,홍보비	소식지	연 4회	1,000,000	572,840	
		교육비			1,800,000	700,000	강연료
		예비비			462,688	920	결산차액
		후생복리비	보험		-	268,400	
		결산이자			-	10	
		기타	통신대납료	계양산 대책위	-	200,000	
			선교사업	평화울 공연	-		
		합계				17,493,817	
	잔액					24,760	

□ 2009년 사업계획

1. 조직

1) 회의 및 모임

운영위원회 – 회의 정례화 및 운영위원 재정비

포럼 – 매월 4째 주 목요일에서 2째 주 목요일로 변경. 체계적 주제로 교육효과 확보

전반기 주제: 건강한 교회를 위한 변혁과제

월	구분	주제	강사
1월	총회		
2월	영성	한국교회가 극복해야 할 종교관1	이현주
3월	영성	한국교회가 극복해야 할 종교관2	김경재
4월	사회	한국교회가 극복해야 할 사회관	한완상
5월	교회	교회 밖에서 본 한국교회의 변혁과제	
6월	교회	건강한 교회를 위한 한국교회의 변혁과제	

2) 회원 및 후원회원, 후원교회

회원 1인당 3명 이상 회원, 후원회원 확보

후원교회

3) 위원회

각 위원회(생명, 평화)사업 활성화

4) 평화울

평화울과 운영위의 원활한 소통

정기공연에 대한 장기적 계획

2. 운영

1) 사무실

운영위원장 상근업무강화로 전년도 미비했던 조직 및 사업역량을 더 높인다.

2) 재정

회원, 후원회원, 후원교회 확장과 후원의 밤 행사로 안정적 재정 확보

3. 홍보

1) 회지

현재까지 발행하던 회지발간을 중단하고 다른 매체를 통한 보다 대중적이고 효과적인 홍보 방법을 고민

2) 홈페이지

회원 및 후원회원에게 보다 유익한 정보와 지식을 공유할 수 있는 다양한 접근을 위해 웹진 개설

4. 행사(실천 가능한 것을 중심으로)

1) '가족과 함께하는 기행'

회원, 후원회원 상호간의 친목 도모와 결속력을 다짐에 목적

2) 5주년 기념예배 및 특별강좌

5주년을 맞이하여 그 시기에 적절한 공개강좌를 통해 그 동안 함께했던 분들과 교회에 봉사

3) '후원의 밤'

평화울과 함께하는 음악회 형식으로 하되 그 시기를 앞당긴다.

단, 수익금(티켓판매대금)의 일부는 고난받는 이웃을 위한 성금으로 사용한다.

4) 출판

도서출판 생명*평화를 통해 포럼내용을 자료화하고 그 외의 출판사업에 힘쓴다.

5) 한강하구 평화의 배 띄우기

간사 단체로서 위상에 맞는 활동을 전재한다.

6) 수련회

2회 실시.

전반기 수련회를 통해 상반기를 평가하고 하반기를 설계

후반기 수련회를 통해 하반기를 평가하고 내년 사업 구상

5. 연대

1) 중앙

기사련을 중심으로 한다.

2) 지역

2008년 연대사업의 연장으로 하되 운영위에서 결정

3) 종교간 대화

종교인 모임의 활성화로 좀 더 폭넓은 교류 형성

□ 2009년 예산계획

수입부

항	목	금액			비고
		2008년 예산	2008년 결산	2009년 예산	
이월금	이월금	42,688	42,688	24,760	전년 이월금
	소계	42,688	42,688	24,760	
회비	월정회비	6,000,000	6,490,000	8,000,000	13명 이상 확대
	참가회비	-	-	1,000,000	기행 외

	특별회비	-	-	1,000,000	회원모금 및 헌금
	소계	6,000,000	6,490,000	10,000,000	
후원금	개인후원	6,000,000	3,060,000	4,500,000	17명 이상 확대
	교회후원	7,200,000	5,900,000	6,000,000	최소한 전년도 수준
	특별후원	3,000,000	800,000	5,000,000	후원의 밤 포함
	소계	16,200,000	9,760,000	15,500,000	
기타	결산이자	-	89	-	
	대납회수금	-	200,000	-	계양산 통신비 대납금
	선교헌금	-	300,000	-	인천평화교회
	선교비	1,000,000	1,126,000	1,000,000	평화울
	결산잔액	-	724,760	-	2008년 잔액
	이체차액	-	1,070	-	CMS계좌이체 차액
	기 타			475,240	항목 외 수입
	소계	1,000,000	2,351,919	-	
합계		22,342,688	18,644,607	27,000,000	

지출부

항	목	금액			비고
		2008년 결산	2008년 결산	2009년 예산	
인건비	인건비	9,100,000	8,000,000	12,600,000	100*12+(30*2)
	소계	9,100,000	8,000,000	12,600,000	
관리유지비	임대료	2,040,000	2,040,000	1,800,000	15*12
	관리비	-	965,351	1,000,000	공과금 및 유지비
	소계	2,040,000	3,005,351	2,800,000	
사무비	통신비	360,000	442,350	600,000	홈피 호스팅비 포함
	소모품비	360,000	120,000	120,000	10*12월
	비품비	360,000	273,976	300,000	
	소계	1,08,000	836,326	1,020,000	
조직사업비	포 럼	1,800,000	700,000	1,500,000	15*10번
	소모임	1,800,000	600,000	1,200,000	10*12월
	회 지	1,000,000	572,840	-	
	홈피관리비	-	-	200,000	웹진디자인
	출판비	-	-	1,000,000	50*2회
	교육훈련비			1,000,000	
	행사	-	-	1,000,000	기행
	수련회	600,000	110,000	600,000	30*2회
	회의비	240,000	421,000	120,000	1*12회
	경조비	150,000	150,000	600,000	회원, 후원회원(5*12)
	소계	5,790,000	2,553,840	7,220,000	
연대사업비	시민연대	600,000	600,000	600,000	5*12월

	기사련	-	120,000	120,000	1*12월
	대책활동	1,250,000	1,250,000	600,000	5*12월
	선교비	1,000,000	1.126.000	1,000,000	평화울
	경조비	720,000	79,000	600,000	연대단체(5*12)
	소계	3,570,000	1,929,000	2,920,000	
후생복리비	의료보험료	-	200,000	375,000	2.5*15지출
	예비비	462,688	-	65,000	항목외 지출
	소계	462,688	200,000	440,000	
기타	통신대납료	-	200,000	-	계양산통신비 대납
	결산이자	-	10	-	
	소계	-	200,010		
합계		16,793,847	17,919,897	27,000,000	

제6차 정기총회(2010년)

회순

1. 찬송
2. 예배: 설교 윤인중, 삼상 17:38-40
3. 주기도문
4. 성원보고

   참석자: 백영민, 정한식, 김영호, 이진권, 박종렬, 천승현, 윤인중, 이승용, (대책위 목사님)

   위임자:
5. 임시의장 선출

   정한식 운영위원장이 박종렬 공동대표를 의장으로 추대하니 만장일치로 제청하다.
6. 회의록 서기 선출

   정한식 운영위원장이 천승현을 지명하니 만장일치로 제청하다.
7. 회순통과

   정한식 운영위원장이 회순을 읽고 통과를 구하니 만장일치로 제청하다.
8. 전회의록보고

   정한식 운영위원장이 전회의록을 낭독하니 회칙 개정에 대한 건만 확인하고, 백영민 동의, 윤인중 제청으로 통과하다.
9. 안건심의
   1. 회칙검토

      : 영문명칭 검토 후 만장일치로 통과하다.
   2. 감사보고

      : 정한식 대독 후 만장일치로 받기로 하다.
   3. 사업보고

      : 정한식 해설 후 만장일치로 통과하다.
   4. 결산보고(별첨)

: '2009결산'을 '2010결산'으로 수정하여 만장일치로 통과하고, 미지급 인건비 건은 건타안건에서 논의하기로 하다.

5. 임원 선출

백영민, 총준위 안을 올리고 가부로 결정하자고 제안하니 모두 예라고 답하며 만장일치로 통과하다.

총준위 안: 공동대표 — 윤인중, 정한식, 평신도대표 — 정세일, 김영호, 재정감사 — 박종렬, 사업감사 — 이승용, 운영위원장 — 이진권, 고문 추대는 차기총회로 넘기기로 하다.

김영호 공동대표가 의장이 되어 정기총회를 진행하다.

6. 2010 사업계획

: '중앙'이란 단어를 '전국'으로 수정하고, '지역' 항에 '인천시민연대와 연대'를 삽입하고, 원안대로 받기로 정한식 동의, 윤인중 제청하여 통과하다.

7. 2010 예산계획

: '임대료'는 '사무실 유지비'로 수정하고, 그 항목의 1,000,000원을 1,300,000원으로 수정하다. 회의비는 400,000원으로 수정하고, 수련회는 400,000원으로 수정하다. 월정회비를 8,000,000원에서 8,500,000원으로 바꾸고, 인건비를 6,000,000원에서 6,500,000원으로 바꿔서 예산총액과 지출총액을 20,600,000원으로 맞추다.

계수 조정하여 예산 지출을 맞춘 후 통과하기로 하다.

8. 기타 안건

1) 미지급 인건비 건은 퇴직금 형태로 500,000원 지출하기로 하다.

2) 그동안 수고하신 박종렬 공동대표와 정한식 운영위원장에게 감사의 꽃다발과 선물을 전달하다.

3) 차기 운영위원회는 새봄교회에서 하기로 하고, 날짜는 운영위원이 정하기로 하고, 운영위원 선임은 차기 운영위원회에서 하기로 하다.

9. 회의록 채택

차기 운영위원회에서 채택하기로 하다.

10. 폐회선언

김영호 공동대표가 폐회를 선언하니 정한식 제청과 모든 회원의 박수로 통과하다. 마치니 8시 30분이다.

<별첨>

□ 2010년 예산계획

< 수입부 > 2023년 예산계획 수입부 분석

항	목	금액			비고
		2009년 예산	2009년 결산	2010년 예산	
이월금	이월금		24,760	45,628	전년 이월금
	소계		24,760	45,628	
회비	월정회비		5,960,000	8,500,000	20명 이상 확대
	참가회비			2,000,000	기행및 교육강좌 회비
	특별회비		-		
	소계		5,960,000	10,500,000	
후원금	개인후원		4,230,000	5,000,000	
	교회후원		4,450,000	5,000,000	최소한 전년도 수준
	특별후원				
	소계		8,680,000	10,000,000	
기타	결산이자		154		
	대납회수금			-	
	선교헌금			-	
	선교비				
	결산잔액				
	이체차액				
	기 타		40,000	54,372	
	소계		40,154		
합계			14,704,914	20,600,000	

< 지출부 >

항	목	금액			비고
		2009년 예산	2009년 결산	2010년 예산	
인건비	인건비		6,800,000	6,500,000	50*12 +전임자퇴직금
	소계		6,800,000	6,500,000	
관리유지비	사무실유지비		2,200,000	1,300,000	
	소계		3,533,480	1,300,000	
사무비	통신비		540,476	600,000	홈피 호스팅비 포함
	소모품비			360,000	3*12

	비품비				
	소계		540,476	960,000	
조직사업비	포 럼		1,050,000	1,500,000	15*10번
	소모임		200,000	1,200,000	10*12월
	영성모임			1,000,000	20*5번
	홈피관리비			300,000	웹진디자인
	청년학생아카데미			1,000,000	
	교육훈련비			1,000,000	생명교육,평화교육강좌
	행사			1,000,000	기행
	수련회			500,000	
	회의비		221,500	400,000	
	경조비		99,500	500,000	회원, 후원회원
	소계		1,571,000	8,400,000	
연대사업비	시민연대		600,000	600,000	5*12월
	기사련			120,000	1*12월
	대책활동		628,000	600,000	5*12월
	종교계연대			500,000	불탄일,종교개혁제
	경조비		99,500	300,000	연대단체
	소계		1,393,000	2,920,000	
후생복리비	의료보험료		375,000	-	
	소계		375,000	-	
기타	업무추진비		446,330	400,000	이체 수수료
	예비비			74,372	
	이월금			45,628	
	소계		446,330	520,000	
합계			14,659,286	20,600,000	

제7차 정기총회(2011년)

생명평화기독연대
7차 정기총회 자료집

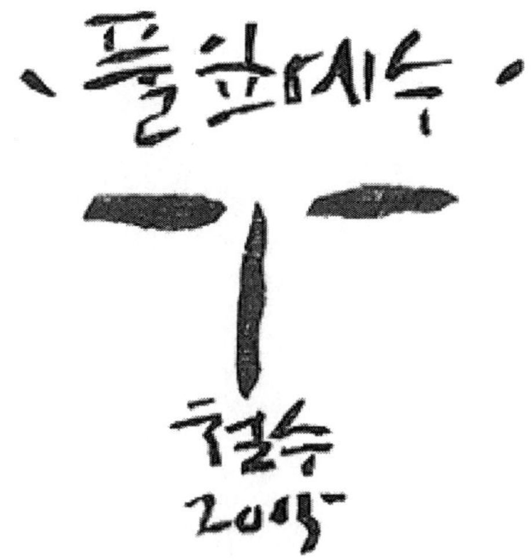

일 시: 2011년 1월 13일(목) 오후 7시

장 소: 새봄교회

인천시 계양구 계산2동 929-3번지 4층 404호

전화: 032-548-0676, (010-5660-XXXX 이진권)

http:// peacelife.or.kr

식순

1부 예배

2부 정기총회

□ 개회기도
□ 개회선언
□ 성원보고
□ 회의록 서기 선출
□ 회순통과
□ 전회의록 낭독
□ 안건심의
　　안건 1. 회칙 개정
　　안건 2. 감사보고
　　안건 3. 2010년 사업 및 결산 보고
　　안건 4. 2011년 사업계획 및 예산 계획
　　안건 5. 기타 안건
□ 회의록 채택
□ 폐회선언
□ 폐회기도

예배 순서

인도: 이진권 목사

침묵기도 .... 다 함 께

감사찬양 .... 오 신실하신 주 .... 다 함 께

1.오 신실하신 주 내 아버지여 늘 함께 계시니 두렴없네

그 사랑 변찮고 날 지키시며 어제나 오늘이 한결같네

후렴) 오 신실하신 주 오 신실하신 주 날마다 자비를 베푸시며

일용할 모든 것 내려주시니 오 신실 하신주 나의 구주

2. 봄철과 또 여름 가을과 겨울 해와 달 별들도 다 주의 것

만물이 하나로 드러낸 증거 신실한 주 사랑 나타내네

3. 내죄를 사하여 안위하시고 주 친히 오셔서 인도하네

오늘의 힘되고 내일의 소망 주만이 만복을 내리시네

대표기도 .... 김영호 장로

말씀나눔 .... 이현주 목사

결단찬양 .... 515장 뜻 없이 무릎 꿇는 .... 다 함 께

1. 뜻 없이 무릎 꿇는 그 복종 아니요 운명에 맡겨사는 그 생활 아니라

우리의 믿음 치솟아 독수리 날듯이 주 뜻이 이뤄 지이다 외치며 사나니

2. 약한 자 힘주시고 강한 자 바르게 추한 자 정케 하심이 주님의 뜻이라

해 아래 압박있는 곳 주 거기 계셔서 그 팔로 막아 주시어 정의가 사나니

축복의 기도 .... 박종렬 목사

▦ 전 회의록 보고

생명평화 기독연대 제6차 정기총회 회의록

일시: 2010년 1월 28일

장소: 새봄교회당

1. 찬송
2. 예배: 설교 윤인중, 삼상 17:38-40
3. 주기도문
4. 성원보고

   참석자: 백영민, 정한식, 김영호, 이진권, 박종렬, 천승현, 윤인중, 이승용, (대책위 목사님)

   위임자:
5. 임시의장 선출

   정한식 운영위원장이 박종렬 공동대표를 의장으로 추대하니 만장일치로 제청하다.

6 회의록 서기 선출

   정한식 운영위원장이 천승현을 지명하니 만장일치로 제청하다.

7 회순통과

   정한식 운영위원장이 회순을 읽고 통과를 구하니 만장일치로 제청하다.

8. 전회의록 보고

   정한식 운영위원장이 전회의록을 낭독하니 회칙 개정에 대한 건만 확인하고, 백영민 동의, 윤인중 제청으로 통과하다.

9. 안건심의

— 1. 회칙검토

   : 영문 명칭 검토 후 만장일치로 통과하다.

— 2. 감사보고

   : 정한식 대독 후 만장일치로 받기로 하다.

— 3. 사업보고

: 정한식 해설 후 만장일치로 통과하다.

— 4. 결산보고

: '2009결산'을 '2010결산'으로 수정하여 만장일치로 통과하고, 미지급 인건비 건은 기타 안건에서 논의하기로 하다.

— 5. 임원 선출

: 백영민, 총준위 안을 올리고 가부로 결정하자고 제안하니 모두 예라고 답하며 만장일치로 통과하다.

총준위 안 — 공동대표: 윤인중, 정한식, 평신도대표: 정세일, 김영호, 재정감사: 박종렬, 사업감사: 이승용, 운영위원장 이진권, 고문 추대는 차기총회로 넘기기로 하다.

김영호 공동대표가 의장이 되어 정기총회를 진행하다.

— 6. 2010 사업계획

: '중앙'이란 단어를 '전국'으로 수정하고, '지역' 항에 '인천시민연대와 연대'를 삽입하고, 원안대로 받기로 정한식 동의, 윤인중 제청하여 통과하다.

— 7. 2010 예산계획

: '임대료'는 '사무실 유지비'로 수정하고, 그 항목의 1,000,000원을 1,300,000원으로 수정하다. 회의비는 400,000원으로 수정하고, 수련회는 400,000원으로 수정하다. 월정회비를 8,000,000원에서 8,500,000원으로 바꾸고, 인건비를 6,000,000원에서 6,500,000원으로 바꿔서 예산총액과 지출총액을 20,600,000원으로 맞추다.

계수 조정하여 예산 지출을 맞춘 후 통과하기로 하다.

— 8. 기타 안건

1) 미지급 인건비 건은 퇴직금 형태로 500,000원 지출하기로 하다.

2) 그동안 수고하신 박종렬 공동대표와 정한식 운영위원장에게 감사의 꽃다발과 선물을 전달하다.

3) 차기 운영위원회는 새봄교회에서 하기로 하고, 날짜는 운영위원이 정하기로 하고,

운영위원 선임은 차기 운영위원회에서 하기로 하다.

9. 회의록 채택

차기 운영위원회에서 채택하기로 하다.

10. 폐회선언

김영호 공동대표가 폐회를 선언하니 정한식 제청과 모든 회원의 박수로 통과하다.

마치니 8시 30분이다.

▦ 안건 1 — 회칙 개정 심의

— 개정취지

1. 조직의 예상되는 현실 변화에 맞게(운영위원장 교체 예상 등) 내용 변경.
2. 본 회의 취지에 공감하며 함께 협력할 수 있는 지역의 원로들과 전문가들 이 참여할 수 있는 조직의 틀을 마련한다.

기존 회칙	변경 회칙(안)
8조 4항 공동대표, 감사, 운영위원장 선출	공동대표, 감사 선출
12조 공동대표는 이 모임을 대표하며, 5인 이내로 한다.	1. 공동대표는 이 모임을 대표하며, 5인 이내로 하고, 임기는 2년으로 연임할 수 있다. 2. 공동대표 중 1인을 호선하여 상임대표로 둘 수 있다.
13조(운영위원회) 운영위원회는 이 모임의 상설 의결기구이고, 당연직 운영위원(공동대표, 운영위원장, 각 위원장, 사무국장)과 공동대표에 의하여 인준된 운영위원으로 15인 이내에서 구성되어 매월 1회 정기회의를 가지며, 다음의 사항을 심의, 의결한다.	1. 지위. 운영위원회는 총회의 위임을 받은 이 모임의 상설 의결기구이다. 2. 구성. 운영위원회는 당연직 운영위원(공동대표, 각위원장, 사무국장)과 공동대표에 의해서 인준된 자 등으로 구성하며 15인 이내로 한다. 회의의 원활한 운영을 위해 운영위원장을 호선으로 선출한다. 3. 임기. 운영위원 임기는 2년이며 연임할 수 있다. 4. 회의. 월 1회 개최하며, 공동대표 및 위원1/3 이상의 요구 시 임시회의를 소집할 수 있다. 5. 권한과 의결사항. 운영위원회의 권한과 의결사항은 아래와 같다.
13조 4항 — 총회에 부의할 안건 심의와 의결	총회에 부의할 안건 '채택'
15조(감사) 감사는 사업과 재정을 감사하며 2명으로 한다	감사는 사업과 재정을 감사하며 2명으로 하고, 임기는 2년으로 연임할 수 있다

17조(임기)공동대표,운영위원장,감사의 임기는 2년으로 하고, 연임할 수 있다.	삭제
신설 조항	제17조 고문 및 자문위원 1. 고문 – 교회와 지역사회의 원로 중에서 약간 명의 고문을 위촉할 수 있다. 2. 자문위원 – 정책 자문을 구하기 위해 자문위원을 위촉할 수 있다.

▦ 안건 2 – 감사보고 심의

사업

[촛불기도회], [생명평화 포럼], [웹진 발송] 등의 사업이 안정적으로 운영되어 생평의 향후 발전을 위한 초석이 된 것 같습니다.

상근 실무자 없이 사업이 일관되게 진행된 것은 참여 주체들의 정성과 열정이 만들어낸 성과가 아닌가 합니다.

단지 이러한 사업을 통하여 회원들간의 교류, 회원 확대와 지역내 교회와의 관계 확대가 더 활발히 이루어졌으면 합니다.

재정

어려운 재정을 잘 조절하였습니다. 향후 후원회원, 후원 교회 및 단체들에 대한 확대를 통해서 상근실무자와 안정적 사무국 운영 및 사업진행을 위한 재구구조를 갖추었으면 합니다.

2011년 1월 12일

사업감사 이승용

재정감사 박종렬

▦ 안건 3 — 2010년 사업 및 결산 심의

1. 조직

1) 회의 및 모임

(1) 운영위원회 — 새로운 운영위원 영입으로 13명의 운영위원 체제로 매월 셋째 주일 저녁에 모임.

가) 운영위원 명단: 윤인중, 정한식, 정세일, 김영호, 이진권, 백영민, 이승용, 이세구, 김옥순, 천승현, 차성수, 김영수

나) 2010 운영위원회 회의 일정 및 주요 결정사항

회차	날짜	주요 결정 사항	참석
52	1.14	총회 일정 확정/1월 27일, 사무실을 새봄교회로 이전키로	11
53	2.8	새로운 운영위원 선임, 2010년도 사업계획 검토 및 확정	6
54	3.21	상반기 생평포럼 내용 확정, 고난주간 금식기도회, 월 웹진 발행키로	7
55	4.18	생명평화기행/6.12 여주 확정. 매월 행동의 날 — 셋째 주 목요일	7
56	5.23	4대강의 고난받는 생명을 위한 촛불기도회 — 6월 17에 진행키로	7
57	6.20	일본평화통신사맞이 인천지역모임을 타단체와 논의하기로 함	9
58	7.18	상반기 활동 평가 및 하반기 계획	10
59	9.26	생명평화 기독아카데미 진행 계획 논의	4
60	10.24	아카데미 내용, 일정 확정, 리플렛 시안 검토	6
61	11.21	7차 총회준비위원회 구성	8
62	12.19		

(평가)

새로운 운영위원들의 참여로 회의가 안정화, 활성화되었다. 그러나 운영위원들의 과반수 이하 참여하는 경우가 있는 점을 개선할 필요가 있다. 이를 위해 위원들의 책임적 참여를 가능케 하는 구조를 만들어 가는 것이 필요하며, 새로운 운영위원의 영입을 추진하자.

(2) 포럼 — 매월 첫째 주 목요일에 새봄교회에서 진행

날짜	내용	강사	참여 인원
2/17	요한복음 새롭게 보기	김진호 목사	
3/4	요한복음 새롭게 보기 2	김진호 목사	15인
4/1	오늘의 새로운 예수 이해	김규항 씨	21인
5/6	신학의 새로운 패러다임	김준우 목사	15인
6/3	한국사회와 기독교	최형묵 목사	12인
7/1	생명평화운동과 기독교	주요섭 씨	7인
9/2	진보적 교회와 교인들의역할	김민웅 목사	18인
10/7	기독교사회운동과 영성	김홍일 신부	11인
11/4	한국교회의행태, 전망, 과제	이혁배 교수	10인
12/2	초대교회에서의 먹고 마심의 의미	우진성 박사	12인

(평가)

안정성을 가지고 지속적으로 진행한 것은 좋은 성과였다. 그러나 참석 인원이 고정화되고, 주제에 대한 계획적 추진이 부족했다. 앞으로 3개월 단위로 소주제를 정해서 진행하자는 대안이 제시되었고, 인천지역 에큐메니칼운동의 공론의 장이 되도록 노력하자(인천민교나 목정평과 공동기획 내지는 공동주최 방안에 대해 열린 입장으로 논의해 나가자).

(3) 회원 및 후원회원, 후원교회

현재 회원은 38명, 후원회원은 30명으로 파악됨(2009년 대비, 후원회원 3명 증가) — 현재 회비와 모임에 정기적으로 참여하고 있는 회원은 13명 정도.

현재 7개의 후원교회(인천평화, 나섬, 새봄, 인천교회, 수도, 초원, 옥천제일)가 있음.

(평가) 회원/후원회원 체계가 구별이 별 의미가 없으니 모두 회원체계로 하고, 모든 회원들에게 웹진이나 문자서비스가 가능한 시스템을 구축하자. 회원들을 관리하고 확장하며, 서비스를 체계적으로 할 수 있는 단위를 구성하자.

(4) 위원회

각 위원회(생명, 평화)가 존재하지만, 참여회원들과 활동은 정지 상태.

(평가 및 대안)

실질적인 회원들의 참여가 가능한 모임으로 재편하자.

조직의 활성화를 위해 ① 포럼 위원회 – 포럼의 기획 및 운영 ② 조직위원회 – 회원 관리 및 확대, 온라인, 오프라인 홍보 체계 마련 및 실천 ③ 활동위원회 – 촛불집회 진행 및 연대행사 참여 등으로 재편하고, 운영위원들이 모두 1인 1위원회에 참여하도록 하자

2. 운영

1) 사무국

운영위원장 1인의 반상근 체제로 운영하고 사무국을 새봄교회로 이전하였음.

(평가)

1인의 반상근 체제의 불안정성을 극복하기 위해 반상근자와 위원회 팀장의 공동회의 및 집행체계를 마련하도록 하자.

– 내년도를 준비하면서 새로운 반상근 실무자를 구하는 것으로 하고, 이와 연동하여 사무실 이전문제도 고려해 보기로 한다.

2) 재정

– 수입: cms /70여만원, 후원금:40여만원, 합계/ 110여만원

지출: 인건비/50만, 관리비/20만, 연대비/10만, 사업비/30만, 합계/110여만원

– 현재 상황에서 수입,지출이 거의 비슷하게 맞추어져 있어 적자는 발생하지 않음.

(평가)

– 내년도에는 CMS 100만원, 후원금/ 60만원 정도의 목표를 세우고 활동하자.

3. 홍보

– 월 1회의 온라인 소식지 발간이 이루어짐

— 홈페이지는 활성화되고 있지 못함.

— 생평 소개와 회원 확보를 위한 소 리플렛 작성(4,000장)

(평가)

— 정기적인 월 웹진 발행은 큰 성과였다. 그러나 회원들 전체에 대한 웹진 및 문자서비스 체제가 정비되어야 하고, 홈페이지를 포함한 온라인 상 보다 활발한 소통 및 참여 방안 필요.

4. 사업

1) 매월 월례포럼 진행: 10회, 연 평균인원: 13여 명

2) 6월부터 매월 행동의 날로 정하고 '4대강의 생명, 평화를 위한 촛불기도회'를 동암역 북광장에서 진행.

회차	날 짜	주 관	참여 인원
1	6/17	사무국	20여 명
2	7/15	사무국	15여 명
3	8/19	평화교회	50여 명
4	9/16	나섬교회	40여 명
5	10/21	예본교회	40여 명
6	11/18	새봄교회	20여 명
7	12/16	사무국	15명

(평가)

— 생평의 이름으로 지역에서 꾸준하게 4대강 문제를 가지고 촛불집회를 진행한 점은 성과였다. 그러나 여전히 회원들의 참여가 제한적이다.

— 내년에는 4대강의 생명과 인천앞바다의 평화라는 화두를 가지고 생명평화촛불기도회를 지속하는 것이 필요하다. 또한 지역의 기독교운동의 역량이 함께 참여할 수 있도록 제안하고, 그러한 구조를 만들어 가도록 노력하자. 이를 위해 생평 내부에 진행팀(활동위원회) 를 구성하여 집행체계를 강화하도록 하자.

3) 가족과 함께하는 '생명 평화 기행'

일시: 2010년 6월 12일, 장소: 여주 일대 4대강 공사 현장, 신륵사
참여교회, 인원: 3개 교회, 20여 명

(평가) 이전에 끊어졌던 맥을 다시 회복하여, 회원행사로 기획하고, 진행한 것은 의미있었으며, 이를 앞으로 더욱 보완, 발전시켜 나가도록 하자.

4) 제1회 생명평화 기독아카데미 — 기후재앙시대에 녹색교회를 꿈꾼다

일시: 2010년 11월 13, 20, 27일(토) 오후 2~4시, 장소: 인천교회

회차	내용	강사	참여인원, 교회
1	기후변화의 실상과 대안찾기	김제남	12명, 5교회
2	기후변화에 대한 신학적 성찰	장윤제	7명, 6교회
3	기후변화에 대한 교회의 대안과 녹색교회 만들기 워크	유미호	11명, 4교회

(재정)
지출 / 홍보비 — 190,000 (포스터/15만, 플랑/4만)
강사비 — 600,000 (20만 * 3인)
자료집제작비 — 250,000 (2,300 * 110부)
수입 / 참가비 — 10만, 후원금 — 30만(기장인천노회사회부), 생평 — 64만
(평가)
충분히 좋은 내용으로 의미있는 시도였는데, 조금 성급한 감이 있었고, 참여대상에 대한 정확한 설정과 이해가 부족했으며, 진행시점과 일시가 부적절하였다. 참가비설정도 고려해 봐야하며, 이후에는 소통과 참여가 실질적으로 가능한 지역교회를 발굴하고 연대하여 개최하는 것이 바람직할 것 같다.

5. 연대

1) 지역

– 2010 고난주간 계양산 살리기 금식기도회 진행. 일시: 2010년 3월 29일(월)~4월 3일(토) 장소: 계양산 하늬재 고개

– 2010 지방선거연대와 진보교육감당선을 위한 일파만파 운동에 참여

– 인천시민사회단체연대 회원단체로 참여하면서 활동함

– 2010 석가탄신일 축하 플랑카드 전달 / 인천불교회관

– 인천쌀 보내기 시민운동본부에 회원단체로 참여

– 인천사회포럼 참가담체로 참여

일시 / 11월 17일, 주제 / 인천의 도시비전과 시민사회의 과제

– 서해평화를 위한 인천 시민선언에 참여

– 인천지역 기독교 단체들과의 간담회 / 12월 8일 / 참여단체: 인천목회자정의평화실천협의회, 인천민중교회운동연합, 생명평화기독연대

2) 전국단위

– 2010 기독교사회포럼 참여 /일시: 4월 26(월)~27일(수) / 2010 기독교 사회포럼 참여 주제: 기독교 사회운동의 성찰과 희망

– 2010 그리스도인 선언에 회원들과 함께 참여

– 기독교사회선교연대회의에 회원단체로 참여

– 4대강 살리기 4대종단 성직자 기도회 참여: 10월 4~6일

(평가)

부족한 역량으로 인천지역사회에서 기독교운동을 대표하는 단체로 일정정도의 역할을 감당해 왔다. 연대활동에 대한 회원들과의 충분한 내용공유와 활동의 분담이 필요하며, 전국 기독교운동 네트워크와의 보다 의식적인 결합도 필요하다.

6. 2010년 재정 결산

수입부 (2010. 1. 1~2010. 12. 31)

항	목	금액		비고
		2010년 예산	2010년 결산	
이월금	이월금	45,628	45,628	
	소계	45,628	45,628	
회비	월정회비	8,500,000	6,570,000	회원 CMS 및 계좌이제
	참가회비	2,000,000	470,000	기행 370,000, 아카데미— 100,000
	특별회비		-	
	소계	10,500,000	7,040,000	
후원금	개인후원	5,000,000	3,785,000	후원회원 CMS
	교회후원	5,000,000	4,630,000	인천,평화,나섬,새봄,수도,옥천제일,초원
	특별후원		300,000	기장 인천노회 사회부— 자료집제작후원
	소계	10,000,000	8,715,000	
기타	결산이자		203	
	기 타	54,372		
	소계	54,372	203	
합계		20,600,000	15,800,831	

지출부(2010. 1. 1~2010. 12. 31)

항	목	금액		비고
		2010년 예산	2010년 결산	
인건비	인건비	6,500,000	6,500,000	50만*12 +전임자퇴직금(50만)
	소계	6,500,000	6,500,000	
관리 유지비	공간 사용료	1,300,000	1,300,000	20만(동암사무실1월) +10만*11
	공과금		131,630	동암사무실 1월 발생
	소계	1,300,000	1,431,630	

사무비	통신비	900,000	334,550	전화비 및 문자 전송비
	홈피운영비		165,000	11,000*13(월사용료)+22,000(도메인사용료)
	웹진운영비		118,800	29,700(3개월분)*4
	기타사무비	360,000	410,560	우편물발송비, 소모품비 등
	소계	1,260,000	1,028,110	
조직 사업비	포 럼	1,500,000	1,630,800	150,000*10번+간식비
	촛불기도회	1,200,000	509,350	음향사용비(5만*6), 기타비용
	영성모임	1,000,000		
	홍보비		530,000	리플렛 — 230,000, 달력제작 300,000
	아카데미	1,000,000	1,044,600	강사비 — 60만, 홍보비 — 19만, 자료집 — 25만
	교육훈련비	1,000,000		
	행사	1,000,000	620,000	기행(차량 30만, 식사 — 15만, 간식 — 15만 등)
	수련회	500,000		
	회의비	400,000	324,900	
	경조비	500,000	347,300	회원관련 경조사
	소계	8,100,000	5,006,950	
연대 사업비	시민연대	600,000	600,000	50,000*12월
	기사련	120,000	120,000	10,000*12월
	대책활동	600,000	456,000	일파만파,인천사회포럼 등
	종교계연대	500,000	140,000	불탄일축하, 기독교단체회의비 등
	경조비	300,000	50,000	연대단체
	소계	2,920,000	1,366,000	
기타	업무추진비	400,000	329,740	CMS 사용료 및 수수료
	기타비용	74,372	18,000	(도서출판)생명평화 면허세
	이월금	45,628		
	소계	520,000	347,740	
합계		20,600,000	15,681,230	

잔액: 15,800,831 — 15,681,230 = 119,601

▦ 안건 4 — 2011년 사업 및 예산 심의

1) 주요 사업 기조

① 생명평화월례포럼과 촛불기도회를 양대축으로 공부와 실천, 아울러 수행이 유기적으로 결합되는 활동방식을 안정화, 활성화한다.

② 100명의 회원확보와 10여개의 후원교회 발굴을 통하여, 조직의 건강한 성장과 재정적 안정화를 도모한다.

③ 지역의 교회, 그리스도인들과 긴밀하게 소통하고, 결합되는 활동방식과 교육프로그램을 정착시킨다.

④ 지역의 이웃종교 및 여러 단체와 보다 깊은 연대관계를 형성하여, 밑으로부터의 모범적인 에큐메니칼 지역운동의 전형을 만들어간다.

2) 사업계획

(1) 조직

가) 회의 및 모임

— 보다 많은 회원들이 자발적으로, 적극적으로 참여할 수 있는 시스템과 문화를 정착시킨다.

— 모든 회의, 모임을 공부와 실천과 아울러 수행이 유기적으로 결합되어지는 방식으로 운영한다.

— 위원회 활동을 아래와 같이 재편하고, 운영위원들이 주축이 되어 자발적인 참여가 일어나도록 한다.

① 포럼위원회: 포럼의 기획 및 운영

② 조직위원회: 회원 관리 및 확대, 온라인, 오프라인 홍보 체계 마련 및 실천

③ 활동위원회: 촛불집회 진행 및 연대행사 참여 등

— 운영위원회: 회의 정례화(모임 일시 재확정), 운영위원 재정비(과반수 이상 출석, 회비, 회원 확대 의무)

— 사무국

• 공동대표, 반상근 활동가 와 위원회 팀장들이 정기적으로 모여 활동을 점검하고 계획한다.

• 새로운 반상근 활동가를 상반기에 발굴하고, 이와 관련한 사무실 이전 문제도 검토한다.

— 고문 및 자문위원 모임

• 인천지역의 대표적인 에큐메니칼 운동체로 자리잡기 위하여, 교계의 어른들을 고문으로 위촉하고, 적절한 정책자문이 가능한 전문가들을 자문위원으로 위촉하여, 운영한다.

나) 회원 및 후원회원, 후원교회

— 2010년 말 68명의 회원상태를 100명의 회원확보를 목표로 회원배가운동을 올 1년 동안 전개하자.

— 후원교회: 인천교회, 인천평화교회, 나섬교회, 새봄교회, 수도교회, 김포 한신교회 확정, 지역의 새로운 교회들을 발굴해 내서 10개의 후원교회 확보를 목표로 한다.

(2) 교육, 훈련 구조

가) 생명평화 월례 포럼

— 지역에서 대표적인 진보적 기독교 정론과 생명평화 담론의 공간으로 자리매김할 수 있도록 기획하고 준비, 진행한다.

— 다른 기독교 단체와 연합으로 포럼을 진행하는 가능성을 모색한다.

— 장소를 인천교회로 변경하여, 인천 전 지역에서의 접근 가능성을 높인다.

— 일시: 매월 첫째 주 목요일 오후 7시

— 포럼의 내용과 진행 방식을 조율할 포럼위원회 구성

— 내용과 형식은 총회에서 의견수렴 후 운영위원회에서 최종검토 후 결정키로 하다.

나) 생명평화 영성 공부 및 수련 모임

— 생평의 정체성을 확인하고, 모든 활동의 영적인 뿌리를 든든히 내려가는 의식적인 노력이 필요하다.

— 생평의 일상적 회의에서 침묵(관상)기도와 거룩한 독서를 함께 수행한다.

— 월 1회의 피정과 여름, 겨울의 집중 침묵 피정을 진행하자.

3) 홍보

— 홈페이지 활성화와 온 라인 홍보와 소통을 개발하고, 발전시키도록 한다.
— 월 1회 웹진의 지속적 발행
— 페이스북 등의 SNS 와 결합된 소통 및 홍보 방안을 마련한다.
— 진보적 기독교 인터넷 매체를 통한 홍보를 활성화한다.

4) 사업

(1) 월례 촛불 기도회

— 우리의 신앙을 사회적 의제와 연결시켜 고백하는 현장예배로 정착시킨다.
— 다른 기독교 단체나 교회들과 함께 할 수 있는 방안을 구체화한다.
— 시간은 동절기 7시, 하절기 7시 반, 장소는 동암역 북광장으로 하되, 장소 변경이 불가피한 경우 탄력적으로 운영한다.
— 의제는 작년에 이어 4대강의 문제와 서해와 인천의 평화 문제를 결합한다('4대강의 생명과 인천 앞바다의 평화를 위한 촛불기도회').

(2) 지역교회와 소통하고, 함께 할 수 있는 교육 프로그램의 전형을 실험하고 정착시켜 나간다.
— 작년에 이어 제 2회 생명평화 기독아카데미를 10월 중에 진행
— 전략적 교회를 발굴하고 '찾아가는 아카데미' 형태를 개발한다.

(3) '가족과 함께하는 기행'

— 회원, 후원회원 상호간의 친목 도모와 결속력을 다짐에 초점을 맞추어 진행(5, 6월 중에)

5) 연대

(1) 전국

— 기독교사회선교연대회의 와의 연대를 지속한다.

(2) 지역

— 인천지역에서 기독교 단체들(인천 목회자정의평화실천협의회, 인천 민중교회운동연합, 등)과의 상설적인 네트워크 구성을 추진하고, 공동실천사업들을 구상하여 실천한다.

— 인천지역에서 시민사회단체들의 연대활동에 역량을 고려하여 참여하되, 4대강 지키기 운동과 인천앞바다의 평화 실현 운동에 우선적으로 역량을 집중한다.

(3) 종교간 대화

— 종교인 모임의 활성화로 좀 더 폭넓은 교류 형성

□ 2011년 예산(안)

수입부 (2011.1.1~2011.12.31)

항	목	금액		비고
		2010년 결산	2011년 예산	
이월금	이월금	45,628	119,601	
	소계		119,601	
회비	월정회비	10,355,000	12,000,000	회원 CMS 및 계좌이제
	참가회비	470,000	1,000,0000	기행 700,000, 아카데미 — 300,000
	특별회비			
	소계	10,820,000	13,000,000	
후원금				
	교회후원	4,630,000	5,000,000	인천,평화,나섬,새봄,수도,김포한신 등
	특별후원	300,000	1,850,000	

	소계	4,930,000	6,850,000	
기타	결산이자	203		
	기 타		30,399	
	소계		30,399	
합계		15,800,831	20,000,000	

지출부(2011.1.1~2011.12.31)

항	목	금액		비고
		2010년 결산	2011년 예산	
인건비	인건비	6,500,000	6,500,000	50만*13
	소계	6,500,000	6,500,000	
관리 유지비	공간 사용료	1,300,000	1,200,000	10만*12
	공과금	131,630		
	소계	1,300,000	1,200,000	
사무비	통신비	334,550	400,000	전화비 및 문자 전송비
	홈피운영비	165,000	300,000	
	웹진운영비	118,800	120,000	1만*12
	기타사무비	410,560	500,000	우편물발송비, 소모품비 등
	CMS 유지비	329,740	400,000	CMS 사용료 및 수수료
	소계	1,357,850	1,720,000	
조직 사업비	포 럼	1,630,800	2,000,000	150,000*10+기타비용
	촛불기도회	509,350	1,500,000	음향사용비 + 기타준비비
	영성모임	0	1,000,000	
	홍보비	530,000	500,000	달력제작, 인터넷 홍보
	아카데미	1,044,600	1,000,000	
	생평기행	620,000	1,000,000	
	수련회		500,000	
	회의비	324,900	500,000	
	경조비	347,300	500,000	회원관련 경조사
	소계	5,006,950	8,500,000	
연대 사업비	시민연대	600,000	600,000	50,000*12월
	기사련	120,000	120,000	10,000*12월
	연대활동비	596,000	1,000,000	대책활동 부담금, 연대비 등
	소계	1,366,000	1,720,000	
예비비	예비비	18,000	360,000	기타
	소계	18,000	360,000	
합계		15,681,230	20,000,000	

<생명평화 월례포럼 목차>

회차	날짜	강사	주제	참여
60	2010.2.17	김진호	요한복음 새롭게 보기 1	
61	3.4	김진호	요한복음 새롭게 보기 2	15명
62	4.1	김규항	오늘의 새로운 예수 이해	21명
63	5.6	김준우	신학의 새로운 패러다임	15명
64	6.3	최형묵	한국사회와 기독교	12명
65	7.1	주요섭	생명평화운동과 기독교	7인
66	9.2	김민웅	진보적 교회와 교인들의 역할	18인
67	10.7	김홍일	기독교사회운동과 영성	11인
68	11.4	이혁배	한국교회의 행태,전망,과제	10인
69	12.2	우진성	초대교회에서의 먹고마심의 의미	12인

<2010 현재 회원 명단>

총 68명

제8차 정기총회(2012년)

생명평화기독연대
8차 정기총회 자료집

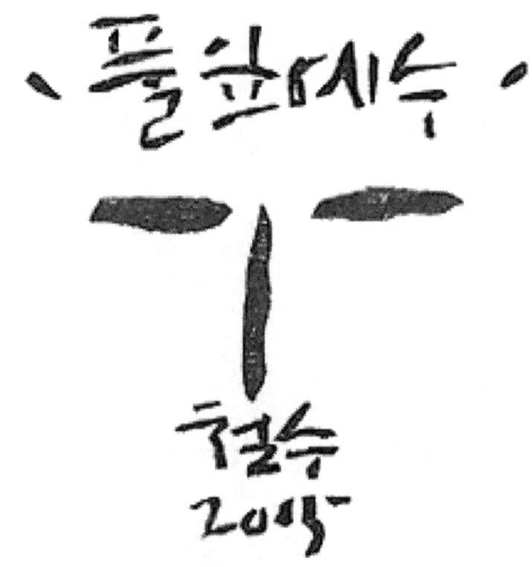

일 시: 2011년 1월 5일(목) 오후 7시

장 소: 인천교회

http://www.peacelife.or.kr

제8차 정기총회 차례

□ 1부 예배

□ 2부 정기총회

□ 개회기도 (김영호 대표)

□ 의장 선출

□ 개회선언

□ 성원보고

□ 회의록 서기 선출

□ 회순통과

□ 전차 회의록 낭독

□ 안건심의

안건 1. 감사보고

안건 2. 2011년 사업 및 결산 보고

안건 3. 2012년 사업계획 및 예산 계획

안건 4. 임원인선

안건 5. 기타 안건

□ 회의록 채택

□ 폐회선언

□ 폐회기도

1부 예배

인도: 천승현 운영위원장 대행

♥ 침묵기도 .... 다 함 께

♥ 여는찬양 ....어둔 밤 마음에 잠겨 .... 다 함 께

1. 어둔밤 마음에 잠겨 역사에 어둠 짙었을 때에 계명성 동쪽에 밝아 이 나라 여명이 왔다

고요한 아침의 나라 빛속에 새롭다 이 빛 삶속에 얽혀 이 땅에 생명탑 놓아 간다

2. 옥토에 뿌리는 깊어 하늘로 줄기 가지 솟을 때 가지 잎 억만을 헤어 그 열매 만민이 산다

고요한 아침의 나라 일꾼을 부른다 하늘 씨앗이 되어 역사의 생명을 이어가리

♥ 대표기도 .... 정세일 대표

♥ 말씀나눔 .... 박종렬 목사

♥ 결단찬양 .... 희년을 향한 우리의 행진 .... 다 함 께

1.정의가 강물처럼 평화가 들풀처럼 사랑이 햇빛처럼 하나님 주신 생명 보듬어

희년을 향해 함께 가는 길 주의 약속 굳게 믿으며 일곱번씩 일곱번 넘어져도 약속을 굳게 믿으며

2. 눈물로 씨를 뿌리며 지켜온 수난의 세월 보아라 우리 눈 앞에 새 하늘이 활짝 열린다.

희년을 향해 함께 가는 길 주의 약속 굳게 믿으며 일곱번씩 일곱번 넘어져도 약속을 굳게 믿으며

♥ 축복의 기도 .... 김형기 목사

▦ 전차 회의록 보고

생명평화 기독연대 제7차 정기총회 회의록

일시: 2011년 1월 13일(목)

장소: 새봄교회당

1. 예배(인도: 이진권 목사)
(1) 침묵기도
(2) 감사찬양 — 447장 오 신실하신 주
(3) 대표기도 — 김영호 장로
(4) 말씀나눔 — 이현주 목사
(5) 결단찬양 — 515장 뜻 없이 무릎 꿇는
(6) 축복의 기도 —박종렬 목사

2. 영상

3. 개회기도(윤인중 목사)

4. 개회선언(정세일 의장)

5. 성원보고(15명)/ 회원 12명,
참석자 — 정세일, 윤인중, 박종렬, 김영호, 백영민, 김경아, 최광식, 최광식 부인, 이민우, 이진권, 최경희, 석일, 이진권, 김옥순, 나은수

6. 회의록 서기 선출
정세일 의장이 김옥순을 지명하니 만장일치로 제청하다.
7. 회순통과
정세일 의장이 회순을 읽고 통과를 구하니 만장일치로 제청하다.

8. 전 회의록 보고
이진권 위원이 전회의록을 낭독하니 회칙 개정에 대한 건만 확인하고, 백영민 제청, 모두가

“예”라고 답하여 통과하다.

9. 안건심의

(1) 회칙 개정

: 백영민, 총준위 안을 보고하기로 제안하니 모두 “예”라고 답하여 이진권 대독 후 제4장(조직) 13조 5.총회에 부의할 안건 심의와 의결을 5. 총회에 부의할 안건 채택으로 수정 후 찬성 11명 기권 1명으로 통과하다.

(2) 감사보고

: 사업감사 이승용이 불참하여 재정감사 박종렬이 대독 후 만장일치로 통과하다.

(3) 2010년 사업 및 결산 보고

: 이진권 해설 후 만장일치로 통과하다.

(4) 2011년 사업 및 예산 심의

: 2011년 사업계획 중 월례포럼의 일시를 변경하는 것에 대하여 운영위에서 다시 논의하기로 하고 이진권이 예산도 함께 보고 하니 만장일치로 통과하다.

(5) 기타안건

① 월례포럼 — 포럼 강사(이현주 목사)의 일정상 월례포럼을 기존 첫째 주(목) 2명, 변경안 둘째 주(목) 7명 의결로 변경함. (단, 최종 결정은 포럼위원회에서 상정하여 운영위에서 결정하기로 함)

② 고문 추대 — 박종렬, 김정택, 이민우 3명을 고문으로 함.

③ 올해 회원상 — 천승현 위원 수상. 천승현 위원의 불참으로 이진권 위원이 대리 수상함.

(6) 광고

: 이민우 위원의 ‘사랑나눔음악회’와 ‘심향창단연주회’ 광고.

10. 회의록 채택

차기 운영위원회에서 채택하기로 한다.

11. 폐회선언

정세일 의장이 폐회를 선언하니 백영민 제청과 모든 회원의 만장일치로 정세일 의장의 폐회 기도로 마침.

▦ 생명평화기독연대 회칙

수정 내용이 없으므로 생략함.

▦ 안건 1 — 감사보고

사업감사 이승용
재정감사 박종렬

1. 사업감사 의견

열악한 실무자의 환경과 부족한 예산으로 성실히 사업을 진행하셨습니다.

작더라도 중단없이 4대강 반대를 위한 기도회 개최와 세미나 등의 실천은 계속 진행되기를 바랍니다.

단, 어렵더라도 회원증가와 후원회원 확대를 위한 노력이 더 진행되어 조직의 성장을 기하는 실천이 이루어지길 바랍니다.

2012년은 각종 선거가 진행되므로 이에 대한 실천도 병행되기를 바랍니다.

2011년 수고 많이 하셨습니다.

2012년 1월 4일 이승용

2. 재정감사 의견

2011년 1월 4일

재정감사 박 종 렬

후원회원 확보와 회원 및 [illegible]들에 대한 확대를
기대하였는데, 올해도 여전한 것 같아
어려운 재정을 잘 극복할 노력하여 계획이
있기를 기대합니다.
어려운 재정 잘 정리되어 있어 감사합니다.

▦ 안건 2 — 2011년 사업 및 결산 심의

1. 2011년 사업 보고

1.1. 조직

1.1.1. 위원회

위원회 활동을 세 개의 위원회로 재편하고, 운영위원들이 주축이 되어 자발적인 참여가 일어나도록 위원회 중심의 체제를 가동했으나, 위원회 활동보다는 운영위원회 중심으로 진행됨.

참고) 2011년 위원회 조직

1) 포럼위원회 — 포럼의 기획 및 운영 2) 조직위원회 — 회원 관리 및 확대, 온라인, 오프라인 홍보 체계 마련 및 실천 3) 활동위원회 — 촛불집회 진행 및 연대행사 참여. 등

1.1.2. 운영위원회

최소 6명 이상 참여했고, 4월 운영위는 참석자가 적어 열리지 못함.

회차	날짜	주요 결정사항	참석
63	1.9	총회 준비, 1월 계획 공유 (포럼, 행동의날)	6
64	2.13	생명평화기행 추진 건, 포럼위원회 조직, 추원교회 추가(용광, 양곡, 김포 한신)	6
65	3. 6	행동의날 진행 건, 운영위 날짜 조정 건, 기독교환경회의 참석 건	6
	4월	무산	
66	5.15	가족과 함께 떠나는 생명평화 기행, 기사포, 핵 없는세상 참여 건	6
67	6.19	생명평화 기행, 운영위원장 사임 이후 방안, 촛불기도회 중단 건	6
68	7.18	상반기 활동 평가 및 하반기 계획, 운영위원장 대행 선출	7
69	8.21	하반기 포럼 계획, 행동의날 계획, 사무실 건	7
70	9.18	후원교회 조직, 연대활동 건(강정마을, 월미평화축제)	6
71	10.16	굴업도 대응 건, 총준위 구성 안	6
72	11.20	총준위 1차, 연대활동(몽당연필), 달력, 후원 요청 역할 분담	5
73	12.18	총준위 2차	7

1.1.3. 사무국

— 공동대표, 반상근 활동가와 위원회 팀장들이 정기적으로 모여 활동을 점검하고 계획하기로 했으나, 위원회 활동이 진행되지 못해 운영위 중심으로 진행됨.

— 새로운 반상근 활동가를 상반기에 발굴하기로 하였으나, 하반기에 운영위원장 대행을 선임하고, 이와 관련하여 사무실 이전 문제를 진행함.

— 새로운 반상근 활동가를 상반기에 발굴하고, 이와 관련한 사무실 이전 문제도 검토한다.

1.1.4. 고문 및 자문위원 모임

— 고문(김정택, 박종렬, 이민우) 위촉, 자문위원 위촉하지 못함.

1.1.5. 회원 및 후원회원, 후원교회

— 회원과 후원회원 통합

— 2010년 말 68명의 회원 상태를 100명의 회원 확보를 목표로 회원배가운동 진행

: 2011년 신입회원: 장남덕, 김형기, 김광오, 김진선

— 후원교회: 10개의 후원 교회 확보를 목표

: 2011년 말 후원교회: 인천, 인천평화, 나섬, 새봄, 수도, 양곡, 초원

1.2. 교육, 훈련 구조

1.2.1. 생명평화 월례포럼

차수	날짜	강연자	주제	참석
70	2011.2.10	이현주	예수그리스도 — 평화의 길	37명
71	3.10	이현주	예수그리스도 — 생명의 길	30명
72	4.14	이현주	예수 혁명	34명
73	5.12	이현주	이웃종교의 눈으로 본 예수	26명
74	6.9	홍인식	쿠바를 통해 본 느림과 비움의 영성	15명
75	7.14	홍인식	해방신학의 성서읽기	13명
76	9.8	박원석	복지국가를 위한 사회운동전략	10명
77	10.6	이준모	교회의 복지 흐름 — 사회적기업	6명
78	11.3	김영수	복지와 정치	7명
79	12.1	권춘택	교회 복지참여의 성찰과 전망 — 나눔의집을 중심으로	5명

— 지역에서 대표적인 진보적 기독교 정론과 생명평화 담론의 공간으로 자리매김할 수 있도록 기획하고 준비, 진행하였음.

— 다른 기독교 단체와 연합으로 포럼을 진행하는 가능성을 모색하기로 했으나, 진행되지 못함.

— 장소를 인천교회로 변경하여, 인천 전 지역에서의 접근 가능성을 높였고, 안정된 진행을 하였음.

— 일시: 매월 첫째 주 목요일 오후 7시를 기본으로 하였으나, 상반기 강사 일정에 맞춰 둘째 주에 진행하였고, 하반기에는 첫째로 복귀하였음.

1.2.2. 생명평화 영성 공부 및 수련 모임

— 생평의 정체성을 확인하고, 모든 활동의 영적인 뿌리를 든든히 내려가는 의식적인 노력의

일환으로 관상기도와 거룩한 독서를 수행하는 모임을 넷째주 토요일로 진행하였으나, 이진권 운영위원장이 상반기에 3번 진행하였고, 회원들의 참여 부진으로 진행되지 못함.

1.2.3. 홍보

— 2011년 목표는 홈페이지 활성화하고 온라인 홍보와 소통을 개발하고, 발전시키도록 하는 것임.

— 뉴스레터: 총 7회 발행, 월 1회 발행(4~8월). 천승현 개인사정으로 더 발행되지 못함.

— 페이스북: 하반기부터 그룹 운영(회원 20명)

— 트위터: 하반기부터 계정을 만들었으나, 많이 운영되지 못함.

— 진보적 기독교 인터넷 매체를 통한 홍보를 계획했으나, 진행되지 못함.

— 홈페이지: 8월달부터 관리되지 못함. 일일 평균 방문자수는 10명 이하임.

1.3. 사업

1.3.1. 행동의날

회차	날짜	주관	참여인원
8	1/20	김정택 목사	5명
9	2/24	홍성국 목사	15여 명
10	3/24	이택규 목사	20여 명
11	4/28	이진권 목사	10여 명
12	5/26	김영섭 목사	10여 명
13	7/28	1인기도: 정세일, 이진권	6명
14	8/25	정세일, 김영호	4명
15	9/22	정세일, 천승현	2명
16	10/27	정세일, 윤인중 외	8명
17	11/24	정세일 외	7명
18	12/22	정세일 외	4명

— 신앙을 사회적 의제와 연결시켜 고백하는 현장예배로 정착하고, 다른 기독교 단체와 교회가 함께 할 수 자리였음.

— 시간은 동절기 7시, 하절기 7시 반, 장소는 동암역 북광장으로 진행함.

— 의제는 작년에 이어 4대강의 문제와 서해와 인천의 평화 문제를 결합하였고, 11월부터 FTA를 추가했음.

1.3.2. 생명평화아카데미

— 작년에 이어 제2회 생명평화아카데미를 진행하려 했으나, 진행되지 못함.

— 생명평화아카데미를 2011년도에는 청년을 중심으로 하는 아카데미로 진행하려 했으나, 청년 단위에서 연내에는 가능하지 않고, 2012년에 할 수 있다고 하여 2011년도에 진행되지 못함.

1.3.3. '가족과 함께하는 기행'

— 회원, 후원회원 상호간의 친목 도모와 결속력을 다짐에 초점을 맞추어 6월에 진행하려 했으나, 우천으로 진행되지 못함.

1.4. 연대

1.4.1. 전국

— 기독교사회선교연대회의와 연대하였고, 강정마을 공동행동과 40주년 기념행사에 참여

— 기독교사회포럼에 참여함.

1.4.2. 지역

— 이진권 운영위원장이 있을 때는 인천지역에서 기독교 단체들(인천 목회자정의평화실천협의회, 인천 민중교회운동연합, 등)과의 상설적인 네트워크 구성을 추진하였으나, 천승현 운영위원장 대행에서는 지속되지 못했음.

— 인천지역에서 인천시민사회단체연대에 참여단체로 연대함.

— 4대강 지키기 운동과 인천앞바다의 평화 실현 운동(연평도 평화풍어제, 6.15행사, 월미평화축제, 10.4행사)에 우선적으로 역량을 집중하여 진행함.

1.4.3. 종교간 대화

— 종교인 모임의 활성화로 좀 더 폭넓은 교류 형성

2. 2011년 재정 결산

통장 잔액: 675,160

장부 잔액: 528,160 (총수입 12,795,050 - 총지출 12,266,890)

차이: 147,000

2.1. 수입부 (2011.1.1 ~ 2011.12.31)

항	목	금액		예산대비 결산	비 고
		2011년 예산	2011년 결산		
이월금	이월금	119,601	119,601	100%	
	소계	119,601	119,601	100%	
회 비	월정회비	12,000,000	7,765,000	65%	회원CMS및계좌이제
	참가회비	1,000,000	130,000	13%	상반기평가 회비
	소계	13,000,000	7,895,000	61%	
후원금	교회후원	5,000,000	4,300,000	86%	인천, 평화, 나섬, 새봄, 수도, 양곡, 초원
	특별후원	1,850,000	360,000	19%	
	소계	6,850,000	4,660,000	68%	
기타	결산이자	0	449	-	
	기타	30,399	120,000	395%	박용길 장로 추모위원 12명
	소계	30,399	120,449	396%	
합 계		20,000,000	12,795,050	64%	

2.2. 지출부(2011.1.1 ~ 2011.12.31)

항	목	금액		예산대비 결산	비 고
		2011년 예산	2011년 결산		
인건비	인건비	6,500,000	6,800,000	105%	50만*12+80만
	소계	6,500,000	6,800,000	105%	
관리유지비	공간사용료	1,200,000	350,000	29%	5만*7달
	소계	1,200,000	350,000	29%	
사무비	통신비	400,000	256,040	64%	전화비 및 문자 전송비
	홈피운영비	300,000	99,000	33%	
	웹진운영비	120,000	52,800	44%	1만*6*할인율
	기타사무비	500,000	210,030	42%	우편물발송비,소모품비등
	CMS유지비	400,000	92,480	23%	CMS사용료및수수료
	소계	1,720,000	711,350	41%	
조직사업비	포럼	2,000,000	1,669,310	83%	150,000*10+기타비용
	촛불기도회	1,500,000	183,230	12%	음향사용비+기타준비비
	영성모임	1,000,000	0	0%	
	홍보비	500,000	450,000	90%	달력제작 35, 총회자료집 10
	아카데미	1,000,000	0	0%	
	생평기행	1,000,000	0	0%	
	수련회	500,000	292,000	58%	상반기 평가 수련회
	회의비	500,000	276,000	55%	
	경조비	500,000	450,000	90%	회원관련 경조사
	소계	8,500,000	3,320,540	39%	
연대사업비	시민연대	600,000	500,000	83%	50,000*11월*
	기사련	120,000	170,000	142%	10,000*12월+40주년5만
	연대활동비	1,000,000	415,000	42%	대책활동분담금,연대비 등
	소계	1,720,000	1,085,000	63%	
예비비	예비비	360,000	0	0%	기타
	소계	360,000	0	0%	
합 계		20,000,000	12,266,890	61%	

*장부상에는 50만원으로 낸 것으로 확인. 7월 이전 이진권 운영위원장이 5만원씩 2번에 걸쳐 현금으로 납부하고, 회계처리를 안한 것으로 추정됨.

▦ 안건 3 — 2012년 사업 및 예산 심의

1. 주요 사업 기조

1) 포럼과 행동의날을 중심으로 회원 사업을 강화한다.
2) 신입회원 모집에 역량을 집중하고, 특히 청년 계층을 주요 대상으로 한다.
3) 회원 사업에 있어서 자원활동가 발굴을 통해 회원 사업의 선순환을 이룬다.
4) 기존 사업과 더불어 쉼을 통한 생태적 감성을 일깨우는 사업을 추진한다.
5) 홍보기능 외에 흐름과 소통을 중심으로 한 온라인미디어를 활용한다.
6) 2012년 양대 선거에 기독교사회운동에 조력하고, 적극 참여한다.

2. 사업계획

2.1. 조직

2.1.1. 운영위원회

— 운영위원회 빠지지 않고 진행(여러 일정 문제로 참석이 저조할 경우 회의 일시 재확정)
— 운영위원 추가 위촉: 석일, 김형기
— 2주차 일요일 저녁 6시, 사무실

2.1.1. 사무국

— 운영위원장이 사업 및 회원 전반을 공동대표와 협의하여 사무국을 운영한다.
— 인천시민사회단체연대 사무실에 입주하여 사무국을 안정화한다.
— 3월말까지 업무 분장을 하고, 4월부터 자원활동 프로그램을 개시한다.
— 자원활동가: 1주 1일 4시간 업무 진행을 기본으로 하여, 회원 사업을 돕는다.
— 회원부: 포럼(4시간)+1인기도(4시간)+회원의날(4시간)+회의1번

2.1.2. 회원 및 후원회원, 후원교회

— 연말까지 신입회원 30명 입회 목표

— 후원교회: 인천, 평화, 나섬, 새봄, 수도, 양곡, 초원 + 김포한신, 작전동감리, 성신, 용광

— 후원교회 일정 중 운영위원단 1번씩 예배 참석

구분	교회	비고
1월	평화교회	주일 예배
2월	새봄교회	주일 예배
3월	나섬교회	주일 예배
4월	수도교회	수요 예배
5월	초원교회	수요 예배
6월	김포한신	수요 예배
7월	작전동교회	수요 예배
8월	성신교회	수요 예배
9월	용광교회	수요 예배
10월	양곡교회	수요 예배
11월	인천교회	수요 예배

2.2. 교육, 훈련 구조

2.2.1. 생명평화 월례포럼

— 현안을 중심으로 하여 포럼 주제를 정하고, 시의성있는 포럼을 통해 포럼 참여를 높인다.

— 2012생명평화기독교행동 등 인천지역 기독교사회운동단체와 같이 할 수 있도록 모색한다.

— 운영위원회에서 포럼 주제 및 강사를 정한다.

— 포럼 일시 및 장소

— 일 시: 매월 첫째 주 목요일 오후 7시 30분(동절기 하절기 구분 없음)

— 장 소: 인천교회

2.2.2. 홍보

* 홈페이지 활성화와 온라인 홍보와 소통을 개발하고, 발전시키는 것을 목표로 한다.

— 블로그를 생성하고, 블로그 게시물을 홈페이지와 똑같이 게시하고 관리한다.

— 블로그 게시물을 SNS에 전송한다.

— 뉴스레터: 월 1회 정기 발행하고, 호외를 적극 발행하고, 홈페이지 가입회원도 관리한다.

— 페이스북: 그룹을 중심으로 관리한다.

2.3. 사업

2.3.1. 행동의날

— 1인 촛불 기도를 중심으로 한다. 자발적 요청에 따라 기도회로 할 수 있다.

— 지역 사안에 공감할 수 있는 주제로 진행하고, 운영위원회에서 행동의날 주제와 피켓 슬로건을 정한다. 2012생명평화기독교행동과 적극 결합할 수 있도록 진행한다.

— 시간은 셋째주 화요일 7시(하절기 7시 반), 장소는 동암역 북광장을 기본으로 하되, 장소 변경이 불가피한 경우 탄력적으로 운영한다.

2.3.2. '생평 강화에서 놀자'

— 회원, 후원회원 상호간의 친목 도모와 결속력을 다짐에 초점을 맞추어 진행

— 봄, 휴가철, 가을(나들길 걷기 1회, 초록마당/백영민 목사님댁 1회, 등산 1회)

— 강화도를 중심으로 한 회원사업으로, 생태적 감수성을 일깨우는 방법을 모색한다.

— 재정은 회비로만 충당한다.

3. 연대

1) 전국

— 기독교사회선교연대회의에 연대단체 참여한다.

2) 지역

— 2012생명평화기독교행동에 적극 결합한다.

— 인천시민사회단체연대에 회원 단체로 결합한다.

3) 종교간 대화

— 굴업도 공동대응과 같이, 지역 현안을 중심으로 4대종단이 적극 결합하는데 조력한다.

— 불교 및 원불교의 주요 기념일에 이웃종교로서 적극적인 마음을 표시한다.

□ 2012년 예산(안)

수입부(2012.1.1 ~ 2012.12.31)

항	목	금액		비고
		2011년 결산	2012년 예산	
이월금	이월금	119,601	657,160	
	소계	119,601	657,160	
회비	월정회비	7,765,000	9,000,000	회원 CMS 및 계좌이제
	참가회비	130,000	1,200,000	강화에서 놀자 1회당 40만원
	소계	7,895,000	10,200,000	
후원금	교회후원	4,300,000	6,600,000	인천,평화,나섬,새봄,수도,작전동,성신,초원,양곡
	특별후원	360,000	0	
	소계	4,660,000	6,600,000	
기타	결산이자	449	2,840	
	기 타	120,000	40,000	
	소계	120,449	42,840	
합계		12,795,050	17,500,000	

지출부(2012.1.1 ~ 2012.12.31)

항	목	금액		비고
		2011년 결산	2012년 예산	
인건비	인건비	6,800,000	6,500,000	50만*13
	소 계	6,800,000	6,500,000	

관리	공간사용료	350,000	1,200,000	10만*12, 시민연대
	공과금		1,200,000	10만*12, 시민연대
	소 계	350,000	2,400,000	
사무비	통신비	256,040	240,000	전화비 및 문자 전송비
	홈피운영비	99,000	200,000	호스팅 및 도메인 비용
	웹진운영비	52,800	120,000	1달*1만*12달
	기타사무비	210,030	500,000	우편물발송비,소모품비등
	비품구입비		400,000	컴퓨터 업그레이드 및 프린터 등 사무국 정비
	CMS 유지비	92,480	400,000	CMS 사용료 및 수수료
	소 계	711,350	1,860,000	
조직	포럼	1,669,310	1,800,000	150,000*10+기타비용
	1인기도	183,230	300,000	피켓작업비, 진행비
	조직운영비	0	360,000	자원활동 지원
	홍보비	450,000	410,000	달력제작 + 발송료
	아카데미	0	300,000	청년아카데미
	강화에서놀자	0	1,200,000	3번, 1회차당 2만원 *20명
	수련회	292,000	300,000	상반기 평가 수련회
	회의비	276,000	300,000	
	경조비	450,000	500,000	회원관련 경조사
	소 계	3,320,540	5,460,000	
연대	시민연대	500,000	600,000	50,000*12월
	기사련	170,000	120,000	10,000*12월
	연대활동비	415,000	500,000	대책활동부담금, 연대비등
	소 계	1,085,000	1,220,000	
예비비	예비비	0	50,000	기타
	소 계	0	50,000	
합 계		12,266,890	17,500,000	

▦ 안건 4 - 임원 인선

— 대표 인선

— 운영위원장 인선

— 운영위원 위촉

— 총회 준비위원회 안

- 공동대표: 김영호, 윤인중, 정세일
- 운영위원: (대표 당연직) 김영수, 김형기, 백영민, 석일, 이세구, 임병구, 천승현
- 운영위원장: 천승현

▩ 안건 5 - 기타 안건

<생명평화 월례포럼 목차>

회차	날짜	강사	주제	참여
1	04.3.26	김정수	평화운동과 그리스도인의 역할	20명
2	4.29	조경두	인천지역 환경현안	10명
3	6.24	조정현	현 기독운동의 흐름과 연대방향	12명
4	7.12	정강길	새로운 민중신학의 영성론과 기독운동	18명
5	8.26	정강길	민중신학의 전개과정과 새로운 대안모색	31명
6	9.23	정강길	한국교회의 현황과 새로운 기독운동	21명
7	10.28	김종희	한국교회의 개혁과제와 기독언론의 역할	18명
8	11.25	김종원	한국교회에서 평신도 사회운동의 의미와 역할	19명
9	12.23	윤인중	2005년 기독연대 방향과 사업계획에 대하여	15명
10	05.1.27	구미정	21세기 지구화시대의 생태여성신학과 실천운동	23명
11	2.24	정연복	평신도 예수 이야기	14명
12	3.24	김덕기	'역사적 예수' 제 3탐구의 딜레마와 그 해결책	16명
13	4.28	장왕식	현대 과정신학의 의의와 전망	13명
14	5.26	이현주	생명평화의 길	40명
15	6.23	권진관	한국사회 속에서 민중신학의 역할	10명
16	7.28	이민우	생명평화기독연대에 대한 제언	9명
17	8.25	유상태	목회현장에서 느끼는 한국교회 개혁	11명
18	9.22	이형용	종교성, 사회운동의 철학적,정신적 지평	19명
19	10.27	이현주	믿음	42명
20	11.17	이현주	소망	33명
21	11.24	이현주	사랑	60명
22	12.22	임병구	생명평화기독연대에 대한 성찰과 모색	23명
23	06.2.23	강원돈	신자유주의시대와 크리스챤 경제윤리	
24	3.23	이대수	지역자치와 교회의 역할	
25	4.27	김상근	에큐메니칼 교회의 역할	
26	5.25	김현수	청소년 대안교육	

27	6.29	이주화	타종교와의대화: 이슬람 종교와 문화	
28	8.24	유영재	평택사태와 미국의 전략적 유연성	
29	9.28	안철환	도시농업 — 생태도시 아바나 사례	
30	10.29	김조년	기독교 생명평화운동에 대하여	
31	11.23	개척자들	기독교 평화운동사례 — 개척자들의 신앙과행동	
32	2007.1.25	박태순	우리사회 갈등현황과 해결방안	
33	2.22	박병상	지구온난화와 인천의 난개발	
34	3.22	임영신	평화로 가는 길 — 이라크 평화운동 나눔	16명
35	4.26	임종한	지역에서 협동공동체를 어떻게 만들 것인가?	8명
36	5.31	윤인중	계양산 나무 위 생활 나누기	11명
37	6.28	김찬호	생명평화운동에 대하여	11명
38	8.23	이택규	멕시코 해외선교 경험 나누기	4명
39	9.27	최원경	네 이웃을 네 몸 같이 사랑하라	12명
40	11.1	오세제	2207 대선을 읽는 법	9명
41	12.6	이재영	아나벱티스트의 평화사상	11명
42	2008.2.21	도법	생명평화 탁발순례기	
43	3.27	김경호	생명평화와 예수살기운동	
44	4.24	홍세화	한국사회 진보운동의 성찰과 방향	
45	5.29	고상균	차별받아 마땅한 사랑은 그 어디에도 없다	
46	6.26	오강남	李시대, 한국교회, 예수는 없다	
47	9.25	한상봉	영성과 사회적 실천의 통합, 어떻게?	
48	10,23	김영철	세계화에 대한 교회의 대응	
49	11.27	김진호	민중신학과 새로운 신학운동	
50	2009.2.12	이현주	한국교회가 극복해야 할 종교관 1	
51	3.12	류상태	한국교회가 극복해야 할 종교관 2	
52	4.9	박득훈	한국교회가 극복해야 할 사회관 3	
53	5.14	김은규	한국교회가 극복해야 할 신관	
54	6.11	이상성	한국교회가 극복해야 할 교회관	
55	8.13	하종강	한국교회의 개혁과제	
56	9.10	김희헌	종교와 과학과의 대화	
57	10.15	개그넌	우주전쟁시대의 평화.	
58	11.22	이덕주	한국교회에 있어서 기독교 사회주의 1	
59	11.29	이덕주	한국교회에 있어서 기독교 사회주의 2	
60	2010.2.17	김진호	요한복음 새롭게 보기 1	
61	3.4	김진호	요한복음 새롭게 보기 2	15명
62	4.1	김규항	오늘의 새로운 예수 이해	21명
63	5.6	김준우	신학의 새로운 패러다임	15명
64	6.3	최형묵	한국사회와 기독교	12명
65	7.1	주요섭	생명평화운동과 기독교	7인
66	9.2	김민웅	진보적 교회와 교인들의 역할	18인
67	10.7	김홍일	기독교사회운동과 영성	11인
68	11.4	이혁배	한국교회의 행태,전망,과제	10인
69	12.2	우진성	초대교회에서의 먹고마심의 의미	12인

70	2011.2.10	이현주	예수그리스도 – 평화의 길	37인
71	3.10	이현주	예수그리스도 – 생명의 길	30인
72	4.14	이현주	예수 혁명	34명
73	5.12	이현주	이웃종교의 눈으로 본 예수	26명
74	6.9	홍인식	쿠바를 통해 본 느림과 비움의 영성	15명
75	7.14	홍인식	해방신학의 성서읽기	13명
76	9.8	박원석	복지국가를 위한 사회운동전략	10명
77	10.6	이준모	교회의 복지 흐름 – 사회적기업	6명
78	11.3	김영수	복지와 정치	7명
79	12.1	권춘택	교회의 복지참여의 성찰과 전망	5명

<생명평화기독연대 회원 명부>

번호	이름	연 락 처	E-mail	비 고
1	강은숙			
2	곽경전			부평시민모임
3	김경호			
4	김광성			인도소풍 경영
5	김광오			인천교회 담임
6	김상곤			
7	김상목			소성교회 목사
8	김석봉			새봄교회 전도사
9	김성기			푸른생협 상무
10	김영수			갈산사회복지관장
11	김영호			동연출판사
12	김옥순			주부
13	김정범			의사, 인천인의협
14	김정환			
15	김종철			인천교회 교우
16	김종필			노동자(노선문 전회원)
17	김진선			인천교회 부목
18	김태인			인천녹소연 전대표
19	김형기			인천교회 협동목사
20	김혜선			
21	류재성			인천목정평 대표
22	박경란			교사, 평화교회 교우
23	박종렬			고문
24	백영민			운영위원
25	석일			나섬교회 담임
26	송하경			사회복지사

27	안태용			전 노선문 총무, 귀농
28	양향미			
29	원용진			새봄교회 교우
30	원학운			예본교회 교우
31	윤은미			새봄교회 교우
32	윤인중			공동대표
33	이강희			자영업, 평화교회 교우
34	이민우			고문
35	이세구			초록마당
36	이승용			운영위원
37	이영희			자활 실무자
38	이용찬			Y 간사
39	이우재			온고재 대표
40	이재윤			교사,예본교회
41	이재춘			Y 간사
42	이준모			해인교회 목사
43	이진권			유학 중
44	이택규			지평교회 담임
45	이혜경			
46	이혜진			
47	임병구			인천교육연구소소장
48	임익철			
49	임희영			유촌교회 담임
50	장남덕			평화교회 교우
51	장인순			
52	전병화			교사
53	정다혜			대학원생
54	정세일			공동대표
55	정재원			
56	정한식			공동대표
57	정형서			새안의원 원장
58	조성일			YMCA부장
59	조철상			인천교회 교우
60	차성수			YMCA시민중계실
61	천승현			운영위원
62	최경희			새봄지역아동센터
63	최광식			
64	최성곤			자영업
65	최재성			인천 녹소연 상임이사

생명평화기독연대 8차 총회
■일시:2012년 1월 5일(목) 오후7시 ■장소:인천교회

생명평화기독연대 8차 총회

제8차 정기총회(2012년) 회의록

8차 정기총회 회의록

일시: 2012년 1월 5일 (목) 오후 7시 45분~8시 40분

장소: 인천교회 모임방

출석회원: 곽경전, 김광오, 김영호, 김종철, 김형기, 박종렬, 백영민, 이세구, 이승용, 임병구, 정세일, 천승현

1. 백영민 운영위원의 기도로 정기총회를 시작하다.

2. 정세일 대표를 의장으로 선출하다.

3. 정세일 의장이 천승현 운영위원장(대행)에게 성원보고를 요청하니 천승현 위원장(대행)이 회원 65명(총회자료집 23쪽 회원명부) 중 현재 11명이 참석(곽경전, 김광오, 김종철, 김형기, 박종렬, 백영민, 이세구, 이승용, 임병구, 정세일, 천승현)하였으며, 본 연대 회칙 3장의 총회에 대한 규정에는 의결정족수에 대한 규정이 없으므로, 현 인원으로 성원이 된 것을 보고하다.

4. 정세일 의장이 생명평화기독연대 8차 총회의 개회를 선언하니 7시 45분이었다.

5. 회의록 서기 선출에 들어가, 임병구 회원의 동의와 전체 회원의 재청으로 천승현이

서기에 선출되다.

6. 회순통과에 들어가, 의장이 회순(총회자료집)에 대한 의견을 묻자 참석회원 정원이 '예'로 답하여 회순을 통과하다.

7. 전차 회의록 낭독에 들어가, 의장이 의견을 묻자 임병구 회원의 동의와 전체 회원의 재청으로 총회자료집의 문건으로 받기로 하다.

8. 안건심의에 들어가, 의장이 첫째 안건으로 감사보고의 건을 상정하여 사업감사 이승용 회원과 재정감사 박종렬 회원이 총회자료집에 기록된 대로 감사의견을 제출하니 임병구 회원이 박수로 통과하기를 제안하여 전 회원이 박수로 답하여 통과하다.

9. 의장이 둘째 안건으로 2011년 사업 및 결산 보고의 건을 상정하고 천승현 운영위원장(대행)이 내용을 보고하고, 2011년 재정 결산 중 수입부에서 통장잔액과 장부잔액의 차이 147,000원에 대해 이를 잡수입으로 잡고, 통장잔액인 675,160원을 2012년 이월금으로 잡기로 하고, 지출부에서 연대사업비 계정의 시민연대 납입액이 예산과 집행이 공히 60만원이지만 장부상 50만원으로 기록된 것은 시민연대측 확인 결과 60만원이 맞으므로 10만원을 잡수입으로 처리하여 60만원으로 수정키로 하니 백영민 회원 동의와 전 회원의 재청으로 통과하다.

10. 의장이 셋째 안건으로 2012년 사업계획 및 예산계획을 상정하고 천승현 운영위원장(대행)이 주요 내용을 설명하고 심의에 들어가 사업계획에서 '2.2.교육 훈련 구조'를 '2.2.교육 홍보'로 바꾸고, '5.연대'를 '2.3.4.연대'로 바꾸기로 하고, 예산계획에서 지출부

인건비 650만원을 50만×14로 하여 12달 인건비에 설과 추석에 각 25만원씩 상여금 50만원과 퇴직적립금 50만원을 설정하고, 수입부에서 특별회비를 50만원 추가하여 수입과 지출을 맞추기로 백영민 회원의 제안에 모두 '예'로 답하여 통과하다.

11. 정세일 의장이 잠시 자리를 비워야 하는 사정이 발생하여 뒤늦게 참석한 김영호 대표에게 의장직을 넘길 것을 제안하여 전 회원의 허락을 얻어 잠시 정회하다.

12. 김영호 대표가 의장이 되어 속회를 선언하고 넷째 안건으로 임원인선에 들어가니 곽경전 회원이 총회준비위원회의 안(총회자료집 19쪽)대로 선임할 것을 동의하고 임병구 회원의 재청으로 전 회원의 박수로 통과하여 임기 2년(2012~2013년)의 신 임원을 선임하다: 공동대표 3인(김영호, 윤인중, 정세일), 운영위원 10인(김영수, 김형기, 백영민, 석일, 이세구, 임병구, 천승현, 당연직 대표 3인), 운영위원장 천승현. 이어 감사 선출에 들어가 정세일 회원이 사업감사에 이승용 회원, 재정감사에 김종철 회원을 추천하니 전 회원이 박수로 선임하다.

13. 의장이 다섯째 안건 사항으로 기타 안건으로 다룰 안건 상정을 요청하니 정세일 회원이 '모든 회원이 책임감을 갖고 회원 확대 노력을 하자'는 문구를 회의록에 삽입하여 회원 확대에 대한 총회 결의 사항을 확정하기로 의견을 제시하니 임병구 회원의 재청으로 통과하다.

14. 의장이 폐회의견을 물으니 전원이 폐회를 동의하고 재청하여 박수로 통과시키니 김영호 의장이 오후 8시 40분에 폐회를 선언하다.

제9차 정기총회(2013년)

9차 정기총회 자료집

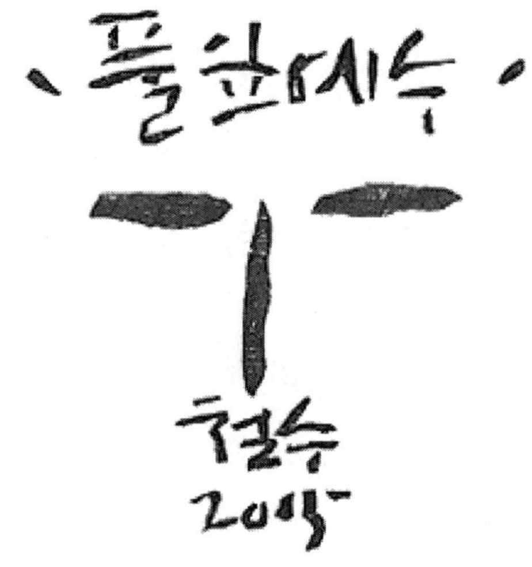

일 시: 2013년 1월 3일(목) 오후 7시

장 소: 인천교회

http://www.peacelife.or.kr

제9차 정기총회 차례

□ 1부 예배

□ 2부 정기총회

□ 개회기도
□ 의장 선출
□ 성원보고
□ 개회선언
□ 회의록 서기 선출
□ 회순통과
□ 전차 회의록 낭독
□ 안건심의
안건 1. 감사보고
안건 2. 2012년 사업 및 결산 보고
안건 3. 2013년 사업계획 및 예산 계획
안건 4. 신설 신임 인선안
안건 5. 기타 안건
□ 회원 시상 및 위촉
□ 회의록 채택
□ 폐회선언
□ 폐회기도

1부 예배

인도: 김영호 대표

♥ 침묵기도 다 함 께

♥ 여는찬양 찬송가 150장 (통135) 다 함 께

♥ 대표기도 이진권 목사

♥ 성서 봉독 마태복음 9:14~17 다함께

14. ○그 때에 요한의 제자들이 예수께 와서 물었다. "우리와 바리새파 사람은 자주 금식을 하는데, 왜 선생님의 제자들은 금식을 하지 않습니까?"
15. 예수께서 그들에게 말씀하셨다. "혼인 잔치의 손님들이 신랑과 함께 있는 동안에 슬퍼할 수 있느냐? 그러나 신랑을 빼앗길 날이 올 터이니, 그 때에는 그들이 금식할 것이다.
16. 생베 조각을 낡은 옷에다가 대고 깁는 사람은 없다. 그렇게 하면, 새로 댄 조각이 그 옷을 당겨서, 더욱더 크게 찢어진다.
17. 새 포도주를 낡은 가죽 부대에 담는 사람은 없다. 그렇게 하면, 가죽 부대가 터져서, 포도주는 쏟아지고, 가죽 부대는 못 쓰게 된다. 새 포도주는 새 가죽 부대에 담아야 둘 다 보존된다."

♥ 말씀나눔 새 포도주와 새 부대 김형기 목사

♥ 결단찬양 찬송가 550장 (통248) 다 함 께

♥ 축복의 기도 박종렬 목사

▦ 전차 회의록 보고

8차 정기총회 회의록

일시: 2012년 1월 5일 (목) 오후 7시 45분~8시 40분시

장소: 인천교회 모임방

출석회원: 곽경전, 김광오, 김영호, 김종철, 김형기, 박종렬, 백영민, 이세구, 이승용, 임병구, 정세일, 천승현

1. 백영민 운영위원의 기도로 정기총회를 시작하다.

2. 정세일 대표를 의장으로 선출하다.

3. 정세일 의장이 천승현 운영위원장(대행)에게 성원 보고를 요청하니 천승현 위원장(대행)이 회원 65명(총회자료집 23쪽 회원명부) 중 현재 11명이 참석(곽경전, 김광오, 김종철, 김형기, 박종렬, 백영민, 이세구, 이승용, 임병구, 정세일, 천승현)하였으며, 본 연대 회칙 3장의 총회에 대한 규정에는 의결정족수에 대한 규정이 없으므로, 현 인원으로 성원이 된 것을 보고하다.

4. 정세일 의장이 생명평화기독연대 8차 총회의 개회를 선언하니 7시 45분이었다.

5. 회의록 서기 선출에 들어가, 임병구 회원의 동의와 전체 회원의 재청으로 천승현이 서기에 선출되다.

6. 회순통과에 들어가, 의장이 회순(총회자료집)에 대한 의견을 묻자 참석회원 정원이 '예'로 답하여 회순을 통과하다.

7. 전차 회의록 낭독에 들어가, 의장이 의견을 묻자 임병구 회원의 동의와 전체 회원의 재청으로 총회자료집의 문건으로 받기로 하다.

8. 안건심의에 들어가, 의장이 첫째 안건으로 감사보고의 건을 상정하여 사업감사 이승용 회원과 재정감사 박종렬 회원이 총회자료집에 기록된 대로 감사의견을 제출하니 임병구 회원이 박수로 통과하기를 제안하여 전 회원이 박수로 답하여 통과하다.

9. 의장이 둘째 안건으로 2011년 사업 및 결산 보고의 건을 상정하고 천승현 운영위원장(대행)

이 내용을 보고하고, 2011년 재정 결산 중 수입부에서 통장잔액과 장부잔액의 차이 147,000원에 대해 이를 잡수입으로 잡고, 통장잔액인 675,160원을 2012년 이월금으로 잡기로 하고, 지출부에서 연대사업비 계정의 시민연대 납입액이 예산과 집행이 공히 60만원이지만 장부상 50만원으로 기록된 것은 시민연대측 확인 결과 60만원이 맞으므로 10만원을 잡수입으로 처리하여 60만원으로 수정키로 하니 백영민 회원 동의와 전 회원의 재청으로 통과하다.

10. 의장이 셋째 안건으로 2012년 사업계획 및 예산계획을 상정하고 천승현 운영위원장(대행)이 주요 내용을 설명하고 심의에 들어가 사업계획에서 '2.2.교육 훈련 구조'를 '2.2.교육 홍보'로 바꾸고, '5.연대'를 '2.3.4.연대'로 바꾸기로 하고, 예산계획에서 지출부 인건비 650만원을 50만×14로 하여 12달 인건비에 설과 추석에 각 25만원씩 상여금 50만원과 퇴직적립금 50만원을 설정하고, 수입부에서 특별회비를 50만원 추가하여 수입과 지출을 맞추기로 백영민 회원의 제안에 모두 '예'로 답하여 통과하다.

11. 정세일 의장이 잠시 자리를 비워야 하는 사정이 발생하여 뒤늦게 참석한 김영호 대표에게 의장직을 넘길 것을 제안하여 전 회원의 허락을 얻어 잠시 정회하다.

12. 김영호 대표가 의장이 되어 속회를 선언하고 넷째 안건으로 임원인선에 들어가니 곽경전 회원이 총회준비위원회의 안(총회자료집 19쪽)대로 선임할 것을 동의하고 임병구 회원의 재청으로 전 회원의 박수로 통과하여 임기 2년(2012~2013년)의 신임원을 선임하다: 공동대표 3인(김영호, 윤인중, 정세일), 운영위원 10인(김영수, 김형기, 백영민, 석일, 이세구, 임병구, 천승현, 당연직 대표 3인), 운영위원장 천승현. 이어 감사 선출에 들어가 정세일 회원이 사업감사에 이승용 회원, 재정감사에 김종철 회원을 추천하니 전 회원이 박수로 선임하다.

13. 의장이 다섯째 안건 사항으로 기타 안건으로 다룰 안건 상정을 요청하니 정세일 회원이 '모든 회원이 책임감을 갖고 회원 확대 노력을 하자'는 문구를 회의록에 삽입하여 회원 확대에 대한 총회 결의 사항을 확정하기로 의견을 제시하니 임병구 회원의 재청으로 통과하다.

14. 의장이 폐회의견을 물으니 전원이 폐회를 동의하고 재청하여 박수로 통과시키니 김영호 의장이 오후 8시 40분에 폐회를 선언하다.

▦ 생명평화 기독연대 회칙

▦ 안건 1 - 감사보고

○ 사업감사

* 여러 어려운 여건에서 지속적으로 사업이 진행된점 대단히 좋은 것 같습니다.
다만, 사업 과정에서 회원들의 적극적 참여를 유도해 낼 수 있는 방안과
해당 사업을 통한 회원 확대부분에서의 프로그램개발이 시급히 마련되어야하지 않나 하는 생각이듭니다.
수고 많이 하셨습니다.
2013년에는 더 발전하고 더 성장하리라 기대합니다.

이승용 드림

○ 회계감사

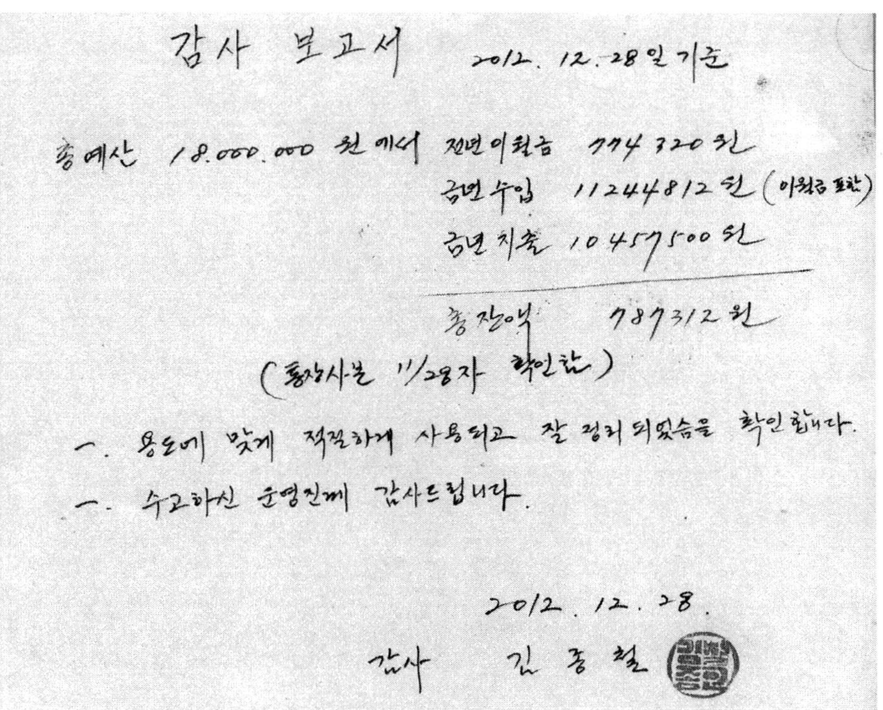

감사 보고서 2012. 12. 28일 기준

총예산 18.000.000 원에서 전년이월금 774 320 원
금년수입 11244812 원 (이월금 포함)
금년지출 10457500 원

총잔액 787312 원

(통장사본 11/28자 확인함)

一. 용도에 맞게 적절하게 사용되고 잘 정리 되었습을 확인합니다.
一. 수고하신 운영진께 감사드립니다.

2012. 12. 28.

감사 김종철

▦ 안건 2 — 2012년 사업 및 결산 심의

I. 2012년 사업 보고

1. 주요 사업 기조

1) 포럼과 행동의날을 중심으로 회원 사업을 강화한다.
2) 신입회원 모집에 역량을 집중하고, 특히 청년 계층을 주요 대상으로 한다.
3) 회원 사업에 있어서 자원활동가 발굴을 통해 회원 사업의 선순환을 이룬다.
4) 기존 사업과 더불어 쉼을 통한 생태적 감성을 일깨우는 사업을 추진한다.
5) 홍보 기능 외에 흐름과 소통을 중심으로 한 온라인 미디어를 활용한다.
6) 2012년 양대 선거에 기독교사회운동에 조력하고, 적극 참여한다.

※사무국 평가

— 전반적으로 회원사업에 있어서 구심점을 마련하지 못한 점이 있음.
— 기존 오프라인 및 실천사업으로 포럼과 행동의날을 진행하였으나, 회원사업으로는 구심이 되지 못함.
— 신입회원 모집에 역량을 집중하지 못했고, 특히 청년계층을 공략하지 못했음.
— 자원활동가 발굴 문제는 재원 문제와 연관하여 진행하지 못함.
— '강화에서 놀자' 사업은 참여저조와 실행력 부족으로 진행되지 못함.
— 사업 기조는 5번, 6번은 무난했다고 자평함.

2. 사업계획 및 평가

2.1. 조직

2.1.1. 운영위원회

— 운영위원회 빠지지 않고 진행하였고, 김형기 목사, 이진권 목사를 운영위원에 위촉
— 2주차 일요일 저녁 6시, 사무실에서 진행
— 평균 과반수 이상 참석하여 진행

회차	날짜	주요 결정사항	참석
1월 총회	1. 5	총회, 2012년 사업계획 및 예산 심의, 확정	12
74차	2. 12	강화에서놀자, 회원의날 건	5
75차	3. 11	한강하구평화의배띄우기, 고난주간특별1인기도 건	5
76차	4. 8	한강하구평화의배띄우기 건 재논의	5
77차	5. 20	인천615가입, 홈페이지, 로고 확정, 햇빛발전 건	5
78차	6. 17	사무실 이전, 인천재정위기범시민협, 상반기 평가 건	5
상반기 평가	7. 27	상반기 활동평가 및 하반기 계획 건	10
80차	9. 9	이진권 운영위원 위촉, 장준하국민대책위 참여 건	6
81차	10. 14	후원교회 섭외 건	5
82차	11. 18	총준위 구성 건	8
83차	12. 9	총회일 확정 및 결산 검토	6

2.1.2. 사무국

— 운영위원장이 사업 및 회원 전반을 공동대표와 협의하여 사무국을 운영하였음.
— 인천시민사회단체연대 사무실에 입주하여 사무국을 운영했으나, 6월달로 종료함.
— 자원활동가 프로그램은 예산과 인력 문제로 진행하지 못함.

2.1.3. 회원 및 후원회원, 후원교회

— 신입회원 30명 목표(강병수, 이재병, 이상선, 우재인, 강태욱, 최정임, 박찬대)
— 후원교회: 인천, 평화, 나섬, 새봄, 양곡, 초원 + 성신(1), 수도(1)
— 후원교회 일정 중 운영위원단 1번씩 예배 참석

구분	교회	비고
1월 15일	평화교회	주일 예배
7월 11일	인천교회	수요 예배
7월 18일	성신교회	수요 예배

2.2. 교육, 홍보

2.2.1. 생명평화 월례포럼

회차	날짜	강사	주제	참석
80	2012.2.2	이수호	선거, 정치에 있어서 기독교인의 역할	20
81	3.8	조화순	선거, 정치에 있어서 기독교인의 역할	15
82	4.5	이재정	선거, 정치에 있어서 기독교인의 역할	32
83	5.3	강원돈	경제민주화와 기독교 경제윤리	무산
83	6.7	김형기	전쟁과 평화로 보는 성서	16
84	7.5	김형기	성서에 나타난 역사 상	11
85	8.9	이진권	나를 찾아 떠나는 여행	10
86	9.6	김정택	먹거리복지와 교회운동	13
87	10.11	정진오	세계의전장 인천, 평화를 말하다	16
89	11.1	정세일	생명평화운동과 시민정치운동	16
90	12.6	천승현	케노시스의 관점에서 보는 토마스 베리	9

— 5월 포럼의 경우 강원돈 교수의 회의(한신대 구조조정 문제)로 인해 무산됨.

— 매년 8월에는 쉬었으나, 2012년 8월에는 이진권 전 운영위원장의 귀국에 맞춰 포럼을 진행함.

2.2.2. 홍보

* 기존 홈페이지는 사용의 한계(sns와 연계 미흡, 사용자 한정)로 인해 정리하고, 기존 도메인을 치면, 다음까페로 연동할 수 있도록 진행. (기존 도메인 소유자는 윤인중이며, 9월

11일부터는 천승현으로 소유권 이전됨.)

— 다음까페주소는 cafe.daum.net/ipeacelife 이며, 기존 peacelife 사용자가 있어 I + peacelife로 생성함.

— 까페주소 및 도메인, 양쪽으로 접속 가능.

— 사업은 페이스북을 중심으로 홍보하고 사업 결과를 알림.

— 블로그를 생성하고, sns와 연계하여 사용함.

— 뉴스레터: 월 1회 정기 발행하고, 호외를 적극 발행하기로 했으나, 정기적이진 않았음.

2.3. 사업

2.3.1. 행동의날

— 지역 사안에 공감할 수 있는 주제로 진행하고, 운영위원회에서 행동의날 주제와 피켓 슬로건을 정한다. 2012생명평화기독교행동과 적극 결합할 수 있도록 진행하였음.

— 시간은 셋째주 화요일 7시(하절기 7시 반), 장소는 동암역 북광장을 기본으로 하되, 장소 변경이 불가피한 경우 탄력적으로 운영하기로 원칙을 가짐.

회차	날짜	주제	참여인원
19차	1/16	한미FTA 폐기	6명
20차	2/21	한미FTA 폐기	3명
21차	3/20	한미FTA 폐기	4명
고난주간 특별기도 22차	4/2	정의, 평화, 생명	정세일
23차	4/3	정의, 평화, 생명	임병구
24차	4/4	정의, 평화, 생명	천승현
25차	4/5	정의, 평화, 생명	김영호
26차	4/6	정의, 평화, 생명	이준모 외 3인

27차	4/17	제주해군기지 반대	4명
28차	5/15	제주해군기지 반대	3명
29차	6/19	제주해군기지 반대	4명
30차	7/17	제주해군기지 반대, 4대강, 탈핵	6명
31차	8/21	제주해군기지 반대, 4대강, 탈핵	2명
32차	9/18	장준하 암살의혹	3명
33차	10/16	장준하 암살의혹	4명
34차	11/20	장준하 암살의혹	4명
35차	12/18	장준하 암살의혹	4명

2.3.2. '생평 강화에서 놀자'

— 상반기 평가로, 1번 진행으로 대체됨.

3. 연대

1) 전국

— 기독교사회선교연대회의에 연대단체 참여하기로 함.

— 5월부터 빠지지 않고 참여

— 4월까지는 뉴스레터로 생평 소식 알림.

— 7월 24일 콜트콜텍 기도회 진행. 30여 명 참석

2) 지역

— 2012생명평화기독교행동에 적극 결합하기로 하였으나, 인천시민정치행동 사무국장으로 참여했으며, 하반기에는 운영위원장이 기독교행동 사무국장을 맡았으나, 적극적으로 활동하지

못함.

— 인천시민사회단체연대에 회원 단체로 결합하여 활동함.

3) 종교간 대화

— 굴업도 공동대응과 같이, 지역 현안을 중심으로 4대종단이 적극 결합하는데 조력하기로 했으나, 현안이 부각되지 못하면서 진행된 것이 없음. 이와 관련하여 환경단체를 중심으로 "인천 섬 연구모임"에 함께 동참해주기를 요청해 왔음.

— 불교 및 원불교의 주요 기념일에 이웃종교로서 적극적인 마음을 표시하기로 했고, 부처님오신날에 약사사에 연대의 현수막을 걸고, 화응스님과 환담을 나누는 시간도 가짐.

4. 예산 평가

4.1. 2012년 예산 평가 (총합)

— 차기이월금: 89,462원

— 예산 정성적 평가

1. 7차 총회에서 의욕적으로 예산을 편성하였고, 지난해 8차 때는 7차 때 예산을 근거로 진행하여 전반적으로 과다계상된 결과를 얻었음.

2. 특히 2011년도 10월부터 교회 후원 운동을 의욕적으로 전개했으나, 결과적으로 과다계상하는 결과를 낳았음.

3. 지출에 있어 인건비는 12개월+보너스(설/추석 50)+퇴직적립금(1달치)로 총 700만원이고, 2012년 미지급 인건비는 70만원임.

4.1.1. 수입부 (2012.1.1.~2012.12.31)

분류항목	예산	합계	예산대비결산	비율
이월금	774,320	774,320	100%	6%
전기이월금	774,320	774,320	100%	6%
회비	10,100,000	6,990,000	69%	57%
월정회비	8,900,000	6,830,000	77%	55%
참가회비	1,200,000	160,000	13%	1%
후원금	7,100,000	4,560,000	64%	37%
교회후원	6,600,000	3,550,000	54%	29%
특별후원	500,000	1,010,000	202%	8%
기타	25,680	492	2%	0%
결산이자	5,680	492	9%	0%
기타	20,000	-	0%	0%
수입부합계	18,000,000	12,324,812	68%	100%

4.1.2. 지출부 (2012.1.1.~2012.12.31)

분류항목	예산	합계	예산대비결산	비율
인건비	7,000,000	5,800,000	83%	47%
인건비	7,000,000	5,800,000	83%	47%
관리비	2,400,000	400,000	17%	3%
공간사용료	1,200,000	200,000	17%	2%
공과금	1,200,000	200,000	17%	2%
사무비	1,860,000	1,579,310	85%	13%
통신비	240,000	448,540	187%	4%
홈피운영비	200,000	99,000	50%	1%
웹진운영비	120,000	59,400	50%	0%
기타사무비	500,000	332,340	66%	3%
비품구입비	400,000	533,400	133%	4%
CMS유지비	400,000	106,630	27%	1%

조직사업비	5,470,000	2,931,040	54%	24%
포럼	1,800,000	1,630,940	91%	13%
1인기도	300,000	161,100	54%	1%
조직운영비	360,000	37,700	10%	0%
홍보비	410,000	186,000	45%	2%
아카데미	300,000	-	0%	0%
강화에서놀자	1,200,000	-	0%	0%
수련회	300,000	360,000	120%	3%
회의비	300,000	271,300	90%	2%
경조비	500,000	280,000	56%	2%
연대사업비	1,220,000	1,525,000	125%	12%
시민연대	600,000	600,000	100%	5%
기사련	120,000	200,000	167%	2%
연대활동비	500,000	725,000	145%	6%
예비비	50,000	-	0%	0%
예비비	50,000	-	0%	0%
지출부합계	18,000,000	12,235,350	68%	100%

▦ 안건 3 — 2013년 사업 및 예산 심의

1. 주요 사업 기조

생명평화기독연대는 지역에서 본래적으로 기독교 사회선교단체이면서도, 지역에서는 일반 시민사회단체로서의 위치도 있습니다. 기독교에서 선교를 한다는 것은 나의 종교적 변화를 시작으로, 그 변화를 통해서 주변으로 변화를 전파하는 것이 시민사회단체와는 확연히 다른 지점이라고 할 수 있습니다. 그래서 2013년도의 사업의 방향은 우리 안의 내적인 변화들을 잘 살펴보고, 그 변화들을 고백하고, 그 개인의 고백들을 우리의 고백으로 모으는 작업이 첫 번째로 설정하였습니다. 그리고, 두 번째는 우리가 잘할 수 있는 것들, 또는 해야만 하는 것들을 중심에 놓고, 사업을 설정하였습니다.

2. 사업계획

2.1. 조직

2.1.1. 위원회

— 운영위원회 빠지지 않고 진행. (여러 일정 문제로 참석이 저조할 경우 회의 일시 재확정)
— 2주차 일요일 저녁 6시, 사무실
— 신학위원장과 평화위원장을 신설한다.
— 신학위원회는 추후 연구소 설립을 비젼으로, 교회 내 생명평화 교육프로그램 준비를 위한 모임과 100회차 포럼을 당면 사업으로 한다.
— 평화위원회는 생명평화써클모임을 중심사업으로 한다.
— 각 위원회는 회원들의 자발적 참여로 위원을 모집, 결성한다.
— 각 위원장은 무임으로 한다.

2.1.1. 사무국

— 운영위원장이 사업 및 회원 전반을 공동대표와 협의하여 사무국을 운영한다.

2.1.2. 회원 및 후원회원, 후원교회

— 연말까지 신입회원 30명 입회 목표
— 후원교회: 인천, 평화, 나섬, 새봄, 수도, 양곡, 초원
— 후원교회 일정 중 운영위원단 1번씩 예배 참석

2.2. 교육, 훈련 구조

2.2.1. 생명평화 월례포럼

— 현안을 중심으로 하여 포럼 주제를 정하고, 시의성있는 포럼을 통해 포럼 참여를 높이는 기조에서, 기독교를 주제로 한 도서의 저자(역자)를 초청하여 공부하는 시간으로, 상반기 5회에 거쳐 진행하고, 상반기 평가를 통해 다음 회차를 결정한다.

— 운영위원회에서 도서 및 강사를 정한다.

— 진행에 있어 써클방식을 도입하여 발제– 순환식 대화(질의응답)– 발제자 총합으로 진행한다.

— 포럼 일시 및 장소

— 일 시: 매월 첫째 주 목요일 오후 7시 30분

— 장 소: 전교조 인천지부

— 포럼 100회 기념 자료집을 만든다.

— 포럼 영상을 찍고, 포럼 내용을 PDF로 만들어 배포한다.

2.2.2. 생명평화 써클모임

— 써클을 통해 영성 수련을 한다.

— 이진권 목사가 지도한다.

— 써클모임은 두가지 방식으로 진행되며, 매주 수요일 7시 정기모임(새봄교회)과 3개월 12주 완성형 프로그램을 진행한다.

— 거룩한 독서, 관상, 향심, 침묵, 고백 등 다양한 영적 수련의 방법을 배우고, 익히는 시간으로 한다.

— 분위기 스케치를 회원들에게 알린다.

— 3개월 12주 완성형 프로그램은 상반기/하반기 2번 진행한다.

온전한 삶으로의 여행 프로그램(안)

〈영혼의 소리 듣기와 우정의 공동체 형성, 그리고 평화로운 세상을 꿈꾸기〉

● 모임의 성격

— 이 모임의 의도는 "고독의 공동체"인 신뢰서클에 의해 지지받으면서, 분리되지 않는 삶을 향한 여정에 관한 것이다. 이 여정에서는 모든 참가자들은 내면의 교사에 주목하면서 동시에 서로에게 배우는 기회를 얻게 된다.

— 이 모임은 파커 팔머의 '온전한 삶으로의 여행'을 주 교재로 사용한다. 그러나 이 모임은 전형적인 독서모임— 책 내용을 살피고, 이것에 대해 토론하는 방식— 이 아니다. 오히려 이것은 나는 결국 누구인가? 와 이에 대해 이야기를 나누는 것이다. 이것은 즉 각 사람의 영혼을 찾아가는 여정이며, 이는 본문을 탐색하는 여정과는 다른 민감성과 기술들이 필요하다.

● 모임의 개괄적인 흐름

1. 환영, 여는 낭독, 그리고 짧은 침묵 성찰(1~2분 정도)
2. 기준들(touchstones) 읽기 — 영혼을 위한 안전한 공간들을 만들기 위한 기준들 마련과 상기하기
3. 열려있고 자발적인 그룹 나눔 — 모임속에서 함께하면서 홀로 있기(being alone together)
4. 서클 닫기 — "은총 주목"(grace note) 으로 서클을 마친다. 참가자들은 고요에 깃들고 함께 한 시간속에서 깨달은 통찰들이나 그 순간의 느낌들에 대해 대해 짧게 말한다. 이때 닫기 낭송 등이 사용될 수 있다.

● 모임의 내용

첫 번째 모임 / 여는 마당 / 서론 (세상의 거센 눈보라)
두 번째 모임 / 1장 통합의 이미지 / 더 이상 분리되지 않는 삶을 살아가기.
세 번째 모임 / 2장 분리의 벽을 넘어서 / 영혼과 역할의 재결합
네 번째 모임 / 3장 참 자아 찾기 / 영혼의 암시들
다섯 번째 모임 / 4장 함께 홀로되기 / 고독한 커뮤니티
여섯 번째 모임 / 5장 여행을 위한 준비 신뢰서클 만들기
일곱 번째 모임 / 6장 빗대어 말한 진실 / 비유의 힘
여덟 번째 모임 / 7장 깊음이 깊음에게 말하다. / 말하고 듣는 법
아홉 번째 모임 / 8장 물음속에 살기 / 진리의 실험
열 번째 모임 / 9장 웃음과 침묵에 대해 / 알고 보면 아주 가까운 사이
열한 번째 모임 / 10장 제 3의 길 — 일상생활에서의 비폭력.
열두 번째 모임 / 마무리 모임.

2.2.3. 생명평화 리더쉽트레이닝 (L.T)

— 생명평화기독연대 10년 운동을 마감하고, 새로운 10년을 준비하기 위한 브레인스토밍을 한다.

— 발제자는 자유 발제자로 하여 끝장토론 형식으로 진행한다.

— 시기는 2월 중으로 한다.

2.3. 사업

2.3.1. 행동의날

— 35차까지 진행된 행동의 날은 기도회로부터 시작하여 1인기도 형태로 변화 수용되어 진행되어 왔으나, 2013년부터는 기도를 통해 메시지를 전달하는 방식에서 연대하는 방식으로 진행한다.

— 1달에 1번씩 운영위에서 현장이나 연대행사 하나를 정하여, 집중하고, 나누며 친교하는 시간을 가진다.

2.3.2. 홍보

— 홈페이지 활성화와 온라인 홍보와 소통을 개발하고, 발전시키는 것을 목표로 한다.

— 블로그를 생성하고, 블로그 게시물을 홈페이지와 똑같이 게시하고 관리한다.

— 블로그 게시물을 SNS에 전송한다.

— 뉴스레터: 월 1회 정기 발행하고, 호외를 적극 발행하고, 홈페이지 가입회원도 관리한다.

2.3.3. 기독교사회선교 사진전

— WCC 사회선교마당 중 민중선교에 대한 마당이 확정되어 있음.

— 사진자료를 중심으로 기독교 사회선교에 대한 이해를 마련할 수 있도록 한다.

— WCC 사회선교마당은 10월말~11월초로, 3월말까지 사진자료 수집하여 4월 부활절부터 10월까지 각 지역 교회 및 전시실을 통해 순회 전시하는 시간을 갖는다.

— 또한 사진 자료를 목록화를 하고, 자료에 대한 영문 해설 자료를 만들고, 사안에 대한

설명이 필요할 경우 판단하여 영문 자료를 만든다.

— 수량은 60개를 정하고, 생평과 후원교회의 활동을 1순위로 하고, 기독교 단체들(인천민교, 인천목정평,감리교사회연대,감리교사회복지선교회)과 유관단체들(인천여성노동자회)의 사진도 협조를 얻어 진행한다.

3. 연대

1) 전국

— 기독교사회선교연대회의에 연대단체 참여한다.

2) 지역

— 인천시민사회단체연대에 회원 단체로 참여한다.

— 인천지역 내 정전협정 60주년을 기념하는 사업(특히 한강하구평화의배띄우기)에 조력한다.

3) 종교간 대화

— [인천지역 섬 연구모임]을 중심으로, 혹은 지역 현안을 중심으로 4대 종단이 적극 결합하는데 조력한다.

— 불교 및 원불교의 주요 기념일을 중심으로 이웃 종교와 적극적으로 종교간대화에 참여한다.

□ 2013년 예산(안)

수입부 (2013.1.1.~2013.12.31)

분류항목	2012년예산	2012년결산	2013년예산	비고
이월금	774,320	774,320	89,462	
전기이월금	774,320	774,320	89,462	
회비	10,100,000	6,990,000	9,000,000	

월정회비	8,900,000	6,830,000	8,000,000	
참가회비	1,200,000	160,000	1,000,000	써클모임
후원금	7,100,000	4,560,000	4,900,000	
교회후원	6,600,000	3,550,000	3,600,000	
특별후원	500,000	1,010,000	1,300,000	wcc사진전
기타	25,680	492	10,538	
결산이자	5,680	492	538	
기타	20,000	-	10,000	
수입부합계	18,000,000	12,324,812	14,000,000	

지출부 (2013.1.1.~2013.12.31)

분류항목	2012년예산	2012년결산	2013년예산	비고
인건비	7,000,000	5,800,000	4,300,000	
인건비	7,000,000	5,800,000	4,300,000	70만+30*12,업무추진비
관리비	2,400,000	400,000	-	
공간사용료	1,200,000	200,000	-	
공과금	1,200,000	200,000	-	
사무비	1,860,000	1,579,310	1,860,000	
통신비	240,000	448,540	340,000	
홈피운영비	200,000	99,000	100,000	도메인관리비
웹진운영비	120,000	59,400	120,000	
기타사무비	500,000	332,340	300,000	
비품구입비	400,000	533,400	800,000	캠코더,녹음기
CMS유지비	400,000	106,630	200,000	
조직사업비	5,470,000	2,931,040	6,620,000	
포럼	1,800,000	1,630,940	1,800,000	

행동의날	300,000	161,100	300,000	
WCC사진전			1,200,000	60*2만
써클모임			1,000,000	12주*2회차
리더쉽트레이닝			300,000	2월
조직운영비	360,000	37,700	360,000	위원회활동비
홍보비	410,000	186,000	200,000	달력및발송비
아카데미	300,000	-	300,000	
강화에서놀자	1,200,000	-	-	
수련회	300,000	360,000	360,000	
회의비	300,000	271,300	300,000	
경조비	500,000	280,000	500,000	
연대사업비	1,220,000	1,525,000	1,220,000	
시민연대	600,000	600,000	600,000	
기사련	120,000	200,000	120,000	
연대활동비	500,000	725,000	500,000	
예비비	50,000	-	-	
예비비	50,000	-	-	
지출부합계	18,000,000	12,235,350	14,000,000	

▦ 안건 4 — 신설 임원 인선안

— 신학위원장:

— 평화위원장:

— 총회 준비위원회 안

- 신학위원장: 김형기
- 평화위원장: 이진권

▦ 안건 5 - 기타 안건

1. 2월 91차 생평포럼 안

다음달 생평포럼 안에 대해서 안건을 심의하여 주시기 바랍니다.

— 2월 7일 (목) 오후7시, 전교조 인천지부

— 도서: 기독교의 심장 (마커스 보그 저, 한국기독교연구소, 2009)

— 범위: 1장~3장(성서)

— 강사: 김준우 박사 (본책 옮긴이)

<생명평화 월례포럼 목차>

회차	날짜	강사	주제	참여
1	2004.3.26	김정수	평화운동과 그리스도인의 역할	20명
2	4.29	조경두	인천지역 환경현안	10명
3	6.24	조정현	현 기독운동의 흐름과 연대방향	12명
4	7.12	정강길	새로운 민중신학의 영성론과 기독운동	18명
5	8.26	정강길	민중신학의 전개과정과 새로운 대안모색	31명
6	9.23	정강길	한국교회의 현황과 새로운 기독운동	21명
7	10.28	김종희	한국교회의 개혁과제와 기독언론의 역할	18명
8	11.25	김종원	한국교회에서 평신도 사회운동의 의미와 역할	19명
9	12.23	윤인중	2005년 기독연대 방향과 사업계획에 대하여	15명
10	2005.1.27	구미정	21세기 지구화시대의 생태여성신학과 실천운동	23명
11	2.24	정연복	평신도 예수 이야기	14명
12	3.24	김덕기	'역사적 예수' 제 3탐구의 딜레마와 그 해결책	16명
13	4.28	장왕식	현대 과정신학의 의의와 전망	13명
14	5.26	이현주	생명평화의 길	40명
15	6.23	권진관	한국사회 속에서 민중신학의 역할	10명
16	7.28	이민우	생명평화기독연대에 대한 제언	9명
17	8.25	유상태	목회현장에서 느끼는 한국교회 개혁	11명

회차	날짜	강사	주제	참여
18	9.22	이형용	종교성, 사회운동의 철학적,정신적 지평	19명
19	10.27	이현주	믿음	42명
20	11.17	이현주	소망	33명
21	11.24	이현주	사랑	60명
22	12.22	임병구	생명평화기독연대에 대한 성찰과 모색	23명
23	2006.2.23	강원돈	신자유주의시대와 크리스챤 경제윤리	
24	3.23	이대수	지역자치와 교회의 역할	
25	4.27	김상근	에큐메니칼 교회의 역할	
26	5.25	김현수	청소년 대안교육	
27	6.29	이주화	타종교와의대화: 이슬람 종교와 문화	
28	8.24	유영재	평택사태와 미국의 전략적 유연성	
29	9.28	안철환	도시농업 — 생태도시 아바나 사례	
30	10.29	김조년	기독교 생명평화운동에 대하여	
31	11.23	개척자들	기독교 평화운동사례— 개척자들의 신앙과행동	
32	2007.1.25	박태순	우리사회 갈등현황과 해결방안	
33	2.22	박병상	지구온난화와 인천의 난개발	
34	3.22	임영신	평화로 가는 길— 이라크 평화운동 나눔	16명
35	4.26	임종한	지역에서 협동공동체를 어떻게 만들 것인가?	8명
36	5.31	윤인중	계양산 나무 위 생활 나누기	11명
37	6.28	김찬호	생명평화운동에 대하여	11명
38	8.23	이택규	멕시코 해외선교 경험 나누기	4명
39	9.27	최원경	네 이웃을 네 몸 같이 사랑하라	12명
40	11.1	오세제	2207 대선을 읽는 법	9명
41	12.6	이재영	아나벱티스트의 평화사상	11명
42	2008.2.21	도법	생명평화 탁발순례기	
43	3.27	김경호	생명평화와 예수살기운동	
44	4.24	홍세화	한국사회 진보운동의 성찰과 방향	
45	5.29	고상균	차별받아 마땅한 사랑은 그 어디에도 없다	

회차	날짜	강사	주제	참여
46	6.26	오강남	李시대, 한국교회, 예수는 없다	
47	9.25	한상봉	영성과 사회적 실천의 통합, 어떻게?	
48	10,23	김영철	세계화에 대한 교회의 대응	
49	11.27	김진호	민중신학과 새로운 신학운동	
50	2009.2.12	이현주	한국교회가 극복해야 할 종교관 1	
51	3.12	류상태	한국교회가 극복해야 할 종교관 2	
52	4.9	박득훈	한국교회가 극복해야 할 사회관 3	
53	5.14	김은규	한국교회가 극복해야 할 신관	
54	6.11	이상성	한국교회가 극복해야 할 교회관	
55	8.13	하종강	한국교회의 개혁과제	
56	9.10	김희헌	종교와 과학과의 대화	
57	10.15	개그넌	우주전쟁시대의 평화.	
58	11.22	이덕주	한국교회에 있어서 기독교 사회주의 1	
59	11.29	이덕주	한국교회에 있어서 기독교 사회주의 2	
60	2010.2.17	김진호	요한복음 새롭게 보기 1	
61	3.4	김진호	요한복음 새롭게 보기 2	15명
62	4.1	김규항	오늘의 새로운 예수 이해	21명
63	5.6	김준우	신학의 새로운 패러다임	15명
64	6.3	최형묵	한국사회와 기독교	12명
65	7.1	주요섭	생명평화운동과 기독교	7인
66	9.2	김민웅	진보적 교회와 교인들의 역할	18인
67	10.7	김홍일	기독교사회운동과 영성	11인
68	11.4	이혁배	한국교회의 행태,전망,과제	10인
69	12.2	우진성	초대교회에서의 먹고마심의 의미	12인
70	2011.2.10	이현주	예수그리스도 — 평화의 길	37인
71	3.10	이현주	예수그리스도 — 생명의 길	30인
72	4.14	이현주	예수 혁명	34명
73	5.12	이현주	이웃종교의 눈으로 본 예수	26명

회차	날짜	강사	주제	참여
74	6.9	홍인식	쿠바를 통해 본 느림과 비움의 영성	15명
75	7.14	홍인식	해방신학의 성서읽기	13명
76	9.8	박원석	복지국가를 위한 사회운동전략	10명
77	10.6	이준모	교회의 복지 흐름 – 사회적기업	6명
78	11.3	김영수	복지와 정치	7명
79	12.1	권춘택	교회의 복지참여의 성찰과 전망	5명
80	2012.2.2	이수호	선거,정치에 있어서 기독교인의 역할	20
81	3.8	조화순	선거,정치에 있어서 기독교인의 역할	15
82	4.5	이재정	선거,정치에 있어서 기독교인의 역할	32
83	5.3	강원돈	경제민주화와 기독교 경제윤리	무산
83	6.7	김형기	전쟁과 평화로 보는 성서	16
84	7.5	김형기	성서에 나타난 역사 상	11
85	8.9	이진권	나를 찾아 떠나는 여행	10
86	9.6	김정택	먹거리복지와 교회운동	13
87	10.11	정진오	세계의전장 인천, 평화를 말하다	16
89	11.1	정세일	생명평화운동과 시민정치운동	16
90	12.6	천승현	케노시스의 관점에서 보는 토마스 베리	9

<생명평화기독연대 회원명부>

번호	이름	연락처	E-mail	비 고
1	강병수			시의원
2	강은숙			
3	강태욱			운동초심
4	곽경전			부평시민모임
5	김경호			
6	김광성			인도소풍 경영
7	김광오			인천교회 담임
8	김상곤			
9	김상목			소성교회 목사

번호	이름	연락처	E-mail	비 고
10	김석봉			새봄교회 전도사
11	김성기			푸른생협 상무
12	김영수			갈산사회복지관장
13	김영호			동연출판사
14	김옥순			주부
15	김정범			의사,인천인의협
16	김정환			
17	김종철			인천교회 교우
18	김종필			노동자(노선문전회원)
19	김진선			인천교회 부목
20	김태인			인천녹소연 전대표
21	김형기			인천교회 협동목사
22	김혜선			
23	류재성			인천목정평 대표
24	박경란			교사,평화교회교우
25	박종렬			고문
26	박찬대			회계사
27	백영민			운영위원
28	석일			나섬교회 담임
29	송하경			사회복지사
30	안태용			전노선문총무,귀농
31	양향미			
32	우재인			인천교회 집사
33	원용진			새봄교회 교우
34	원학운			예본교회 교우
35	윤은미			새봄교회 교우
36	윤인중			공동대표
37	이강희			자영업,평화교회교우
38	이민우			고문
39	이상선			새결교회 담임
40	이세구			초록마당
41	이승용			운영위원
42	이영희			자활 실무자
43	이용찬			Y 간사

번호	이름	연락처	E-mail	비 고
44	이우재			온고재 대표
45	이재병			시의원
46	이재윤			교사,예본교회
47	이재춘			Y 간사
48	이준모			해인교회 목사
49	이진권			유학 중
50	이택규			지평교회 담임
51	이혜경			
52	이혜진			
53	임병구			인천교육연구소소장
54	임익철			
55	임희영			유촌교회 담임
56	장남덕			평화교회 교우
57	장인순			
58	전병화			교사
59	정다혜			대학원생
60	정세일			공동대표
61	정재원			
62	정한식			공동대표
63	정형서			새안의원 원장
64	조성일			YMCA부장
65	조철상			인천교회 교우
66	차성수			YMCA시민중계실
67	천승현			운영위원
68	최경희			새봄지역아동센터
69	최광식			
70	최성곤			자영업
71	최재성			인천 녹소연 상임이사
72	최정임			여성민우회

생명평화기독연대 9차 총회
■일시:2013년 1월 3일(목) 오후 7시 ■장소:인천교회

제10차 정기총회(2014년)

생명평화기독연대

10차 정기총회 자료집

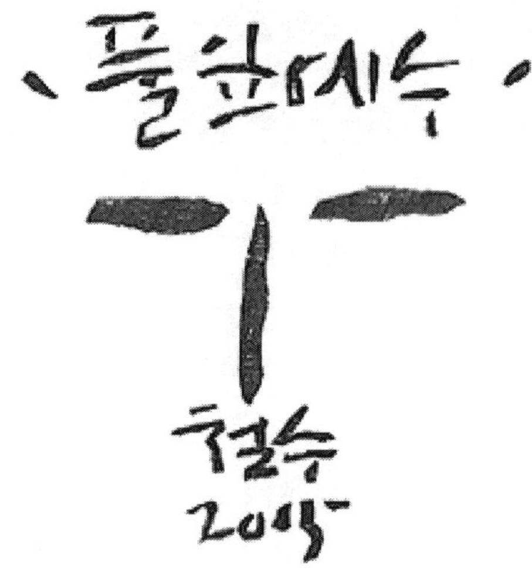

일 시: 2014년 1월 19일(일) 오후 5시
장 소: 인천교회

http://www.peacelife.or.kr

식순

□ 1부 예배

□ 2부 정기총회

□ 개회기도
□ 의장 선출
□ 성원보고
□ 개회선언
□ 회의록 서기 선출
□ 회순통과
□ 전차 회의록 낭독
□ 안건심의
　안건 1. 감사보고
　안건 2. 2013년 사업 및 결산 보고
　안건 3. 2014년 사업계획 및 예산 계획
　안건 4. 신설 신임 인선안
　안건 5. 기타 안건
□ 회원 시상 및 위촉
□ 회의록 채택
□ 폐회선언
□ 폐회기도

1부 예배

인도: 윤인중 목사

♥ 침묵기도 다 함 께

♥ 여는찬양 새찬송가 218장 다 함 께

♥ 대표기도 김형기 목사

♥ 성서 봉독 로마서 12장 14절 ~ 13장 10절 이광민

♥ 말씀나눔 사랑은 율법의 완성 박종렬 목사

♥ 결단찬양 새찬송가 312장 다 함 께

♥ 축복의 기도 박종렬 목사

▦ 전차 회의록 보고

▦ 안건 1 — 감사보고

○ 사업감사

경제적으로 어려운 여건에서도 대부분의 행사를 힘차게 진행하여 감사를 드립니다.
다만, 회원교회의 확충을 위한 방문, 초청등에 대한 계획과 결과물들이 있었면 좋지 않을까합니다.
단순히 프로그램에 오라는 차원을 넘어서서 적극적으로 회원교회와 예비 회원교회를 접근하는 것은 어떨까합니다.
2013년 수고 많이 하셨습니다.

--------- 원본 메일 ---------

보낸사람: "천승현" <ocxlos@hanmail.net>
받는사람 : <lsy191004@gmail.com>
날짜: 2014년 1월 16일 목요일, 15시 29분 15초 +0900

○ 회계감사

< 감사 보고 >

수신 : 생명평화
제목 : 일반 회계 감사 보고

생명평화 회칙에 의거, 재정의 수입 지출에 대한 감사를 실시하고 그 결과를 아래와 같이 보고합니다

— 아 래 —

1 감사일시 : 2014. 1. 10
2. 감사장소 : 동암역 카페 베네
3 회계년도 : 2013. 1. 1 ~ 2013. 12. 31
4. 감사내용 : < 일반회계 >
— 전기이월 : 89,462원
— 금기수입 : 9,062,036원
— 총 수입 : 9,151,498원
— 총 지출 : 8,943,898원
— 이월잔액 : 207,600원
5. 감사의견 :
1. 통장잔액과 회계장부 정리가 일치하고, 영수증 처리가 잘 되어 있음.
2. 어려운 시기에 봉사하신 손길들에 감사드립니다.

감사. 김 [illegible] 철 집사
1/10

안건 2 — 2013년 사업 및 결산 심의

1. 사업 평가

1.1. 조직

1.1.1. 운영위원회

— 평균 과반수 이상 참석하여 진행

— 운영위원회 진행 중, 5월 운영위 진행하지 못함.

— 신학위원회, 평화위원회 조직 재설치, 각 위원장 위촉(김형기, 이진권)

— 신임 운영위원 위촉(김종철, 박찬대, 이상선, 장남덕)

회차	날짜	주요 결정사항	참석
총회	1.3	2013년 사업계획 및 예산 심의, 확정	15
84차	2. 3	LT, 생평 교육마당, 상반기포럼 건	6
85차	3. 10	4월 포럼, 행동의날 건	8
86차	4. 14	5, 6월 포럼, 행동의날 건	8
87차	6. 30	하반기 포럼 계획 건, 상반기 평가 수련회, 운영위원장 사임 건	7
상반기 평가	8. 11	상반기 활동평가 및 하반기 계획	5
89차	9. 8	실무자 채용 건, 박형규 목사님 추석인사 건	5
90차	10. 14	총준위 구성 건	5
91차	11. 17	총준위 구성 건	8
92차	12. 22	2014 주요사업 건, 100차포럼 건	10

1.1.2. 사무국

— 운영위원장이 사업 및 회원 전반을 공동대표와 협의하여 사무국을 운영하였음.

— 천승현 운영위원장이 5월 15일 인천민주평화인권센터 사무국장으로 근무하게 됨에 따라 실무직 사임.

— 운영위원장(사무국장) 후임자로 이광민 선임(2013. 8. 15)

1.1.3. 회원 및 후원회원, 후원교회

— 연말까지 신입회원 30명 입회 목표로 하였고, 9명(강경태, 김상곤, 김상회, 김영준, 김영철, 이광민, 이은주, 전용철, 정세국) 입회함.

— 후원교회: 인천(10), 평화(5), 나섬(5), 새봄(5), 초원(5)

1.2. 교육, 훈련 구조

1.2.1. 생명평화 월례포럼

— 현안을 중심으로 하여 포럼 주제를 정하고, 시의성 있는 포럼을 통해 포럼 참여를 높이는 기조에서, 기독교를 주제로 한 도서의 저자(역자)를 초청하여 공부하는 시간으로 상반기 5회에 거쳐 진행하고, 상반기 평가를 통해 다음 하반기 회차를 결정한다.

— 운영위원회에서 도서 및 강사를 정한다.

— 진행에 있어 써클방식을 도입하여 '발제→순환식 대화(질의응답)→발제자 총합'으로 진행한다.

회차	날짜	강사	주제	참여
91	2013, 2/7	정원진	기독교의 심장 1, 2장	20명
92	3/7	정원진	기독교의 심장 3, 4장	19명
93	4/4	정원진	기독교의 심장 5, 6장	8명
94	5/2	정원진	기독교의 심장 7, 8, 9장	10명
95	6/7	정원진	기독교의 심장 10, 11, 12장	10명
96	9/12	이진권	비통한 사람들의 정치학	12명
97	10/10	이병철	영성과 생명운동	10명
98	11/7	최철호	마을공동체 운동과 영성	9명
99	12/5	박총	일상과 영성	13명

⇒ 상반기 포럼은 『기독교의 심장』(마커스 보그 저)로 5개월 동안 1권을 함께 읽고 토론함.

⇒ 하반기 포럼은 “생명평화와 영성”이란 주제로 진행함.

9월 (영성과 정치) 이진권: 『비통한 사람들의 정치학』(파커 J 파머 저)

10월 (영성과 생명) 이병철: 영성과 생명운동

11월 (영성과 공동체) 최철호: 마을공동체 운동과 영성

12월 (영성과 사회) 박총: 일상과 영성

1.2.2. 생명평화 써클모임

— 3개월(12주) 완성 프로그램으로 진행함.

*** 상반기**

— ‘온전한 삶으로의 여행’(파커 팔머)이라는 제목으로 진행

— 4월 2일(화)부터 6월 18일(화)까지 진행

— 총 12명 등록, 8명 수료

— 인천 비폭력평화영성센터로 주최 및 진행

*** 하반기**

— “비통한 사람들을 위한 정치학”을 주제로 진행

1.2.3. 생명평화 리더십 트레이닝 (L.T)

— 생평 회원 워크숍으로 진행. 3월 10일(일) 오후 6시~12시, 인천시민연대에서 총 14명 참석하여 진행

— 생명평화기독연대 10년 운동을 마감하고, 새로운 10년을 준비하기 위한 워크숍으로 이진권 평화위원장이 진행

1.2.4. 총회준비위원회 M.T

— 12월 6일(금) 오후 8시~7일 12시, 강화도 백영민 목사 댁에서 총 13명 진행

— 2014년 주요 사업 과제들에 대한 논의와 생평의 지난 활동들에 대한 회고로 진행

1.3. 사업

1.3.1. 행동의날

– 35차까지 진행된 행동의 날은 기도회로부터 시작하여 1인 기도 형태로 변화 수용되어 진행되어 왔으나, 2013년부터는 기도를 통해 메시지를 전달하는 방식에서 연대하는 방식으로 진행한다.

– 한달에 1번씩 운영위에서 현장이나 연대행사 하나를 정하여, 집중하고, 나누며 친교하는 시간을 가진다.

– 정기사업으로 매월 진행하였으나, 비정기 사업으로 바뀜.

– 고난주간 생명, 평화, 정의의 세부 소기도 제목은

1) 생명 – 신자유주의 경제질서로 피폐해진 농촌과 4대강을 위하여 지속가능한 미래 – 핵 없는 사회를 위하여
2) 평화 – 한반도 평화협정 체결과 강정 구럼비의 온생명을 위하여
3) 정의 – 비정규직 노동과 부당한 해고가 없는 사회를 위하여, 공권력에 의한 의문사 진상규명을 위하여

회차	날짜	주제	참여인원
36차	2/13	재의 수요일 (쌍용차해결, 콜트콜텍, 4대강 복원)	6명
37차	3/25	고난주간 특별 1인기도 (생명, 평화, 정의)	2명
38차	3/26	고난주간 특별 1인기도 (생명, 평화, 정의)	1명
39차	3/27	고난주간 특별 1인기도 (생명, 평화, 정의)	2명
40차	3/28	고난주간 특별 1인기도 (생명, 평화, 정의)	3명
41차	3/29	고난주간 특별 1인기도 (생명, 평화, 정의)	2명
42차	4/15	한반도 평화와 화해를 촉구하는 1인기도	2명
43차	4/16	한반도 평화와 화해를 촉구하는 1인기도	1명
44차	4/17	한반도 평화와 화해를 촉구하는 1인기도	1명

45차	4/18	한반도 평화와 화해를 촉구하는 1인기도	3명
46차	4/19	한반도 평화와 화해를 촉구하는 1인기도	2명
47차	7/4	국가정보원 선거개입 촛불집회 참여	6명
48차	9/16	고난받는 이들과 함께하는 기도회 (콜트콜텍, 고난함께 공동)	3명
49차	10/24	국정원 대선개입 규탄 촛불집회 참여 (부평역)	3명
50차	11/20	6.15인천본부 후원행사 연대참여	5명
51차	12/28	민주노총 총파업 참여 (서울시청)	4명

1.3.2. 홍보

— 뉴스레터를 3월까지 발송하였으나 이후 진행사항 없음.

— 개인 Facebook 중심으로 활동현황을 알리고 있는 실정

1.3.3. 기독교사회선교 사진전

— 기획의도: WCC 부산총회에 기사련이 맡은 하나의 마당을 진행하는 것으로 기획하여, 인천지역의 민중선교에 대한 자료를 모으고 확보함과 동시에, 사진전을 통해 민중선교에 대한 이해와 공감의 폭을 넓히려고 했음.

— 4월부터 시작하려 했으나, 예산이 진행되지 못하여 진척하지 못함.

2. 연대

2.1. 전국

— '기독교사회선교연대회의'에 연대단체로 참여한다.

2.2. 지역

— 인천 시민사회단체연대에 회원 단체로 참여한다.

— 인천지역 내 정전협정 60년을 기념하는 사업(특히 한강하구 평화의 배 띄우기)에 조력하기로 했으나, 별도 행사 없었음.

— 시민평화교육워크숍, 국정원 촛불, 평화시민만들기 인천네트워크, 인천평화도시교육워크숍에 참여

2.3. 종교간 대화

— [인천지역 섬 연구모임]을 중심으로, 혹은 지역 현안을 중심으로 4대 종단이 적극 결합하는데 조력하기로 했으나, 주로 모임이 일요일에 진행되어 적극 참여하지 못함.

— 불교 및 원불교의 주요 기념일을 중심으로 이웃 종교와 적극적으로 종교간 대화에 참여하기로 했으나, 올해는 진행되지 못함.

3. 예산 평가

3.1. 2013년 예산 평가 (총합)

— 차기이월금: 89,462원

— 예산 정성적 평가

3.1.1. 수입부 (2013.1.1 ~ 2013.12.31)

분류항목	2013년 예산	2013년 결산	예산대비	비고
이월금	89,462	89,462	100%	
전기이월금	89,462	89,462	100%	
회비	9,000,000	6,650,860	74%	
월정회비	8,000,000	6,364,860	80%	
참가회비	1,000,000	286,000	29%	상반기 워크숍(10), 추석인사 회비(5), 시집(13.6)
후원금	4,900,000	2,500,000	51%	
교회후원	3,600,000	2,500,000	69%	
특별후원	1,300,000	0	0%	
기타	10,538	638	6%	
결산이자	538	638	119%	
기타	10,000	0	0%	
수입부 합계	14,000,000	9,151,498	65%	

3.1.2. 지출부(2013.1.1. ~ 2013.12.31)

분류항목	2013년 예산	2013년 결산	예산대비	비고
인건비	4,300,000	2,950,000	69%	
인건비	4,300,000	2,950,000	69%	
사무비	1,860,000	809,200	44%	
통신비	340,000	463,170	136%	(상반기277,190), (하반기185,980)
홈피운영비	100,000	0	0%	
웹진운영비	120,000	29,700	25%	
기타사무비	300,000	86,140	29%	
비품구입비	800,000	122,000	15%	
CMS유지비	200,000	108,190	54%	
조직사업비	6,620,000	4,044,698	61%	
포럼	1,800,000	1,930,260	107%	
행동의날	300,000	293,500	99%	
WCC사진전	1,200,000	0	0%	
써클모임	1,000,000	0	0%	
L.T	300,000	403,300	134%	
조직운영비	360,000	603,158	165%	
홍보비	200,000	116,980	53%	
아카데미	300,000	60,000	20%	
수련회	360,000	20,000	6%	
회의비	300,000	201,500	67%	
경조비	500,000	416,000	83%	
연대사업비	1,220,000	1,140,000	93%	
시민연대	600,000	430,000	72%	
기사련	120,000	180,000	150%	
연대활동비	500,000	530,000	106%	
예비비	0	0	0%	
예비비	0	0	0%	
지출부 합계	14,000,000	8,943,898	64%	

* 12/31일자 잔액: 207,600

▦ 안건 3 — 2014년 사업 및 예산계획 심의

1. 주요 사업 기조

생명평화기독연대는 본래 기독교 사회선교단체이면서도, 지역에서는 일반 시민사회단체로서의 위치도 있습니다. 기독교에서 선교를 한다는 것은 나의 종교적 변화를 시작으로, 그 변화를 통해서 주변으로 변화를 전파하는 것이 시민사회단체와는 확연히 다른 지점이라고 할 수 있습니다.

그래서 2014년도의 사업 방향은 우리 안의 내적인 변화들을 잘 살펴보고, 그 변화들을 고백하고, 그 개인의 고백들을 우리의 고백으로 모으는 작업이 첫 번째로 설정하였습니다. 그리고 두 번째는 우리가 잘할 수 있는 것들, 또는 해야만 하는 것들을 중심에 놓고, 사업을 설정하였습니다.

올해는 생평이 '영성 공동체'로서 발돋움할 수 있도록 함께 훈련을 해 나가면서, 그와 더불어 '평화행동 공동체'로서 함께 행동하고, 이를 위해서 이론적 준비들(교육 프로그램)을 하는 것을 기조로 삼고 사업을 진행하려 합니다.

2. 사업계획

2.1. 조직

2.1.1. 위원회

— 운영위원회를 빠지지 않고 진행(여러 일정 문제로 참석이 저조할 경우 회의 일시 재확정)

— 2주차 일요일 저녁 6시, 인천교회

— 신학위원회는 교회 내 '생명평화 교육프로그램' 준비를 위한 모임을 당면 사업으로 한다.

— 평화위원회는 '침묵·영성 기도학교'를 중심사업으로 한다.

— 각 위원회는 회원들의 자발적 참여로 위원을 모집, 결성한다.

— 각 위원장은 무임으로 한다.

2.1.1. 사무국

— 운영위원장이 사업 및 회원 전반을 공동대표와 협의하여 사무국을 운영한다.

2.1.2. 회원 및 후원회원, 후원교회

— 연말까지 생평 재적 회원 100명 목표. (현재 81명)

— 후원교회: 인천, 평화, 나섬, 새봄, (수도, 양곡, 초원)

— 운영위원단이 후원교회 일정 중 예배에 1번씩 참석

2.2. 교육, 훈련 구조

2.2.1. 생명평화 월례포럼

— 현안을 중심으로 하여 포럼 주제를 정하고, 시의성 있는 포럼을 통해 포럼 참여를 높이는 기조로 포럼을 진행.

— 진행에 있어 써클방식을 도입하여 발제 → 순환식 대화(질의응답) → 발제자 총합으로 진행한다.

— 포럼 일시 및 장소

일 시: 매월 첫째 주 목요일 오후 7시 30분

장 소: 기장 인천교회

— 포럼 영상을 찍고, 포럼 내용을 PDF로 만들어 자료화한다.

2.2.2. 영성 훈련

— 기도와 명상 중심의 모임을 통해 고유한 평화운동의 영역을 만들고 회원 모두가 영성 공동체로서의 정체성을 갖는다.

— 주요 사업으로는 화요기도회(주 1회, 새봄교회), 기도학교, 여름 피정 세 가지 사업으로 한다.

— 화요기도회는 매주 화요일 오후 7시에 새봄교회에서 진행하고, 회원 각자 참여를 할 수 있도록 노력한다.

— 기도학교는 상반기와 하반기에 5주에 걸쳐 여러 가지 기도수행을 하는 방법을 배우는 과정을 진행한다. 인도는 이진권 평화위원장이 한다.

— 여름 피정은 휴가철 등에 시간을 정하여 피정 프로그램을 진행한다.

2.2.3. 청년 학습소모임

— 2014년엔 생평이 기독청년과 함께 기도하고, 행동하고 공부할 수 있도록 청년학습소모임을 준비한다.

— 학습공동체가 지속적으로 가능하게 된 동력이 무엇인지 알아보기 위해 기독청년학생아카데미를 방문해 보거나 인천모임으로 만드는 방법도 재고해본다.

— 2014년도는 준비사업과 초동모임 구성으로 한다.

2.2.4. 생태학교 운영

— 식량 문제에 있어서 종교계가 생명과 생태의 관점에서 취해야 할 입장에 대한 논의.(2014년 9월 쌀 전면개방 여부가 결정됨에 따라 2015년부터 먹거리, 특히 쌀 문제에 대해 관심이 요구됨.)

— 강화도에서 각종 생태활동을 체험하며 먹거리의 중요성과 경각심을 알리는 사업 진행.

— 그밖에 추수감사 맞이 교회 연합 감사예배를 기획함(2014년 6월 6일로 기획).

2.3. 사업

2.3.1. 행동의날

— 운영위에서 1달에 1번으로 연대행사를 정하여, 집중하고, 나누며 친교하는 시간을 가진다.

— 지방선거를 앞두고 사회적 실천의 측면에서 어떻게 생명과 평화의 주제를 가져갈 수 있는지 논의한다.

— 기독교 절기에 유념하여 사회적 이슈를 중점으로 종교예식을 통해 시민과 함께 행동한다(재

의 수요일, 사순절, 탈핵주일, 부활주일, 고난주간, 성금요일, 5.18 민주화운동 기념주일, 8.15평화통일주일, 생명밥상주일, 종교개혁주일, 대림절, 고난받는이들과 함께하는 성탄).

— 그 밖에도 행동의날을 활용해서 지속적으로 이웃 단체와의 연대행동에 적극 결합한다.

2.3.2. 홍보

— 홈페이지 아카이빙과 온라인 홍보/소통 방법을 개발하고, 시행하는 것을 목표로 한다.

— 블로그를 생성하고, 블로그 게시물을 홈페이지와 똑같이 게시하고 관리한다.

— 블로그 게시물을 SNS에 전송한다.

— 뉴스레터: 월 1회 정기 발행하고, 호외를 적극 발행하고, 홈페이지 가입회원도 관리한다.

2.3.3. 회원사업

— 평신도 지향적인 사업을 위해, 인천지역의 에큐메니칼 모임을 만들어 내부의 친교 자리를 도모한다. 지역 안에서 많은 사람이 참여할 수 있도록 종교개혁주일에 맞추어 작은교회박람회를 실행한다(감리교사회연대, 인천민교, 목정평에 제안하여 함께 진행한다).

— 그 외에도 지역과 관한 의제를 발굴하기 위해 인천 기독교 교회사, 일제하 기독교 사회주의 발간사(이성진 선생) 등에 관해 생평이 기획하고 알아본다.

2.3.4. 한강 하구 평화의 배 띄우기(기획의원: 김영호, 정세일, 이진권, 이광민)

— 인천의 지역, 지형, 역사적 차원에서 고유한 평화운동을 개척하기 위한 일환으로 진행하였으나 현재 군, UN 등 여러 문제와 직결되며, 교동대로로 인하여 어려움이 있다. 평화도시 만들기 인천시민네트워크에 발의했던 교동대교 걷기대회(20km 평지 걷기, 5h 예상)로 전환하는 의견과 함께 7.27 평화캠프를 꾸준히 진행하는 것을 모색한다.

— 2014년도는 준비사업으로 한다.

3. 연대

— '기독교 사회선교 연대회의'에 연대단체로 참여한다.

— '인천 시민사회단체연대'에 회원 단체로 참여한다.

— 종교 간 대화에도 적극 참여한다.

4. 2014년도 예산 계획

□ 2014년 예산(안)

수입부 (2014.1.1~2014.12.31)

분류항목	2013년 예산	2013년 결산	2014년 예산	비고
이월금	89,462	89,462	207,600	
전기이월금	89,462	89,462	207,600	
회비	9,000,000	6,650,860	8,200,000	
월정회비	8,000,000	6,364,860	7,200,000	평화(5)
참가회비	1,000,000	286,000	1,000,000	
후원금	4,900,000	2,500,000	3,760,000	
교회후원	3,600,000	2,500,000	2,760,000	인천(10), 초원(5), 나섬(5), 새봄(3),
특별후원	1,300,000	0	1,000,000	
기타	10,538	638	2,400	
결산이자	538	638	400	
기타	10,000	0	2,000	
수입부합계	14,000,000	9,151,498	12,170,000	

지출부 (2014.1.1 ~ 2014.12.31)

분류항목	2013년 예산	2013년 결산	2014년 예산	비고
인건비	4,300,000	2,950,000	3,900,000	
인건비	4,300,000	2,950,000	3,900,000	
사무비	1,860,000	809,200	1,100,000	
통신비	340,000	463,170	400,000	
홈피운영비	100,000	0	0	
웹진운영비	120,000	29,700	100,000	
기타사무비	300,000	86,140	200,000	
비품구입비	800,000	122,000	300,000	
CMS유지비	200,000	108,190	100,000	
조직사업비	6,620,000	4,044,698	5,950,000	
포럼	1,800,000	1,930,260	2,400,000	
행동의날	300,000	293,500	300,000	
WCC 사진전	1,200,000	0	1,000,000	계정변경:100차포럼
써클모임	1,000,000	0	600,000	계정변경:기도학교
리더쉽트레이닝	300,000	403,300	0	
조직운영비	360,000	603,158	300,000	
홍보비	200,000	116,980	150,000	
아카데미	300,000	60,000	300,000	
수련회	360,000	20,000	200,000	
회의비	300,000	201,500	200,000	여름피정
경조비	500,000	416,000	500,000	
연대사업비	1,220,000	1,140,000	1,220,000	
시민연대	600,000	430,000	600,000	
기사련	120,000	180,000	120,000	
연대활동비	500,000	530,000	500,000	
예비비	0	0	0	
예비비	0	0	0	
지출부합계	14,000,000	8,943,898	12,170,000	

▦ 안건 4 — 임원 인선안

공동대표: 김영호, 김형기, 윤인중, 정세일

운영위원: 김종철, 박찬대, 이상선, 이세구, 이진권, 장남덕, 천승현

사무국장: 이광민

감사: 백영민(회계감사), 임병구(사업감사)

운영위원회: 공동대표 + 운영위원 + 사무국장

고문: 김정택, 이민우, 박종렬

▦ 안건 5 — 기타 안건

2월 16일(일) 100차 포럼 건

— 준비위원회 (김형기, 이광민, 이세구, 정세일, 천승현)

— 일시: 2014년 2월 16일 (일) 오후5시

— 장소: 기장 인천교회

<구성>

— 박형규 조화순 스케줄 확인

— 사회자 필요

— 지방선거 국면을 감안하여 일반인들도 관심갖고 참여할 수 있게 준비.

— 박형규 조화순 목사 대담을 20~30분간 진행. (과거와 미래 한 컷씩 구성하여 진행)

— 공연: 정미영(오카리나), 운영위원들 합창, 김경아 백영민 부부 듀엣, 인천교회 색소폰팀 찬조

<준비>

— 99차까지 포럼 기록들을 모은 슬라이드 또는 영상자료 준비 5분

— 포럼 원고 꼽아서 자료집 만들기(50p 50권: 20만원)

— 초청장 제작

— 장소 섭외: 학산소극장 / 일꾼교회(화수동) / 센트럴파크앞 송도트라이볼 / 아트플랫폼

생명평화 월례포럼 목차

회차	날짜	강사	주제	참여
80	2012.2.2	이수호	선거,정치에 있어서 기독교인의 역할	20명
81	3.8	조화순	선거,정치에 있어서 기독교인의 역할	15명
82	4.5	이재정	선거,정치에 있어서 기독교인의 역할	32명
83	5.3	강원돈	경제민주화와 기독교 경제윤리	무산
83	6.7	김형기	전쟁과 평화로 보는 성서	16명
84	7.5	김형기	성서에 나타난 역사 상	11명
85	8.9	이진권	나를 찾아 떠나는 여행	10명
86	9.6	김정택	먹거리복지와 교회운동	13명
87	10.11	정진오	세계의전장 인천, 평화를 말하다	16명
89	11.1	정세일	생명평화운동과 시민정치운동	16명
90	12.6	천승현	케노시스의 관점에서 보는 토마스 베리	9명
91	2013.2.7	정원진	기독교의 심장 1, 2장	20명
92	3/7	정원진	기독교의 심장 3, 4장	19명
93	4/4	정원진	기독교의 심장 5, 6장	8명
94	5/2	정원진	기독교의 심장 7, 8, 9장	10명
95	6/7	정원진	기독교의 심장 10, 11, 12장	10명
96	9/12	이진권	비통한 사람들의 정치학	12명
97	10/10	이병철	영성과 생명운동	10명
98	11/7	최철호	마을공동체 운동과 영성	9명
99	12/5	박총	일상과 영성	13명

<생명평화기독연대 회원명부>

명단 생략

총원 81명

평화 기도 연대
10차

평화 기도 연대

제11차 정기총회(2015년)

11차 정기총회 자료집

일시: 2015년 1월 11일(일) 오후 5시

장소: 인천교회

제11차 정기총회 차례

□ 1부 예배

□ 2부 정기총회

□ 개회기도

□ 성원보고

□ 의장 선출

□ 개회선언

□ 회의록 서기 선출

□ 회순통과

□ 전차 회의록 낭독

□ 안건심의

안건 1. 감사보고

안건 2. 2014년 사업 및 결산 보고

안건 3. 2015년 사업계획 및 예산 계획

안건 4. 기타 안건

□ 회의록 채택

□ 폐회선언

□ 폐회기도

1부 예배

♥ 침묵기도

♥ 여는찬양

♥ 대표기도

♥ 성서봉독: 이광민

♥ 말씀나눔: 이진권 목사

♥ 결단찬양

♥ 축복의 기도

▦ 전차 회의록 보고

10차 정기총회 회의록

일시: 2014년 1월 19일 (일) 오후 5시~7시

장소: 인천교회 모임방

출석회원: 김상회 김영호 김종철 김형기 박종렬 윤인중 이광민 이상선 이세구 이재병 이진권 임병구 정동근 정세국 정세일 천승현 (16명)

1. 정세일 대표의 개회기도로 10차 정기총회를 시작하다.

2. 의장 선출에 만장일치로 정세일 대표를 추대하다.

3. 의장이 운영위원장에게 성원보고를 요청하니 천승현 운영위원장은 재적 78명 중 16명(김상회 김영호 김종철 김형기 박종렬 윤인중 이광민 이상선 이세구 이재병 이진권 임병구 정동근 정세국 정세일 천승현)으로 보고하고, 본회 회칙 상 의결정족수에 대한 규정이 없음을 보고함.

4. 위 성원보고 후 10차 정기 총회 개회 선언을 하다.

5. 회의록 서기 선출에 대해 의장이 의견을 물으니 김영호 동의로 천승현을 지명하고, 임병구 제청과 회중 재청으로 천승현을 회의록 서기로 선출하다.

6. 회순통과에 대해 의장이 의견을 물으니 회중 동의와 제청으로 총회 자료집 순서대로 받기로 하다.

7. 전차회의록 낭독에 대해 김형기 동의로 서면으로 받기를 원한다고 하니 윤인중 제청으로 전차 회의록은 서면으로 받기로 하다.

8. 안건 심의로 들어가, 감사보고안에 대하여 천승현이 감사 불참사유에 대하여 설명하였고, 서면에 대해 설명을 하니 의장이 의견을 물었고, 김영호 동의와 회중 제청으로 감사보고안에 대하여 서면으로 받기로 하다.

9. 안건2) 2013년 사업 및 결산 보고에 대하여 천승현 운영위원장에게 의장이 발췌보고를 요구하고, 의견을 물으니 김형기 동의와 윤인중 재청으로 받기로 하다.

10. 안건3) 2014년 사업계획 및 예산 계획에 대하여 천승현 운영위원장에게 의장이 발췌보고를 요구하고 의견을 물으니, 영성훈련에 대하여 이진권 목사가 안내하기로 하였고, 기도와 명상 중심의 모임을 통해 고유한 평화운동의 영역을 만들고 회원 모두가 영성 공동체로서의 정체성을 갖기로 하다. 더하여 회원사업과 교육사업의 일환으로, 지역과 관련된 의제를 발굴하기 위해 인천 기독교 교회사, 일제하 기독교 사회주의 등에 대해 생평이 기획하고 알아보기로 하였고, 운영위원회에서 결정하는 것으로 의견을 넘기다. 이상 설명과 운영위원회 위임 포함하여 김형기 동의와 김영호 재청, 회중 재청으로 받기로 하다.

11. 신설 임원안에 대해 공동대표에 김형기, 운영위원에 김종철, 이상선 을 위촉하니 회중 재청으로 받기로 하다.

14. 9시 1분에 정세일 의장이 폐회선언을 하고, 박종렬 목사의 축도로 10차 정기총회를 마치다.

▦ 안건 1 — 감사보고

○사업감사 (이승용 집사)
○회계감사 (김종철 집사)

▦ 안건 2 — 2014년 사업 및 결산 심의

○ 사업 평가

1. 조직

1.1. 운영위원회

— 10차 정기총회를 통해 신임 운영위원 위촉 (김종철, 박찬대, 이상선)

— 운영위원: 김종철, 박찬대, 이상선, 이세구, 이진권, 김영호, 김형기, 윤인중, 이광민, 정세일, 천승현 (당연직 6인 포함 11명)

— 매월 과반수 참석하여 진행

— 신학위원회, 평화위원회 활동 없이 진행함.

— 메신저를 통해 조직 및 운영위원 활동을 공유함.

회차	날짜	주요 결정사항	참석
1월 총회	1/19	2014년 사업계획 및 예산 심의, 확정	16명
93차	2/2	교육자치 인천시민모임 가입, 100차포럼 계획 건	9명
94차	3/2	한미 군사훈련 관련 공동행동, 침묵기도학교 사업 건	7명
95차	4/13	세 친구 콘서트, 부활절 인천 연합예배 건, 6.4 지방선거 2014시민넷 건	7명
96차	5/11	세월호 참사 관련 기독교 공동행동 논의	6명
97차	6/15	세월호 참사 관련 에큐메니칼 공동성명 건	8명
98차	7/13	하반기 포럼 계획 건, 상반기 평가 수련회 건	7명
상반기 평가	8/22	상반기 활동 평가 및 하반기 계획 건	8명

100차	9/14	8월 사업보고 및 9월 사업 계획 건 (서면 회의 후 메신저를 통해 마저 진행)	4명
101차	10/12	내성천 살리기 일인행동, 성탄절 연합예배, 포럼(종교간 대화) 종합 정리, 사무실 구성 건	6명
102차	11/16	내성천 살리기 일인행동, 총준위 구성, 실무자 선임 건, 수익사업(효소) 논의	7명
103차 (총준위)	12/14	전차 회의 보고 및 2015년 11차 정기총회 논의	7명

1.2. 사무국

운영위원장과 사무국장이 운영위원회와 협의하여 사업 및 회원 전반을 운영하였음. 천승현 운영위원장 실무직 사임

1.3. 회원, 후원회원, 후원교회

— 회원 10명 입회(김상곤, 이은주, 강경태, 김상회, 정세국, 이재병, 전용철, 김영준, 김재용, 황치빈) 재적 회원: 88명, 후원회원: 57명

— 후원교회: 인천교회(10), 초원교회(5)

정기총회에서 교회 후원을 증액(80)하여 예산을 잡았으나, 추가적인 진행사안은 없었음.

2. 교육, 훈련 구조

2.1. 생명평화 월례포럼

100회 포럼 이후 이웃 종교인, 비종교인들이 "교회를 새로이 봤다"는 소감을 밝힌 바, 100차 포럼의 열기를 이어가는 측면에서 <교회가 지향하고자 하는 정신>이 무엇인지 말하고자 하였음. 그래서 <대안적인 기독교사회운동>, <교회갱신>을 주제로 101차, 102차 포럼을 진행함.

103차부터는 시의성 있는 포럼을 위해 아시안게임으로 인한 이슬람 사원 건립 건과 관련, '종교간 평화'를 주제로 103차(불교), 104차(이슬람), 105차(유교), 106차(샤머니즘), 107차(원불

교), 108차(동학)을 진행하였고, 109차는 동 · 서양 종교의 구원사상 비교를 통해 종합 정리함.

회차	날짜	주요 결정사항	참석
100차	2/16	길, 현장에게 희망을 묻다 — 박형규, 조화순 목사	약 300명
101차	3/6	한국교회 현재와 건강한 작은교회 운동 — 이진오 목사	11명
102차	4/3	이보운의 기독교 청년운동과 사회주의 활동 연구 — 이성진 교사	7명
103차	5/1	불교와 기독교의 대화: 동양적 정신의 정수 '불교' — 이찬수 교수(서울대)	19명
104차	6/5	이슬람과 기독교의 대화: 예수와 경전을 보는 시각을 중심으로 — 손영광 교수(명지대)	15명
105차	7/3	유교와 기독교의 대화: 도의 신학 서설 — 김흡영 교수(한신대)	16명
106차	8/7	샤머니즘과 종교적 영성: 샤머니즘과 네오샤머니즘 — 신은희 교수(경희대)	18명
107차	10/2	원불교와 기독교의 대화: 원불교 바로알기 — 이경환 교무	14명
108차	11/6	동학과 기독교의 대화: 우리시대의 동학사상 — 오문환 교수(연세대)	18명
109차	12/18	동서양 종교의 구원사상: 자속과 대속, 그 不二적 관계를 말하다 — 이정배 교수(감신대)	16명

— 운영위원회에서 주제 및 강사를 정하였음.

— 1) 강의(발제) 후 2) 순환식 대화(질의응답) 3) 발제자 총합으로 진행함.

— 웹 포스터 제작 이후(103차) 홍보함. 포럼 참여율이 증가하였음.

— 100차 포럼 속기 (평가)

http://www.ecumenian.com/news/articleView.html?idxno=10479

2.2. 침묵기도학교

일시: 2014년 4월 8일(화) ~ 5월 27일(화) 총 7회, (오후 7시 반~9시 반)

장소: 새봄교회(계산역 4번출구 근처, 032-547-0359)

내용

4/8 — 관상기도와 주님과 동행하는 삶: 관상기도에 대한 안내 (김홍일 사제)

4/15 — 말씀으로 드리는 기도 1: 거룩한 독서 (이진권 목사)

4/22 — 말씀으로 드리는 기도 2: 복음 체험 기도 (김건호 목사)

4/29 — 몸으로 드리는 기도 (홍보연 목사)

5/13 — 마음으로 드리는 기도 1: 향심 기도 (이민재 목사)

5/20 — 마음으로 드리는 기도 2: 예수 기도 (김오성 목사)

5/27 — 관상적 성찬례와 수료식 (이진권 목사)

참여자: 9명

평가

— 다양한 관상기도를 경험하며 영성수련을 할 수 있는 좋은 기회였다.

— 참여자들이 많지 않았고, 꾸준하지도 못해서 아쉬움이 남는다.

— 다음번에는 기도훈련에 관심 있는 교회를 중심으로 기도학교를 진행하는 방식도 검토해 보면 좋겠다(인천교회 등)

— 기도와 명상 중심의 모임을 통해 고유한 평화운동의 영역을 만들고, 회원 모두가 영성 공동체로서의 정체성을 갖기로 하여 마련된 사업이었음.

— 화요기도회, 기도학교, 여름 피정 3가지 사업으로 기획하였으나 기도학교만 진행됨.

결산

수입	지출
생평 사업지원금 600,000	강사비 700,000
회원 참가비: 300,000	복사비 20,000
	간식비 60,000
	현수막 20,000
	기념품 100,000
합계: 900,000	합계: 900,000원

2.3. 청년 학습소모임

— 생평이 기독청년과 함께 기도하고, 행동하고, 공부할 수 있도록 청년 학습소모임을 기획하자고 뜻을 모음. 2014년도는 준비사업과 초동모임을 구성하려 하였으나, 실무자 여력이 되지 않아 진행하지 못함.

※ 평화 사안이라 감안하여, 인천평통사 청년 그룹과 함께 매월 스터디를 진행함.

2.4. 생태학교

— 2014년 9월 쌀 전면개방과 관련하여 식량 문제에 관한 생명과 생태적 관점에서의 종교적 입장에 대한 논의가 있었으나, 상반기에는 거론되지 않음.

* 추수감사 맞이 연합 감사예배(6/6), 강화도 생태활동 체험 사업 논의되었으나 진행되지 않음.

3. 사업

3.1. 행동의 날

지방선거를 앞두고 사회적 실천의 측면에서 어떻게 생명과 평화의 주제를 가져갈 수 있는지 논의하였음. 더하여 기독교 절기에 유념하여 사회적 이슈를 중점으로 종교예식을 통해 시민과 함께 행동하기로 하였음(재의 수요일, 사순절, 탈핵주일, 부활주일, 고난주간, 성금요일, 5.18민주화운동 기념주일, 8.15평화통일주일, 생명밥상주일, 종교개혁주일, 대림절, 고난받는 이들과 함께하는 성탄주일). 주로 세월호 참사와 관련된 촛불기도회에 참여함.

하반기에는 생태사안으로 <내성천 살리기 일인행동>에 주력했으며, 고난받는 이들과 함께하는 인천 연합예배위원회에 적극적으로 참여하여 성탄절 연합예배를 준비·실행함. 또한 행동의 날을 활용해 이웃 단체와 연대하고 결합하였음.

회차	날짜	주요 결정사항	참석
52차	3/3	서해평화를 위한 한미군사훈련 반대 1인시위	3명
53차	3/4	서해평화를 위한 한미군사훈련 반대 1인시위	3명
54차	3/5	서해평화를 위한 한미군사훈련 반대 1인시위	3명
55차	4/20	복지사각지대에 처한 이웃들, 세월호 참사 희생자들을 위한 부활절 연합예배	약 200명
56차	5/6	고난함께 인천연합예배위 세월호 참사 추모 기도회	4명
57차	5/12	고난함께 인천연합예배위 세월호 참사 추모 기도회	4명
58차	5/19	고난함께 인천연합예배위 세월호 참사 추모 기도회	4명
59차	5/26	고난함께 인천연합예배위 세월호 참사 추모 기도회	4명
60차	6/21	초심연대 후원행사	4명
61차	7/27	정전협정 관련, 평화협정 체결 공동행동	미이행
61차	9/22	내성천 살리기 전국 동시다발 1인시위	2명
62차	10/28	내성천 살리기 1인행동	3명
63차	10/29	내성천 살리기 1인행동	3명

64차	10/30	내성천 살리기 1인행동	3명
65차	10/31	내성천 살리기 1인행동	3명
66차	11/25	내성천 살리기 1인행동	3명
67차	12/25	만석동 괭이부리말 주민과 함께하는 성탄절 연합예배	약200명

3.2. 작은교회 박람회

—평신도 지향적인 사업을 위해, 인천지역의 에큐메니칼 모임을 만들어 내부의 친교 자리를 도모하기로 하였음. 지역 안에서 많은 사람이 참여할 수 있도록 종교개혁주일에 맞추어 작은 교회 박람회를 실행하는 안에 대해서 논의하였으나 결과적으로 진행되지 않음. (인천연합예배위, 감리교사회연대, 인천민교, 목정평에 제안하여 함께 진행 예정)

3.3. 생명평화 영상제

— 실무력과 자금력을 고려하여 콘테스트가 아닌 교회를 중심으로 만들어 보기로 의견을 모았으나, 전문성과 실무력 문제로 인해 재고함.

3.4. 생명평화포럼 자료집

—100차포럼에 맞추어 포럼 자료집을 내려 했으나 미뤄지게 되었으며, 이후 포럼 결과자료를 모아 자료집을 출간하기로 제안하였으나 진행사항 없었음.

3.5. 홍보사업

— 홈페이지, CAFE, SNS 페이지 등의 매체를 활용하지 못함. 반면 문자메시지 및 온라인 메신저(카카오톡)를 활용해 운영위원 및 회원들에게 소식을 알림, 포럼 내용을 녹화해서 youtube에 게시하는 시도를 함.

4. 연대

4.1. 전국

— 기독교사회선교연대회의에 연대단체로 참여함.

(기사련 세월호 기도회 연대, 고난함께 부활절 묵상집/기환연 달력, 세월호 광화문 농성장 단체별 기도회 참여)

4.2. 지역

1) 인천시민사회단체연대에 회원단체로 참여한다.
   (교육자치 시민모임 참여, 선택2014 시민넷 가입단체로 참여)
2) 고난함께 세월호 참사 추모기도회
   (5/6, 5/12, 5/19, 5/26, 6/16, 6/23, 6/30)
3) 세월호 참사 관련 에큐메니컬 공동성명은 진척 없었음.
4) 고난함께 인천연합예배위 참여(부활절 연합예배, 성탄절 연합예배)
   평가
   — 교단과 진영, 신학적 차이를 넘어 20개 교회와 7개 단체가 참여함.
   — 지역적 사안에 대한 기독교적 응답을 할 네트워크를 확립함.
   — 매년 부활절과 성탄절에 지속적으로 함께하는 구심력을 갖춤.

5. 결산 보고

— 차기 이월금(2015): 1,396,691

— 예산 적합성 평가

5.1. 수입부 (2014.1.1 ~ 2014.12.31)

분류항목	예산	결산	비율
이월금	207,600	207,600	100%
전기이월금	207,600	207,600	100%
회비	8,200,000	8,079,460	99%
CMS 회원회비	7,200,000	7,539,460	105%
참가회비	1,000,000	540,000	54%
후원금	6,560,000	5,649,500	86%
교회후원	3,560,000	1,750,000	49%
특별후원	1,000,000	89,500	9%
100회포럼 후원	2,000,000	3,810,000	191%
기타	2,400	1,091	45%
결산이자	400	1,091	273%
기타	2,000	0	0%
수입부 합계	14,970,000	13,937,651	93%

5.2. 지출부 (2014.1.1 ~ 2014.12.31)

분류항목	예산	결산	비율	비고
인건비	3,900,000	3,600,000	92%	
인건비	3,900,000	3,600,000	92%	30 x 12月
사무비	1,100,000	519,130	47%	
통신비	400,000	503,300	126%	문자메시지 발송
웹진운영비	100,000	0	0%	
기타사무비	200,000	15,830	8%	수수료
비품구입비	300,000	0	0%	
CMS유지비	100,000	0	0%	
조직사업비	7,950,000	6,501,830	82%	

포럼	2,400,000	1,593,500	66%	100회~109차
행동의 날	300,000	55,100	18%	내성천 피켓 제작
100차포럼	3,000,000	2,911,820	97%	진행비용
기도학교	600,000	900,000	150%	+참가회비(30)
조직운영비	600,000	90,100	15%	출판인세 및 운영비
홍보비	150,000	345,500	230%	고난함께 묵상집(65,500) 기환연 생태달력(28)
수련회	200,000	200,000	100%	상반기 평가회 및 하계 LT
회의비	200,000	215,810	108%	운영위원회
경조비	500,000	190,000	38%	박형규, 조화순 신년인사 / 백영민 목사 장인상
연대사업비	1,220,000	1,920,000	166%	
시민연대	600,000	820,000	136%	2013 미납 분담금 4月(20) +시민사회포럼 자료집(2)
기사련	120,000	120,000	100%	
연대활동비	500,000	980,000	196%	세친구 콘서트(10)/부활절 연합예배(5)/민주화계승사업회(3)/초심연대(20)/2014시민넷(10)/촛불(5)/장준하(5)/평화콘서트(20)/교육자치시민모임(10)/성탄절 연합예배(10)
예비비	800,000	0	0%	
예비비	800,000	0	0%	
2014 지출합계		12,540,960		
2015 이월금		1,396,691		
합계	14,970,000	13,937,651		

▦ 안건 3 — 2015년 사업 및 예산계획 심의

1. 주요 사업 기조

2014년에는 <100회 포럼>으로 '기독교인의 사회적 책임'에 대한 지역사회의 공감을, <인천 연합예배>를 통해 인천지역 에큐메니칼 운동에 기여했습니다. 2015년에는 조직의 구심을 조금 더 다지고, 교육사업에서 '포럼 주제 다각화', '생명평화 영성운동'을 진행하며 생평의 고유사업으로 가져가려 합니다. 덧붙여서 시의성을 고려한 직접행동(행동의 날), 연대사업 차원에서 인천지역 에큐메니칼 연합사업(작은교회 박람회)을 기획했습니다.

2. 사업계획

2.1. 조직

2.1.1. 위원회

① 운영위원회를 빠지지 않고 진행 (일정 문제로 참석이 저조할 경우 일정 재확정)
② 2주차 일요일 저녁 6시, 시민연대 사무실

2.1.2. 사무국

① 사무국장이 운영위원회와 협의하여 사업 및 회원 전반을 사업 및 회원 전반을 운영한다.
② 인천시민사회단체연대 사무실에 생평 사무국을 둔다.

2.1.3. 회원 및 후원회원, 후원교회

① 연말까지 생평 재적 회원 100명 목표(현재 88명)
② 후원회원과의 소통을 통해서 안정적인 후원 규모 확보(현재 590,000원 선)
③ 후원교회: 인천, 초원(평화, 나섬, 새봄)
④ 후원교회를 에큐메니컬 전 교단을 대상으로 하여 후원을 확대 독려한다(회원교회)
⑤ 운영위원단이 후원교회 일정 중 예배에 1번씩 참석한다.

2.1.4. 생평 노래모임

생평 월례 모임 30분 전부터 노래모임을 준비해 중창단을 꾸린다. 회원 친목 등을 목적으로 하나, 추후에는 세월호와 관련한 추모 음악회 등을 생평이 제안하고 한국기독교장로회가 받는 식으로 진행할 수 있다. 주안감리교회, 흥륜사, 부평1동성당과 연합으로 준비한다.

2.2. 교육, 훈련사업

2.2.1. 생명평화 월례포럼

① 2015년 포럼은 1) 영성 2) 신학이론 3) 사회 이슈라는 큰 주제를 가지고 번갈아 가며 진행한다.

1) 2월 포럼은 '과학과 종교'를 주제로, 괴델에 대한 내용으로 진행한다.

2) 3월 포럼은 '영성'을 주제로, 토마스 머튼 신부에 대한 내용으로 진행한다.

3) 4월에는 현안을 중심으로 정하고, 시의성을 살려 참여를 높이는 기조로 진행한다.

— 우리 사회/지역사회가 가진 문제를 기독교는 어떻게 받아들일 것인가? (성 소수자, 일베, 폭력, 배제, 종북, 이주노동자, 군사문화)등이 가진 비성서적인 문제를 깊이 성찰한다.

② 포럼시 강사에게서 원고를 미리 받아, 회원 논찬을 준비한다. 참가자의 눈높이에서 질문을 마련해, 다른 참석자들도 질문 속에서 본 내용을 더 잘 이해할 수 있도록 돕는다. 이와 같은 내용은 운영위원회에서 정한다.

③ 2014년 포럼 주제를 이어받아 <종교간 소통 프로젝트>를 진행한다.

종교간 대화를 주제로 한 모임을 생평이 주도적으로 구성해 본다. 세미나 및 토론회를 통해 네트워크를 형성하여 부활절 및 초파일에도 왕래가 가능한 관계를 만들어 본다. 그래서 2014년 포럼의 결과물이 "실제적인 종교간 대화를 가능케 하는 채널"이 되게 한다.

④ 포럼 일시 및 장소

일시: 매월 첫 번 째 목요일, 오후 7시 30분

장소: 기장 인천교회

⑤ 기타

포럼 영상을 찍고, 포럼 내용을 자료화한다.

생명평화포럼 자료집을 발간한다.

2.2.2. 영성 훈련

① 상반기에는 침묵기도학교, 하반기에는 비폭력 평화학교를 운영한다.

② 여름 피정은 휴가철 등에 시간을 정하여 피정 프로그램을 진행한다. 생평 수련회에 준하여 진행할 수도 있다.

2.3. 사업

2.3.1. 행동의 날

① 운영위에서 월 1회 연대행사를 정하여 집중하고 나누며 친교하는 시간을 가진다.

② 기독교 절기 때 사회적 이슈를 중점으로 예식을 통해 시민과 함께 행동한다. (재의 수요일, 사순절, 탈핵주일, 부활주일, 고난주간, 성금요일, 5.18민주화운동 기념주일, 8.15평화통일주일, 생명밥상주일, 종교개혁주일, 대림절)

③ 지속적으로 이웃 단체와의 연대행동에 적극 결합한다.

④ 세월호 참사에 대한 응답의 필요성이 대두되는 상황에서 특별법, 또는 진상규명까지 잊지 않기 위한 실천적 행동 또는 캠페인을 만들어간다. 특히 일상 속에서 할 수 있는 것을 구상한다. (4:16분 1616 기도운동, 매월 16일 기도문 전송)

2.3.2. 홍보

① 생평 활동자료를 온/오프라인에서 아카이빙하는 방법을 개발하고, 시행하는 것을 목표로 한다.

② 지난 온라인 매체(SNS, 블로그, 홈페이지)자료를 정리하고 관리한다.

③ SNS를 중심으로 활동을 정리한다.

④ 지역 언론과 결합하여 보도기사를 낸다.

⑤ 문자메시지와 웹진으로 소식을 알린다.

2.3.3. 인천지역 에큐메니칼 연합사업

— 지역 안에서 많은 사람이 참여할 수 있도록 종교개혁주일에 맞추어 작은 교회 박람회를

실행한다. (고난받는 이웃과 함께하는 인천 연합예배위원회, 감리교사회연대, 인천민교, 목정평에 제안하여 함께 진행한다.)

3. 연대

① 기독교 사회선교 연대회의에 연대단체로 참여한다.
② 인천 시민사회단체연대에 회원단체로 참여한다.
③ 촛불연대를 포함해 지역 시민단체와 연대한다.
④ 고난받는 이웃과 함께하는 인천 연합예배위에 참여한다.
⑤ 종교간 대화에 적극 참여한다

4. 2015년도 예산 계획

생략

생평 회원 명부: 총 95명

생명평화기독연대
11차 정기총회

제12차 정기총회(2016년)

12차 정기총회 결과 자료

일시: 2015년 1월 7일(목) 오후 7시 30분

장소: 인천교회

참석: 18명

제12차 정기총회 차례

ㅁ 1부: 주의 만찬 예식 (이상선 목사 진행)

ㅁ 2부: 정기총회

□ 개회기도 (박찬대 집사)
□ 성원보고 (83명 중 16명으로 개회, 총 18명 참여)
□ 의장 선출 (김형기 목사)
□ 개회선언
□ 회의록 서기 선출 (이광민)
□ 회순통과
□ 전차 회의록 낭독 (이광민 발췌 보고)
□ 회칙심의
□ 안건심의
　안건 1. 감사보고
　안건 2. 2015년 사업 및 결산 보고
　안건 3. 임원 선임
　안건 4. 2016년 사업 및 예산 계획
　안건 5. 기타 안건
□ 회의록 채택 (운영위 위임, 후 회원 회람)
□ 폐회선언
□ 폐회기도 (박종렬 목사)

1부: 주의 만찬 예식

【초대와 응답】

집례자: '생명평화기독연대'의 오늘 총회에 참여하는 사랑하는 형제자매 여러분! 우리가 살아 온 2015년도의 '한해살이'를 되살피고 2016년의 '한해살이'를 새로이 준비하며 우리 모두의 성찰과 다짐을 이루기 위해 거룩한 '주의 만찬'에 함께 참여합니다. 그리스도께서 이 자리를 우리에게 베푸시는 것은 우리에게 영원한 생명의 양식은 물론 우리가 살아야 할 세상에 새로운 희망을 주시려는 것입니다. 육신을 입어 이 땅에 오시어 우리와 함께 하신 우리의 그리스도를 고백하고, 그의 다시 오심을 기다리며 경건함과 진실함으로 이 거룩한 은혜의 자리에 함께 참여하시기를 바랍니다. 우리의 그리스도께서 여러분을 부르십니다.

회원: 저희에게 구원의 소망을 주신 우리 하나님께 감사를 드립니다. 우리 가운데 오시는 그리스도를 기다리며, 감사함으로 참여하겠나이다. 아멘.

【처음 기원】

집례자: 거룩하신 하나님, 오늘도 이 땅에 사랑과 평화의 바람으로 저희 가운데 그리스도를 보내주심을 감사드립니다. 그리스도께서는 갈릴리 버림받은 땅에 고난받는 종으로 오셔서 하나님 나라를 선포하시고 악의 권세를 꺾으시려고 마침내 십자가에 못 박혀 죽으셨나이다. 오 하나님! 저희는 그리스도의 죽으심과 부활 그리고 마지막 만찬을 기념하기 위하여 이 자리에 모였습니다. 그리스도의 생명의 양식인 떡과 포도주를 나누면서 이 땅에 오신 그리스도의 그 거룩한 희생과 뜻을 깨닫게 하시며 저희의 사랑과 친교가 두터워지게 하옵소서.

회중: 그리스도의 구원의 은총에 감사와 찬송과 영광을 드립니다. 아멘.

【영광송】

집례자: 높은 곳에서는 하나님께 영광이요.

회원: 땅에 사는 그의 백성들에게는 평화로다.

집례자: 저희가 하나님의 영광을 찬양하며,

회원: 우리에게 오신 그리스도를 찬미하나이다.

집례자: 하나님께서는 공의와 평화 그리고 자유를 주관하시고

회원: 그리스도께서는 하나님의 뜻을 이루시기 위해 이 땅에 오셨습니다.

집례자: 하나님의 오른편에 앉아 계신 그리스도이시여,

회원: 저희의 기도를 들으시고, 세상의 죄를 사하여 주소서.

집례자: 그리스도여, 당신이 모든 것을 이루시는 구원자이시니

회원: 하나님의 영광가운데, 하나님의 뜻을 이루어 주시기를 기원합니다. 아멘.

【말씀의 예전】

* 성경본문: 누가복음 21장 25~28절

"그리고 해와 달과 별들에게서 징조들이 나타나고, 땅에서는 민족들이 바다와 파도의 성난 소리 때문에 어쩔 줄을 몰라서 괴로워할 것이다. 사람들이 세상에 닥쳐올 일들을 예상하고, 무서워서 기절할 것이다. 하늘의 세력들이 흔들릴 것이기 때문이다. 그 때에 사람들은 인자가 큰 권능과 영광을 띠고 구름을 타고 오는 것을 볼 것이다. 이런 일들이 일어나기 시작하거든, 일어서서 너희의 머리를 들어라. 너희의 구원이 가까워지고 있기 때문이다."

【중보의 기도】

집례자: 함께하는 마음으로, 기도를 드립니다.

회원: 그리스도여, 우리를 불쌍히 여기소서.

집례자: 온 세계에 있는 '하나님의 백성'을 위해, '하나님의 나라와 의'를 위하여 정희와 평화를 향해 가는 '선하고 의로운 이'들을 위해 성령께서 함께 해 주실 것을 위해 간구합시다.

회원: 그리스도여, 우리를 불쌍히 여기소서.

집례자: 억압과 폭력, 가난과 소외로 인해 고통을 당하는 사람들에게 구원자 하나님의 능력이 함께 할 수 있도록 위해 기도합시다.

회원: 그리스도여, 우리를 불쌍히 여기소서.

집례자: 그리스도인들이 교회와 개혁과 변화 그리고 일치를 위하여 그리스도와 연합하는 온전함을 다시 세워갈 수 있도록 간절하게 기도를 드립시다.

회원: 그리스도여, 우리를 불쌍히 여기소서.

집례자: 우리의 사회에서 불의와 차별을 통해, 비통함과 절망을 겪고 있는, 수많은 노동자들, 농민들, 도시의 서민들, 청년들과 소수자들을 위해 모두의 벗이며 동지이신 그리스도께서 함께 하여 주시기를 간절하게 기도합시다.

회원: 그리스도여, 우리를 불쌍히 여기소서.

집례자: 오늘 우리가 함께 한 마음으로, 지금까지 우리 모두가 가장 분노하여 참담해 하는 '세월호 진실의 규명'을 위하여, 다시금 민주주의를 역행하는 '역사교과서의 국정화'를 분쇄하기 위하여, '일본의 정책과 선택'이 우리나라와는 물론이요 동북아의 평화를 위하여 이루어지기를, 그리고 인천의 지역사회와 시민의 삶과 생활이 이후 민주적이며 평화적인 환경과 구조로 진보되기를, 간절하게 간절하게 기도합시다.

회원: 그리스도여, 우리를 불쌍히 여기소서.

집례자: 오 하나님, 하나님의 은혜를 믿으며, 저희가 기도한 모든 소망들을 하나님의 능력에 위탁하며, 간절한 소망으로 기도합니다.

회원: 아멘.

【제정사와 분병례】

* 제정사

집례자: "내가 곧 생명의 떡이니 내게 오는 자는 결코 주리지 아니할 터이요, 나를 믿는 자는 영원히 목마르지 아니하리라"(요 6: 35)라고 말씀하신 예수님께서 이 예전을 통하여 저희에게 영원한 생명의 양식을 주시는 은혜와 사랑을 감사 드립니다. 이제 예수님께서 가르치시고 명하신 대로 저희가 이 예를 행하려 하오니 이 거룩한 예전을 통하여 하나님의 뜻을 이루소서.

* 분병례

집례자: (떡을 손에 들고) 예수님께서 떡을 손에 드시고 감사의 기도를 드리신 뒤에 떡을 떼어 제자들에게 주시며 말씀하셨습니다. "자, 이것을 받아먹어라. 이것은 너희를 위하여 주는 내 몸이니 나를 기념하여 이 예를 행하여라."

회원: 그리스도께서 당신의 몸을 저희에게 주시오니 감사합니다. 생각과 말과 행위가 그리스도와 하나 되게 하옵소서.

집례자: (잔을 들고) 또 식후에 잔을 드시고 감사의 기도를 드리신 후에 말씀하셨습니다. "자, 마셔라. 이것은 죄의 용서를 위해 흘린 내 피로 맺은 계약의 잔이니 마실 때마다 나를 기억하여 이 예를 행하여라."

회원: 감사합니다. 그리스도의 피가 저희 안에 항상 흘러 그리스도와 한 몸, 그리스도와 피를 나눈 모든 형제자매들과 한 마음, 한 뜻을 이루게 하옵소서.

【우리의 기원】

집례자: 가난한 자에게 아름다운 소식을 전하며, 마음 상한 자를 고치며 포로 된 자에게 자유를, 갇힌 자에게 놓임을 전파하며, 모든 슬픈 자를 위로하시는 그리스도시여, 2015년 한해를 함께 살아온, 2016년의 한해를 함께 살아야 할, 우리 모두를 오늘 이 순간 성령으로 우리에게 오셔서 이 감사의 식탁을 성별되도록 하시고 이 떡과 포도주가 저희를 위한 그리스도의 몸과 피가 되게 하옵소서.

회원: 저희가 이 만찬에 함께 함으로, 이제부터 저희의 몸과 삶 속에 진정 그리스도의 모습이 이루어하셔서 우리가 함께 살아야 할 역사와 현실에서 더욱 강건하고 용기있게 헌신하도록 축복하여 주시기를 기도합니다. 아멘.

【성찬 참여】

* 다같이 참여

포도주를 나누며: "그리스도의 피입니다."

빵을 나누며: "그리스도의 몸입니다."

【감사의 기도】

다같이: 그리스도께서 오시기를 기다리는 간절한 소망으로, 우리가 함께 이룬 '생명평화기독연대'의 엄중한 총회에서, 우리 모두를 거룩한 만찬에 참여케 하심을 감사드리나이다. 하나님께서 저희에게 주신 지혜와 능력으로 마지막 때를 준비하는 지혜로운 그리스도인들이 되겠습니다. 그리스도의 제자로 그리스도의 오심을 선포하며, 땅끝까지 그리스도의 증인으로 우리의 사명을 온전하게 감당하겠습니다. 이 시간 그리스도의 은총을 저희에게 허락하여 주옵소서. 예수 그리스도의 이름

으로 기도합니다. 아멘.

【평화의 인사】

집례자: 그리스도의 평화가 여러분과 함께.

회원: 또 집례자(목사)와 함께 하시기를 빕니다.

집례자: 이제는 화해와 평화의 징표로 서로 인사를 나눕시다. (서로 인사한다)

* 주의 만찬 예식 마침

▦ 전차 회의록 보고

11차 정기총회 회의록

일시: 2015년 1월 11일 (일) 오후 5시~7시
장소: 인천교회
출석회원: 김영호, 김형기, 박종렬, 이광민, 이상선, 이진권, 정세일 (7명)

1. 정세일 대표의 개회기도로 11차 정기총회를 시작하다.

2. 의장 선출에 만장일치로 정세일 대표를 추대하다.

3. 의장이 사무국장에게 성원보고를 요청하니 이광민 사무국장은 재적 88명 중 7명 (김영호, 김형기, 박종렬, 이광민, 이상선, 이진권, 정세일)을 확인하고, 본회 회칙 상 의결정족수에 대한 규정이 없음을 보고함.

4. 위 성원보고 후 11차 정기 총회 개회 선언을 하다.

5. 회의록 서기 선출에 대해 의장이 의견을 물으니 김영호 동의로 이광민을 지명하고, 이진권 재청과 회중 재청으로 이광민을 회의록 서기로 선출하다.

6. 회순통과에 대해 의장이 의견을 물으니 회중 동의와 재청으로 총회 자료집 순서대로 받기로 하다.

7. 전차회의록 낭독에 대해 박종렬 동의로 서면으로 받기를 원한다고 하니 이상선 재청으로 전차 회의록은 서면으로 받기로 하다.

8. 안건 심의로 들어가, 감사보고안에 대하여 이광민이 감사 불참사유에 대하여 설명하였고, 서면에 대해 설명을 하니 의장이 의견을 물었고, 이진권 동의와 회중 재청으로 감사보고안에 대하여 서면으로 받기로 하다.

9. 안건 2) 2014년 사업 및 결산 보고에 대하여 의장이 이광민 사무국장에게 발췌보고를 요구하고, 의견을 물으니 김형기 동의와 윤인중 재청으로 받기로 하다.

10. 안건 3) 2015년 사업계획 및 예산 계획에 대하여 의장이 이광민 사무국장에게 발췌보고를 요구하고 의견을 묻다. 조직 사업에서 생평 사무국을 시민연대 사무실에 두기로 하였고, 회원 100명 확대, 에큐메니컬 전 교단 교회를 대상으로 후원을 확대·독려하기로 하다. 덧붙여 생명평화 노래모임을 기획하다.

교육·훈련사업에서는 생명평화 월례포럼 주제를 1) 영성, 2) 과학과 종교, 3) 사회 이슈를 두고 진행하기로 하였으며, 포럼 시 원고를 미리 받아 논찬을 준비하기로 하다. 그밖에 2014년 포럼 주제를 이어받은 종교간 소통 프로젝트를 기획하다. 영성훈련 프로그램으로는 상반기 침묵기도학교, 하반기 비폭력 평화학교를 운영하기로 하다.

행동의 날 안으로 기독교 절기 때 사회적 이슈를 중점으로 예식을 통해 시민과 함께 행동하기로 하다. 또한 세월호 1616기도운동 캠페인을 기획하다. 홍보사업에서 생평 활동자료를 온/오프라인에서 집적하고 소개하기로 하다. 추가로 인천지역 에큐메니칼 연합사업(작은교회 박람회)을 기획하다.

이후 운영위원회에서 결정하는 것으로 의견을 넘기다. 이상 설명과 운영위원회 위임을 포함하여 김형기 동의와 김영호 재청, 회중 재청으로 받기로 하다.

11. 7시 30분에 정세일 의장이 폐회선언을 하고, 박종렬 목사의 축도로 11차 정기총회를 마치다.

▦ 안건 1 — 감사보고

○ 사업 및 회계감사 (이승용 집사)

<감사보고>

수신: 생명평화기독연대

제목: 일반회계 감사보고

생명평화기독연대 회칙에 의거, 재정의 수입·지출에 대한 감사를 실시하고 그 결과를 아래와 같이 보고합니다.

— 아래 —

1. 감사일시: 2016. 1. 3
2. 회계연도: 2015. 1. 1~2015. 12. 31
3. 감사내용 <일반회계>

전기이월: 1,096,691원

금기수입: 9,630,934원

총수입: 10,727,625원

총지출: 10,726,500원

이월잔액: 1,125원

4. 감사 의견

— 통장 잔액과 회계장부 정리가 일치하고 영수증 처리가 잘 되어 있음.

— 어려운 시기, 봉사하신 손길 위에 감사드립니다.

회원 확대와 관련하여서는 대부분의 단체 역시 어려움을 가지고 있습니다. 그 가운데서도 꾸준히 회원이 늘고 있는 것은 매우 소중한 일이라 생각합니다. 덧붙여서 회원사업에서 회원 확대 뿐 아니라 기존 회원에 대한 관리 프로그램을 잘 운영하였으면 합니다.

또한 과학과 종교, 영성, 사회적 실천을 주제로 교육훈련 사업이 진행된 것에 대하여 매우 고무적인 일이라 생각합니다. 또한 이러한 소통이 회원 내부의 신앙을 보다 깊게 만드는 매우 소중한 사업들이었다고 생각합니다. 그리고 이러한 것들이 강연으로만 국한되지 않고 지역 내에서 작은 연대활동으로 이루어진 것 또한 고무적인 일이라 생각합니다.

내년에도 예정하고 있는 좋은 프로그램들이 기대됩니다. 이를 바탕으로 내적 영성의 깊이가 더해지는 프로그램들도 잘 진행되기를 바랍니다.

열악한 재정과 실무인원으로 2015년을 꾸준하게 사업을 진행하심을 감사드리고, 사업에 늘 함께하여주신 주님께 감사를 드립니다. 수고하셨습니다.

▦ 안건 2 — 2015년 사업 및 결산 심의

○ 사업 평가

1. 조직

1.1. 운영위원회

— 운영위원(10): 김종철, 박찬대, 이상선, 이세구, 이진권(당연직: 김영호, 김형기, 윤인중, 정세일, 이광민)

— 신학위원회, 평화위원회 활동 없이 진행함.

— 매월 과반수 이상 참석하여 회의 진행
— 메신저를 통해 조직 및 운영위원 활동을 공유함.

회차	날짜	주요 결정사항	참석
1월 총회	1/11	2015년 사업계획 및 예산 심의, 확정	7명
105차	2/8	상반기 포럼 계획 건	6명
106차	3/15	부활절 연합예배 건, 조직/회원 관리 건	5명
107차	4/19	'꿈 강좌' 운영 건, 포럼 운영 건	6명
108차	5/10	비영리민간단체 등록 건, 포럼 운영 건	5명
109차	6/16	세월호 진상규명 연대참여 건	7명
110차	7/5	115차 포럼 준비회의, 상반기 평가 수련회 준비	6명
상반기 평가	8/23	상반기 활동 평가 및 하반기 계획 건	12명
112차	9/14	인천녹지축 보전을 위한 시민행동, 작은교회 박람회	6명
113차	10/13	침묵피정 건, 총회준비위원회, 연합포럼 건	6명
114차	11/16	성탄절 연합예배 건, 119차 포럼 준비 건	7명
115차	12/25	전차회의 보고 및 2016년 12차 정기총회 논의	서면

1.2. 사무국

— 사무국장이 공동대표 및 운영위원회와 협의하며 사무국을 운영함.
— 인천시민사회단체연대와 공동으로 사무실을 사용함.

1.3. 회원, 후원회원, 후원교회

— 재적 회원: 84명 중 후원회원 53명(일반회원 31명), 포럼 참여자 31명
— 비영리민간단체 등록 건 논의함(회원 100명).
— 기독교 절기를 회원들과 함께 보낼 수 있는 프로그램 마련 논의
회원의 참여와 후원 확대 방안 논의

— 후원교회: 인천교회, 초원교회, 새결교회

교회 참여 확대 방안 — 에큐메니컬 전 교단을 대상으로 단체 후원 확대 및 독려

11차 정기총회에서 교회후원을 증액(100)하여 예산을 잡았으나, 추가적인 진행사항은 없었음.

1.4. 생명평화 노래모임

생평 월례모임 30분 전부터 노래모임을 준비해 중창단을 꾸리는 건을 논의함. (회원 친목 등을 목적으로 시작하여 추후에 세월호 관련 추모 음악회 등을 생평이 제안하는 식으로 예상해 보았으나 지속적으로 이어지지 않음.)

2. 교육, 훈련 구조

2.1. 생명평화 월례포럼

2015 생명평화 월례포럼은 1) 영성, 2) 과학과 종교, 3) 사회 현안을 주제로 번갈아 진행하기로 결정함. 3월(과학과 종교), 4월(사회적 영성), 5~6월(세월호), 7~8월(광복70주년), 9~11월(종교개혁과 사회개혁), 12월(종합) 주제로 포럼을 진행하였음.

'과학과 종교'를 주제로 젊은 층의 종교적 이해를 돕고 기독교에 대한 관심을 불러일으키고자 하였으며, '사회적 영성'을 통해 신앙의 깊이를 더하고 사회적 실천과의 연관성을 마련하고자 하였음. 세월호 이후 한국교회와 기독교인의 역할에 대한 신학적 반성을 통감하였고, 분단70년, 광복70년을 맞이하며 시민사회와 함께 연대하는 자리를 가짐.

포럼 시 운영위원회에서 참가자의 눈높이에 맞는 논찬을 준비하여 참석자들이 논찬을 통해 본 내용을 더 잘 이해할 수 있도록 돕기로 함.

회차	날짜	주요 결정사항	참석
110차	2/5	동방박사 이야기로 본 과학과 종교 — 현우식 교수(연세대)	25명
111차	3/5	토마스 머튼의 사회적 영성: 죄스러운 방관자 — 문영석 교수 (강남대)	24명
112차	4/2	세월호의 가르침과 이후의 우리 — 이은선 교수 (세종대)	28명
113차	5/7	무의식이 증언하는 세월호 — 고혜경 박사 (신화학)	40명
114차	6/4	예수에게 한반도 통일을 묻다 — 허호익 교수 (대전신대)	20명
115차	7/9	사악한 시대를 향한 원로학자의 경종 — 이만열 교수 (숙명여대)	115명
116차	9/3	종교개혁 기념주일 연속포럼 (1) 성경에서 읽는 종교개혁과 사회개혁 — 김형기	23명
117차	10/8	종교개혁 기념주일 연속포럼 (2) 한국경제의 현실과 노동의 쟁점 — 김성희	20명
118차	11/5	종교개혁 기념주일 연속포럼 (3) N포 시대, 청년이 개혁과 희망을 말하다 — 조성주	23명
119차	12/3	2015년 한국사회와 인천을 돌아보며 (1) 세월호 진상규명·안전사회 건설 — 남영신 (2) 역사교과서 국정화 반대 — 김재용 (3) 인천지역, 한국사회 환경현안 — 조강희 (4) 일본의 집단적자위권과 동북아 평화 — 유정섭	57명

— 운영위원회에서 주제 및 강사를 정하였음.

— 진행은 강의(발제) 후 순환식 대화(질의응답) — 발제자 총합으로 진행함.

— 월례모임 30분 전부터 생명평화 노래모임을 진행하기로 함.

— 웹 포스터 제작 후 배포, 인천in 보도기사 등으로 포럼 참여율이 증가함.

▲포럼 홍보 포스터

— 115차 포럼 "광복·분단 70년, 한국사회가 반성할 것과 남겨진 과제"

1) 100회 포럼에 이은 두 번째 규모의 포럼으로, 인천사회 다양한 구성원 120여 명이 참여.
2) 분단이라는 역사 앞에서 기독교인의 자세, 종교인의 사회적 역할에 대해 논의함.
3) 대중에게는 교회에 대한 관심을, 뜻을 같이하는 단위와는 인연을 맺게 되었음.
4) 외부에 생명평화포럼을 널리 알리는 계기였음.

"100개의 개성공단이 생기면 그게 통일 아니겠습니까" (인천in 15.7.10 보도기사)

http://www.incheonin.com/2014/news/news_view.php?sq=29533&thread=001003000&m_no=1&sec=4

— 119차 포럼

1) 2015 지역사회와 한국사회 주요 이슈 4가지를 가지고 진행함.
2) 초기 인천시민사회단체연대와 함께 준비하는 것으로 기획되었다가, 생평에서 단독으로 진행
3) 이웃 단체 전문가를 초청해 진행하면서 연대감 구축
4) 생평의 관심이 종교 문제에만 국한되지 않는다는 것을 알리는 계기이자 사회적 문제에 폭넓게 참여할 필요성에 대해서 알리는 기회였음.

2.2 생명평화 기도학교

2.2.1. 꿈 모임

일시: 2015년 4월 7일(화) 강좌 이후 4/20일부터 매주 월요일 꿈 모임 10회 진행

장소: 새봄교회 (계산역 4번출구 근처, 032-547-0359)

내용: 모듈레이터의 인도 아래, 참가자들이 각자의 꿈을 나누는 방식으로 진행

강사: 송일수(신화와 꿈 아카데미 1기)

참가비: 5만원

주관·주최: 생명평화기독연대, 인천비폭력평화영성센터

평가:

꿈 내용을 나누는 과정을 통해 진정한 자아를 찾는 과정을 공유하면서 자기 성찰과 신앙에 대해 나눌 수 있는 기회를 가짐.

결산: 생평 지원금 10만원

2.2.2. 월례피정

일시: 2015년 10/17일(토), 11/21(토), 12/19(토) 3회 진행

장소: 새봄교회 (계산역 4번 출구 근처, 032-547-0359)

내용: 월례피정

참가비: 5만원, 2만원

주관·주최: 생명평화기독연대, 인천비폭력평화영성센터

평가: 기도와 명상 중심의 모임을 통해 고유한 평화운동의 영역을 만들고, 회원 모두가 영성 공동체로서의 정체성을 갖기로 하여 마련된 사업이었음.

결산: 생평 지원금 10만원

3. 사업

3.1. 행동의 날

월 1회 연대행사를 정하여 집중하고 나누며 친교하는 시간을 가진다. 사회적 이슈를 중점으로 삼아 종교예식을 통해 시민과 함께 행동할 수 있다. 지속적으로 이웃 단체와의 연대행동에 적극적으로 결합한다. 세월호 참사에 대한 응답이 필요성이 중요해짐에 따라 진상규명까지 잊지 않기 위한 실천적 행동 또는 캠페인을 만들어 간다. 특히 일상 속에서 할 수 있는 것을 구상한다. (세월호 1616 기도운동)

회차	날짜	주요 결정사항	참석
68차	2/10	공안탄압 저지 촛불기도회 (기독교회관)	2명
69차	4/24	분단 70년, 탈북 이웃과 함께하는 부활절 인천 연합예배	5명
70차	5월중	세월호 참사 진상규명 서명운동 (동암역)	개별진행
70차	6월중	세월호 참사 진상규명 서명운동 (동암역)	3명
71차	7월중	세월호 참사 진상규명 서명운동 (동암역)	개별진행

71차	8월중	세월호 참사 진상규명 서명운동 (동암역)	개별진행
71차	9월중	인천녹지축 보전을 위한 검단장수간 도로 폐지 시민행동	1명
72차	10월중	인천녹지축 보전을 위한 검단장수간 도로 폐지 시민행동	1명
73차	11월중	세월호 참사 진상규명 서명운동 (동암역)	개별진행
73차	12/25	고난받는 이웃과 함께하는 성탄절 인천 연합예배	120명

3.2. 작은교회박람회

인천지역 에큐메니컬 연합사업으로 작은교회 박람회를 진행하고자 했으나, 2015년은 초동 준비로 서울의 작은교회 박람회에 참여함. 차기에는 평신도 지향적인 사업으로, 인천지역의 에큐메니칼 모임을 만들어 내부의 친교 자리를 도모하려 함. 지역 안에서 많은 사람이 참여할 수 있도록 종교개혁주일에 맞추어 작은 교회 박람회를 실행하는 안에 대해서 논의함. (인천연합예배위, 감리교사회연대, 인천민교, 목정평에 제안하여 함께 진행할 것)

3.3. 종교간 소통 프로젝트

11차 총회 안건으로 2014년 포럼 주제를 이어갈 종교간 소통 프로젝트를 진행하기로 하였으나, 진행하지 못함. (이후 인천시민의힘 100인 모임, 백광모, 박동일, 김상목 목사 등과 함께 개신교

네트워크부터 만들어 볼 것을 논의함. 또한 목정평 재건총회(11/19)를 계기로 어떻게 연대할 수 있을지 논의함. 다른 제안으로는 가칭 "인천종교인 평화회의" 등을 통해 사대종단 대표를 초대한 만남의 자리를 갖고 나아가 실제적인 관계를 만들어 함께 일하는 과정에서 이웃종교에 대한 이해를 실천해 가자고 제안함.)

3.4. 홍보사업

— 생평 활동자료를 온/오프라인에서 아카이빙하는 방법을 개발하고 시행하는 것을 목표로 함.
— daum cafe에 자료를 집적하고 관리한다. (facebook, kakao, youtube)
— 지역 언론과 결합하여 보도기사를 낸다.
— 메일과 문자메시지로 소식을 알림

3.5. 생명평화포럼 자료집

100차 포럼에 맞춰 포럼 자료집을 내려 했으나 미뤄지게 되어, 포럼 결과자료를 모아 자료집을 출간하기로 제안하였으나 상반기 진행상황 없었음.

4. 연대

4.1. 전국

기독교사회선교연대회의에 연대단체로 참여

4.2. 지역

— 인천시민사회단체연대에 회원단체로 참여
— 고난함께 인천연합예배위 참여 (부활절 연합예배, 성탄절 연합예배)

평가: 교단과 진영, 신학적 차이를 넘어 20개 교회와 7개 단체가 참여함.
지역적 사안에 대한 기독교적 응답을 할 네트워크를 확립함.
매년 부활절과 성탄절에 지속적으로 함께하는 구심력을 갖춤.

5. 결산 보고

— 차기 이월금(2016): 1,125원
— 예산 적합성 평가

[수입부]			
분류항목	예산	금년 누계	비고
이월금	1,096,691	1,096,691	2014 이월금
전기이월금	1,096,691	1,096,691	
회비	8,500,000	7,089,960	
회비수입	8,000,000	6,989,960	CMS 및 월정회비
참가회비	500,000	100,000	효소 판매수입
후원금	3,400,000	2,540,000	
교회후원	2,800,000	1,840,000	인천교회, 초원교회, 새결교회
특별후원	600,000	700,000	115차 포럼 후원, 김영호/김종철 특별후원
기타	3,309	974	
결산이자	1,309	974	
기타	2,000	-	
수입부 합계	-	-	
전월 이월금	-	-	
총액	13,000,000	10,727,625	

[지출부]			
분류항목	예산	금년 누계	비고
인건비	3,900,000	3,600,000	
인건비	3,900,000	3,600,000	실무자 지급
사무비	1,500,000	847,045	
통신비	500,000	64,990	크로샷 서비스 이용료(1월)
사무실 유지비	600,000	550,000	10, 11월분 (5 * 11 = 55)
웹진운영비	100,000	-	
기타사무비	100,000	9,420	각종 수수료
비품구입비	100,000	28,125	
CMS유지비	100,000	194,510	cms 수수료
조직사업비	4,900,000	4,547,820	
포럼	2,000,000	2,539,680	(115차 포럼: 1,088,780)
행동의 날	300,000	-	
침묵기도학교	500,000	100,000	
꿈 모임	500,000	100,000	
조직운영비	300,000	327,800	
홍보비	300,000	385,500	포럼 포스터 제작, 2016 생태달력 구입
수련회	200,000	220,000	
회의비	300,000	687,840	운영위원회, 총회준비위원회
경조비	500,000	287,000	
연대사업비	1,220,000	1,732,760	
시민연대	600,000	550,000	
기사련	120,000	120,000	
연대활동비	680,000	740,000	내일을여는집(5), 핵그련(10), 인천in(10), 계승사업회(3), 세월호 분담금(3), 금속노조(3), 장준하(10), 마을사람들(5), 녹지축(5), 에큐메니안(10), 인천민주열사추모(5), 노사모(5)
작은교회박람회	500,000	222,760	박람회 참가(10)
종교간 대화	500,000	100,000	부활절 연합예배 헌금(10)
예비비	800,000	-	
예비비	800,000	-	

지출계	-	10,731,540	
당월 잔액	-	1,125	
총액	13,000,000	10,727,625	

▦ 안건 3 — 2016년 사업 및 예산계획 심의

1. 주요 사업 기조

2015년에는 <115회>, <119회 포럼>으로 '기독교인의 사회적 책임'에 대한 지역사회의 공감을, <고난함께 인천 연합예배>를 통해 인천지역 에큐메니칼 운동에 기여했습니다. 2016년에는 여성·청년회원이 참여할 수 있도록 저변을 확대하여 조직 구성을 다지고, 교육사업에서 '포럼 주제 다각화'를 통해 사회적 공감을 넓히려 합니다. 덧붙여서 시의성을 고려한 직접행동(행동의 날)을 강화하고, '생명평화 교양강좌'를 생평의 고유사업으로 개설하여 교육훈련과정을 강화하려 합니다.

2. 사업계획

1. 조직

1.1. 위원회

1) 운영위원회: 2주차 일요일 저녁 6시, 생평 사무실
2) 인선: 공동대표 — 이상선 목사 선임
   운영위원 — 김성만, 김상회, 맹완재, 조형찬, 황치빈 선임
   감사 — 백영민(사업감사), 윤인중(회계감사)

1.2. 사무국

사무국장이 운영위원회와 협의하여 사업 및 회원 전반을 사업 및 회원 전반을 운영한다.

1.3. 회원 및 후원회원, 후원교회

1) 연말까지 생평 재적 회원 100명 목표. (현재 83명)
2) 후원회원과의 소통을 통해서 안정적인 후원규모 확보. (현재 월 600,000원 선)
3) 후원교회를 에큐메니컬 전 교단을 대상으로 하여 후원을 확대·독려한다. 후원교회: 인천, 초원, 새결, 평화 (나섬, 새봄)
4) 다양한 교회 단위에서 참여하도록 포스터 인쇄물을 발송한다.

2. 교육, 훈련사업

2.1. 생명평화 월례포럼

2016년 포럼은 총선, 영성, 종교개혁을 주제로 진행한다.

1) 2~4월 포럼은 보수주의(근본주의)에 관해 종교·정치·사회학적으로 다룬다. 5월 포럼은 총선 이후를 분석하는 주제로 마련한다.
2) 6~7월은 '영성'을 주제로 진행한다.
3) 9~10월은 '종교개혁'/'종교와 사회'를 주제로 진행한다.
4) 포럼 일시 및 장소

   일시: 매월 첫 번째 목요일, 오후 7시 30분

   장소: 기장 인천교회
5) 기타

   포럼 영상을 찍고, 포럼 내용을 자료화한다.

   생명평화포럼 자료집을 발간한다.

2.2. 생명평화 교양강좌

1) 사업목적: 사고의 각성과 회원 확대 (특히 청년층과 평신도)

2) 신년개설: 2기 (전후반기 각 1기씩) 개설

3) 실행예산: 100만원 (도서자료비+다과간식비 x 2기)

4) 참석인원: 20명 (희망인원)

제1기 (2016년 상반기) 강좌

강사: 김형기 공동대표

주제: 문화사적인 관점에서 바라보는 기독교

구성: 1강 사람은 영적인 존재인가?

2강 고대 문화는 비기독교적인가?

3강 철학은 어떻게 기독교의 언어가 되었는가?

4강 기독교 중세는 암흑시대였는가?

5강 르네상스와 종교개혁 — 무엇을 하려고 했는가?

6강 인간지성과 과학정신은 기독교에 반대되는가?

7강 정치와 종교는 분리되어야 하는가?

8강 생태계의 위기는 기독교에서 유래했는가?

9강 세상은 종말로 끝날 것인가?

10강 판타지 문화는 종교적인가?

제2기 (2016년 하반기) 강좌

강사: 김형기 공동대표

주제: 성경의 맥 짚기

구성: 1강 원역사 족장전승, 그리고 출애굽 (창세기, 출애굽기)

2강 구약의 법전들, 광야유랑과 정복 (레위기~사사기)

3강 이스라엘 왕조사 (사사기~열왕기하, 역대기, 에스라, 느헤미야)

4강 대예언자들 (이사야, 예레미야, 에스겔)
5강 소예언자들, 시가서 (다니엘, 소예언서, 욥기, 시편, , 전도, 애가, 아가)
6강 구약 외경과 그 밖의 시가서
7강 구약 위경과 신약 위경
8강 사도 서신들
9강 공관삼경 (마태복음, 마가복음, 누가복음)
10강 요한복음과 요한계시록

3. 사업

3.1. 행동의 날

① 운영위에서 월 1회 연대행사를 정하여 집중하고 나누며 친교하는 시간을 가진다.
② 기독교 절기 때 사회적 이슈를 중점으로 예식을 통해 시민과 함께 행동한다. (재의 수요일, 사순절, 탈핵주일, 부활주일, 고난주간, 성금요일, 5.18민주화운동 기념주일, 8.15평화통일주일, 생명밥상주일, 종교개혁주일, 대림절)
③ 지속적으로 이웃 단체와의 연대행동에 적극 결합한다.
④ 세월호 참사에 대한 응답의 필요성이 대두되는 상황에서 특별법, 또는 진상규명까지 잊지 않기 위한 실천적 행동 또는 캠페인을 만들어간다. 특히 일상 속에서 할 수 있는 것을 구상한다. (4:16분 1616 기도운동, 매월 16일 기도문 전송)

3.2. 홍보

① 생평 활동자료를 온/오프라인에서 아카이빙하는 방법을 개발하고, 시행하는 것을 목표로 한다.
② 지난 온라인 매체(SNS, 블로그, 홈페이지)자료를 정리하고 관리한다.
③ SNS를 중심으로 활동을 정리한다.

④ 지역 언론과 결합하여 보도기사를 낸다.
⑤ 문자메시지와 웹진으로 소식을 알린다.

3.3. 인천지역 에큐메니칼 연합사업

— 지역 안에서 많은 사람이 참여할 수 있도록 종교개혁주일에 맞추어 작은 교회 박람회를 실행한다. (고난받는 이웃과 함께하는 인천 연합예배위원회, 감리교사회연대, 인천민교, 목정평에 제안하여 함께 진행한다.)

3.4. 회원 제안사업

강태욱: 대학선교단체와 함께 매주 또는 격주 활동 제안
이진권: 생명평화기행 제안

3. 연대

① 기독교 사회선교 연대회의에 연대단체로 참여한다.
② 인천 시민사회단체연대에 회원단체로 참여한다.
③ 동암역 세월호 진상규명 서명운동을 포함해 지역 시민단체와 연대한다.
④ 고난받는 이웃과 함께하는 인천 연합예배위에 참여한다.
⑤ 종교간 대화에 적극 참여한다.

4. 2016년도 예산 계획

생략

▦ 안건 4 — 기타 안건 (조직개편에 관한 보고)

총준위에서 논의된 내용 중 의논하게 된 사항을 보고합니다.
아래 내용은 운영위원회에 붙여서 논의할 예정입니다.

4.1. 상임위원단 관련 회칙 개정 논의

① 임기가 끝난 위원(공동대표, 운영위원, 감사, 실무자)이 생평과 연결고리가 끊기지 않도록 역대 위원들을 통합하여 상임위원단을 만든다.
② 공동대표, 운영위원, 임기를 2년 단임(3회까지 연임)으로 정하되, 1~3년 단위로 순번을 나누어 매년 역할을 나누어 가며 운영한다. 감사는 임기만 정한다.
③ 초선 대표는 운영위원장을 맡는다. (매년 변경)
④ 이에 따른 회칙 개정을 논의한다.

4.2. 회원을 정규회원 / 후원회원 / 협동회원 / 가입회원 / 참가회원으로 구분

회원 구분	가입 신청	회비 납부	활동 참가
① 정규회원	○	○	○
② 후원회원	○	○	×
③ 협동회원	○	×	○
④ 가입회원	○	×	×
⑤ 참가회원	×	×	○

현재 정규회원(26명), 후원회원(27명), 협동회원(6명), 가입회원(23명), 참가회원(33명)
총 회원 수: 115명

생명평화
기독연대
12 차총회

제13차 정기총회(2017년)

13차 정기총회

일시: 2017년 1월 12일(목) 오후 7시

장소: 인천교회

제13차 정기총회 차례

□ 1부: 개회예배

□ 2부: 정기총회

□ 개회기도
□ 의장 선출
□ 성원보고
□ 개회선언
□ 회의록 서기 선출
□ 회순통과
□ 전차 회의록 낭독
□ 회칙심의
□ 안건심의
　안건 1. 감사보고
　안건 2. 2016년 사업 및 결산 보고
　안건 3. 2017년 사업 및 예산 계획
　안건 4. 기타 안건
□ 회의록 채택
□ 폐회선언
□ 폐회기도

1부: 개회예배

* 사회: 이광민 사무국장

1) 기도: 김영호 장로 (공동대표)

2) 성서봉독 (미 6:6~8)

6. 내가 주님 앞에 나아갈 때에, 높으신 하나님께 예배드릴 때에, 무엇을 가지고 가야 합니까? 번제물로 바칠 일 년 된 송아지를 가지고 가면 됩니까?

7. 수천 마리의 양이나, 수만의 강 줄기를 채울 올리브 기름을 드리면, 주님께서 기뻐하시겠습니까? 내 허물을 벗겨 주시기를 빌면서, 내 맏아들이라도 주님께 바쳐야 합니까? 내가 지은 죄를 용서하여 주시기를 빌면서, 이 몸의 열매를 주님께 바쳐야 합니까?

8. 너 사람아, 무엇이 착한 일인지를 주님께서 이미 말씀하셨다. 주님께서 너에게 요구하시는 것이 무엇인지도 이미 말씀하셨다. 오로지 공의를 실천하며 인자를 사랑하며 겸손히 네 하나님과 함께 행하는 것이 아니냐!

3) 함께하는 찬양

4) 축도: 김형기 목사(공동대표)

▦ 전차 회의록 보고

12차 정기총회 회의록

일시: 2016년 1월 7일 (목) 오후 7시 30분 ~ 10시

장소: 인천교회

출석회원: 18명

1. 박찬대 위원의 개회기도로 12차 정기총회를 시작하다.

2. 의장 선출에 만장일치로 김형기 대표를 추대하다.

3. 의장이 사무국장에게 성원보고를 요청하니 이광민 사무국장은 재적 84명 중 18명이 참석했음을 확인하고, 본회 회칙 상 의결정족수에 대한 규정이 없음을 보고하다.

4. 위 성원보고 후 12차 정기 총회 개회 선언을 하다.

5. 회의록 서기 선출에 대해 의장이 의견을 물으니 김영호 동의로 이광민을 지명하고, 이진권 재청과 회중 재청으로 이광민을 회의록 서기로 선출하다.

6. 회순통과에 대해 의장이 의견을 물으니 회중 동의와 재청으로 총회 자료집 순서대로 받기로 하다.

7. 전차회의록 낭독에 대해 박종렬 동의로 서면으로 받기를 원한다고 하니 이상선 재청으로 전차 회의록은 서면으로 받기로 하다.

8. 안건 심의로 들어가, 감사보고안에 대하여 이광민이 감사 불참사유에 대하여 설명하였고, 서면에 대해 설명을 하니 의장이 의견을 물었고, 이진권 동의와 회중 재청으로 감사보고안에 대하여 서면으로 받기로 하다.

9. 안건 2) 2015년 사업 및 결산 보고에 대하여 의장이 이광민 사무국장에게 발췌보고를 요구하고, 의견을 물으니 정세일 동의와 김영호 재청으로 받기로 하다.

10. 안건 3) 2016년 사업계획 및 예산 계획에 대하여 의장이 이광민 사무국장에게 발췌보고를 요구하고 의견을 묻다.

① 조직사업으로 운영위원회 인선을 통해 이상선 목사가 공동대표로 선임되고, 윤인중 목사가 공동대표직에서 사임하다. 또한 운영위원으로 김성만, 김상회, 맹완재, 조형찬, 황치빈 회원을 추대하다. 사업감사로는 백영민 목사를, 회계감사로는 윤인중 목사를 추대하다. 회원사업과 관련해서 재적 회원 100명을 목표로 비영리민간단체 등록을 준비하기로 하였고, 에큐메니컬 전 교단을 대상으로 하여 후원을 확대, 독려하기로 하다. 또한 다양한 교회 단위와 접점을 늘려가며 활동을 알리기로 하다.

② 교육·훈련사업에서 2016 생명평화포럼을 근본주의(2~4월), 총선(5월), 영성(6~7월), 종교개혁(9~10월)을 주제로 진행하기로 하였으며 청년층과 평신도를 위한 생명평화 교양강좌를 열기로 하다.

③ 행동의 날 안으로 세월호 참사에 대해 응답하는 활동을 적극적으로 펼치기로 하다.

④ 홍보사업에서는 생평 활동을 온라인 매체를 통해 알리고, 종교개혁주일에 맞추어 작은교회 박람회를 제안하고 실행하기로 하다.

이후 운영위원회에서 결정하는 것으로 위임하다. 이상 설명과 운영위원회 위임을 포함하여 김종철 동의와 김영호 재청, 회중 재청으로 받기로 하다.

11. 10시에 김형기 의장이 폐회선언을 하고, 박종렬 목사의 축도로 12차 정기총회를 마치다.

▦ 안건 1 - 감사보고 (윤인중 목사)

○ 사업 및 회계감사

보낸사람 ☆소나무친구<saebyuky0@hanmail.net>
받는사람 이광민<kms21njce@naver.com>

2017 회계감사보고

2016년 예산액은 12,400,000원, 결산액은 9,851,080원, 잔액은 623,337원입니다.
어려운 여건에서도 사업을 진행시켜 온 임원들과 모든 회원에게 수고하셨다는 말씀을 드립니다.

영성강좌와 작은교회박람회— 종교간대화에 편성된 예산은 작지만, 생명평화기독연대의 정체성이 담긴 주요 부문이기에 새로운 해에는 실행되기를 바랍니다.

감사드립니다.
회계감사 윤인 중 목사

--------- 원본 메일 ---------
> **보낸사람**: 이광민 <kms21njce@naver.com>
> **받는사람**: 윤인중 <saebyuky0@hanmail.net>
> **날짜**: 2017년 1월 10일 화요일, 14시 02분 25초 +0900
> **제목**: 생명평화기독연대 13차 정기총회 감사보고 관련 자료입니다.

▦ 안건 2 — 2016년 사업 및 결산 심의

○ 사업 평가

1. 조직

1.1. 운영위원회

1) 12차 총회 인선 결과

· 공동대표: 윤인중 목사 사임, 이상선 목사 선임

· 신임 운영위원: 김성만, 김상회, 맹완재, 조형찬, 황치빈 위원 위촉

· 전체 운영위원: 김성만, 김상회, 김종철, 맹완재, 박찬대, 이세구, 이진권, 조형찬, 황치빈
(당연직: 김영호, 김형기, 이상선, 정세일, 이광민)

2) 신학위원회, 평화위원회 없이 활동함

3) 메신저를 통해 조직 및 운영위원 활동을 공유함

4) 11월 운영위원회는 진행하지 못함

회차	날짜	주요 결정사항	참석
12차 총회	1/7	2016년 사업계획 및 예산 심의, 확정	18명
117차	2/14	120차 포럼 계획, 기독교 바로보기 강좌 추진	5명
118차	3/15	초선 대표 운영위원장 선임, 5·3항쟁 조직위원 참가	10명
119차	4/17	행동의 날: 4월(세월호), 5월(5·3항쟁) 연대활동 지정	9명
120차	5/15	동암역 서명전 연대참여 결의, 실무자 사임 안	6명
121차	6/2	8월 MT 논의, 125차 포럼 논의	6명
122차	7/15	생명평화 교양강좌 사업보고, 행동의 날 논의	10명
상반기 평가	8/28	상반기 활동 평가 및 하반기 계획 건	16명
124차	9/18	송도SE 관련 안, 교양강좌 2기 보고	10명
125차	10/16	재정 마련 안, 128차 포럼 논의	10명
126차	12/16	총회준비 위원회, 생명평화예배 준비 논의	7명

1.2. 사무국

사무국장이 공동대표 및 운영위원회와 협의하며 사무국을 운영함.

인천시민사회단체연대와 공동으로 사무실을 사용함.

실무자(이광민) 임기를 13차 총회까지로 함.

1.3. 회원, 후원회원, 후원교회

— 재적 회원: 83명(후원회원 50명, 일반회원 33명), 포럼 관심자 38명
— 비영리민간단체 등록을 목표로 회원을 100명까지 확대하기로 함.
— 기독교의 주요 절기를 회원들과 함께 보낼 수 있는 프로그램을 지속적으로 구상 회원의 참여와 후원 확대 방안으로 청년 세대와의 만남을 지속적으로 가져갈 장을 모색해 나아가기로 함.
— 후원교회: 인천교회, 새결교회
  · 에큐메니컬 전 교단을 대상으로 단체 후원을 확대 및 독려하기로 함.

1.4. 생명평화 노래모임

생평 월례모임 30분 전부터 노래모임을 통해 회원 간의 사귐을 가짐.

2. 교육, 훈련 구조

2.1. 생명평화 월례포럼

2016 생명평화 월례포럼은 사회적 공감(특히 청년층에 대한)을 넓히기 위해 주제를 다각화하기로 함. 상반기에는 1) 총선, 2) 영성, 3) 종교개혁을 주제로 계획됨. 2~4월 포럼은 보수주의(근본주의)에 관한 종교·정치·사회학적 탐구의 자리였으며, 5월 포럼은 총선을 분석하고 평가하는 자리로 마련함. 본래 6~7월은 영성을 주제로 진행하려 하였으나 시의성을 고려하여 6월(성소수자), 7월(위험사회)를 주제로 진행함. 9월 포럼은 송도 SE 청소 노동자 사망사고를 두고 탈북인의 인권을 주제로 진행하였으며, 10, 11월은 기독인과 정치를 주제로 연속 강의를 열었음. 12월 포럼도 시의성을 고려하여 주제를 선정함.

회차	날짜	주요 결정사항	참석
120차	2/4	한국사회 극우주의와 개신교 김진호 목사(제3시대그리스도교연구소)	23명
121차	3/3	배제된 자들의 민주주의 - 박근혜는 어디서 왔는가 문부식 편집장(말과 활)	22명
122차	4/8	가난한 사람들은 왜 부자를 위해 투표하나 홍세화(장발장은행장)	47명
123차	5/6	기독교인으로서 이 땅에서 정치하기 박찬대 의원(연수 갑 국회의원)	23명
124차	6/2	성소수자에 대한 기독교적 이해 임보라 목사(섬돌향린교회)	29명
125차	7/7	여성적 관점에서 위험사회를 성찰하다 최순양 교수(이화여대)	21명
126차	9/1	탈북이주민의 현황과 인권 신영욱 목사(예사랑선교회)	16명
127차	10/6	기독인에게 정치란 무엇인가 박상훈 학교장(정치발전소)	12명
128차	11/3	기독인에게 민주주의란 무엇인가 박상훈 학교장(정치발전소)	20명
129차	12/1	영세교 최태민을 파헤친다 허호익 교수(대전신대)	21명

— 운영위원회에서 주제 및 강사를 정하였음.

— 진행은 강의(발제) 후 순환식 대화(질의응답)

— 발제자 총합으로 진행함.

— 122차 포럼은 123차 인천시민사회포럼과 연합하여 진행함.

<121차 포럼>, <122차 포럼>

<123차 포럼>, <124차 포럼>

<125차 포럼>, <126차 포럼>

<127차 포럼>, <128차 포럼>

<129차 포럼>

2.2 생명평화 교양강좌

1) 사업목적: 평신도, 청년층 사고의 각성과 회원 확대
2) 신년개설: 전·후반기 각 1기씩 개설
3) 실행예산: 100만원 (자료비+간식비+강사비)
4) 참석인원: 20명(예상)

제1기 (2016년 상반기) 강좌

강사: 김형기 공동대표

주제: 문화사적인 관점에서 바라보는 기독교

날짜	차시	주제	참석
4/17	1강	전쟁이 정의로울 수 있는가?	9명
4/24	2강	사람은 영적 존재인가?	10명
5/1	3강	고대문화는 비기독교적인가?	12명
5/8	4강	철학은 어떻게 기독교의 언어가 되었는가?	9명
5/15	5강	르네상스와 종교개혁	6명
5/22	6강	과학정신은 기독교에 반대되는가?	6명

5/29	7강	정치와 종교는 분리되어야 하는가?	7명
6/5	8강	자본주의는 기독교의 산물인가?	7명
6/12	9강	세상은 종말로 끝날 것인가?	5명
6/26	10강	판타지 문화는 종교적인가?	6명

— 회원 확대와 참여도 측면 두 부분에서 만족스럽지는 못했지만 좋은 시도였다고 자평
— 알찬 내용에 반해 홍보의 한계가 있었음. 차기 강좌는 교회 단위와 연결하여 진행
— 장소와 시간을 조정하여 다양하게 참여할 수 있는 여건을 마련하기로 함.

3. 사업

3.1. 행동의 날

현안을 중심으로 직접활동을 진행함. 주로 동암역 북광장에서 세월호 참사 진상규명/국정교과서 폐지/위안부 졸속협약 무효 관련 활동(서명전)에 연대참여하였음.

⇒ 적극적으로 진행하지 못했음.

⇒ 조직이 가진 동원력이나 독자적 내용을 구성하는 것이 어려우나 시민연대에 활동을 적극 제안하고, 이웃 단체 활동에 활발하게 연대하고 지원할 필요성이 있음.

회차	날짜	주요 결정사항	참석
73차	3/27	고난받는 이웃과 함께하는 부활절 인천 연합예배	개별참석
74차	4/29	인천 5.3민주항쟁 심포지엄	개별참석
75차	5/18	세월호 진상규명/국정교과서 폐지/위안부 협약무효 서명전	4명
76차	6/13	세월호 진상규명/국정교과서 폐지/위안부 협약무효 서명전	9명
77차	6/20	세월호 진상규명/국정교과서 폐지/위안부 협약무효 서명전	5명
78차	8/12	인천 평화의 소녀상 건립 홍보/모금전	2명
79차	9/18	유가족과 함께하는 안산 세월호 기도회	10명

굴욕적인
'위안부' 합의는
무효입니다
서명운동

국정교과서
국민갈등 조장하는
교과서 국정화
당장 철회하라!!
국민갈등 조장하는
교과서 국정화
당장 철회하라!!
하나의 역사만을 강요하는
국정교과서
하나의 역사만을 강요하는
국정교과서

인천에
평화의 소녀상
건립을!

3.2. 인천지역 에큐메니칼 연합사업

지역 안에서 많은 사람이 참여할 수 있도록 종교개혁주일에 맞추어 작은 교회 박람회를 실행하기로 하였으나 진행하지 못함(고난받는 이웃과 함께하는 인천 연합예배위원회, 감리교사회연대, 인천민교, 목정평에 제안).

3.3. 홍보사업

– 생평 활동자료를 온/오프라인에서 아카이빙하는 방법을 개발하고, 시행하는 것을 목표로 함.
– 다음 카페에 자료를 집적하고 관리한다. (facebook, kakao, youtube)
– 지역 언론과 결합하여 보도기사를 낸다.
– 메일과 문자메시지, SNS 등의 채널을 활용하여 활동 소식을 알린다.

3.4. 생명평화포럼 자료집

100차 포럼에 맞춰 포럼 자료집을 내려 했으나 미뤄지게 되어, 포럼 결과자료를 모아 자료집을 출간하기로 제안하였으나 진행사항 없었음.

4. 연대

4.1. 전국
– 기독교사회선교연대회의에 연대단체로 참여

4.2. 지역
– 인천시민사회단체연대에 회원단체로 참여
– 고난함께 인천연합예배위 참여 (부활절 연합예배, 성탄절 연합예배)
5.3 인천민주항쟁 조직위원 참여, 가톨릭성모병원 정상화 참여, 핵없는그리스도인연대 연대

단체, 인천평화의소녀상 건립운동 참여, 송도SE 청소노동자 김성구님 진상규명 건 참여, 세월호 유가족과 함께 드리는 예배 참여, 인천민족민주노동열사 합동추모제 연대단체 참여, 박근혜퇴진 기독교운동본부 가입단체

5. 결산 보고

— 차기 이월금(2017): 623,337원
— 예산 적합성 평가

[수입부]			
분류항목	예산	금년 누계	비고
이월금	83,845	83,845	
전기이월금	83,845	83,845	2015 이월금
회비	11,300,000	7,610,000	
회비수입	10,400,000	7,250,000	회원회비
참가회비	900,000	360,000	교양강좌, 하계수련
후원금	3,000,000	2,980,000	
교회후원	2,500,000	1,530,000	인천교회, 새결교회
특별후원	500,000	1,450,000	유동우(30), 박찬대(15), 정세일(30) 황치빈(20), 김형기(50)
기타	16,155	572	
결산이자	1,155	572	
기타	15,000	-	
수입부 합계	14,400,000	10,674,417	

[지출부]

분류항목	예산	금년 누계	비고
활동비	3,900,000	3,200,000	
활동비	3,900,000	3,200,000	실무자 지급
사무비	1,200,000	756,340	
통신비	100,000	-	
사무실 유지비	600,000	600,000	(5만 * 12개월)
웹진운영비	100,000	-	
기타사무비	50,000	11,500	은행수수료 등
비품구입비	150,000	2,850	봉투 구입
CMS유지비	200,000	141,990	CMS 수수료
조직사업비	5,100,000	4,794,740	
포럼	2,000,000	1,781,600	강사료, 식대, 다과료
행동의 날	300,000	52,990	안산 세월호 분향소
교양강좌	1,000,000	921,200	강사료, 강의자료, 다과료
영성강좌	200,000	-	
조직운영비	300,000	485,600	포럼/운영위원회 후속모임
홍보비	300,000	627,070	달력발송, 공동대표 명함제작, 포스터 제작
수련회	300,000	591,680	상반기 평가 및 하반기 계획
회의비	300,000	174,300	12차 정기총회 진행비
경조비	400,000	160,300	박찬대 위원 격려방문, 박형규 목사님 화환, 황치빈 위원 부친상 조의금
연대사업비	1,800,000	1,300,000	
시민연대	600,000	600,000	(5만 * 12개월)
기사련	120,000	120,000	(1만 * 12개월)
연대활동비	480,000	580,000	5.3항쟁 조직위원(5), 가톨릭성모병원(5), 핵그련(10), 인천평화의소녀상(3), 송도SE(10), 세월호(10), 인천민족민주노동열사 합동추모(5), 박근혜퇴진 기독교비상시국회의(10)
작은교회박람회	300,000	-	
종교간 대화	300,000	-	
예비비	400,000	-	
예비비	400,000	-	
지출계	14,400,000	10,051,080	
이월 잔액	-	623,337	
총액	-	10,674,417	

▦ 안건 3 — 2017년 사업 및 예산계획 심의

1. 주요 사업 기조

2016년에는 10차례의 생명평화포럼을 통해 '기독교인의 사회적 책임'에 대한 지역사회의 공감을, <기독교 바로보기> 강좌를 통해 평신도와 가까워지는 계기와 고유사업의 가능성을 만들었습니다. 2017년에는 개별 교회들과 평신도들이 쉽게 참여할 수 있도록 조직 구성을 다지고, 사회적 공감을 넓히는 주제의 포럼과 평신도를 위한 교양강좌를 병행하고자 합니다. 그리고 생평예배를 추진하여 회원 간 친교를 다짐과 동시에 넓은 의미에서 새로운 교회의 역할을 생각해 보고, 생명평화기행을 통해 평화의 감수성을 길러보고자 합니다. 또한 그간 시의성을 고려한 직접행동(행동의 날)이 소홀했던 점을 상기하며 적극적으로 진행하려 합니다.

2. 사업계획

2.1. 조직

2.1.1. 위원회

① 운영위원회를 매월 진행한다. (일정 문제로 참석이 저조할 경우 일정 재확정)

② 2주차 일요일 저녁 6시, 시민연대 사무실

2.1.2. 사무국

① 사무국 실무와 관련한 사항: 이광민 사무국장의 사임으로 인해 2017년도 실무역량의 재고가 절실함에 따라 운영위원회에서는 현 운영위원장과 운영위원(김형기 공동대표, 김성만 위원)이 협력하여 실무를 수행하기로 논의한 바, 이에 사업 및 회원 전반에 관한 실무를 운영위원회와 논의하여 공동으로 운영하기로 함.

② 사무국 공간 운영에 관한 사항: 인천시민사회단체연대 사무실에 2년간 사무국을 설치하여 운영한 바, 2017년도 사무국의 운영에 대한 현실적인 상황은 물론 재정적인 조건을 고려

사무국 공간의 설치에 대한 재고를 제안하기로 함.

2.1.3. 회원 및 후원회원, 후원교회

① 연말까지 생평 재적 회원 100명을 목표로 가입을 권유한다(현재 83명).

② 후원회원과의 소통을 통해 안정적인 후원 규모를 확보한다.

③ 후원교회: 인천, 새결(평화, 나섬, 새봄, 초원)

④ 후원교회를 에큐메니컬 전 교단을 대상으로 하여 후원을 확대·독려한다(생평 회원교회 대상).

⑤ 운영위원단이 후원교회 일정 중 예배에 1번씩 참석한다.

2.1.4. 생명평화 노래모임

생평 월례 모임 30분 전부터 노래모임을 통해 포럼 준비와 회원 간의 사귐을 갖는다.

2.2. 교육, 훈련사업

2.2.1. 생명평화 월례포럼

2017년 포럼은 대선을 축으로 한 '한국사회 진단과 대안'이라는 주제를 가지고 진행한다.

세부주제로는 정당과 정책 속에 스며들어 있는 기독교사회주의, 대선, 종교개혁 500주년을 가지고 준비한다. 시기별로 시의성 있게 주제를 배치하기로 하며, 기획과 진행은 운영위원회에 위임한다.

1) 포럼 일시 및 장소

일시: 매월 첫 번째 목요일, 오후 7시 30분

장소: 기장 인천교회

2) 기타

* 포럼 영상을 찍고, 포럼 내용을 자료화한다.

* 생명평화포럼 자료집을 발간한다.

2.2.2. 생명평화 교양강좌

1) 사업목적: 사고의 각성과 회원 확대 (특히 청년층과 평신도)
2) 신년개설: 1기
3) 실행예산: 60만원 (도서자료비+다과비+강사료)
4) 참석인원: 20명 (희망인원)

제2기 (2017년 상반기) 강좌

주제: 문학 속의 기독교

강좌: 8강

내용: 문학 작품을 함께 읽고, 작품 속에 드러난 기독교성과 오늘날의 시사하는 바가 무엇인지 함께 나눈다.

3. 사업

3.1. 행동의 날

① 운영위에서 월 1회 연대행사를 정하여 집중하고 나누며 친교하는 시간을 가진다.
② 기독교 절기 때 사회적 이슈를 중점으로 예식을 통해 시민과 함께 행동한다. (재의 수요일, 사순절, 탈핵주일, 부활주일, 고난주간, 성금요일, 5.18민주화운동 기념주일, 8.15평화통일주일, 생명밥상주일, 종교개혁주일, 대림절)
③ 지속적으로 이웃 단체와의 연대행동에 적극 결합한다.
④ 세월호 참사에 대한 응답의 필요성이 대두되는 상황에서 특별법, 또는 진상규명까지 잊지 않기 위한 실천적 행동 또는 캠페인을 만들어간다. 특히 일상 속에서 할 수 있는 것을 구상한다. (4:16분 1616 기도운동, 매월 16일 기도문 전송)

3.2. 생명평화기행

생명과 평화를 주제로 한 회원 기행/워크숍을 진행한다. 6월 또는 7월(7/27 전후) 가족과 함께하는 평화기행으로 기획하며, 준비 및 진행은 운영위원회에 위임한다.

3.3. 인천지역 에큐메니칼 연합사업

지역 안에서 많은 사람이 참여할 수 있도록 종교개혁주일에 맞추어 작은 교회 박람회를 실행한다. (고난받는 이웃과 함께하는 인천 연합예배위원회, 감리교사회연대, 인천민교, 목정평에 제안하여 함께 진행한다. 생평은 단체 혹은 단체 예배를 개교회 단위로 보고 참여한다.)

3.4. 홍보사업

① 생평 활동자료를 온/오프라인에서 아카이빙하는 방법을 개발하고, 시행하는 것을 목표로 한다. (온라인: 다음 카페), (오프라인: 생평 사무실)
② 지난 온라인 매체(카페, SNS, 홈페이지)자료를 정리하고 관리한다.
③ SNS를 중심으로 활동을 정리한다.
④ 지역 언론과 결합하여 보도기사를 낸다.
⑤ 문자메시지와 웹진으로 소식을 알린다.

3.5. 회원 제안사업

개별 교회 청년회에서 할 수 없는, 또는 교회가 청년에게 채워주지 못하는 부분들을 할 수 있도록 생평이 장을 여는 사업을 구상하여 사업에 반영한다. 운영위원회에서 지속적으로 상의 및 논의한다.

3.6. 생명평화기독연대 회원 예배 제안(2017)

○ 목적

생명평화기독연대의 신앙적 연대 그리고 신앙고백 및 실천

— 회원들의 신앙고백을 다짐하는 예배

— 회원들이 함께하는 감사와 헌신의 예배

— 회원들의 친교와 나눔을 이루는 예배

— 특별한 일정(교회력을 전제)을 기념하는 예배

— 지역사회에서 생평신앙공동체의 정체성과 진정성을 세움

— 이후 생평에서의 공동예배를 정례화

○ 내용

— 특별한 일정(교회절기와 시대적 상황을 반영)에 따른 예배를 정한다.

— 회원들 모두가 참여하는 공동체 예배이다.

— 성찬식과 공동기도, 특별찬양, 감사헌금을 한다.

— 평신도(회원들 중. 목회자는 최소한의 역할)가 중심이 되는 예배를 구성한다.

— 이후 생평에서의 공동예배를 정례화(가정: 월 1회)를 한다.

○ 예배명

'생평의례'(가안)

○ 일정

* 운영위원회(가정: 예배위원회 구성)에서 구체적으로 설계

가안 1) 3월 5일: 사순절 첫째 주일

2) 6월 4일: 성령강림주일

3) 종교개혁기념 예배

4) 12월 3일: 대림절 예배 등

— 부활주일예배와 성탄절예배는 개 교회의 전통적인 일정과 현재 지역사회에서의 연합예배를 고려하여 일정화하지 않음.

— 예전은 당 예배의 의미와 준비에 따라 적절하게 고려

4. 연대

① 기독교 사회선교 연대회의(기사련)에 연대단체로 참여한다.

② 인천 시민사회단체연대에 회원단체로 참여한다.

③ 동암역 세월호 진상규명 서명운동을 포함해 지역 시민단체와 연대한다.

④ 고난받는 이웃과 함께하는 인천 연합예배위에 참여한다.

⑤ 종교간 대화에 적극 참여한다.

5. 2017년도 예산 계획

□ 2017년 예산(안)

*** 수입부 (2017.1.1 ~ 2017.12.31)**

분류항목	2016년 예산	2016년 결산	2017년 예산	결산대비 예산비율
이월금	83,845	83,845	623,337	-
전기이월금	83,845	83,845	623,337	-
회비	11,300,000	7,610,000	10,000,000	131%
CMS 회원회비	10,400,000	7,250,000	9,600,000	132%
참가회비	900,000	360,000	400,000	111%
후원금	3,000,000	2,980,000	3,000,000	108%
교회후원	2,500,000	1,530,000	2,500,000	163%
특별후원	500,000	1,450,000	500,000	40%
기타	16,155	572	376,663	-
결산이자	1,155	572	6,663	-
기타	15,000	-	370,000	-
수입부합계	14,400,000	10,674,417	14,000,000	134%

*** 지출부 (2016.1.1 ~ 2016.12.31.)**

분류항목	2016 예산	2016 결산	2017 예산	결산대비 예산비율
활동비	3,900,000	3,200,000	3,900,000	-
활동비	3,900,000	3,200,000	3,900,000	-
사무비	1,200,000	756,340	1,100,000	145%
통신비	100,000	-	-	-
사무실 유지비	600,000	600,000	600,000	100%
웹진운영비	100,000	-	100,000	-
기타사무비	50,000	11,500	50,000	-
비품구입비	150,000	2,850	150,000	-
CMS유지비	200,000	141,990	200,000	141%
조직사업비	5,100,000	4,794,740	4,700,000	102%
포럼	2,000,000	1,781,600	2,000,000	112%
행동의 날	300,000	52,990	300,000	566%
교양강좌	1,000,000	921,200	600,000	83%
생명평화기행	200,000	-	200,000	-
생평예배	300,000	-	300,000	-
조직운영비	300,000	485,600	200,000	41%
홍보비	300,000	627,070	200,000	31%
수련회	300,000	591,680	200,000	34%
회의비	300,000	174,300	300,000	172%
경조비	400,000	160,300	400,000	250%
연대사업비	1,800,000	1,300,000	1,600,000	123%
시민연대	600,000	600,000	600,000	100%
기사련	120,000	120,000	120,000	100%
연대활동비	480,000	580,000	580,000	100%
작은교회 박람회	300,000	-	300,000	-
종교간 대화	300,000	-	-	-
예비비	400,000	-	2,700,000	675%
예비비	400,000	-	2,700,000	675%
총액	14,400,000	10,051,080	14,000,000	142%
이월 잔액	-	623,337		
총액	-	10,674,417		

▦ 안건 4 - 기타 안건

4.1. 현재 상황에서 2017년도 생명평화기독연대의 사업과 활동에 관한 방향을 생각한다

— 정세일 공동대표

4.2. 상임위원단 관련 회칙 개정 논의

12차 총회에서 논의된 내용 중 의논하게 된 사항을 보고합니다.

아래 내용은 운영위원회에 붙여서 논의할 예정입니다.

① 임기가 끝난 위원(공동대표, 운영위원, 감사, 실무자)이 생평과 연결고리가 끊기지 않도록 역대 위원들을 통합하여 상임위원단을 만든다.

② 공동대표, 운영위원, 임기를 2년 단임(3회까지 연임)으로 정하되, 1~3년 단위로 순번을 나누어 매년 역할을 나누어 가며 운영한다. 감사는 임기만 정한다.

③ 초선 대표는 운영위원장을 맡는다. (2년에 한번 변경)

④ 이에 따른 회칙 개정을 논의한다.

⑤ 회원을 정규회원 / 후원회원 / 협동회원 / 가입회원 / 참가회원으로 구분

회원구분	가입신청	회비납부	활동참가
① 정규회원	○	○	○
② 후원회원	○	○	×
③ 협동회원	○	×	○
④ 가입회원	○	×	×
⑤ 참가회원	×	×	○

현재 정규회원(26명), 후원회원(27명), 협동회원(7명), 가입회원(23명), 참가회원(38명)

<생평 회원명부>

NO	이름	연락처	이메일	소속	회원구분
1	강병수			전 시의원	회원*
2	강은숙			국어교사	회원*
3	강태욱			운동초심	회원*
4	김경호				회원*
5	김광성			인도소풍 경영	회원*
6	김광오			인천교회 담임목사	회원*
7	김상목			소성교회 목사	회원*
8	김상회			ingbook 대표	회원*
9	김성기			푸른생협 상무	회원*
10	김성만			대우자동차 노동조합	회원*
11	김영수			갈산사회복지관장	회원*
12	김영준			인천교회 장로	회원*
13	김영호			공동대표	회원*
14	김재용			변호사	회원*
15	김정범			의사, 인천인의협	회원*
16	김정환				회원*
17	김종철			운영위원	회원*
18	김종필			노동자(노선문전회원)	회원*
19	김태인			인천녹소연 전대표	회원*
20	김형기			공동대표	회원*
21	맹완재			남구 학산마을센터	회원*
22	박경란			교사, 평화교회교우	회원*
23	박종렬			고문	회원*
24	박찬대			운영위원	회원*
25	백영민			목사	회원*
26	안태용			전노선문총무, 귀농	회원*
27	우재인			인천교회 집사	회원*
28	원용진			새봄교회 교우	회원*
29	윤미경			도서출판 다인아트	회원*
30	윤인중			공동대표	회원*
31	이강희			평화교회 교우	회원*
32	이광민			생평 실무자	회원*
33	이망기			새봄교회 교우	회원*
34	이민우			고문	회원*
35	이상선			운영위원	회원*
36	이세구			운영위원	회원*
37	이영희			자활 실무자	회원*
38	이은주				회원*
39	이재병			시의원	회원*
40	이진권			운영위원	회원*
41	이혜진				회원*
42	임병구			인천교육연구소 소장	회원*

43	임희영			유촌교회 담임	회원*
44	장남덕			평화교회 교우	회원*
45	전병화			교사, 나섬교회	회원*
46	정다혜			대학원생	회원*
47	정세국			장로, 인천EYC 동지	회원*
48	정세일			공동대표	회원*
49	정한식			예본교회 목사	회원*
50	정형서			새안의원 원장	회원*
51	조성일			YMCA부장	회원*
52	조형찬			인천교회 집사	회원*
53	황치빈				회원*
54	강경태				회원
55	강은영				회원
56	곽경전			부평시민모임	회원
57	김상곤				회원
58	김승희			목사	회원
59	김영철			한국기독교문제연구소	회원
60	김옥순			주부	회원
61	김정택			고문	회원
62	김혜선				회원
63	류재성			인천목정평 대표	회원
64	석일			나섬교회 담임	회원
65	손인배			동인교회	회원
66	송숙자				회원
67	송하경			사회복지사	회원
68	유동우				회원
69	이승용			나섬교회 집사	회원
70	이우재			온고재 대표	회원
71	이재춘			Y 간사	회원
72	이종철			초대 사무국장	회원
73	이준모			해인교회 목사	회원
74	전용철				회원
75	정재원				회원
76	조경숙			공익조합동행사무국장	회원
77	조정현			기사련(생선연)	회원
78	차성수			YMCA시민중계실	회원
79	최경희			새봄지역아동센터	회원
80	최광식			시인	회원
81	최성엽			인천교회 장로	회원
82	최재성			인천 녹소연 상임이사	회원
83	최정임			인천시민연대	회원
84	강건일			행동하는 시민모임	포럼참석
85	강재석			인권센터	포럼참석

86	김은신			쑥골도서관	포럼참석
87	문병인			고용복지나눔협동조합	포럼참석
88	박미라				포럼참석
89	서미영				포럼참석
90	송일수				포럼참석
91	심자섭				포럼참석
92	오이봉			해인교회	포럼참석
93	옥효정			노사모	포럼참석
94	원미정				포럼참석
95	윤경순				포럼참석
96	이상림				포럼참석
97	이성수				포럼참석
98	이세영				포럼참석
99	이영오				포럼참석
100	이종민				포럼참석
101	이총각				포럼참석
102	이택규			지평교회 담임	포럼참석
103	이하선				포럼참석
104	이하준			새봄교회	포럼참석
105	이희정				포럼참석
106	장중엽				포럼참석
107	전미경				포럼참석
108	조성혜			인권센터	포럼참석
109	조옥화				포럼참석
110	김문경			푸른나무심리센터 대표	포럼참석
111	최정주				포럼참석
112	신세미			인천교회 집사	포럼참석
113	이도희				포럼참석
114	황용원			인천교회 부목사	포럼참석
115	주명애				포럼참석
116	최광석				포럼참석
117	권창식			시민연대	포럼참석
118	권해형				포럼참석
119	김길성				포럼참석
120	김승기				포럼참석
121	양재로				교양강좌

제14차 정기총회(2018년)

14차 정기총회

일시: 2018년 1월 11일(목) 오후 7시 30분

장소: 인천교회(한국기독교장로회)

제14차 정기총회

□ 1부: 개회예배 생평 성례

□ 2부: 정기총회

□ 의장선출

□ 성원보고

□ 개회선언

□ 회의록 서기 선출

□ 회순통과

□ 전차 회의록 낭독

□ 임원선출

공동대표

운영위원

□ 안건심의

안건 1. 감사보고

안건 2. 회칙 개정

안건 3. 2017년 사업 및 결산 보고

안건 4. 2018년 사업 및 예산 계획

안건 5. 기타 안건

□ 회의록 채택

□ 폐회선언

□ 폐회기도

□ 1부: 개회예배

생평 성례

사회: 김성만 운영위원

○ 입례

○ 기도: 김영호 장로(공동대표)

○ 성서봉독

마태복음 5장 1절~12절

1. 예수께서 무리를 보시고 산에 올라가 앉으시니 제자들이 나아온지라
2. 입을 열어 가르쳐 이르시되
3. 심령이 가난한 자는 복이 있나니 천국이 그들의 것임이요
4. 애통하는 자는 복이 있나니 그들이 위로를 받을 것임이요
5. 온유한 자는 복이 있나니 그들이 땅을 기업으로 받을 것임이요
6. 의에 주리고 목마른 자는 복이 있나니 그들이 배부를 것임이요
7. 긍휼히 여기는 자는 복이 있나니 그들이 긍휼히 여김을 받을 것임이요
8. 마음이 청결한 자는 복이 있나니 그들이 하나님을 볼 것임이요
9. 화평하게 하는 자는 복이 있나니 그들이 하나님의 아들이라 일컬음을 받을 것임이요
10. 의를 위하여 박해를 받는 자는 복이 있나니 천국이 그들의 것임이라
11. 나로 말미암아 너희를 욕하고 박해하고 거짓으로 너희를 거슬러 모든 악한말을 할 때에는 너희에게 복이 있나니
12. 기뻐하고 즐거워하라 너희 전에 있던 선지자들도 이같이 박해하였느니라

○ 함께하는 찬양

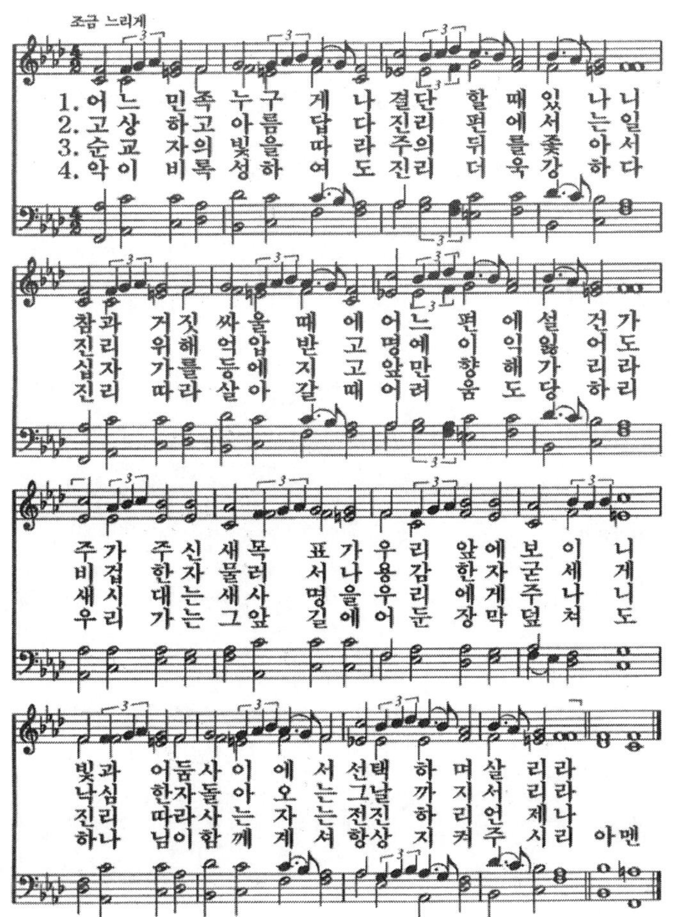

○ 복음선포

이진권 목사(새봄교회. 운영위원)

“거룩한 축복”

○ 성찬식

집례: 김구 목사(공동대표)

성만찬으로의 초대

집례자: 사랑하는 회원 여러분!

2018년 생명평화기독연대 정기총회를 맞아, 새로운 다짐을 원하는 모두가 지금 주님의 거룩한 성찬에 함께 모였습니다. 주님께서 이 자리를 베푸시는 것은 우리에게 영원한 생명의 양식을 주시려는 것입니다. 주님을 믿고 뜻을 따라, 삶의 처음시작과 마지막까지 주님의 은혜 가운데 인도되기를 소망하기에 이 식탁에 모두 함께 참여하고자 합니다. 주님께서 우리 모두를 부르심을 믿습니다.

회원: 우리를 새로운 은혜의 자리에 불러주신 성부, 성자, 성령, 우리 주 하나님께 감사를 드립니다. 아멘!

집례자: 생명과 평화의 주님! 당신의 형상을 닮은 저희로 하여금 교회의 삶 속에서 이 땅을 지키고 주님의 평화를 온누리에 전하게 하셨나이다. 거룩하신 준님, 이제부터 저희 로 하여금 주님의 사랑으로 생명을 이루고 공의로 평화를 지켜가야 하는 부르심에 다시 또 응답하도록 인도하여 주옵소서.

회원: 새롭게 하시는 주님! 이제 역사하여 주시옵소서. 주님만이 저희를 새롭게 하실 수 있사오니 은혜와 능력으로 새롭게 하여 주시옵소서.

집례자: 주님! 교회의 머리이신 예수 그리스도의 신비로운 조화의 능력이 여기 모두에게 임 하여 주시어서 새로운 변화와 다짐이 풍성하게 하시옵소서.

회원: 그리스도 안에서 저희를 만드시고 새롭게 하시는 주님, 주님의 구원과 은총에 영광과 감사를 드리나이다. 아멘.

성령임재의 기원

집례자: 죄와 죽음에서 저희를 구원하신 예수 그리스도 우리의 주님!

주님의 명령과 약속을 따라 이 식탁을 마련하였사오니 성령께서 임재하여 주셔서, 그리하여 감사의 식탁이 성별 되게 하시고, 이 떡과 포도주가 곧 그리스도의 몸과 피가 되게 하시옵소서.

회원: 성령이시여, 오시옵소서!

집례자: 저희가 그리스도의 몸과 피에 참여할 때에 주님의 생명과 평화가 여러분과 함께

회원: 목사님에게도 함께 하시기를 빕니다. 아멘!

제정사

집례자: 예수께서 잡히시던 날 밤에 떡을 손에 드시고 감사의 기도를 드리신 다음에 떡을 떼시어 제자들에게 주시며 말씀하셨습니다. "자, 받아먹어라. 이것은 너희를 위하여 주는 몸이니 나를 기억하여 이 예를 행하여라."

회원: 주님! 주의 몸을 따라 항상 사랑으로 응답하게 하옵소서.

집례자: 또 식후에 잔을 드시고 감사의 기도를 드리신 후 "자, 받아 마셔라. 이것은 너희의 죄를 용서하고 너희를 위하여 흘린 내 피로 맺은 새 계약의 잔이니 마실 때마다 나를 기억하여 이 예를 행하여라" 하고 말씀하셨습니다.

회원: 주님! 그리스도의 피가 항상 저희에게 가득해 서로 섬기는 공동체가 되게 하옵소서.

분병례

집례자: (떡을 들고) 이것은 우리를 위해 주신 그리스도의 몸입니다.

회원: 아멘!

집례자: (잔을 들고) 이것은 우리를 위해 흘리신 그리스도의 피입니다.

회원: 아멘!

성찬에의 참여

감사 기도

다같이: 구원의 주님! 이 성찬을 통하여 저희의 삶을 기쁨으로 충만하게 하시고 주의 나라에서 있을 잔치를 미리 나누게 하심을 감사드리나이다. 또한 생평의 새로운 시작을 주님의 은총과 성령의 임재 속에서 출발하게 하시니 감사를 드리나이다. 이제 우리 모두가 아름다운 주님의 일꾼이 되어 세상의 등불이 되게 하시고 소금이 되게 하옵소서. 이 일을 위해 생평의 모두가 성령에 붙잡힌 새 일꾼으로 힘찬 발걸음을 내딛도록 역사 하시옵소서. 예수 그리스도의 이름으로 기도 드리나이다. 아멘.

마침

○ **함께하는 찬양**

○ **축도**

□ 2부: 정기총회

□ **의장 선출**

□ **성원보고**

○ 회원 총원: 생평회원 47명(2017년도 말 확인)

○ 회칙에 '성원'에 관한 별도의 규정은 없습니다.

□ **개회선언**

□ **회의록 서기 선출**

□ **회순통과**

□ 전차 회의록 낭독

생명평화기독연대 제13차 정기총회 회의록

일시: 2017년 1월 12일 (목) 오후 7시 35분 ~ 8시 30분
장소: (기장)인천교회

1. 정세일 공동대표의 기도로 정기총회를 시작하다.

2. 의장선출에 들어가 김형기 공동대표를 제13차 정기총회 의장에 만장일치로 선출하다.

3. 의장이 성원보고를 요청하여, 사무국장이 회원 53인(회비납부) 중 14인의 참석하였으며, 본 연대 회칙 상 총회 의결정족수에 대한 규정이 없으므로 현 인원으로 성원이 된 것으로 보고하다.

4. 의장이 오후 7시 45분에 제13차 정기총회 개회를 선언하다.

5. 회의록 서기 선출에 들어가, 이광민 사무국장을 회의록 서기에 만장일치로 선출하다.

6. 회순통과에 들어가, 총회자료집의 회순대로 통과하기를 김영호 회원의 동의와 정세일 회원의 재청으로 개의 없으므로 참석회원 전원이 '예'로 답하여 회순을 통과하다.

7. 전차 회의록 낭독에 들어가, 총회 자료집에 수록된 문안대로 받기로 김영호 회원의 동의와 윤인중 회원의 재청으로 개의 없으므로 참석회원 전원이 '예'로 답하여 전차 회의록을 받기로 가결하다.

8. 회칙 심의는 상정된 사항이 없으므로 심의 없이 통과하다.

9. 안건심의에 들어가, 의장이 '안건 1. 감사보고'의 건을 상정하고, 윤인중 감사의 감사보고를 받다.

10. 의장이 '안건 2. 2016년 사업 및 결산 보고'의 건을 상정하고, 사무국장이 사업 내용을 간략하게 설명한 후, 후원교회 항목에 "평화교회"를 넣기로 하고 참석회원 전원이 '예'로 답하여 통과시키다.

11. 의장이 '안건 3. 2017년 사업계획 및 예산 계획'의 건을 상정하고, 이상선 운영 위원장이 2017년도 사업기조와 항목별 사업계획을 설명한 후 사업에 대한 논의에 들어가, (1) '생명평화 월례포럼의 주제 설정'은 우리 연대의 기독교적 정체성과 정치사회성을 유지하는 합리성을 띤 방향으로 나가기로 하자는 제언과 (2) '행동의 날' 사업에 대해서는 기독교사회운동으로서 사회적 현안을 성서적이고 기독교적인 언어로 소구할 수 있도록 추구하며, 또한 교회 단위와 함께 실행에 옮길 수 있도록 노력하자는 제언을 받아들여 추진하기로 하며, 사업계획을 참석회원 전원이 '예'로 답함으로써 만장일치로 통과하다.

12. 의장이 '안건 4. 기타안건'의 순서를 바꾸어 2호 안건 '상임위원단 구성'에 관한 건을 상정하고 논의에 들어가 이미 전차 총회 때부터 제안되었던 사안이므로 운영위원회에서 충분히 논의하고 준비하여 제14차 인선총회에서 적용하기로 하다.

13. 의장이 '안건 4. 기타안건' 1호 '2017년도 생평평화기독연대의 사업과 활동에 관한 방향'을 상정하고, 정세일 공동대표의 기독교사회운동 정체성을 확립에 관한 제안을 듣고, 2017년 사업을 추진하기로 하다.

14. 기타 긴급 안건으로, 정세일 회원의 발의로 '이광민 회원의 운영위원 승인에 관한 안'을 상정하고, 이광민 전 사무국장을 운영위원으로 선출하기로 참석회원의 만장일치로 가결하다.

15. 의장이 회의록 채택에 관한 건을 상정하니, 운영위원회에 맡기자는 다수 회원의 동의와

재청에 따라 채택 후 서면보고하기로 결의하다.

16. 의장이 오후 8시 30분에 폐회를 선언하고, 박종렬 고문의 기도로 제13차 정기총회를 마치다.

□ 임원선출

○ 2018년 총회준비위원회의 임원선출과 관련한 상정 안

1. 공동대표 선출에 관한 안
   현재 공동대표를 유임하기로 함.
   정세일 김영호 김구 이상선(운영위원장 겸임)

2. 운영위원 선출에 관한 안
   신임 운영위원은 선출하지 않기로 함.
   운영위원 중에서 김상회 위원, 박찬대 위원, 이광민 위원은 사임,
   김성만 김종철 맹완재 이세구 이진권 조형찬 황치민 위원은 유임

□ 안건심의

▦ 안건 1: 감사보고

생명평화기독연대 2017년도 감사보고를 드립니다.

수입지출 내역은 잘 정리되어 있습니다.

수입총액 10,012,387원, 지출 총액 7,079,960원 잔액 2,932,427원입니다.

어려운 살림살이에도 불구하고 흑자재정을 이룬 것은 회원들의 성실한 회비 납부와 임원들의 알뜰한 살림살이 덕분입니다.

그럼에도 아쉬움은 있습니다. 예산액 14,000,000원 대비 70% 정도의 수입규모로는 원활한 사업수행이 어렵기 때문입니다.

2018년 새해 회원들의 적극적인 참여로 생평재정이 더욱 튼실하여지고, 지역사회 속에서 제몫을 감당하는 생명평화기독연대이기를 기원합니다.

2018년 1월 7일

감사 윤인중

▦ 안건 2: 회칙 개정

2018년 총회준비위원회 개정(수정)안

1. 제1장 총칙 1조(명칭)

   약칭 '기독연대' ☞ '생평기연'으로 한다.

2. 제2장 회원 4조(자격)

   목적에 동의하는 '기독인'으로 ☞ 목적에 동의하는 '깨어 있는 시민'으로 한다.

3. 제3장 총회 9조(소집)

   매년 '1월' 공동대표 ☞ 매년 '1월에' 공동대표

4. 제4장 조직 13조(운영위원회)

   ☞ 13조(운영위원회) 조직의 원활한 운영을 위해 운영위원회를 둔다

   현 3항을 4항으로 4항을 5항으로 변경하고 2항의 내용 중 3항으로 분리한다.

   ☞ 3. 위원장: 회의의 원활한 운영을 위해 운영위원장을 호선으로 선출한다.

   5항을 7항으로 변경하고, 6항(의결)을 신설한다.

   ☞ 6. 의결: 참석인원 과반수의 찬성으로 결정한다.

▦ 안건 3: 2017년 사업 및 결산 보고

1. 사업보고

1) 정기포럼

2017년 정기포럼 사업기조: 2017년은 종교개혁 500년을 맞는 의미를 전제, 생평포럼을 기획함께 있어 '개혁'이라는 시대적 신앙적 요청을 바탕으로 한국사회의 다양한 분야의 '개혁'을 논의하는 기획포럼을 계획.

일자	주제	강사	참석인원	장소
2/2 (130차)	기본소득제와 경제민주화	금민 소장 (정치경제연구소)	36명	인천교회
3/2 (131차)	적폐청산 개혁 어떻게?	김민웅 교수 (경희대)	38명	부평 아트센터
4/6 (132차)	언론개혁	손석춘 교수 (성공회대)	48명	부평 아트센터
5/11 (133차)	재벌개혁	김진방 교수	38명	부평 아트센터
6/1 (134차)	안보와 평화	서보혁 교수	30명	부평 아트센터
7/6 (135차)	문재인정부의 복지정책	홍성대 박사 (국정자문위원)	37명	부평 아트센터
9/7 (136차)	사회변혁운동으로서 종교개혁	이승무 박사 (순환경재연구소)	28명	부평 아트센터
10/19 (137차)	유럽의 국제정치와 독일의 종교개혁	이승무 박사 (순환경제연구소)	11명	부평 아트센터
11/9 (138차)	종교개혁과 동학혁명	정관영 교수 (루터대)	28명	부평 아트센터
12/21 (139차)	우리는 과연 중국을 얼마나 제대로 알고 있는가?	우수근 교수 (상해 동화대학교)	30명	부평 아트센터

2) 운영위원회

일자	참석인원	주요안건
1/22 (128차)	6명	2017년 사업기조
2/12 (129차)	6명	생평포럼 주제
3/5 (130차)	8명	생평포럼 개혁연속시리즈
4/2 (131차)	7명	생평성례 세월호추모
5/7 (132차)	7명	교양강좌 문학, 성경을 해석하다
6/11 (133차)	6명	여름수련회
7/2 (134차)	7명	생평포럼 개혁시리즈 하반기계획
8/6 (135차)	7명	여름수련회
9/3 (136차)	7명 (위임포함)	생평포럼 계혁시리즈 하반기진행
10/15 (137차)	7명 (위임포함)	총회준비위원회
11/5 (138차)	8명 (위임포함)	12월 포럼과 관련하여
12/10 (139차)	6명 (위임포함)	총회준비

3) 회원활동

(1) 생평성례

일자: 4월 16일(일) 오후 7시　　일정: 추모예배 / 성찬식

주제: "세월호 진실의 부활을 소망한다"　　참석: 11명

(2) 여름수련회

일자: 8월 25일(금)~26일(토)　　장소: 계양산 입구 영배움막

일정: 상반기 평가 및 하반기 계획 / 둘레길 등반

참석 인원: 12명

(3) 생평평화순례

일자: 6월 6일　　　　　　　　장소: 한강하구길 순례

일정: 순례 후 식사 및 친교나눔　　참석 인원: 11명

(4) 생명평화 교양강좌 2기

상반기: “문학, 성경을 해석하다”

— 일정: 5월 14일부터 5주 / — 장소: 풍성한교회

하반기: 고전어입문특강

— 일정: 10월 14일부터 4주 / — 장소: 인천교회

(5) 행동의 날

인천촛불집회: 2월 16일

박근혜 탄핵촉구 및 적폐청산 광화문집회

성주평화발걸음: 4월 8일

5.18 광주민주화운동 기념 참배: 5월 13일

소성리 사드배치 반대 투쟁 참석

세월호 참배와 팽목항 4.16 순례길 걷기: 7월 5일

울산 원전건설 반대 투쟁 참석

4.16연대와 목포신항 참배(세월호 인양 후)

광화문 촛불시민혁명 1주년 기념대회 참석

인천시민연대 주관 거리서명 및 캠페인 등 참석

4) 연대활동

인천시민사회단체연대 총회 참석: 2월 23일

고난받는 이웃과 함께하는 인천연합예배 부활절예배: 4월 16일

인천기독교공명선거 네트워트 발족 및 기자회견: 4월 18일

인천시민의힘 토론회 / 19대 대선평가: 7월 3일

탈핵희망 인천도보순례: 7월 7일

평화협정운동인천본부 창립총회와 출범식: 7월 26일

교육적폐청산 토론회: 9월 26일

인천민주화운동센터 조례개정 촉구 기자회견 및 1인 시위 참석

중학교 전학년 무상급식 촉구 기자회견 참석

신고리 5.6호기 백지화 촉구 통시다발 캠페인: 10월 13일

인천민족민주열사 희생자 합동추모제: 10월 17일

종교인평화음악회: 11월 12일

인천의 시민사회단체 등 후원행사

2. 회원보고

회원 47명

수입부			
분류항목	2017년 예산안	2017년 누계	비고
이월금	623,337	623,337	
전기이월금	623,337	623,337	2016년 이월금
회비	10,000,000	7,084,450	
회원수입	9,600,000	6,974,450	회원회비
참가회비	400,000	110,000	하계수련회
후원금	3,000,000	2,250,100	
교회후원	2,500,000	1,580,000	인천교회,새결교회,나섬교회
특별후원	500,000	517,100	사무국장 전별금 지원, 김승희 목사 후원회, 송년후원금
생평 성례		153,000	생평성례
기타	376,663	54,500	
결산이자	6,663	4,500	
기타	370,000	50,000	
수입부 합계	14,000,000	10,012,387	

3. 결산보고: 2017년 수입 및 지출 결산

1) 2017년도 수입부

2) 2017년도 지출부

지출부			
분류항목	2017년 지출안	2017년 누계	비고
활동비	3,900,000	501,000	사무국장 전별금
활동비		501,000	
사무비	1,100,000	113,200	
통신비		-	
사무실유지비	600,000	-	
웹진운영비	100,000	-	
기타사무비	50,000	105,300	
비품구입비	150,000	7,900	
CMS 유지비	200,000	-	
조직사업비	4,700,000	5,101,760	
포럼	2,000,000	3,432,920	2017년 10회포럼사용비용 (강사비, 간식비, 포럼 사용료)
행동의날	300,000	20,000	
교양강좌	600,000	356,000	상반기, 하반기 교양강좌
생평평화기행	200,000	200,000	생평 순례길 기행
생평예배	300,000	106,400	
조직운영비	200,000	-	
홍보비	200,000	-	
수련회	200,000	442,000	생평수련회
회의비	300,000	284,440	
경조비	400,000	260,000	
연대사업비	1,600,000	1,100,000	
시민연대	600,000	700,000	
기사련	120,000	-	
연대활동비	580,000	400,000	부활절예배, 세월호4.15인천 친환경무상급식, 강제징용노동자상 건립, 인천 민주화운동 계승
작은교회 박람회	300,000	-	
종교간 대화		-	
예비비	2,700,000	264,000	기독교 환경운동연대 2017년 생태달력 (생평출판사 유지비)
예비비	2,700,000	264,000	
		-	
총액	14,000,000	7,079,960	

4. 총회준비위원회 보고

2018년 총회준비위원회 구성		2017년 11월 운영위원회에서 김형기. 맹완재. 김영호 이상선. 조형찬. 김성만
구분/참석	일자/장소	활 동 내 용
1차 회의 (5명 참석)	11월 24일(금) 오후 7시 / 소천	조직개편(안)과 인선(안) 회칙 개정(안)
2차 회의 (4명 참석)	12월 4일(목) 오후 7시 / 소천	2017년 사업 및 결산 보고 2018년 사업 및 예산 계획

▦ 안건 4: 2018년 사업 및 예산 계획

1. 사업계획

1) 정기월례포럼

2018년도 6월로 예정된 지방선거의 일정국면과 관련하여, 인천지역사회에서의 생평에 대한 기대와 역할을 전제 포럼의 주제와 방향을 선정함에 있어 상반기와 하반기를 구분하여 그 계획을 실행하고자 합니다.

상반기: 지방선거를 준비하는 시민사회단체와 회원들이 함께 공감하고 준비해야 할 과제의 방향을 포럼 주제로 선정.

하반기: 2017년도 대선과 2018년도 지방선거를 통해 변화된 상황과 지역에서의 보다 실천적인 사회선교의 지평을 찾고 참여하고자 하는 노력의 관점에서 생평비전의 방향을 위한 연구와 토론 과제를 포럼주제로 선정

2) 회원활동

가) 생평성례: 2018년의 생평성례는 2017년의 실천경험을 바탕으로 상반기와 하반기에 1회씩 두 번의 생평성례를 계획하고자 합니다.

— 상반기: 4월 / 부활주일과 4.16 세월호 추모일 사이

— 하반기: 10월 / 추수감사주일 전

나) 행동의 날: 지역사회가 함께 선정하고 참여하는 활동과 행사에 운영위원회에서 논의하여 함께 참여한다.

다) 여름수련회 / 회원의 날: 8월 중 계획하여 실행

라) 생명평화기행(순례): 생명과 평화를 주제로 한 회원 기행(워크숍)을 진행한다. 6월 중 가족과 함께하는 참여활동으로 기획한다.

3) 연대활동

: 2017년도 연대활동 기조와 다름없이 함께 한다.

가) 기독교사회선교연대회의에 연대단체로 참여한다.

나) 인천시민사회단체연대에 회원단체로 참여한다.

다) 고난받는 이웃과 함께하는 인천연합예배위에 참여한다.

— 2017년 하반기 활동을 전제, 2018년도 고난받는 이웃과 함께하는 연합예배 준비위에 적극적인 관심을 갖고 연합예배의 계획과 구성에 생평의 역할을 다하고자 한다.

라) 종교간 대화에 적극 참여하다.

마) 2018년도 지방선거와 관련한 시민사회에서 구성되는 단체의 활동을 운영위원회에서 논의하여 참여한다.

4) 기타활동

지역사회에서 요청하는 사업과 활동과 관련하여 운영위원회에서 논의하여 그 활동을 정한다.

2. 예산계획(안)

생략함

□ **회의록 채택**

□ **폐회선언**

□ **폐회기도: 맡은이**

❑ 생명평화기독연대 회칙(개정안 포함)

* 붉은색 밑줄 친 글자**가 개정안의 개정사항임.**

제1장 총칙

1조(명칭) 이 모임은 '생명평화기독연대'(약칭 생평기연)라 한다.

영문명은 Christian Solidarity for Peace and Life(약칭 CSPL)으로 한다.

2조(사무실) 이 모임의 사무실은 인천광역시에 둔다.

3조(목적) 이 모임은 생명과 평화로 이끄시는 예수님의 뒤를 따라 지역사회에서 평화, 통일, 환경, 복지운동을 실천하는 것을 목적으로 한다.

제2장 회원

4조(자격) 회원의 자격은 모임의 목적에 동의하는 깨어있는 시민으로 한다.

5조(가입) 소정의 절차에 따라 가입한다.

6조(권리와 의무) 회원은 본 모임의 의사결정, 행사에 참여할 수 있고, 선거권과 피선거권을 가지며, 회칙을 준수하고 정해진 회비를 납부해야 한다.

제3장 총회

7조(총회) 총회는 이 모임의 최고의사 결정기구이며, 정기총회와 임시총회로 구분한다.

8조(총회의 의결사항) 총회는 다음 각 항의 사항을 심의, 의결한다.

1. 회칙의 제정, 개정.
2. 사업결산과 재정결산.
3. 사업계획과 예산.
4. 공동대표, 감사 선출.

5. 기타 중요하다고 인정되는 사항.

9조(소집) 정기총회는 매년 1월에 공동대표의 명의로 소집한다.

10조(의결) 참석회원 과반수의 찬성으로 결정한다.

11조(임시총회) 임시총회는 운영위원회의 결의 또는 15인 이상 회원의 요청이 있을 때 소집한다.

제4장 조직

12조(공동대표) 1. 공동대표는 이 모임을 대표하며, 5인 이내로 하고, 임기는 2년으로 연임할 수 있다.

2. 공동대표 중 1인을 호선하여 상임대표로 둘 수 있다.

13조(운영위원회) 조직의 원활한 운영을 위해 운영위원회를 둔다.

1. 지위: 운영위원회는 총회의 위임을 받은 이 모임의 상설 의결기구이다.
2. 구성: 운영위원회는 당연직 운영위원(공동대표, 각 위원장, 사무국장)과 공동대표에 의해서 인준된 자 등으로 구성하며 15인 이내로 한다.
3. 위원장: 회의의 원활한 운영을 위해 운영위원장을 호선으로 선출한다.
4. 임기: 운영위원 임기는 2년이며 연임할 수 있다.
5. 회의: 월 1회 개최하며, 공동대표 및 위원 1/3 이상의 요구 시 임시회의를 소집 할 수 있다.
6. 의결: 참석인원 과반수의 찬성으로 결정한다.
7. 권한과 의결사항, 운영위원회의 권한과 의결사항은 아래와 같다.
   가. 총회의 위임사항.
   나. 내규의 제정과 개정.
   다. 각 위원장 및 사무국장의 선임.
   라. 특별위원회 구성.
   마. 총회에 부의할 안건 채택.
   바. 상근활동가 임면.
   사. 기타 운영에 관한 사항.

14조(위원회) 이 모임의 원활한 사업수행을 하기 위하여 위원회를 둘 수 있다.

15조(감사) 감사는 사업과 재정을 감사하며 2명으로 하고, 임기는 2년으로 연임할 수 있다

16조(사무국) 사업의 원만한 수행을 위하여 사무국을 두며, 사무국에는 사무국장과 약간 명의 직원을 둘 수 있다.

17조(고문 및 자문위원)

1. 고문: 교회와 지역사회의 원로 중에서 약간 명의 고문을 위촉할 수 있다.
2. 자문위원: 정책 자문을 구하기 위해 자문위원을 위촉할 수 있다.

제5장 재정과 회계연도

18조(회계년도) 회계연도는 매년 1월 1일부터 12월 31일까지로 한다.

19조(재정) 이 모임의 재정은 회원회비, 특별회비, 후원회비, 사업수입금, 기타수입으로 한다.

제6장 보칙

20조(준용) 회칙에 명시되지 않은 사항은 일반 관례에 따른다.

부칙

1조(효력) 이 회칙은 총회를 통과한 날로부터 효력을 발생한다.

2조(개정) 이 회칙은 총회에서 운영위원회, 또는 회원 10인 이상의 발의와 참석자 2/3이상의 찬성으로 개정할 수 있다.

제정: 2004년 10월 10일

개정: 2005년 1월 27일

개정: 2010년 1월 28일

개정: 2011년 1월 13일

개정: 2018년 1월 11일

생명평화포럼

제15차 정기총회

"생명, 평화와 함께"

일시: 2019년 1월 10일(목) 오후 7시

장소: 인천 동암 민들레협동조합

▣ 정기총회 "생명, 평화와 함께" 순서

▩ 1부: 정기총회

□ 의장선출

□ 성원보고

□ 개회선언

□ 회의록 서기 선출

□ 회순통과

□ 전차 회의록 낭독

□ 안건심의

안건 1. 감사보고

안건 2. 2018년 사업 및 결산 보고

안건 3. 2019년 사업 및 예산 계획

안건 4. 비영리민간단체 신청

안건 5. 자문위원회 구성 안

안건 6. 운영위원 선출 안

안건 7. 기타안건

□ 회의록 채택

□ 폐회선언

▩ 2부: '회원의 날'

□ 저녁식사 및 친교

□ 문화행사

□ 선물 증정 및 행운권 추첨

▦ 1부: 정기총회

□ 의장선출

□ 성원보고

안건 의결을 위한 참여회원 수 확인

□ 개회선언

□ 회의록 서기 선출

* 총회 참여 운영위원 중 의장이 호명하고 동의와 제청

□ 회순통과

□ 전차회의록 낭독

생명평화포럼 제14차 정기총회 회의록

* 일시: 2018년 1월 11일(목) 19시 30분~21시 00분
* 장소: 인천교회

1. 14차 정기총회를 1부 '인사나눔'을 시작하다.
(19시 30분 ~ 20시)

2. 2부 정기총회를 20시 10분에 시작하다.

3. 의장선출에 이상선 총회준비위원장을 선출해 회의를 진행하다.

4. 성원보고에 생평회원 47명(2017년 말)중 13명의 참석하였으며, 본 생명평화포럼 회칙에 '성원'에 관한 별도의 규정이 없음을 확인하고, 현 인원으로 성원이 된 것으로 보고하다.

5. 의장이 20시 25분에 제14차 정기총회 개회를 선언하다.

6. 회의록 서기 선출에 조형찬 회원을 만장일치로 선출하다.

7. 회순통과에 들어가, 총회자료집의 회순대로 통과하기를 정세일 회원의 동의와 김영호 회원의 재청을 받아 참석 회원에게 가부를 물어 '가'로 답하니 회순을 통과하다.

8. 의장이 전차 회의록 낭독에 들어가, 총회 자료집에 수록된 문안대로 받기를 정세일 회원의 동의와 이진권 회원의 재청을 받아 참석 회원에게 가부를 물어 '가'로 답하니 전차 회의록을 원안대로 받기로 하다.

9. 임원 선출에 들어가, 2018년 총회준비위원회(이하 '총준위')의 임원 선출과 관련된 상정안을 의장이 설명하고, 공동대표에 김구, 정세일, 김영호, 이상선(운영위원장 겸임)을 선출하다.

단, 김구 공동대표의 개인 사정에 따라서 2018년까지 대표직을 맡고, 15차 정기총회에서 후임을 세우도록 하다.

운영위원 선출에 관해서는 현재 운영위원 중에 김상회, 박찬대, 이광민 위원은 사임하고, 김성만, 김종철, 맹완재, 이세구, 이진권, 조형찬, 황치빈 위원은 유임하며, 이화규 회원을 신임 운영위원으로 정세일 대표가 추천하여 만장일치로 통과하다. 감사는 윤인중, 백영민 회원을 유임하다. 2018년을 맞아 임원들이 더욱 열심히 일할 것을 다짐하며 회원들에게 인사하다.

10. 안건 심의에 들어가, 의장이 '안건 1. 감사보고'의 건을 상정하고, 윤인중 감사 부재로 인해 김성만 운영위원이 대독하여 감사보고를 받다.

11. 의장이 '안건 2. 회칙 개정'의 건을 상정하고, 2018년 총준위 안을 설명한 후, 제2장 회원 4조(자격)에 개정안 '깨어 있는 시민'을, 정세일 공동대표의 '시민'을 갖고 논의하여 '시민'으로 개정하기로 만장일치로 통과하다.

나머지 개정안은 원안대로 통과하기를 정세일 공동대표의 동의와 이진권 운영위원의 재청으로 참석 회원에게 가부를 물어 '가'로 답하니 만장일치로 회칙을 개정하다.

12. 의장이 '안건 3. 2017년 사업 및 결산보고'의 건을 상정하고, 의장이

1) 사업보고 – (1) 정기포럼 (2) 운영위원회 (3) 회원활동 (4) 연대활동을 설명한 후에, (1) 정기포럼에 '김진방(인하대 교수), 서보혁(서울대 교수)'로 수정하고, 3) 회원 활동 – 라) '생명평화 교양강좌'로 수정하여 원안대로 받기로 하다.

2) 의장이 회원 보고에 2017년 말 기준으로 47명으로 보고하고,

3) 결산보고를 김성만 운영위원이 총회 자료집에 근거하여 2017년 수입(10,012,387원), 지출(7,079,960원)을 보고하여 정세일 공동대표의 동의와 김구 공동대표의 재청을 받아, 참석 회원에게 가부를 물어 '가'로 답하니 원안대로 2017년 사업 및 결산보고를 받아 통과하다.

4) 의장이 2018년 총준위 구성과 활동을 보고하다.

13. 의장이 '안건 4. 2018년 사업 및 예산 계획'의 건을 상정하고, 의장이 1) 사업보고 - (1) 정기 월례포럼 (2) 회원 활동 (3) 연대 활동 4) 기타 활동을 설명한 후에, 정세일 공동대표의 정기포럼에 대한 제안 – '인천지역사회에 생명, 생태, 평화, 정의 활동을 하는 단체와 같이 포럼을 진행하자'는 의견 반영하고, 회원 활동에 '한강하구에 배 띄우기를 생명평화 기행과 같이 하자'는 의견을 반영하여 2018년 사업계획안을 통과하다.

(2) 2018년 예산 계획(안) – 수입(11,300,000원)을 김성만 운영위원이 설명한 후에, 김영호 공동대표의 수정안 'CMS 회원수입 50만원에 증액한 700만원과 후원금 70만원을 증액한 235만원으로 하여 총 수입 예산 12,500,000원'을 예산안으로 하고, 지출 계획안은 운영위원회에 위임하는 것으로 하여, 이세구 운영위원의 동의와 황치빈 운영위원의 재청을 받아 참석 회원에게 가부를 물어 '가'로 답하니'안건 4. 2018년 사업 및 예산계획'을 수정하여 통과하다.

14. 의장이 회의록 채택에 관한 건을 상정하니, 운영위원회에 위임하자는 다수 회원의 동의와 재청에 따라 채택 후 서면보고 받기로 하다.

15. 의장이 21시에 폐회선언을 하고, 정세일 공동대표의 기도로 제14차 정기총회를 마치다.

□ 안건 심의

▦ 안건 1. 감사보고 안

감사 보고

감사: 윤인중

2018년 생명평화포럼의 살림살이를 알뜰하게 운영해 오신 분들께 먼저 감사 인사를 드립니다. 수고 많이 하셨습니다.

1. 전년도 마찬가지로 흑자 재정이 된 점은 잘되었습니다만, 활동비를 지출하지 않고 아낀 만큼 아주 높은 평가를 할 수는 없겠습니다. 그럼에도 운영위원들의 헌신과 봉사는 아름다운 일입니다.

2. 실무자가 없으면 재정 상태가 건전하지만, 실무자가 없기에 사업과 조직확장이 어려운 모순은 어찌해야 할 지 판단하기 어려운 점입니다. 총회에서 깊은 논의가 있기를 바랍니다.

3. 민족 평화와 번영의 시대를 맞이하는 생명평화포럼의 활력이 넘치는 사업과 활동이 더욱 기대되는 2019년입니다.

▦ 안건 2. 2018년 사업 및 결산 보고 안

1. 사업 보고

1) 운영위원회

차수	날짜	참석(위임 포함)	주요 논의사항
140차	2월 4일	6명	운영위원 임원에 대한 제안 안
141차	3월 4일	6명	2018년도 포럼 기획에 총회안
142차	4월 1일	7명	포럼 강사 선정에 관한 사항
143차	5월 6일	10명	연합행사 평가 (4.3 추모문화제 / 5.3민주항쟁계승대회 등)
144차	6월 3일	8명	생평순례
145차	7월 8일	8명	여름수련회 / 7.27평화의 배띄우기
146차	8월 5일	8명	여름수련회
147차	9월 2일	8명	하반기 포럼기획
148차	10월 7일	7명	총회준비(총회준비위원회 구성)
149차	11월 4일	9명	총회준비위원회 보고 및 요청사항
150차	12월 2일	6명	정기총회 일정 및 준비

2) 포럼

차수	날짜	주제	강사	참석
140차	2월 8일	북한핵과 한반도 평화체제 전망	장철운 교수 경남대 극동문제연구소	19명
141차	3월 8일	감(減)폭력의 정치와 평화의 신학	이찬수 교수 서울대/종교평화학	22명
142차	4월 5일	록밴드 U2, 노래 속의 평화	윤영훈 교수(성결대)	23명
143차	5월 10일	신자유주의와 평화	박숭인 교수(협성대)	20명
144차	6월 7일	함석헌의 평화운동과 평화담론	이호제 교수(성균관대)	16명
145차	7월 5일	평화를 배반한 종교	김정준 교수(성공회대)	30명
146차	9월 6일	내가 본 북한의 종교 현황	최재영 박사 (한국기독교역사연구소)	32명
147차	10월 4일	한상렬 목사와 함께하는	한상렬 목사	32명

		통일과 평화 이야기	(전주 고백교회 원로목사)	
148차	11월 8일	주체사상과 그리스도교	정대일 박사 (기사연 통일위원장)	29명
149차	12월 6일	분단을 넘어 평화체제로	이삼열 이사장 (대화문화아카데미)	31명

3) 회원 행사 및 연대활동

● 회원 행사

① 생명평화순례

— 6월 23일(토) / 한강하구 생명평화순례 / 회원 8명 참석

— "평화를 품고 북녘땅을 바라보다" / 강화 연미정~장후리~철산리

② 여름수련회

— 8월 24일~25일(1박 2일) / 가평 초록빛펜션 / 회원 13명 참석

● 주요 연대활동

① 인천참언론시민연합 창립대회 및 기념 강연회: 2월 1일

② '고난받는 이웃과 함께하는 인천연합예배': 4월 1일

③ 제주 4.3 70주년 인천분향소 추모문화제: 4월 3일

④ 5.3 민주항쟁 32주년 계승대회: 5월 3일

⑤ 6.13지방선거 승리 시민사회 힘 모으기 후원 행사: 5월 19일

⑥ '7.27 평화의 배 띄우기': 7월 27일

⑦ 인천시민평화통일한마당: 8월 5일

⑧ 작은교회한마당: 9월, 10월 행사

⑨ 인천시민사회단체연대 후원의 밤: 9월 12일

⑩ 인천평화축제콘서트: 9월 16일

⑪ 인천시민사회사회단체연대 평화 기행: 11월 5일~8일

⑫ 한반도평화순례: 11월 21일~22일

● **사업 평가**

— 2018년도는 포럼을 중심으로 생평의 활동이 이루어짐. 때문에 생평의 2018년도 사업과 관련, 포럼에 대한 관심과 참여에 있어서 일정 안정화는 물론, 인천지역사회에서 여타 단체들이 포럼을 다양하게 진행하는 주요한 전환점의 계기가 됨. 다만, 시대적 상황에 따른 문제의식과 이슈를 선점해야 하는 기획이 더욱 절실함을 공감. 또한, 생평의 사업이 포럼중심이 되다 보니 '행동의 날' 등 회원이 실제 활동하는 사업이 미흡해지는 아쉬움이 있음.

2. 결산보고

1) 수입

분류항목	2018년 예산안		2018년 누계		비고
이월금	2,932,427	2,932,427	2,932,427		
전기이월금	-			2,932,427	2017년 전기 이월금
회비	7,200,000		6,125,560		
CMS 회원회비		7,000,000		5,900,560	회원회비
참가회비		200,000		225,000	하계 수련회비
후원금	2,350,000		1,920,000		
교회후원		1,500,000		1,920,000	인천,교회, 새결교회, 나섬교회
특별후원		700,000		-	
생평 성례		150,000		-	
기타	17,573	17,573	5,000		
결산이자		5,000		5,000	이자
기타		12,573		-	
수입부 합계	12,500,000		10,982,987		

2) 지출

지출부			
분류항목	2018년 지출 예산안	2018년 지출 누계	비고
운영비	5,100,000	27,000	
실무 활동비	3,900,000	-	
사무비	100,000	27,000	
통신비		-	
사무실유지비	600,000	-	
웹진운영비	100,000	-	
기타사무비	50,000	-	
비품구입비	150,000	-	
CMS 유지비	200,000	-	
조직사업비	5,100,000	5,426,830	
포럼	3,000,000	3,507,780	2018년 10회포럼
행동의날	300,000	-	
교양강좌	200,000	-	
생평평화기행	300,000	157,200	
생평예배	100,000	-	
조직운영비	200,000	-	
홍보비	-	-	
수련회	200,000	744,350	
회의비	300,000	667,500	
경조비	500,000	350,000	
연대사업비	1,800,000	1,850,500	
시민연대	600,000	1,000,000	
기사련	120,000	-	
연대활동비	580,000	700,000	인천 촛불 교육감 추진인천민주화기념관 5월3일 민주항쟁인천시민 평화, 박형규 출판 기념 인천 민족 민주 노동 열사 추모제 평화 배띄우기 행사 지원금
작은교회 박람회	300,000	100,000	
종교간 대화	200,000	50,500	
예비비	500,000	332,360	
예비비	500,000	332,360	
		-	
총액	12,500,000	7,636,690	

▦ 안건 3. 2019년 사업 및 예산안

1. 사업안

1) 정기 월례포럼

— 주제를 고민하고 선정함에 있어 더욱 다양한 문제의식과 생평 정체성에 따른 지향적 과제를 연구해야 할 것이며, 포럼 형식 또한 현재까지의 강의식 방법에서 대화식 방법의 보완이 필요하다는 의견이 있음.

— 특히 2019년 초 150차 포럼을 기점으로 하는 시기이며 더욱 3.1운동 100주년을 맞는 해이므로 그 의미를 전제하여 기획하기로 함.

2) 회원 활동

— 2018년도 사업계획 중 미비하였던 '회원 활동'에 관한 계획을 활성화하는 방향으로 사업계획을 기획하기로 함.

— 관련하여 기존의 계획인 '여름수련회', '생평순례', '행동의 날'은 지속적으로 계획하고, 특별히 회원들의 만남과 친교를 활성화하기 위한 〈기행 이벤트〉를 기획하기로 함.

— 〈기행 이벤트〉는 프로젝트 방식으로 기획하며, 참여 예상 회원들의 일정 기간 꾸준한 동의와 기금 마련으로 진행하는 방식으로 하기로 함. 내용으로는 2019년도 가을 '금강산 여행' 등 시대적 상황과 환경을 고려하여 다수가 공감하고 참여할 수 있는 방향에서 그 내용을 정하기로 함.

3) '후원의 밤' 행사 개최

— '후원의 날' 행사를 통해 회원 및 인천지역 관련 단체 회원들의 친목 및 재정 마련

— 일정은 적정한 의미의 날을 선정하여 그 일정으로 정하는 것으로 함.
— 형식은 식사 및 친교 그리고 문화행사 등을 준비하여 진행하도록 함.

4) 연대활동

— 2018년도 연대활동 기조와 다름 없이 함께한다.

2. 예산안

1) 수입

2019년 예산안		
이월금		
전기이월금	3,346,297	
회비	6,200,000	
CMS 회원회비		6,000,000
참가회비		200,000
후원금	1,920,000	
교회후원		1,920,000
특별후원		
생평 성례		
기타		
결산이자		
기타	33,703	
수입부 합계	11,500,000	

2) 지출

2019년 예산안				
		2018년 예산	2018년 결산	2019년 예산
운영비		5,100,000	27,000	1,600,000
	실무활동비	3,900,000		1,200,000
	사무비	100,000	27,000	100,000
	통신비	-	-	-
	사무실유지비	600,000	-	-
	웹진운영비	100,000	-	-
	기타사무비	50,000	-	100,000
	비품구입비	150,000	-	100,000
	CMS유지비	200,000	-	100,000
조직사업비		3,800,000	5,426,830	7,500,000
	포럼	2,000,000	3,507,780	4,200,000
	행동의날	300,000	-	200,000
	교양강좌	200,000	-	200,000
	생평순례	300,000	157,200	200,000
	조직운영비	200,000	-	100,000
	생평기행	-	-	500,000
	홍보비	100,000	-	100,000
	수련회	200,000	744,350	800,000
	회의비	300,000	667,500	700,000
	경조비	200,000	350,000	500,000
연대사업비		1,500,000	1,850,500	1,820,000

	시민연대	300,000	1,000,000	800,000
	기사련	120,000	-	120,000
	연대활동비	580,000	700,000	600,000
	연대단체 후원 행사	300,000	100,000	200,000
	지역단체대화	200,000	50,500	100,000
예비비	887,427	887,427	332,360	580,000
	예비비	887,427	332,,360	580,000
총액		11,287,427원	7,636,690원	11,500,000원

▦ 안건 4. 비영리민간단체 신청 안

● **총회준비위원회 안**

— 생평의 변화와 발전을 위해 '비영리민간단체' 등록을 준비하여 2019년에 인천시에 그 신청을 진행한다.

— 준비를 위해 회원 확대에 운영위원들이 적극적으로 관심을 갖고 노력한다.

▦ 안건 5. 자문위원회 구성안

1. 조직 발전을 위한 제안 사항: 자문위원회 구성

총회준비위원회 논의

— 김구 공동대표와의 면담을 통해 그동안 꾸준하게 제기해 온 '상임위원제'에 대한 보완과 조정을 통해 '자문위원회 구성안'을 제안하고자 함.

— 생평의 초기부터 꾸준하게 생평에 대한 관심을 지키고 참여해 온 회원들을 중심으로

생평회칙 제4조 17조(고문 및 자문위원)에 따라 구성하여 일정의 역할과 그 의미를 부여하여 이후로도 생평의 사업과 활동에 지속적인 관심을 유지토록 하고자 함.

— 제안하는 '자문위원회'는 '조직적 기구'로써 일정의 권한을 실제로 작동하는 개념이 아니라, 회원 중에서 선임된 자문위원회를 통해 생평의 참여와 활동의 발전을 위한 실재적인 가능성을 마련하고자 하는 의미.

총회준비위원회 제안안

— 회칙 〈제4장 조직〉의 17조(고문 및 자문위원)에 따라 2019년도에는 생평의 조직 발전을 위해 자문위원을 선임할 것을 제안함. 선임과 관련한 세부사항은 다음과 같이 정함.

- 자문위원은 운영위원회에서 선임한다.
- 자문위원은 회원 중, 전임 임원(공동대표, 운영위원, 감사 등) 및 생평 창립 초기부터 생평 활동에 지속적인 관심과 참여를 해 온 회원 중에서 선임한다.
- 자문위원회는 자문과 참여를 통해 생평의 사업과 발전을 지원한다.

▦ 안건 6. 운영위원 선출안

— 총회준비위원회 제안안: 윤현수 회원을 신임 운영위원으로 선출할 것을 제안

▦ 안건 7. 기타 안건

(1) 생평포럼 150차 기획

— 2019년은 3.1운동 100주년을 맞는 기념 해이며, 2월의 생평 정기월례포럼은 150차를 맞는다. 이에 150차 정기포럼은 150차라는 특별한 일정과 3.1운동 100주년이라는 의미를 전제 그에 따른 특별한 기획을 준비하고자 한다.

— 주제 및 프로그램: 운영위원회에 위임.

(2) 4.27 DMZ 평화손잡기 참여

☐ 회의록 채택

☐ 폐회선언

생명평화기독연대 제15차 정기총회 회의록

일시: 2019년 1월 10일(목) 19시 00분 ~ 21시 00분

장소: 인천 동암 바보주막

1. 15차 정기총회를 19시 10분에 이상선 운영위원장의 진행으로 시작하다.

2. 의장선출에 들어가, 정세일 공동대표를 정기총회 의장으로 선출하다.

3. 성원보고에 생평회원 18명, 비회원 3명이 참석하였으며, 본 생명평화기독연대 회칙에 '성원'에 관한 별도의 규정이 없음을 확인하고, 현 인원으로 성원이 된 것으로 보고하다.

4. 의장이 19시 13분에 제15차 정기총회 개회를 선언하다.

5. 회의록 서기에 조형찬 운영위원을 만장일치로 선출하다.

6. 회순 통과에 들어가, 총회자료집의 회순대로 통과하기를 동의와 재청을 받아 참석 회원에게 가부를 물어 '가'로 답하여 회순을 통과하다.

7. 의장이 전차 회의록 낭독에 들어가, 총회 자료집에 수록된 문안대로 받기를 동의와 재청을 받아 참석 회원에게 가부를 물어 '가'로 답하여 전차 회의록을 원안대로 받기로 하다.
단, 중요 사항에 관해서(임원선출과 회칙 개정안) 이상선 운영위원장이 부연 설명하다.

8. 안건 심의에 들어가, 의장이 '안건 1. 감사보고'의 건을 상정하고, 윤인중 감사 부재로 인해 김성만 운영위원이 대독하여 감사보고를 받다.

9. 의장이 '안건 2. 2018년 사업 및 결산 보고'의 건을 상정하고, 이상선 운영위원장이 사업보고에 운영위원회 보고, 포럼 보고를 하고, 2019년 총준위의 사업 평가 안을 설명하다.

김성만 운영위원이 2018년 결산보고에 총수입 10,982,987원과 총지출 7,636,690원을 설명한 후에, 동의와 재청으로 참석 회원에게 가부를 물어 '가'로 답하니 원안대로 2018년 사업 및 결산 보고를 받아 통과하다.

10. 의장이 '안건 3. 2019년 사업 및 예산 계획'의 건을 상정하고, 이상선 운영위원장이

1) 사업계획 – (1) 정기월례포럼 (2) 회원 활동 (3) 연대 활동을 예전과 변함없이 하기로 하다. 특별히 총준위 제안한 '기행이벤트'와 '후원의 밤 행사'를 2019년도 기획하여 진행하기로 하다. 150차 정기포럼을 3.1운동 100주년을 맞는 해이므로 그 의미를 전제하여 기획하기로 하다.

2) 2019년 예산계획 – 총수입과 총지출을 11,500,000원으로 편성하기로 김성만 운영위원이 설명한 후에, 동의와 재청을 받아 참석 회원에게 가부를 물어 '가'로 답하니'안건 3. 2019년 사업 및 예산계획'을 원안대로 받아 통과하다.

11. 의장이 '안건 4. 자문위원회 구성 안'에 관한 건을 상정하고, 총준위안에 대해 이상선 운영위원장이 설명하고, 동의와 재청을 받아 참석 회원에게 가부를 물어 '가'로 답하니 원안대로 받아 통과하다.

12. 의장이 '안건 5. 운영위원 선출 안'을 설명하고, 윤현수 회원을 운영위원으로 선출하기로 만장일치로 통과하다.

13. 의장이 '안건 6. 기타안건'을 상정하여, '생명포럼 150차 기획'과 '4.27 DMZ 평화손잡기'에 관해 설명하고, 회원들의 의견과 적극적인 참여를 추후 논의키로 하며 시민연대와 함께하기로 하다.

14. 의장이 회의록 채택에 관한 건을 상정하니, 김영호 공동대표의 '운영위원회에 위임하자'는

다수 회원의 동의와 재청에 따라 카톡방에서 서면보고 받기로 하다.

15. 의장 19시 40분에 폐회선언을 하고, 제15차 정기총회를 마치다.

16. 2부 '회원의 날' 1) 저녁식사 및 친교 2) 문화행사 3) 행운권 추첨 등의 행사를 맹완재 운영위원의 사회로 진행하여 21:00에 모임을 마치다.

□ 생명평화포럼 2019년도 정기총회 수지 결산, 예산안

○ 2018년도 수입결산

수입				
내용		예산	수입	비고
항	목			
이월금	이월금	2,932,427	2,932,427	2017년도 이월금
회원회비	회원회비	7,000,000	5,900,560	
	수련회회비	200,000	225,000	여름수련회
후원금	교회후원	1,500,000	1,920,000	인천,새결,나섬교회
	특별후원	850,000	-	
기타수입	결산이자	5,000	5,000	
	잡수익	12,573		
합계		12,500,000	10,982,987	

○ 2018년도 지출결산

지출				
내용		예산	지출	비고
항	목			
운영비	실무활동비	3,900,000	-	
	사무비	100,000	27,000	
	사무용품비	50,000		
	비품구입비	150,000	-	
	사무실임대	600,000	-	
	웹진운영비	100,000	-	
	CMS유지비	200,000	-	
조직사업비	포럼운영	3,000,000	3,507,780	10회 포럼 진행비
	행동의날	300,000	-	
	교양강좌	200,000	-	
	평화기행	300,000	157,200	
	조직운영비	300,000		
	홍보비	-		
	수련회	200,000	744,350	
	회의비	300,000	667,500	
	경조비	500,000	350,000	
연대사업비	인천시민사회단체	600,000	1,000,000	
	연대활동	1,000,000	750,500	인천민주화기념관 5.3항쟁 기념 민족민주노동열사추모 평화의 배띄우기 등
	작은공동체박람회	200,000	100,000	
예비비	예비비	500,000	332,360	
합계		12,500,000	7,636,690	

○ 2018년 수지결산

구분	수입	지출	잔액
금액	10,982,987원	7,636,690원	3,346,297원

○ 2019년 수지예산

수입

항	목	금액	비고
이월금	2018년이월	3,346,297	
회비	CMS회비	6,000,000	
	참가회비	200,000	
후원금	교회후원	1,920,000	
	특별후원	-	
기타	이자	5,000	
	잡수익	28,703	
합계		11,500,000	

지출

항	목	금액	비고
운영비	실무활동비	1,200,000	
	사무비	100,000	
	통신비		
	사무실임대		
	웹진운영		
	사무용품	100,000	
	비품구입	100,000	
	cms유지	100,000	
조직 사업비	포럼	4,200,000	
	행동의날	200,000	
	교양강좌	200,000	
	생평순례	200,000	평화순례
	생평기행	500,000	특별행사
	조직운영	100,000	
	홍보비	100,000	
	수련회	800,000	
	회의비	700,000	
	경조비	500,000	
연대 활동비	인천시민 사회단체	800,000	
	연대활동	720,000	
	지역단체 간담회	100,000	
	후원금	200,000	
예비비	예비비	580,000	
합계		11,500,000	

생평 총회에서 운영위원들 특송

제16차 정기총회(2020년)
: 생명평화기독연대, 생명평화포럼 연차총회

정기총회 “생명, 평화와 함께” 순서

○ 기도

▩ 1부: 정기총회

- ❑ 의장선출
- ❑ 성원보고
- ❑ 개회선언
- ❑ 서기 선출
- ❑ 회순통과
- ❑ 전차 회의록 낭독
- ❑ 안건심의
  - 안건 1. 임원선출
  - 안건 2. 감사보고
  - 안건 3. 2019년 사업 및 결산 보고
  - 안건 4. 2020년 사업 및 예산 계획
  - 안건 5. 기타안건
- ❑ 회의록 채택
- ❑ 폐회선언

▩ 2부: ‘회원의 날’

- ❑ 저녁식사 및 친교
- ❑ 문화행사
- ❑ 선물 증정 및 행운권 추첨

▦ 1부: 정기총회

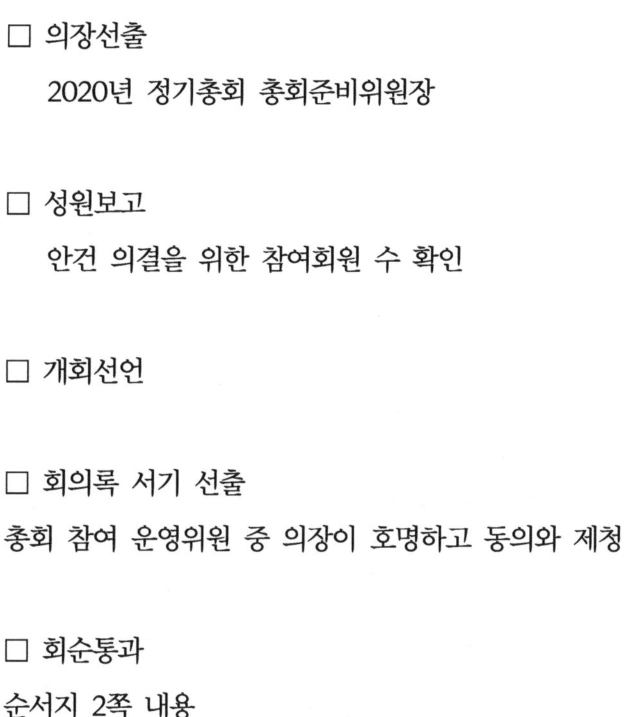

☐ 의장선출

2020년 정기총회 총회준비위원장

☐ 성원보고

안건 의결을 위한 참여회원 수 확인

☐ 개회선언

☐ 회의록 서기 선출

총회 참여 운영위원 중 의장이 호명하고 동의와 제청

☐ 회순통과

순서지 2쪽 내용

☐ 전차회의록 낭독

생명평화기독연대 제15차 정기총회 회의록
일시: 2019년 1월 10일(목) 19시 00분~19시 50분 장소: 인천 동암 민들레협동조합
1. 15차 정기총회를 19시 의장인 정세일 상임대표의 진행으로 시작하다. 2. 성원보고에 생평회원 21명이 참석하였으며, 회칙에 '성원'에 관한 별도의 규정이 없음을 확인하고, 현 인원으로 성원이 된 것으로 보고하다. 3. 의장이 19시 10분에 제15차 정기총회 개회를 선언하다. 4. 회의록 서기에 조형찬 운영위원을 만장일치로 선출하다. 5. 회순통과에 들어가, 총회자료집의 회순대로 통과하기를 동의와 재청을 받아 참석회원에게 가부를 물어 '가'로 답하여 회순을 통과하다.

6. 의장이 전차 회의록 낭독에 들어가, 총회 자료집에 수록된 문안대로 받기를 동의와 재청을 받아 참석회원에게 가부를 물어 '가'로 답하여 전차 회의록을 원안대로 받기로 하다. 단, 중요사항에 관해서(임원선출과 회칙 개정안) 운영위원장이 부연 설명하다.

7. 안건심의에 들어가, 의장이 '안건 1. 감사보고의 안'을 상정하고, 윤인중 감사 백영민 감사 부재로 인해 김성만 운영위원이 대독하여 감사보고를 받다.

8. 의장이 '안건 2. 2018년 사업 및 결산 보고의 안'을 상정하고, 운영위원장이 사업보고에 운영위원회 보고, 포럼 보고를 하고, 2019년 총준위의 사업 평가 안을 설명하다. 김성만 운영위원이 2018년 결산보고하고, 동의와 재청으로 참석회원에게 가부를 물어 '가'로 답하니 원안대로 2018년 사업 및 결산 보고를 받아 통과하다.

9. 의장이 '안건 3. 2019년 사업 및 예산 계획의 안'을 상정하고, 운영위원장이

(1) 사업계획 — 1) 정기월례포럼. 2) 회원활동. 3) 연대활동을 예전과 변함없이 하기로 하다. 특별히 총준위 제안한 '기행이벤트'와 '후원의 밤 행사'를 2019년도 기획하여 진행하기로 하다. 150차 정기포럼을 3.1운동 100주년을 맞는 해이므로 그 의미를 전제하여 기획하기로 하다.

(2) 2019년 예산계획 — 총수입과 총지출을 11,500,000원으로 편성하기로 김성만 운영위원이 설명한 후에, 동의와 재청을 받아 참석회원에게 가부를 물어 '가'로 답하니'안건 3. 2019년 사업 및 예산계획'을 원안대로 받아 통과하다.

10. 의장이 '안건 4. 비영리민간단체 신청에 관한 안'을 상정하고, 그 안에 대하여 2004년 단체를 창립한 후 15년을 활동하고 정기포럼이 150차를 진행된 경과를 바탕으로 이제 '비영리민간단체'로써의 변화와 새로운 비젼을 위한 계획을 의장이 설명한 후, 동의와 재청을 받아 참석회원에게 가부를 물어 '가'로 답하니 원안대로 받아 통과하다.

11. 의장이 '안건 5. 자문위원회 구성 안'을 상정하고, 총준위안에 대해 운영위원장이 설명한 후, 동의와 재청을 받아 참석회원에게 가부를 물어 '가'로 답하니 원안대로 받아 통과하다.

12. 의장이 운영위원회에서 상정한 '안건 6. 운영위원 선출 안'을 설명하고, 윤현수 회원을 운영위원으로 선출하기로 만장일치로 통과하다.

13. 의장이 '안건 7. 기타안건'을 상정하여, '생명포럼 150차 기획'과 '4.27 DMZ 평화손잡기'에 관해 설명하고, 회원들의 의견과 적극적인 참여를 추후 논의키로 하며 시민연대와 함께하기로 하다.

14. 의장이 회의록 채택에 관한 건을 상정하니, 김영호 공동대표의 '운영위원회에 위임하자'는 다수 회원의 동의와 재청에 따라 단체카톡방에서 서면보고 받기로 하다.

15. 의장 19시 50분에 폐회선언을 하고, 제15차 정기총회를 마치다.

□ 안건 심의

▦ 안건 1. 임원 선출

2020년 총회준비위원회 추천 (안)

1. 공동대표
   연임: 정세일, 김영호, 이상선
   신임: 황치빈
2. 감사
   신임: 김구, 이화규
3. 운영위원
   연임: 김성만, 김영호, 김종철, 맹완재, 박찬대, 윤현수, 이상선, 이세구, 이진권, 정세일, 조형찬, 황치빈

☞ 선출된 공동대표 중 상임대표가 의장으로 회의를 진행

▦ 안건 2. 감사 보고

사업 감사 보고

2019년 사업 감사 보고서
본 감사는 생명평화기독연대 2019년 사업 감사를 실시하고, 아래와 같이 그 결과를 보고합니다. 일시: 2020년 1월20일 오후 2시 장소: 강화도 감사 자택

내용: 2019년 1월1일부터 2019년12월31일까지의 생명평화기독연대의 사업 전반 방법: 본 감사인은 사업 감사를 위하여 사업보고 문건을 검토하는 방법으로 진행 5. 종합 의견: 1) 삼일운동 100주년을 맞아 포럼 주제가 대부분 독립운동에 맞춰 있어서집중성이 있어서 바람직하다고 생각합니다. 2) 4 · 27 평화 손잡기 행사를 제외하고는 회원들의 참여가 부족한데 방안이 모색되어야 할 것 같습니다. 3) 10월에 이루어진 비영리민간단체 등록을 실행한 것은 의미가 있다고 생각합니다. 4) 정체성에 대한 고민을 어떤 사업과 방식으로 담아야 하는가는 회원 간의 좀 더 깊은 논의가 필요하다고 사료됩니다.
확인: 감사 백영민 (서명)

회계 감사 보고

2019년 회계 감사 보고서
어려운 형편에서도 생명평화운동을 인천지역에서 꾸준하게 전개해오신 회원들과 앞장서서 수고하시는 임원들에게 깊은 감사를 드립니다. 1. 통장정리와 영수증 정리가 잘 되어 있습니다. 2. 2019년 예산 11,500,000, 결산 10,314,244 예산 대비 90% 달성은 아쉽지만, 어려운 형편을 감안하면 무난한 예선편성과 운영이 되어 온 것으로 봅니다. 3. 2020년 예산 12,000,000원 편성도 현실적이고 합리적인 편성입니다. 수고많으셨습니다.
확인: 감사 윤인중 (서명)

▦ 안건 3. 2019년 사업 및 결산 보고

생명평화기독연대 2019년도 사업계획: 2019년 정기총회

정기월례포럼: 주제를 고민하고 선정함에 있어 더욱 다양한 문제의식과 생평 정체성에 따른 지향적 과제를 연구해야 할 것이며, 포럼 형식 또한 현재까지의 강의식 방법에서 대화식 방법의 보완이 필요하다는 의견이 있음. 특히, 2019년 초 150차 포럼을 기점으로 하는 시기이며 더욱 3.1운동 100주년을 맞는 해이므로 그 의미를 전제하여 기획하기로 함.

회원 활동

― 2018년도 사업계획 중 미비하였던 '회원활동'에 관한 계획을 활성화하는 방향으로 사업계획을 기획하기로 함.

― 관련하여 기존의 계획인 '여름수련회' '생평순례' '행동의 날'은 지속적으로 계획하고, 특별히 회원들의 만남과 친교를 활성화하기 위한 〈기행이벤트〉를 기획하기로 함.

― 〈기행이벤트〉는 프로젝트방식으로 기획하며, 참여예상회원들의 일정기간 꾸준한 동의와 기금마련으로 진행하는 방식으로 하기로 함. 내용으로는 2019년도 가을 '금강산여행' 등 시대적 상황과 환경을 고려하여 다수가 공감하고 참여할 수 있는 방향에서 그 내용을 정하기로 함.

'후원의 밤' 행사 개최

― '후원의 날' 행사를 통해 회원 및 인천지역 관련 단체 회원들의 친목 및 재정마련.

― 일정은 적정한 의미의 날을 선정하여 그 일정으로 정하는 것으로 함.

― 형식은 식사 및 친교 그리고 문화행사 등을 준비하여 진행하도록 함.

연대 활동: 2018년도 연대활동 기조와 다름없이 함께한다.

비영리민간단체 신청: 그동안 지속적으로 운영위원회에서 논의되었던 인천시에 〈비영리민간단체〉신청과 관련 2019년도에 구체적인 실무확인과 그 실행을 진행하기로 한다.

2019년 사업 보고

생명평화포럼

— 매월 정기적인 포럼을 개최 / 장소: 부평아트센터 세미나실

차수	날짜	제목	강사	참석
150차	2/14	삼일혁명과 종교(천도교, 기독교의 역할)	이우원 선생 박철호 목사	54명
151차	3/7	3.1혁명과 그리스도교 민족운동	항보윤식 선생	31명
152차	4/4	미국의 정치지형과 한반도 평화	정의길 기자	28명
153차	5/2	미국의 근본주의와 미국정의	배덕만 교수	19명
154차	6/17	독립운동 100년의 발자취	한지원 작가	26명
155차	7/4	독립운동가들이 꿈꾸던 나라	이준식 관장	21명
156차	9/5	시대를 앞서간 민족지도자 몽양 여운형	장원석 실장	26명
157차	10/10	한국교회의 추락은 어디까지?	최형묵 목사	24명
158차	11/11	한용운, 정지용, 윤동주 — 시(詩)로 쓴 독립운동	김응교 교수	30명
159차	12/5	민족혁명가 김원봉	이원규 교수	47명

2019년 주요 활동

— 1월 10일 / 2019년 정기총회

— 4월 16일 / 4.16 세월호 5주기 기억예배 참여

— 4월 21일 / 고난받는 이웃과 함께하는 인천연합예배 참여

— 동구 배다리마을 주민과 함께하는 부활절연합예배

— 4월 27일 / 4.27DNZ 평화의손잡기 행사 참여 / 강화도

— 7월 27일 / 평화의 배띄우기 참여

— 8월 23일, 24일 / 회원여름수련회

— 10월 4일 / 인천시비영리민간단체 등록: 등록증 발급

— 11월~2020년 1월 / 총회준비위원회 활동: 3차 회의를 진행

지역사회 연대활동

— 인천지역의 시민사회단체의 각 활동과 행사에 참여

사업에 관한 평가: 2020년 총회준비위원회

— 포럼에 대하여: 3.1운동과 대한민국 임시정부수립 100년을 맞는 의미 깊은 역사적 상황을 전제, 2019년 한 해 동안 생평포럼은 독립운동 및 독립운동가에 대한 포럼을 통해 독립운동사에 관한 다양한 해석과 이해를 증진.

— 회원사업: 특별한 생평기행 등을 통해 회원활동의 활성화를 계획하였으나, 실제적으로 계획이 진행되지 못했고, 회원들의 여름수련회 참여 등도 여전히 아쉬움을 남김.

— 연대사업: 생평 회원 구조의 아쉬움을 전제, 공동대표나 운영위원들의 개별적인 연대사업 참여가 꾸준하게 진행. 특히 '4.27행사', '평화의 빼띠우기' 등의 공동참여는 생평뿐만 아니라 인천지역사회의 연대를 위한 의미 있는 사업이었고, 생평의 참여 또한 이후 연대사업에 관한 기대를 갖게 됨.

2019년 결산보고

수입

구분	금액	내용
회비	7,430,080	CMS
교회후원	1,950,000	인천, 나섬, 새결
개인후원	440,000	
회원회비	400,000	4.27
	90,000	수련회비

이자	622	
2018년 잔액	3,575	
계	10,314,277원	

지출

항	목	금액	내용
운영비	실무활동비	-	
	사무비	79,550	
	기타사무비	40,540	
	소계	120,090	
조직사업비	포럼강사비	1,800,000	
	포럼준비비	1,668,630	식사, 간식, 대관료, 현수막 등
	수련회	378,190	
	회의비	515,050	
	경조비	352,500	
	정기총회	557,000	총회행사, 총준위
	출판비	561,810	생태달력, 출판등록
	소계	5,833,180	
연대사업비	연대회비	901,000	시민연대회비(연체회비)
	후원비	640,500	
	행사참가비	836,350	신년하례식, 4.27행사
	소계	2,377,850	
계	8,331,120원		

2019년도 결산금액

구분	수입	지출	잔액
내용	10,314,277원	8,331,120원	1,983,157원

▦ 안건 4. 2020년 사업 및 예산 계획

2020년 사업

정기월례포럼

— 주제를 고민하고 선정함에 있어 더욱 다양한 문제의식과 생평 정체성에 따른지향적 과제를 연구해야 할 것이며, 포럼 형식 또한 2019년 총회준비위원회의 계획에도 있었지만 강의식 방법에서 대화식 방법으로의 변화를 기대

회원활동

— 매년 총회를 준비하면서 평가와 계획에 논의되었듯이 2019년도 사업계획 중부족하였던 '회원활동'에 관한 계획을 활성화하는 방향으로의 사업계획이 필요함을 공감. 관련하여 기존의 계획인 '여름수련회' '생평순례' '행동의 날'은 지속적으로 계획하고, 특별히 회원들의 만남과 친교를 활성화하기 위한 기획된 〈기행이벤트〉를 올해 봄에 실행할 것을 확인.

또한 생평의 활동과 역할을 공유하고 자료화하기 위해 생평의 'SNS밴드'를 만들기로 함.

포럼시 가능한 한 회원친교를 위한 간략한 프로그램을 계획하여 실행.

연대사업

— 지속적으로 진행되는 연대사업에 회원들의 참여 활동을 공유, 홍보와 참여를 진행.

비영리민간단체 등록

— 인천시에 비영리민간단체로 등록되었기에 이후 인천시의 관련사업에 관심을 갖고 적극적인 참여를 위한 실행구조를 계획.

2020년 예산

수입

구분	2019년 예산	2019년 결산	2020년 예산계획	비고
회비(CMS)	7,500,000	7,430,080	7,500,000	
교회후원	2,000,000	1,950,000	1,900,000	인천,나섬,새결
개인후원	500,000	440,000	300,000	
회원회비	500,000	490,000	300,000	수련회, 연대행사 참여 등
기타	1,000,000	4,197	2,000,000	잡수익, 행사비 등 (2019년 이월금 1,983,157 포함)
계	11,500,000	10,314,277	12,000,000	

지출

항	목	2019년 예산	2019년 결산	2020년 예산	비고
운영비	실무활동비	1,200,000	-	1,200,000	100,000×12월
	사무비	100,000	79,550	100,000	
	기타사무비	300,000	40,540	100,000	
	비품구입비	100,000	-	100,000	
	소계	1,700,000	120,090	1,500,000	
조직사업비	포럼진행비	4,200,000	3,468,630	4,000,000	400,000×10회
	수련회비	600,000	378,190	500,000	
	회의비	700,000	515,050	700,000	
	경조비	500,000	352,500	400,000	
	정기총회	-	557,000	500,000	총회,총준위
	행동의날	200,000	-	200,000	
	교양강좌	200,000	-	200,000	
	생평순례	200,000	-	200,000	

	생평기행	500,000	-	800,000	동학혁명답사
	사업비	300,000	561,810	400,000	달력, 출판등록
	소계	7,400,000	5,833,180	7,900,000	
연대사업비	시민연대회비	800,000	901,000	600,000	연체회비포함(19년)
	기사련	120,000	-	240,000	연체회비포함(20년)
	연대활동비	600,000	836,350	600,000	행사참가 등
	후원비	300,000	640,500	600,000	
	소계	1,820,000	2,377,850	2,040,000	
예비비	예비비	580,000		560,000	
	소계	580,000		560,000	
계		11,500,000원	8,331,120원	12,000,000원	

▦ 안건 5. 기타 안건

1) '생명평화기독연대'에서의 '생명평화포럼'에 대한 총회준비위원회 제안 안

2019년 인천시에 비영리민간단체로 등록한 '생명평화포럼'에 대한 판단 안

— '생명평화포럼'으로의 비영리민간단체 구성과 등록 과정은 생명평화기독연대의 발전적 대안으로써 조직의 활성화와 비전에 대한 필요한 논의와 선택임에 동의한다.

— 다만, 비영리민간단체 등록에 따른 조직적 구성에 대한 면밀한 검토와 준비가 부족함에 따라 '생명평화기독연대'와 '생명평화포럼'의 형태적인 관계를 설명하고 혹은 병합에 구조적인 설정함에 대한 논리상 어려움이 있음을 확인하고자 한다.

— 따라서 2020년 총회준비위원회는, 2020년 정기총회에서 '생명평화기독연대'을 발전적으로 해소함에 대한 의견을 공유하며, 그에 따라 2020년부터 '생명평화포럼'으로 지역사회에서 활동과 역할을 다할 것을 제안하고자 한다.

2) 2020년도 실무역할 담당에 대한 총회준비위원회 안

2020년도 실무역할 담당	
회의, 행정 실무	김성만 운영위원
재정(회계) 실무	조형찬 운영위원

□ 회의록 채택

□ 폐회선언

제17차 정기총회(2021년)

생명평화기독연대
(생명평화포럼)

제 17차 정기총회
“생명, 평화와 함께”

일시 : 2021년 2월 4일(목) 오후 7시
장소 : 인천 평화교회 비대면회의 진행

정기총회 “생명, 평화와 함께” 순서

○ 기도

▩ 1부 : 정기총회

- ❑ 의장선출
- ❑ 성원보고
- ❑ 개회선언
- ❑ 서기 선출
- ❑ 회순통과
- ❑ 전차 회의록 낭독
- ❑ 안건심의
  - * 안건 1. 감사보고
  - * 안건 2. 2020년 사업 및 결산 보고
  - * 안건 3. 2021년 사업 및 예산 계획
  - * 안건 4. 기타안건
- ❑ 회의록 채택
- ❑ 폐회선언

▦ 1 부 : 정기총회

□ 의장선출

✸ 2021년 정기총회 총회준비위원장

□ 성원보고

✸ 안건 의결을 위한 참여회원 수 확인

□ 개회선언

□ 회의록 서기 선출

✸ 총회 참여 운영위원 중 의장이 호명하고 동의와 제청

□ 회순통과

✸ 순서지 2쪽 내용

☐ 전차회의록 낭독

생명평화기독연대 제16차 정기총회 회의록

일시 : 2020년 1월 21일(목) 19시 00분 ~ 21시 00분
장소 : 인천 부평 바보식당

1. 16차 정기총회를 19시에 이상선공동대표의 묵상기도로 시작하다.

2. 2020년 정기총회 총회준비위원장인 황치빈위원이 회의를 진행하다.

3. 성원보고에 현재 참석인원 14명이 참석하였으며, 본 생명평화기독연대 회칙에 '성원'에 관한 별도의 규정이 없음을 확인하고, 현 인원으로 성원이 된 것으로 보고하다.

4. 총회준비위원장이 19시 05분에 제 16차 정기총회 개회를 선언하다.

5. 회의록 서기에 조형찬운영위원을 만장일치로 선출하다.

6. 회순통과에 들어가, 총회자료집의 회순대로 통과하기를 동의와 재청을 받아 참석회원에게 가부를 물어 '가'로 답하여 회순을 통과하다.

7. 총회준비위원장이 전차 회의록 낭독에 들어가, 총회 자료집에 수록된 문안대로 받기를 동의와 재청을 받아 참석회원에게 가부를 물어 '가'로 답하여 전차 회의록을 원안대로 받기로 하다.

8. 안건심의에 들어가, 총회준비위원장이 이번 총회가 인선총회임을 말하고,'안건 1. 임원선출'의 건을 상정하고, 총회 자료집에 수록된 2020년 총회준비위원회 추천(안)을 설명하고, 참석회원에게 가부를 물어 '가'로 답하여 원안대로 통과하며, 운영위원으로 임병구자문위원을 추가로 선출하다.

9. 의장선출에 들어가, 정세일공동대표를 정기총회 의장으로 선출하다.

10. 안건심의에 들어가, 의장이 '안건 2. 감사보고'의 건을 상정하고, 백영민 감사의 부재로 사업감사보고를 의장이 대독하고, 윤인중 감사 부재로 회계감사보고를 의장이 대독하여 감사보고를 받다.

11. 의장이 '안건 3. 2019년 사업 및 결산 보고'의 건을 상정하고, 의장이 총회자료집에 기록된 사업계획과 사업보고를 설명하다.

사업평가에 대한 2020년 총준위의 평가를 추가 설명하고, 2019년 결산보고에 총수입 10,314,277원과 총지출 8,331,120원, 잔액 1,983157원을 설명한 후에, 동의와 재청으로 참석회원에게 가부를 물어 '가'로 답하니 원안대로 2019년 사업 및 결산 보고를 받아 통과하다.

12. 의장이 '안건 4. 2020년 사업 및 예산 계획'의 건을 상정하고, 황치빈총준위원장이

(1) 사업계획 - 1)정기월례포럼. 2) 회원활동. 3) 연대활동을 예전과 변함없이 하기로 함.

특별히 회원활동에 '여름수련회''생평순례''행동의 날'은 지속적으로 계획하고, 회원들의 만남과 친교를 위해 <기행이벤트>를 봄에 실행함.

비영리단체 '생명평화포럼'이 등록되었기에 인천시의 관련사업에 관심을 갖고 적극적인 참여를 위한 실행구조를 계획 함.

(2) 2020년 예산계획 - 총수입과 총지출을 12,000,000원으로 편성하기로 하고, 동의와 재청을 받아 참석회원에게 가부를 물어 '가'로 답하니'안건 4. 2020년 사업 및 예산계획'을 원안대로 받아 통과하다.

13. 의장이 '안건 5. 기타안건'관한 건을 상정하고,

(1) 이상선공동대표가 총회준비위원회의 제안한,'생명평화기독연대'에서의 '생명평화포럼'으로 발전적인 해소의견을 설명하고, 회원간에 논의 들어 갔으나, 명칭변경과 정체성에 관한 단순한 문제가 아니라는 다수의 의견과 김구감사의 2020년 운영위원회에 위임하여 충분히 논의 한 후에, 2021년 총회에서 안건으로 상정하기로 하다.

(2) 2020년 실무역할 담당에 관한 총회준비위원회 제안한, 회의 행정실무에 김성만위원, 재정(회계)실무에 조형찬위원을 설명하고, 실무를 맡기기로 하다.

14. 의장이 회의록 채택에 관한 건을 상정하니, 김구감사의 '운영위원회에 위임하자'는 다수 회원의 동의와 재청에 따라 카톡방에서 서면보고 받기로 하다.

15. 의장 19시 40분에 폐회선언을 하고, 제 16차 정기총회를 마치다.

16. 2부'회원의 날'1) 저녁식사 및 친교, 2) 문화행사, 3) 행운권 추첨등의 행사를 조형찬운영위원의 사회로 진행하여 21:00시에 모임을 마치다.

□ 안건심의

○ 안건 1. 감사보고

✹ 사업감사보고

2020년 사업감사 보고서

2020년 사업감사 보고서

고로나19 팬데믹으로 인하여 모두가 힘든 한해 였지만 덤춤없는 사업진행과 꾸준히 함께한 회원과 임원들의 노고에 깊은 감사를 드립니다

2020년은 비영리민간단체 등록이후, 2020년 시민평화 강좌의 평화기행을 동시에 진행된 가운데 한국전쟁 70년 포럼과 총선과 촛불이후 사회적 과제의 내용으로 진행 대면, 비대면 방법으로 진행되어 어려운 환경이었지만 신규회원이 발생하는 등 회원간의 유대와 활동이 양호하다 하겠습니다

2020년 포럼을 통해 인천의 각종 민주단체의 연대는 물론 자체의 내부결속과 외부강연 개최 등 생명평화기독연대는 한국사회의 민주 평화 환경 노동인권운동 등에 열심히 투쟁하였습니다

2021년에도 생명평화기독연대가 정체성을 잃지않고 열심히 활동하며 적어도 생명과 평화의 예수님정신으로 으뜸이 되는 단체가 되기를 기대합니다.

확인 : 감사 이화규

✹ 회계감사보고

2020 년 회계감사 보고서

재정감사보고

1. 감사 개요

본 감사는 2021년 1월 25일부터 26일까지 양일간에 걸쳐서 총준위에 보고된 2020년도 결산보고서와 통장 내역들 서면으로 제출받아 검토하고 몇 가지 의문 사항들에 대한 설명을 서면보고를 통해서 확인였습니다.

2. 감사 의견

결산서와 통장 내역의 수치는 정당한 것으로 인정됩니다. 2020년은 미증유의 COVID-19 사태를 겪으면서 모든 활동에서 위축을 경험할 수밖에 없었던 기간이었으나 운영위원회와 담당자들의 애쓴 결과 재정 부문에서 바람직한 성과를 이루었다고 여겨집니다. 이에 회원의 한 사람으로 감사를 드립니다.

2021년 1월 30일

감사 김 구

○ 안건 2. 2020년 사업 및 결산 보고

✸ 2020년 사업보고

* 생명평화포럼

- 매월 정기적인 포럼을 개최 / 장소 : 코로나 이후 대면과 비대면

차수	날짜	제목	강사	참석
160차	2/06	유엔사의 법적 문제와 남북관계를 위한 과제	이장희 교수	34명
161차	3/12	2020년 총선과 한국정치의 미래	이준한 교수	23명
162차	5/14	촛불이후 한국사회의 과제	이래경 이사장	17명
163차	6/17	전쟁의 기억, 기억의 전쟁	한홍구 교수	42명
164차	7/02	70년 전쟁상태를 끝내자	문경환 위원장	30명
165차	8/02	인천 상륙작전 어떻게 볼것인가?	전갑생 연구원	19명
166차	9/01	인천 상륙작전의 명과암	최태육 소장	33명
167차	10/15	유엔사를 통한 한반도 개입전략	정욱식 대표	30명
168차	11/22	미국의 세계 패권 전략과 한반도 미래	이재봉 교수	37명
169차	12/03	미국의 한반도 전략과 우리의 자세	이재봉 교수	35명

* 2020년 주요활동

- 1월 21일 / 2020년 정기총회
- 5월 16일 / 5.18 민주화 운동 제 40 주년 행사 참여
- 6월 10일 / 제34주년 인천 5.3 민주항쟁계승대회. 제33주년 6.10 민주항쟁
- 7월8일 / 민선7시 평가 및 향후 과제 모색 정책 토론회
- 7월9일 / 한강하구 중립 수역을 평화의 바다로(7월9일)
- 7월 27일 / 2020년 한강하구 평화의 배 띄우기 행사
- 10월 27일 / 평화도시 공모사업인 3차 평화순례
- 10월 30일 / 인현동 화재사건 시민 추모제.
- 12월- 2021.1월 / 총회준비위원회 활동 : 3차 회의를 진행

✹ 2021년 총회준비위원회 활동

* 2021년도 총회준비위원회 구성 : 2020년 12월 6일(주일) 172차 운영위원회에서 운영위원 중 총회준비위원으로 5명을 선임하여 총회준비위원회를 구성

* 총회준비위원회 회의 : 총회준비위원회는 2021년 1월 8일(금) 오후 8시부터 제1차 총회준비위원회를 개최하여 총 3차의 회의와 회의에서의 논의사항 정함.
  - 1차 회의 : 1차 회의는 본 회의로 하고, 총회준비위원회 회의 차순 및 논의사항에 관한 안을 정함. 1차 회의에서 총준위원장이 김성만 위원을 총회준비위원으로 추천하여 만장일치로 선임. 총회준비위원으로 최종 6명 선임.
  - 2차 회의 : 1월 17일(주일) 개최. 2020년도 사업평가 및 결산에 대한 사항과 정기총회의 프로그램 준비를 논의.
  - 3차 회의 : 1월 31일(주일) 개최. 2021년도 사업기조 및 예산에 대한 사항과 기타사항 등을 논의.

✹ 2020년 사업 평가 : 2021년 총회준비위원회

* **포럼에 대하여** : 비영리 등록이후, 2020년 인천시 평화도시 공모사업으로 인천시민평화 강좌와 평화 기행을 동시에 진행되었다. 총 10회 포럼이 진행되었고, 그중 한국전쟁 70년 관련된 포럼이 총8회가 진행 되었고, 2회는 총선과 촛불이후 사회적 과제의 내용으로 진행되었다.
  코로나 정국에서도 연속적으로 포럼은 진행되었다. 진행방법은 대면 4회 비대면 6회를 총 10회중 회원의 관심 속에 무사히 진행되어 더욱 의미 있는 2020년 포럼이 되었다고 본다.

* **회원사업** : 2020년 다양한 회원 사업을 계획 하였지만, 갑작스런 코로나 19로 인한 회원모임에 어려움이 있어 아쉬움에 한해 인 것 같습니다. 그러나 회원님께 생평달력을 제작하여 우편 발송 하였습니다.

* **연대사업** : 기후위기 비상행동 가입, 인천내항시민행동, 부할절(이주노동자), 한강 하구 평화의 배띄우기, NCCK 인권센터, 인천 비상시 국회의, 10.4 공동선언, 교회지키기, 2020 다시희망, 평화축제, 인천녹색연합, 노동인권 영화제 등 여러 연대 사업에 직접참여와 후원으로 진행되었다.

✸ 2020년 결산보고

* 수입

구분	금액	내용
회비	5,863,390	CMS
교회후원	1,680,000	인천, 나섬, 새결
개인후원	60,000	
회원회비	180,000	박찬대
2019년 수입	1,985,560	
계	**9,768,950원**	

* 지출

항	목	금액	내용
운영비	실무활동비	-	
	사무비	49,700	
	기타사무비	130,000	
	소계	**179,700**	
조직사업비	포럼진행, 준비비	2,524,040	식사,간식,대관료,현수막
	수련회		
	회의비	675,000	
	경조비	134,960	
	정기총회	514,000	총회행사, 총준위
	사업비	322,360	생태달력
	소계	**4,170,360**	
연대사업비	연대회비	900,000	시민연대회비
	후원비	670,500	
	연대 활동비	500,000	
	소계	**1,870,000**	
계	**6,220,060원**		

- 10 -

* 2020년도 결산금액

구분	수입	지출	잔액
내용	9,768,950원	6,220,060원	3,548,890원

○ 안건 3. 2021년 사업 및 예산 계획

✱ 2021년 사업의 방향

* 정기월례포럼
  - 주제를 고민하고 선정함에 있어 더욱 다양한 문제의식과 생평 정체성에 따른 지향적 과제도 꾸준하게 연구해야 할 것이다.
  - 시리즈 형식의 강좌와 더불어 상황에 따른 이슈를 다루는 강좌도 실행하도록 한다.
  - 20201년도에는 우선 시대적으로 관심이 많은 기후변화에 대한 주제, 미국정권의 변화와 그에 따른 북한 문제에 관한 주제, 성소수자에 관한 주제, 사별금지법에 대한 주제도 함께 연구하여 강좌로 계획한다.
  - 생명과 평화의 가치에 따른 신앙적, 영성적 주제에 대해서도 관심을 갖도록 한다.
  - 포럼 주제와 관련하여 회원들의 관심과 의견을 적극적으로 반영할 수 있는 계획을 실행한다.
  - 이에 따라 포럼을 개최함에 있어 그 횟수나 장소 등 지금까지 보다 다양한 선택을 통해 포럼의 형식을 다채롭게 구상하고자 한다.

* 회원활동
  - 2020년도는 코로나19로 인해 거의 모든 회원활동을 중지할 수밖에 없는 상황이었기에, 2021년에는 가능한 회원 활동에 더욱 관심을 갖고 그 계획을 실행하고자 노력한다.
  - 여름의 회원수련회는 물론, 평화기행과 생태기행 등 회원들의 관심과 참여의 기대가 많은 기행이벤트를 기획하여 추진한다.

* 연대사업
  - 지속적으로 진행되는 연대 사업에 회원들의 참여 활동을 공유, 홍보와 참여를 진행.

- 연대사업의 다양성에 따라 운영위원들이 선별적으로 참여하는 방안을 제안한다.
- 특히 〈한강하구평화의 배띄우기백서〉 발간과 인천시 평화도시조성사업의 정규사업으로 추진하는 〈한강하구배띄우기〉에도 생평의 역사와 같이하고 있는 만큼 생평 회원들의 적극적 참여를 독려하기 하다.

* 지원 및 보조금 사업
  - 지원사업이나 보조금사업의 경우 생평 자체의 실무적인 역량이 부족하여 2021년도에도 현실적으로는 적극적인 참여가 어렵다고 판단하되, 2020년도와 마찬가지로 지역사회에서의 연대나 연합의 방식으로 사업에 참여하는 것에 관심을 갖도록 한다.

✸ 2021년 예산

* 수입

구분	2020년 예산	2020년 결산	2021년 예산계획	비고
회비(CMS)	7,500,000	5,863,390	8,500,000	2월 기준, 회원 44명, 월 52만원. 인당 평균 12,000원으로 회원 59명 확보 필요
개별송금	300,000	180,000	300,000	박찬대 2*12개월
교회후원	1,900,000	1,680,000	1,560,000	인천,나섬,새결
개인후원	300,000	60,000	1,000,000	개인 후원 독려
기타수입	2,000,000	1,985,560	3,540,000	2020년 이월금
계	12,000,000	9,768,950	14,900,000	

* 지출

항	목	2020년 예산	2020년 결산	2021년 예산	비고
운영비	실무활동비	1,200,000	-	2,400,000	100,000×12월×2인
	사무비	100,000	49,700	200,000	
	기타사무비	100,000	130,000		
	비품구입비	100,000	-	100,000	
	소계	1,500,000	179,700	2,700,000	
조직사업비	포럼진행비	4,000,000	2,524,040	5,200,000	400,000×10회+ 웹자보 제작비
	수련회비	500,000	0	500,000	
	회의비	700,000	675,000	800,000	
	경조비	400,000	134,000	300,000	
	정기총회	500,000	514,000	300,000	총회,총준위
	행동의날	200,000	0	200,000	
	교양강좌	200,000	0	0	예비비로 활용
	생평순례	200,000	0	0	
	생평기행	800,000	0	1,000,000	생명순례, 생평 회원 활동비
	사업비	400,000	322,360	500,000	달력, 출판등록
	소계	7,900,000	4,170,360	8,800,000	
연대사업비	시민연대회비	600,000	900,000	600,000	
	기사련	240,000	0	240,000	
	연대활동비	600,000	500,000	600,000	생평으로 참여하는 연대 비용
	후원비	600,000	470,000	600,000	
	소계	2,040,000	1,870,000	2,040,000	
예비비	예비비	560,000	0	1,360,000	
	소계	560,000	0		
합계		12,000,000	6,220,060	14,900,000	

1) 2020년 대비 수입예산을 24.2% 증액한 14,900,000원으로 하였습니다.
2) 수입예산에서 CMS 회원 수입을 100만원 증액했습니다. 우리 모두가 회원확보에 많은 노력을 기울여야 합니다.

3) 개인 후원금액도 상당히 증액했습니다. 예전에 '일일찻집'등을 계획도 하였으나 코로나 상황으로 힘들 것으로 예상.
4) 지출에서는 2020년 결산대비 일부 계정 회의비, 사업비 각각 10만원씩 증액했습니다.
5) 기타사무비, 교양강좌, 생평순례 계정은 삭제내지 통합하였습니다.
6) 정기총회 계정은 코로나로 인하여 20만원 감액하였습니다.
7) 유튜브 방송장비 구입비가 아직 확정되지 않아 예비비 계정에 넣었습니다.

○ 안건 4. 기타 안건

1. 2021년 총회준비위원회 제안사항 : 2020년 총회시 제안되었던 사항 (안)과 관련하여, 현재 생평은 '생명평화기독연대'와 '생평평화포럼'이 공존하고 있는 형태(비영리민간단체로 인천시에 등록을 하였기에 어떤 측면에서는 공식적으로 활동하는 기관인)로 존재한다. 이에 지난 2020년 총회시 관련하여 총준위가 총회에서 논의하여 그 형태를 어떻게 조정할 것인가를 제안한 바, 총회에서는 2020년도 운영위원회에서 충분히 논의하여 2021년도 총회시 제안하기로 하였는데, 실재 2020년도 운영위원회에서 논의된 과정이 없어 제안안이 형성되지 못하였다. 따라서 2021년도 총회준비위원회에서는 그 제안에 대하여 2021년도 운영위원회에서 분명하여 논의하는 과정을 실행 그 안을 구성할 것을 다시 제안하기로 하다.

□ 회의록 채택

□ 폐회선언

▦ 생명평화기독연대 회칙

제 1장 총칙

1조(명칭) 이 모임은 '생명평화기독연대'(약칭 생평기연)라 한다.
영문명은 Christian Solidarity for Peace and Life(약칭 CSPL)으로 한다.

2조(사무실) 이 모임의 사무실은 인천광역시에 둔다.

3조(목적) 이 모임은 생명과 평화로 이끄시는 예수님의 뒤를 따라 지역사회에서 평화, 통일, 환경, 복지운동을 실천하는 것을 목적으로 한다.

제 2장 회원

4조(자격) 회원의 자격은 모임의 목적에 동의하는 시민으로 한다.

5조(가입) 소정의 절차에 따라 가입한다.

6조(권리와 의무) 회원은 본 모임의 의사결정, 행사에 참여할 수 있고, 선거권과 피선거권을 가지며, 회칙을 준수하고 정해진 회비를 납부해야 한다.

제 3장 총회

7조(총회) 총회는 이 모임의 최고의사 결정기구이며, 정기총회와 임시총회로 구분한다.

8조(총회의 의결사항) 총회는 다음 각 항의 사항을 심의, 의결한다.

1. 회칙의 제정, 개정.
2. 사업결산과 재정결산.
3. 사업계획과 예산.
4. 공동대표, 감사 선출.
5. 기타 중요하다고 인정되는 사항.

9조(소집) 정기총회는 매년 1월에 공동대표의 명의로 소집한다.

10조(의결) 참석회원 과반수이상의 찬성으로 결정한다.

11조(임시총회) 임시총회는 운영위원회의 결의 또는 15인 이상 회원의 요청이 있을 때 소집한다.

제 4장 조직

12조(공동대표)

1. 공동대표는 이 모임을 대표하며, 5인 이내로 하고, 임기는 2년으로 연임할 수 있다.
2. 공동대표 중 1인을 호선하여 상임대표로 둘 수 있다.

13조(운영위원회) 조직의 원활한 운영을 위해 운영위원회를 둔다.

1. 지위 : 운영위원회는 총회의 위임을 받은 이 모임의 상설 의결기구이다.
2. 구성 : 운영위원회는 당연직 운영위원(공동대표, 각 위원장, 사무국장)과 공동대표에 의해서 인준된 자 등으로 구성하며 15인 이내로 한다.
3. 위원장 : 회의의 원활한 운영을 위해 운영위원장을 호선으로 선출한다.
4. 임기 : 운영위원 임기는 2년이며 연임할 수 있다.
5. 회의 : 월 1회 개최하며, 공동대표 및 위원 1/3 이상의 요구 시 임시회의를 소집 할 수 있다.
6. 의결 : 참석인원 과반수이상의 찬성으로 결정한다.
7. 권한과 의결사항, 운영위원회의 권한과 의결사항은 아래와 같다.
   가. 총회의 위임사항.
   나. 내규의 제정과 개정.
   다. 각 위원장 및 사무국장의 선임.
   라. 특별위원회 구성.
   마. 총회에 부의할 안건 채택.
   바. 상근활동가 임명.
   사. 기타 운영에 관한 사항.

14조(위원회) 이 모임의 원활한 사업수행을 하기 위하여 위원회를 둘 수 있다.

15조(감사) 감사는 사업과 재정을 감사하며 2명으로 하고, 임기는 2년으로 연임할 수 있다

16조(사무국) 사업의 원만한 수행을 위하여 사무국을 두며, 사무국에는 사무국장과 약간 명의 직원을 둘 수 있다.

17조(고문 및 자문위원)

1. 고문 : 교회와 지역사회의 원로 중에서 약간 명의 고문을 위촉할 수 있다.
2. 자문위원 : 정책 자문을 구하기 위해 자문위원을 위촉할 수 있다.

제 5장 재정과 회계연도

18조(회계년도) 회계연도는 매년 1월 1일부터 12월 31일까지로 한다.

19조(재정) 이 모임의 재정은 회원회비, 특별회비, 후원회비, 사업수입금, 기타 수입으로 한다.

제 6장 보칙

20조(준용) 회칙에 명시되지 않은 사항은 일반 관례에 따른다.

부칙

1조(효력) 이 회칙은 총회를 통과한 날로부터 효력을 발생한다.

2조(개정) 이 회칙은 총회에서 운영위원회, 또는 회원 10인 이상의 발의와 참석자 2/3이상의 찬성으로 개정할 수 있다.

제정 : 2004년 10월 10일
개정 : 2005년 1 월 27일
개정 : 2010년 1 월 28일
개정 : 2011년 1 월 13일
개정 : 2018년 1 월 11일

▦ 참조 ; 생명평화포럼 회칙

제 1장 총칙

1조(명칭) 이 모임은 '생명평화포럼'(약칭 생평)이라 한다.
영문명은 Life & Peace Forum으로 한다.

2조(사무실) 이 모임의 사무실은 인천광역시에 둔다.

3조(목적) 이 모임은 목적에 따른 다양한 주제의 포럼 및 회원모임의 실행을 통해 지역사회에서 생명, 평화의 가치를 지향하는 민주시민공동체를 실천하는 것을 목적으로 한다.

1. 인천지역사회에서 생명과 평화에 대한 관심을 확산한다.
2. 공정과 협력(협치)을 통한 시민의 민주적공동체 활성화에 참여한다.

제 2장 회원

4조(자격) 회원의 자격은 모임의 목적에 동의하는 시민으로 한다.

5조(가입) 소정의 절차에 따라 가입한다.

6조(권리와 의무) 회원은 본 모임의 의사결정, 행사에 참여할 수 있고, 선거권과 피선거권을 가지며, 회칙을 준수하고 정해진 회비를 납부해야 한다.

제 3장 총회

7조(총회) 총회는 이 모임의 최고의사 결정기구이며, 정기총회와 임시총회로 구분한다.

8조(총회의 의결사항) 총회는 다음 각 항의 사항을 심의, 의결한다.

1. 회칙의 제정, 개정.
2. 사업결산과 재정결산.
3. 사업계획과 예산.
4. 공동대표, 감사 선출.
5. 기타 중요하다고 인정되는 사항.

9조(소집) 정기총회는 매년 1월에 공동대표의 명의로 소집한다.

10조(의결) 참석회원 과반수이상의 찬성으로 결정한다.

11조(임시총회) 임시총회는 운영위원회의 결의 또는 15인 이상 회원의 요청이 있을 때 소집한다.

제 4장 조직

12조(공동대표)

1. 공동대표는 이 모임을 대표하며, 5인 이내로 하고, 임기는 2년으로 연임할 수 있다.
2. 공동대표 중 1인을 호선하여 상임대표로 둘 수 있다.

13조(운영위원회) 조직의 원활한 운영을 위해 운영위원회를 둔다.

1. 지위 : 운영위원회는 총회의 위임을 받은 이 모임의 상설 의결기구이다.
2. 구성 : 운영위원회는 당연직 운영위원(공동대표, 각 위원장, 사무국장)과 공동대표에 의해서 인준된 자 등으로 구성하며 15인 이내로 한다.
3. 위원장 : 회의의 원활한 운영을 위해 운영위원장을 호선으로 선출한다.
4. 임기 : 운영위원 임기는 2년이며 연임할 수 있다.
5. 회의 : 월 1회 개최하며, 공동대표 및 위원 1/3 이상의 요구 시 임시회의를 소집 할 수 있다.
6. 의결 : 참석인원 과반수이상의 찬성으로 결정한다.
7. 권한과 의결사항, 운영위원회의 권한과 의결사항은 아래와 같다.
   가. 총회의 위임사항.
   나. 내규의 제정과 개정.
   다. 각 위원장 및 사무국장의 선임.
   라. 특별위원회 구성.
   마. 총회에 부의할 안건 채택.
   바. 상근활동가 임명.
   사. 기타 운영에 관한 사항.

14조(위원회) 이 모임의 원활한 사업수행을 하기 위하여 위원회를 둘 수 있다.

15조(감사) 감사는 사업과 재정을 감사하며 2명으로 하고, 임기는 2년으로 연임할 수 있다

16조(사무국) 사업의 원만한 수행을 위하여 사무국을 두며, 사무국에는 사무국장과 약간 명의 직원을 둘 수 있다.

17조(고문 및 자문위원)

1. 고문 : 교회와 지역사회의 원로 중에서 약간 명의 고문을 위촉할 수 있다.

2. 자문위원 : 정책 자문을 구하기 위해 자문위원을 위촉할 수 있다.

제 5장 정기사업 및 모임

18조(정기사업)

1. 정기사업으로 매월 포럼을 개최한다.

2. 포럼의 주제는 운영위원회에서 정하되, 회원들의 의견도 청취하여 정한다.

19조(회원모임)

1. 회원간의 친목을 위한 행사를 계획 실행한다.

2. 비정기적인 수련회나 워크숍을 개최 회원 및 단체의 발전을 도모한다.

제 6장 재정과 회계연도

20조(회계년도) 회계연도는 매년 1월 1일부터 12월 31일까지로 한다.

21조(재정) 이 모임의 재정은 회원회비, 특별회비, 후원회비, 사업수입금, 기타수입으로 한다.

제 6장 보칙

22조(준용) 회칙에 명시되지 않은 사항은 일반 관례에 따른다.

부칙

1조(효력) 이 회칙은 총회를 통과한 날로부터 효력을 발생한다.

2조(개정) 이 회칙은 총회에서 운영위원회, 또는 회원 10인 이상의 발의와 참석자 2/3이상의 찬성으로 개정할 수 있다.

제18차 정기총회(2022년)

생명평화기독연대
(생명평화포럼)

제 18차 정기총회
지금 우리는 어디에 서있는가?

일시 : 2022년 1월 20일(목) 오후 7시
장소 : 인천 부평 아트센터 호박홀

정기총회 "생명, 평화와 함께" 순서

○ 기도

▩ 1부 : 정기총회

❑ 의장선출

❑ 성원보고

❑ 개회선언

❑ 서기선출

❑ 회순통과

❑ 전차 회의록 낭독

❑ 안건심의

* 안건 1. 감사보고(사업,회계)
* 안건 2. 2021년 사업 및 결산 보고
* 안건 3. 2022년 사업 및 예산 계획
* 안건 4. 임원선출
* 안건 5. 기타안건

❑ 회의록 채택

❑ 폐회선언

▦ 1 부 : 정기총회

☐ 의장선출

✹ 2022년 정기총회 총회준비위원장

☐ 성원보고

✹ 안건 의결을 위한 참여회원 수 확인

☐ 개회선언

☐ 회의록 서기 선출

✹ 총회 참여 운영위원 중 의장이 호명하고 동의와 제청

☐ 회순통과

✹ 순서지 2쪽 내용

☐ 전차회의록 낭독

생명평화기독연대 제17차 정기총회 회의록

일시 : 2021년 2월 4일(목) 19시 00분
장소 : 인천 평화교회 비대면회의

1. 17차 정기총회를 19시에 이상선공동대표의 묵상기도로 시작하다.

2. 2021년 정기총회 총회준비위원장인 이상선공동대표가 회의를 진행하다.

3. 성원보고에 현재 참석인원 11명이 참석하였으며, 본 생명평화기독연대 회칙에 '성원'에 관한 별도의 규정이 없음을 확인하고, 현 인원으로 성원이 된 것으로 보고하다.

4. 총회준비위원장이 19시 05분에 제 16차 정기총회 개회를 선언하다.

5. 회의록 서기에 황치빈운영위원을 만장일치로 선출하다.

6. 회순통과에 들어가, 총회자료집의 회순대로 통과하기를 동의와 재청을 받아 참석회원에게 가부를 물어 '가'로 답하여 회순을 통과하다.

7. 총회준비위원장이 전차 회의록 낭독에 들어가, 총회 자료집에 수록된 문안대로 받기를 동의와 재청을 받아 참석회원에게 가부를 물어 '가'로 답하여 전차 회의록을 원안대로 받기로 하다.

8. 안건심의에 들어가, 의장이 '안건 1. 감사보고'의 건을 상정하고, 이화규 감사의 부재로 사업감사보고를 의장이 대독하고, 김구 감사의 부재로 회계감사보고를 의장이 대독하여 감사보고를 받다.

9. 의장이 '안건 2. 2020년 사업 및 결산 보고'의 건을 상정하고, 의장이 총회자료집에 기록된 사업계획과 사업보고를 설명하다.
사업평가에 대한 2021년 총준위의 평가를 추가 설명하고, 2020년 결산보고에 총수입 9,768,950원과 총지출 6,220,060원, 잔액 3,548,8990원을 설명한 후에, 동의와 재청으로 참석회원에게 가부를 물어 '가'로 답하니 원안대로 2020년 사업 및 결산 보고를 받아 통과하다.

10. 의장이 '안건 3. 2021년 사업 및 예산 계획'의 건을 상정하고, 이상선총준위원장이
(1) 사업계획 - 1)정기월례포럼 2) 회원활동 3) 연대활동을 예전과 변함없이 하기로 함. 특별히 회원활동에 '여름수련회''생평순례''행동의 날'은 지속적으로 계획하고, 인천광역시의 평화도시조성사업에 관심을 갖고 적극적인 참여를 위한 실행구조를 계획함.
(2) 2021년 예산계획 - 총수입과 총지출을 15,000,000원으로 편성하기로 하고, 동의와 재청을 받아 참석회원에게 가부를 물어 '가'로 답하니'안건 3. 2021년 사업 및 예산계획'을 원안대로 받아 통과하다.

11. 의장이 '안건 4. 기타안건'관한 건을 상정하니 안건 없음으로 하다.

12. 의장이 회의록 채택에 관한 건을 상정하니, 조형찬운영위원의 '운영위원회에 위임하자'는 다수 회원의 동의와 재청에 따라 카톡방에서 서면보고 받기로 하다.

13. 의장 20시 10분에 폐회선언을 하고, 제 17 차 정기총회를 마치다.

□ 안건심의

○ 안건 1. 감사보고

✸ 사업감사보고

2021년 사업감사 보고서

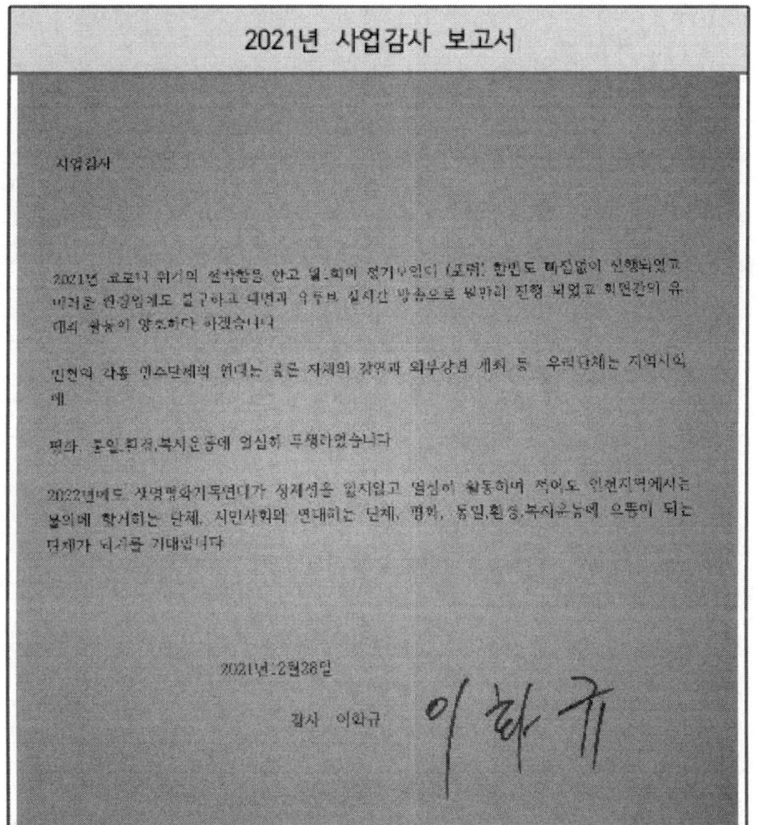

사업감사

2021년 코로나 위기의 심각함을 안고 월-회의 정기모임이 (모임) 한번도 빠짐없이 진행되었고 어려운 환경임에도 불구하고 대면과 유투브 실시간 방송으로 원만히 진행 되었고 회원간의 유대와 활동이 양호하다 하겠습니다

인천의 각종 시민단체와 연대는 물론 자체의 강연과 외부강연 개최 등 우리단체는 지역사회에

평화, 통일,환경,복지운동에 열심히 노력하였습니다

2022년에도 생명평화기독연대가 정체성을 잃지않고 열심히 활동하며 적어도 인천지역에서는 불의에 항거하는 단체, 시민사회와 연대하는 단체, 평화, 통일,환경,복지운동에 으뜸이 되는 단체가 되기를 기대합니다

2021년 12월28일

감사 이화규

✸ 회계감사보고

2021 년 회계감사 보고서

감 사 보 고

1. 감사 개요
본 감사는 2022년 1월 6일부터 16일까지 총회에 보고된 2021년도 결산보고서와 통장 입출 내역을 서면으로 제출받아 검토하고 이에 따른 의문 사항들을 서면 보고를 통해서 확인하였습니다.

2. 감사 의견
결산과 통장 입출 내역은 정당한 것으로 인정됩니다. 다만 결산서의 지출부 항목에서 예비비에 포함된 2,000,000원 지출은 운영비 중 비품구입비로 적용하고, 이에 따른 수치조정이 필요하다고 봅니다. 해를 거듭하는 COVID-19 상황 속에서도 중단 없는 활동을 지속하기 위해 애써주신 담당자 여러분께 감사드립니다.

2022년 1월 16일

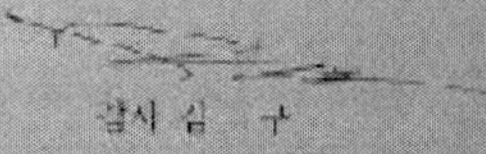

감사 심 구

○ 안건 2. 2021년 사업 및 결산 보고

✸ 2021년 사업보고

* 생명평화포럼
- 매월 정기적인 포럼을 개최 / 장소 : 길위의 꿈 과 실시간 유튜브 진행

차수	날짜	제목	강사	유튜브 조회
170차	2/18	코로나 19와 공동의료	조승연 인천의료원 원장	145회
171차	3/4	기후위 과학기술로 극복 가능한가?	박병상 박사	95회
172차	4/1	생명이란 무엇일까?	주요섭 (생명-운동가)	104회

173차	5/6	기후위기와 미래사회와 미래세대	오창길 (사) 자연의 벗 연구소	71회
174차	6/3	2030 청년 정치를 듣는다	신지혜 기본소득당 대표	79회
175차	7/8	기후위기와 인권	조효제 교수	21명
176차	9/16	인천, 전쟁과 평화로 가는길	황보윤식 박사	69회
177차	10/21	인천, 전쟁과 평화로 가는길	이재봉 박사	51회
178차	11/9	복지국가 성과와 과제	김연명 중앙대 교수	50회
179차	12/2	부동산 문제와 토지평등권 개혁	박창수 박사	21회

175차 생명평화포럼은 강사님 요청으로 유뷰브 진행하지 않았습니다.

* 2021년 주요활동

- 2월 4일 / 2021년 정기총회
- 4월 4일 / 부활절 연합예배 참석 (미얀마 민주화 운동 지지하는 부활절 예배)
- 6월 10일 / 제35주년 인천 5.3 민주항쟁계승대회, 제34주년 6.10 민주항쟁
- 7월4일 / 미문의 일꾼교회에서 179차 운영위원회 회의와 피켓팅 진행
- 9월11일 / 평화지도 제작현장 답사(강화도 일대)
- 10월 30일 / 노동자의 길 - 함께 걷기 참석
- 11월 16일 / 2021년 인천 민족민주노동열사..희생자 합동추모제
- 11월 18일 / 세월호 참사 진상규명을 위한 2021년 인천 월례 기도회
- 12월- 2022.1월 / 총회준비위원회 활동 : 3차 회의를 진행

✸ 2021년 사업 평가

* **포럼에 대하여** : 코로나 관련 1회, 기후위기와 생명 관련 4회, 청년 관련 1회, 평화도시조성 2회, 현안 복지와 부동산 2회 총10회 포럼이 대면과 유튜브 실시간 방송으로 무사히 진행되었다. 특히 코로나 관련 유튜브 조회 수는 145회의 기록을 나타난 것처럼 위기 속에 포럼이 10회 이상 무사히 진행하게 된 것은 관심과 깊은 애정과 함께 만들어 가는 동역자 헌신이 이었기에 이루어낸 노력의 산물이 아닌가? 본다.
다시 한 번 2021년 포럼을 준비한 손길에 깊은 감사를 드립니다.

* **회원사업** : 2년 연속 주변 환경이 어려워 회원모임에 보다는 회원의 기념일인 생일을 기억하여 작은 선물과 메시지로 고마운 마음을 전달하였다. 또한 회원님께 생평달력을 제

작하여 우편 발송 하였습니다.

＊ **연대사업** : 부활절 연합예배 참석 (미얀마 민주화 운동 지지하는 부활절 예배)과 인천 도시산업 존치를 위한 운영위원 중심으로 범시민대책 참여와 1인 릴레이 금식과 피켓 팅에도 참여 하였다. 또한 세월호 참사 규명을 위한 인천 월례 기도회 참여를 하였다.

✸ 2021년 결산보고

수 입 부				
수 입 구 분		2021년 예산	수입 누계액	비 고
회비	CMS	8,500,000	5,972,329	
	개별송금	300,000	330,000	박찬대, 임병구
후원	단체	1,560,000	1,560,000	인천교회, 나섬교회
	개인	1,000,000	1,600,000	조형찬, 김광성, 김연명
기 타 수 입		3,540,000	3,632,918	이월금, 평화기행, 이자
합 계		14,900,000	13,095,247	

지 출 부				
구분	지출 항목	2021년 예산	지출 누계액	비 고
운영비	실무활동비	2,400,000	2,400,000	실무활동비
	사무비	200,000	190,040	방송책자구입, 달력발송비용
	비품구입비	100,000	215,800	무선마이크, 핸드폰 삼각대
	소 계	2,700,000	2,805,840	
조직 사업비	포럼진행비	5,000,000	3,989,020	강사비, 진행비, 웹자보, 식사비
	수련회비	500,000	-	
	회의비	800,000	857,530	운영위원, 총준위 회의비
	경조비	300,000	100,000	
	정기총회	300,000	139,350	
	행동의날	200,000	-	
	생평기행	1,000,000	-	
	사업비	500,000	358,900	생일자 쿠폰, 달력제작비용
	소 계	8,600,000	5,444,800	
연대 사업비	시민연대회	600,000	600,000	

- 8 -

	비			
	기사련	240,000	-	
	연대활동비	600,000	412,000	박종린 장례위원회, 인천비상행동, 평화의 배 띄우기, 장애인 인권영화, 인천도산,
	후원비	600,000	500,000	미얀마 민주화운동 부활절예배, 인천여성노동자회, 시민연대, 합동추모제, 부평꿈마중합창단
	소 계	2,040,000	1,512,000	
예비비	예비비	1,560,000	2,000,000	평화기행(120), 노트북구입(80)
	소 계	1,560,000	2,000,000	
합 계		14,900,000	11,762,640	

구분	수입	지출	잔액	통장잔액	현금시재
내용	13,095,247원	11,762,640원	1,332,607원	1,322,148원	10,459원

✹ 2021년 결산 평가

* **수입** : 2021년 예산안 1490만원 대비 88%인 1300만원으로 마감했습니다.
2021년 CMS회원 모집을 20명정도 예상했으나 6명에 그쳤고, 개인 사정등으로 4명이 해지되었습니다. 또한 회비 장기 미납 고객들의 수입이 3개월마다 초기화되고, 운영위원들이 2만원이상 납부해야 하는데 그렇게 되지 못한 부분도 있습니다.
후원 단체 모집에도 변화가 없어 실적 상승이 되지 못했습니다.

* **지출** : 2021년 지출은 코로나상황으로 인해 수련회, 생평기행등을 진행하지 못해서, 예산안 대비 79% 지출로 마감했습니다.
유튜브 촬영관련 장비 구입으로 예산대비 초과 지출이 발생 되었으며, 생일자 회원을 위한 커피 쿠폰을 2021년 6월부터 보냈습니다.

잔액•잔고증명서 (예금•신탁•집합투자증권)

[Certificate of Deposit/Trust/Investment Trust Balance]

증명서 위·변조 및 행사 시 형법에 따라 처벌받을 수 있습니다.

예금주(Depositor) 위탁자(Truster) : 생명평화포럼 님 증서번호(Certificate No) : 00024441

주민(사업자)등록번호(Registration No) : 511-82-***** 발급번호(Issue No) : 2246000034

예금•신탁종류 (Type of Deposit)	KB종합통장	계좌번호 (Account Number)	224001-04-234020
원본수익자(Beneficiary of Principal)		이익수익자(Beneficiary of Profit)	
예금•신탁잔액 (Amount)	₩1,322,148	미결제타점권금액(Uncleared Checks & Bills)	
평가금액 (B/A)		환율 (Exchange Rate)	
잔고좌수 (Unit)		기준가 (Net Asset Value)	
지급제한(Withdrawal Restrictions)	예금인출 제한이 없음, 질권설정내역 등이 없음		

예금•신탁종류 (Type of Deposit)		계좌번호 (Account Number)	
원본수익자(Beneficiary of Principal)		이익수익자(Beneficiary of Profit)	
예금•신탁잔액 (Amount)		미결제타점권금액(Uncleared Checks & Bills)	
평가금액 (B/A)		환율 (Exchange Rate)	
잔고좌수 (Unit)		기준가 (Net Asset Value)	
지급제한(Withdrawal Restrictions)			

예금•신탁종류 (Type of Deposit)		계좌번호 (Account Number)	
원본수익자(Beneficiary of Principal)		이익수익자(Beneficiary of Profit)	
예금•신탁잔액 (Amount)		미결제타점권금액(Uncleared Checks & Bills)	
평가금액 (B/A)		환율 (Exchange Rate)	
잔고좌수 (Unit)		기준가 (Net Asset Value)	
지급제한(Withdrawal Restrictions)			

예금•신탁종류 (Type of Deposit)		계좌번호 (Account Number)	
원본수익자(Beneficiary of Principal)		이익수익자(Beneficiary of Profit)	
예금•신탁잔액 (Amount)		미결제타점권금액(Uncleared Checks & Bills)	
평가금액 (B/A)		환율 (Exchange Rate)	
잔고좌수 (Unit)		기준가 (Net Asset Value)	
지급제한(Withdrawal Restrictions)			

예금•신탁종류 (Type of Deposit)		계좌번호 (Account Number)	
원본수익자(Beneficiary of Principal)		이익수익자(Beneficiary of Profit)	
예금•신탁잔액 (Amount)		미결제타점권금액(Uncleared Checks & Bills)	
평가금액 (B/A)		환율 (Exchange Rate)	
잔고좌수 (Unit)		기준가 (Net Asset Value)	
지급제한(Withdrawal Restrictions)			

합계 (Total Amount)	₩1,322,148	환율 (Exchange Rate)	
미결제타점권금액(Uncleared Checks & Bills)	(₩0 Included)	환산금액 (Equivalent Amount)	
Say : 금일백삼십이만이천일백사십팔원정			

• 귀하의 예금 • 신탁 잔액, 집합투자증권 평가금액이 2021 년 12 월 31 일 현재로 위와 같음을 증명합니다.
In reply to your request, we certify that Deposit(s)•Trust(s)•Investment Trust(s) we hold in your name show(s) / showed the above amount(s) as of the close of business on DEC. 31, 2021.
• 미결제타점권(당좌수표, 약속어음, 가계수표 등)은 결제확인 시까지 인출이 불가능합니다.
You are not able to withdraw uncollected checks before settlement for exchange is made.
• 평가금액은 집합투자증권의 평가금액을 말하며, 기준가격의 등락에 따라 매일 변동될 수 있습니다.
B/A refers investment trust balance and can be changed by daily Net Asset Value.

발급일(Date of Issue) : 2022 년 01 월 12 일

주식회사 국민은행 은행장

Kookmin Bank

※ 본 증명서는 인터넷으로 발급되었습니다. 예금잔액증명서 발급내용 일치여부는 국민은행 홈페이지(고객센터)에서 확인할 수 있으며, 발급일자로부터 100일 이내에만 가능합니다.

- 10 -

ㅇ 안건 3. 2022년 사업 및 예산 계획

✱ 2022년 사업의 방향

* 정기월례포럼

- 대선과 지방선거 있는 2022년 한 해가 되는 시점에 지역의 현안을 다루는 포럼이 상반기에 진행될 것으로 예상되며 하반기에는 2021년 계획하고 진행하지 못한 시리즈형식의 강좌와 통일관련 내용와 회원들의 관심과 의견을 반영하는 포럼주제를 만들려고 계획하고 있습니다.

- 정기 포럼에 관해서 거대담론이 아닌 지역현안문제 대한 포럼을 고민하기로 하다. 또한 꼭 매월 포럼으로 진행해야 하는지? 많은 사람이 관심을 갖을 주제? 등에 관한 포럼을 찾아야한다.

* 회원활동

- 여름의 회원수련회와 평화기행과 더불어 회원님 생일을 기억하고 작은 선물과 안부를 전하는 일은 지속적으로 진행할 것입니다.

* 연대사업

- 지역마을과 깊숙이 할 수 있는 연대 사업을 참여와 재정적인 지원을 계획하여 진행할 것입니다.

- 연대사업에 대해서도 상징적 기념일이나 다른 민주단체와의 교류에 대한 방법도 찾아보기로 하다.

* 지원 및 보조금 사업

- 지원 사업이나 보조금사업의 경우 생평 자체의 실무적인 어려움 사업이지만, 지속적으로 아래위한 실무자 실비 지급을 위한 사업을 모색하고 발전할 것입니다.

✸ 2022년 예산

• 수입

수 입 내 역

수 입 구 분		21년 예산	21년 결산	실적율	2022년 예산	21년대비증감	비 고
회비	CMS	8,500,000	5,972,329	70%	8,500,000	0	CMS 확보 노력
	개별송금	300,000	330,000	110%	500,000	200,000	
후원	단체	1,560,000	1,560,000	100%	1,560,000	0	인천교회, 나섬교회
	개인	1,000,000	1,600,000	160%	1,500,000	500,000	
기 타 수 입		3,540,000	3,632,918	103%	2,532,607	-1,007,393	평화기행 이월금 120만원 포함
합 계		14,900,000	13,095,247	88%	14,592,607	-307,393	2021년 대비 이월금 감소

• 지출

지 출 내 역

구분	지출항목	2021년 예산	당월 지출액	실적율	2022년 예산	21년대비 증감	비 고
운영비	실무활동비	2,400,000	2,400,000	100%	2,400,000	0	실무자 2명
	사무비	200,000	190,040	95%	200,000	0	
	비품구입비	100,000	215,800	216%	100,000	0	
	소 계	2,700,000	2,805,840	104%	2,700,000	0	
조직사업비	포럼진행비	5,000,000	3,989,020	80%	5,000,000	0	강사비, 진행비, 웹자보
	수련회비	500,000		0%	500,000	0	
	회의비	800,000	857,530	107%	800,000	0	운영위, 총준위
	경조비	300,000	100,000	33%	300,000	0	
	정기총회	300,000	139,350	46%	300,000	0	
	행동의날	200,000	-	0%	200,000	0	
	생평기행	1,000,000	-	0%	500,000	-500,000	코로나 상황 감안하여 감액
	사업비	500,000	358,900	72%	500,000	0	생일자 쿠폰, 달력
	소 계	8,600,000	5,444,800	63%	8,100,000	-500,000	
연대사업비	시민연대회비	600,000	600,000	100%	600,000	0	

	기사련	240,000	-	0%	240,000	0	
	연대활동비	600,000	412,000	69%	600,000	0	
	후원비	600,000	500,000	83%	600,000	0	
	소 계	2,040,000	1,512,000	74%	2,040,000	0	
예비비	예비비	1,560,000	2,000,000	128%	1,752,607	192,607	
	소 계	1,560,000	2,000,000	128%	1,752,607	192,607	
합 계		14,900,000	11,762,640	79%	14,592,607	-307,393	
잔 액		-	1,332,607		-		

* 수입
1) 2021년 대비 수입예산을 1% 감액한 14,592,607원으로 하였습니다.
2) 수입예산에서 CMS 회원 모집을 위해 우리 모두가 많은 노력을 기울여야 합니다.
3) 개인 후원금액은 50만원 증액했습니다.
   2022년도에 여전히 조형찬, 김광성의 후원으로 가능하다고 예상합니다.
4) 단체 후원금 동일하게 잡았으나, 후원 단체를 더 찾아야 합니다.

* 지출
1) 지출에서는 2021년 결산대비 큰 변화는 없습니다.
   단, 생평기행 여전히 코로나 상황으로 힘들거라 예상해서 50만원 감액했습니다.
2) 예산이 많이 확보되면, 실무 간사를 두어야 합니다.
   현재 회원확보와 관리등의 업무가 미비하여, 대비해야 합니다.
   인천시 보조금 사업의 기획, 관리를 위해서도 실무자가 절실합니다.
3) 현재 실무담장자(행정:김성만, 회계:조형찬, 유튜브:김성만, 웹자보:김광성)에
   대한 업무 효율도 검토해봐야 합니다.
4) 유튜브 방송장비(카메라, 모니터)에 대한 추가 구입 필요성이 있습니다.

○ 안건 4. 임원 선출

1) 총준위에서는 3차에 걸쳐서 여러 방면으로 논의하였으나, 최종적으로 공동대표에
   김영호를 추천한다.
2) 상임대표와 공동대표로 정세일을 추천한다.
3) 사업감사에 임병구, 회계감사에 황치빈을 추천한다.
4) 운영위원회 위원으로는 현재의 운영위원 13명을 추천한다.
5) 고문에 김정택, 박종렬, 이민우, 자문위원에 고보선, 김영철, 신영옥을 유임한다.

○ 안건 4. 기타 안건

1) 회칙개정 : '생명평화기독연대'와 '생명평화포럼'의 정체성에 관해 논의하여, 생명평화기독연대 회칙에 "18조(사업) 생명평화포럼을 운영하여 포럼, 지역현안을 공유한다." 개정을 추진하기로 하다.

2) 기타

□ 회의록 채택

□ 폐회선언

▦ 생명평화기독연대 회칙

제 1장 총칙

1조(명칭) 이 모임은 '생명평화기독연대'(약칭 생평기연)라 한다.
영문명은 Christian Solidarity for Peace and Life(약칭 CSPL)으로 한다.

2조(사무실) 이 모임의 사무실은 인천광역시에 둔다.

3조(목적) 이 모임은 생명과 평화로 이끄시는 예수님의 뒤를 따라 지역사회에서 평화, 통일, 환경, 복지운동을 실천하는 것을 목적으로 한다.

제 2장 회원

4조(자격) 회원의 자격은 모임의 목적에 동의하는 시민으로 한다.

5조(가입) 소정의 절차에 따라 가입한다.

6조(권리와 의무) 회원은 본 모임의 의사결정, 행사에 참여할 수 있고, 선거권과 피선거권을 가지며, 회칙을 준수하고 정해진 회비를 납부해야 한다.

제 3장 총회

7조(총회) 총회는 이 모임의 최고의사 결정기구이며, 정기총회와 임시총회로 구분한다.

8조(총회의 의결사항) 총회는 다음 각 항의 사항을 심의, 의결한다.

1. 회칙의 제정, 개정.
2. 사업결산과 재정결산.
3. 사업계획과 예산.
4. 공동대표, 감사 선출.
5. 기타 중요하다고 인정되는 사항.

9조(소집) 정기총회는 매년 1월에 공동대표의 명의로 소집한다.

10조(의결) 참석회원 과반수이상의 찬성으로 결정한다.

11조(임시총회) 임시총회는 운영위원회의 결의 또는 15인 이상 회원의 요청이 있을 때 소집한다.

제 4장 조직

12조(공동대표)

1. 공동대표는 이 모임을 대표하며, 5인 이내로 하고, 임기는 2년으로 연임할 수 있다.
2. 공동대표 중 1인을 호선하여 상임대표로 둘 수 있다.

13조(운영위원회) 조직의 원활한 운영을 위해 운영위원회를 둔다.

1. 지위 : 운영위원회는 총회의 위임을 받은 이 모임의 상설 의결기구이다.
2. 구성 : 운영위원회는 당연직 운영위원(공동대표, 각 위원장, 사무국장)과 공동대표에 의해서 인준된 자 등으로 구성하며 15인 이내로 한다.
3. 위원장 : 회의의 원활한 운영을 위해 운영위원장을 호선으로 선출한다.
4. 임기 : 운영위원 임기는 2년이며 연임할 수 있다.
5. 회의 : 월 1회 개최하며, 공동대표 및 위원 1/3 이상의 요구 시 임시회의를 소집 할 수 있다.
6. 의결 : 참석인원 과반수이상의 찬성으로 결정한다.
7. 권한과 의결사항, 운영위원회의 권한과 의결사항은 아래와 같다.
   가. 총회의 위임사항.
   나. 내규의 제정과 개정.
   다. 각 위원장 및 사무국장의 선임.
   라. 특별위원회 구성.
   마. 총회에 부의할 안건 채택.

바. 상근활동가 임명.

사. 기타 운영에 관한 사항.

14조(위원회) 이 모임의 원활한 사업수행을 하기 위하여 위원회를 둘 수 있다.

15조(감사) 감사는 사업과 재정을 감사하며 2명으로 하고, 임기는 2년으로 연임할 수 있다

16조(사무국) 사업의 원만한 수행을 위하여 사무국을 두며, 사무국에는 사무국장과 약간 명의 직원을 둘 수 있다.

17조(고문 및 자문위원)

1. 고문 : 교회와 지역사회의 원로 중에서 약간 명의 고문을 위촉할 수 있다.
2. 자문위원 : 정책 자문을 구하기 위해 자문위원을 위촉할 수 있다.

제 5장 재정과 회계연도

18조(회계년도) 회계연도는 매년 1월 1일부터 12월 31일까지로 한다.

19조(재정) 이 모임의 재정은 회원회비, 특별회비, 후원회비, 사업수입금, 기타수입으로 한다.

제 6장 보칙

20조(준용) 회칙에 명시되지 않은 사항은 일반 관례에 따른다.

부칙

1조(효력) 이 회칙은 총회를 통과한 날로부터 효력을 발생한다.

2조(개정) 이 회칙은 총회에서 운영위원회, 또는 회원 10인 이상의 발의와 참석자 2/3이상의 찬성으로 개정할 수 있다.

제정 : 2004년 10월 10일
개정 : 2005년 1 월 27일
개정 : 2010년 1 월 28일
개정 : 2011년 1 월 13일
개정 : 2018년 1 월 11일

▦ 참조 ; 생명평화포럼 회칙

제 1장 총칙

1조(명칭) 이 모임은 '생명평화포럼'(약칭 생평)이라 한다.
영문명은 Life & Peace Forum으로 한다.

2조(사무실) 이 모임의 사무실은 인천광역시에 둔다.

3조(목적) 이 모임은 목적에 따른 다양한 주제의 포럼 및 회원모임의 실행을 통해 지역사회에서 생명, 평화의 가치를 지향하는 민주시민공동체를 실천하는 것을 목적으로 한다.

1. 인천지역사회에서 생명과 평화에 대한 관심을 확산한다.
2. 공정과 협력(협치)을 통한 시민의 민주적공동체 활성화에 참여한다.

제 2장 회원

4조(자격) 회원의 자격은 모임의 목적에 동의하는 시민으로 한다.

5조(가입) 소정의 절차에 따라 가입한다.

6조(권리와 의무) 회원은 본 모임의 의사결정, 행사에 참여할 수 있고, 선거권과 피선거권을 가지며, 회칙을 준수하고 정해진 회비를 납부해야 한다.

제 3장 총회

7조(총회) 총회는 이 모임의 최고의사 결정기구이며, 정기총회와 임시총회로 구분한다.

8조(총회의 의결사항) 총회는 다음 각 항의 사항을 심의, 의결한다.

1. 회칙의 제정, 개정.
2. 사업결산과 재정결산.
3. 사업계획과 예산.
4. 공동대표, 감사 선출.
5. 기타 중요하다고 인정되는 사항.

9조(소집) 정기총회는 매년 1월에 공동대표의 명의로 소집한다.

10조(의결) 참석회원 과반수이상의 찬성으로 결정한다.

11조(임시총회) 임시총회는 운영위원회의 결의 또는 15인 이상 회원의 요청이 있을 때 소집한다.

제 4장 조직

12조(공동대표)

1. 공동대표는 이 모임을 대표하며, 5인 이내로 하고, 임기는 2년으로 연임할 수 있다.

2. 공동대표 중 1인을 호선하여 상임대표로 둘 수 있다.

13조(운영위원회) 조직의 원활한 운영을 위해 운영위원회를 둔다.

1. 지위 : 운영위원회는 총회의 위임을 받은 이 모임의 상설 의결기구이다.

2. 구성 : 운영위원회는 당연직 운영위원(공동대표, 각 위원장, 사무국장)과 공동대표에 의해서 인준된 자 등으로 구성하며 15인 이내로 한다.

3. 위원장 : 회의의 원활한 운영을 위해 운영위원장을 호선으로 선출한다.

4. 임기 : 운영위원 임기는 2년이며 연임할 수 있다.

5. 회의 : 월 1회 개최하며, 공동대표 및 위원 1/3 이상의 요구 시 임시회의를 소집 할 수 있다.

6. 의결 : 참석인원 과반수이상의 찬성으로 결정한다.

7. 권한과 의결사항, 운영위원회의 권한과 의결사항은 아래와 같다.

가. 총회의 위임사항.

나. 내규의 제정과 개정.

다. 각 위원장 및 사무국장의 선임.

라. 특별위원회 구성.

마. 총회에 부의할 안건 채택.

바. 상근활동가 임명.

사. 기타 운영에 관한 사항.

14조(위원회) 이 모임의 원활한 사업수행을 하기 위하여 위원회를 둘 수 있다.

15조(감사) 감사는 사업과 재정을 감사하며 2명으로 하고, 임기는 2년으로 연임할 수 있다

16조(사무국) 사업의 원만한 수행을 위하여 사무국을 두며, 사무국에는 사무국장과 약간 명의 직원을 둘 수 있다.

17조(고문 및 자문위원)

1. 고문 : 교회와 지역사회의 원로 중에서 약간 명의 고문을 위촉할 수 있다.

2. 자문위원 : 정책 자문을 구하기 위해 자문위원을 위촉할 수 있다.

제 5장 정기사업 및 모임

- 18 -

18조(정기사업)

1. 정기사업으로 매월 포럼을 개최한다.
2. 포럼의 주제는 운영위원회에서 정하되, 회원들의 의견도 청취하여 정한다.

19조(회원모임)

1. 회원간의 친목을 위한 행사를 계획 실행한다.
2. 비정기적인 수련회나 워크숍을 개최 회원 및 단체의 발전을 도모한다.

제 6장 재정과 회계연도

20조(회계년도) 회계연도는 매년 1월 1일부터 12월 31일까지로 한다.

21조(재정) 이 모임의 재정은 회원회비, 특별회비, 후원회비, 사업수입금, 기타수입으로 한다.

제 6장 보칙

22조(준용) 회칙에 명시되지 않은 사항은 일반 관례에 따른다.

부칙

1조(효력) 이 회칙은 총회를 통과한 날로부터 효력을 발생한다.

2조(개정) 이 회칙은 총회에서 운영위원회, 또는 회원 10인 이상의 발의와 참석자 2/3이상의 찬성으로 개정할 수 있다.

생명평화기독연대

(생명평화포럼)

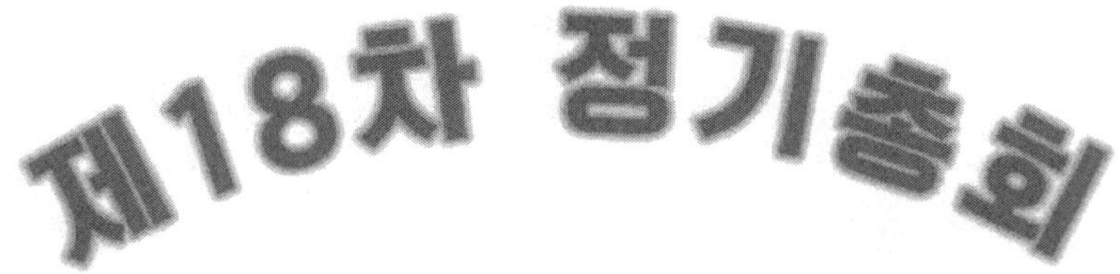

지금 우리는 어디에 서있는가?

일시 : 2022년 1월 20일(목) 오후 7시

장소 : 인천 부평아트센터 호박홀

인천 부평구 아트센터로 166(십정동)

2022년 생명평화포럼 활동보고서

1. 사업보고서

1) 2022년 생명평화포럼 개최

창립한 2004년부터 매월(년 10회, 1월— 총회, 8월— 수련회 제외) 진행.
— 주제는 포럼TF에서 선정하여 운영위원회에서 결정합니다.
— 신학과 종교에 국한하지 않고 인문학, 역사, 사회적 이슈도 다룹니다.
— 주제 선정에 시민사회의 다양한 요구를 반영합니다.
— 비회원, 비신앙인, 이웃종교인의 참여도 보장된 오픈 포럼입니다.

차수	날짜	제목	강사
180차	2/10	2022 세대공감 MZ세대에게 듣는다	조민경, 강진명, 이강민, 박승우
181차	3/3	적대적 공생의 비극	한완상 박사 (전부총리/통일부장관)
182차	4/7	마음치유 콘서트 '아직'과 '이미' 사이	이진권 목사
183차	5/12	유물이 품은 인천이야기	유동현 관장(인천시립박물관장)
184차	6/9	영화 '그대가 조국' 공동체 상영	진모영 감독, 박지훈 대표
185차	7/7	청년 정치인에 묻는다.	조민경(전 인천 연수구 의원) 김한별(전 인천시장 후보)
186차	9/1	우크라이나 사태 이해와 국제질서 개편	조한범 박사
187차	10/6	소설 속 인천 노동자 이야기	양진채(소설가)

188차	11/5	삶의 현장에서 듣는 인천 문학기행	양진채(소설가)
189차	12/1	우크라이나 사태로 다시 생각하는 고려인 디아스포라	문영숙 작가

— 장소: 인문학도서관 「길위의 꿈」 (인천지하철2호선 석바위시장역 1번출구 앞)

— 유튜브(검색: 인천생명평화포럼) 실시간 방송

2) 2022년 주요 연대사업

— 1월 20일 / 2022년 정기총회

— 4월17일(부활절) 고난받는 이웃과 함께하는 인천연합예배 공동주관

— 제36주년 인천 5.3 민주항쟁 계승대회

(일시: 2022년 5월 3일(화) 오후 5시, 장소: 주안쉼터공원)

— 2022년 "7.27 한강하구 평화의 배띄우기"주관단체 참여

— 8월 /김대중 대통령 서거 13주기 추모식 후원단체 참여

— 8월 수련회 8월 26일 ~ 27일 1박 2일(석모도 휴양림)

— 9월 6일 / 강화뉴스 이사장(김정택 목사) 취임식 및 사무소 이전개소식 후원참여

— 9월 21일 / 2022년 한강하구'평화의 배띄우기" 단체 참여

— 10월 29일,30일 / 전국 민주시민 합창 축전 — 후원 참여

— 10월 31일 / 종교재판 30년, 교회권력에서 묻다 — 공동주관: 생명평화포럼

— 11월 14일 / 2022년 인천 민족민주노동열사·희생자 합동추모제 후원단체 참여

— 11월 17일 / 인천시민사회단체연대 후원 행사

— 11월 23일 / 영화 '태안'

(한국전쟁전 후 태안지역 민간인 학살을 다룬 다큐멘터리 감독 구자환)

3) 2022년 특별 활동

1) 182차 4월 포럼: 마음의 치유로 구성하여 쉼과 명상 활동
2) 184차 6월 포럼: 주안 영화공간에서 "그대가 조국" 상영.
(생명평화포럼 영화초대권 62장 발권) 시네마토크 감독과 대화
(진모영 감독, 박지훈 대표)
3) 8월 26일~27일: 수련회 (13명 참여)
— 고문 박종렬 목사에게 듣는 생평이 걸어온 길
— 향후 생평이 가야 할 길을 나누고 시민사회와 공유
4) 188차 11월 포럼: 인천 만석동일대 공장 및 부두를 함께 걸으며 문학기행
(일제강점시대 노동자의 삶부터 90년대 괭이부리말의 달동네까지)

2. 회계보고서
(2022년 수입및지출, 20222년 연대사업 후원내역)

1) 수입 및 지출(12월 9일 기준)

		(단위:원)
수입		
	회원 회비 및 개인 후원금	9,212,091
	단체(교회) 후원금	2,050,000
	기타(이월금포함)	3,076,167
	합계	**14,338,258**
지출	포럼 진행비	6,345,920
	운영 및 조직사업비	4,970,350
	연대(후원) 사업비	1,830,000
	합계	**13,146,270**
잔액		**1,191,988**

2) 2022년 연대(후원) 사업내역 (12. 09. 기준)

2월	세월호 추모 위원회
3월	한성임시정부 103주년 기념식
4월	인천민주화계승사업회(5.3 민주항쟁 기념식)
	고난받는 이웃과 함께하는 부활절 연합예배
6월	영화 '그대가 조국' 공동체 상영
7월	한강하구 '평화의 배' 띄우기
	김대중 대통령 서거 13주기 추모식
8월	8.15 자주평화통일대회
	밀정의혹 김순호 퇴출과 경찰국 폐지 대책위원회
10월	인천 민족민주 노동열사 및 희생자 합동 추모제
11월	영화 '태안' 공동체 상영
	김영승선생님 회고록 출판 기념회
	국경선 평화학교 '남이랑 북이랑' 교실 기부
	인천시민연대 재정기금 마련 '후원의 밤'
	사단법인 함께걷는 길벗회
12월	5.3 합창단 정기 연주회
	수주탈춤예수전(박형규 목사 기념사업회)
	온누리고려인아동돌봄센터

제19차 정기총회(2023년)

생명평화기독연대
(생명평화포럼)

제19차 정기총회

"계층을 넘어 통합으로 분단을 넘어서 통일로"

일시: 2023년 1월 13일(금) 오후 6시 30분

장소: 여행인문학도서관 길위의 꿈

정기총회 순서

○ 기도

▩ 1부: 정기총회

❑ 의장선출

❑ 성원보고

❑ 개회선언

❑ 서기선출

❑ 회순채택

❑ 전차 회의록 보고

❑ 감사보고(사업,회계)

❑ 안건심의

안건 1. 2022년 사업 및 결산 보고

안건 2. 2023년 사업 및 예산 승인

안건 3. 기타안건

❑ 회의록 채택

❑ 폐회선언

▩ 2부: 가족 힐링 음악여행

❑ My Way — 바리톤: 오모세(5.3합창단지휘자)

❑ 이화우 — (이매창, 유희경 작사/ 손인수 작곡)

소프라노: 김현숙(그린나래합창단지휘자)

❑ 바람의 빛깔 — 포카혼타스 OST

당신은 사랑받기 위해 태어난 사람 (이민섭 곡)

비올라: 조인희, 피아노: 홍소연

❑ 축복하노라 — (조은아 작사/ 신상우 작곡)

▦ 1부: 정기총회

□ 의장선출

총회준비위원회 위원장 주관으로 공동대표 중 1인 선출

□ 성원보고

안건 의결을 위한 참석 회원 숫자 확인

□ 개회선언

의장

□ 회의록 서기 선출

총회 참여 운영위원 중 의장이 호명하여 참석 회원의 동의와 재청으로 지명

□ 회순채택

1) 의장 선출

2) 성원 보고

3) 개회선언

4) 회의록 서기 선출

5) 회순 채택

6) 전차회의록 보고 및 채택

7) 감사 보고

8) 안건심의

— 안건1. 2022년 사업 및 회계 보고

— 안건2. 2023년 사업 및 예산 승인

— 기타 안건 토의

9) 회의록 채택

10) 폐회 선언

□ 전차회의록 보고

생명평화기독연대 제18차 정기총회 회의록

일시: 2022년 1월 20일(목) 19시 10분

장소: 인천 부평 아트센터 호박홀, ZOOM 동시진행

1. 18차 정기총회를 19시에 김종철 준비위원장의 개회기도로 시작하다.
2. 2022년 정기총회를 조형찬 운영위원이 의장을 맡아 진행하다.
3. 본회 회칙에'성원'관련 별도의 규정이 없음으로 대면회의 참석자 9명, 온라인 참석자 1명 총 10명으로 성원 보고하다.
4. 의장이 19시 20분에 제18차 정기총회 개회를 선언하다.
5. 회의록 서기에 김성만 운영위원을 추천하여 선출하다.
6. 회순은 총회자료집의 순서대로 진행하기를 동의와 재청을 받아 체택하다.
7. 총회준비위원장이 전차 회의록을 보고하니 총회 자료집에 수록된 문안대로 받기를 동의와 재청을 받아 참석 회원에게 가부를 물어 원안대로 받다.
8. 감사보고는 이화규 감사가 제출한 사업감사 보고서를 의장이 대독하고, 김구 감사가 회계감사를 보고하다.
9. 의장이'안건 1. 2021년 사업 및 결산 보고'의 건을 상정하다.

의장이 총회자료의 2021년 사업계획과 사업보고 및 사업 평가에 대한 총준위의 평가를 보고하고, 2021년 회계결산(총수입액 13,095,247원, 총지출액 11,762,640원, 잔액 1,332,607원)을 보고하여 동의와 재청을 받아 참석 회원에게 가부를 물어 원안대로 받다.

10. 의장이 '안건 2. 2022년 사업 및 예산 계획'을 상정하다

(1) 사업계획: 1) 정기포럼 2) 회원활동 3) 연대활동을 코로나 상황으로 예전과 같이 진행한다.

(2) 예산계획: 예산(총수입과 총지출 14,592,607원) 편성(안)에 대한 동의와 재청을 받아 참석 회원에게 가부를 물어 통과되어 원안대로 확정하다.

11. 의장이 '안건 3. 임원 선출'을 상정하다.

⑴ 임원 선출을 위한 투표 전에 총준위의 인선(안)에 대한 의견을 다수의 참석자가요청함으로 의장이 참석 회원들의 동의를 얻어 총준위의 3차에 걸친 회의 결과를 아래와같이 보고하다.

⑵ 총준위 임원 및 감사 인선(안) 보고:

1) 공동대표를 고사한 김영호에게 공동대표직 수락을 요청하고 공동대표로 김영호, 이상선, 정세일, 황치빈을 추천.

2) 생명평화포럼 상임대표로 공동대표 정세일을 추천.

3) 사업감사에 이진권, 회계감사에 이세구을 추천.

4) 운영위원회 위원으로는 현재의 운영위원 12명(공동대표 4인과 김광성, 김성만, 김종철, 박찬대, 손인수, 윤현수, 임병구, 조형찬)을 추천.

5) 고문에 박종렬, 유동우, 김정택, 이민우 추천.

6) 자문위원에 신영욱, 김구, 김영철, 윤인중, 고보선, 백영민 추천.

⑶총준위의 임원 선출과 감사 선임을 위한 추천에 대해 다수가 동의와 재청함으로 의장이 참석 회원에게 가부를 물어 만장일치로 총준위의 인선(안)대로 확정하다.

12. 의장이 '안건 4. 회칙 수정'을 상정하다.

제4장 조직 14조(위원회)

가) 이 모임의 원활한 사업수행을 하기 위해 위원회를 둘 수 있다.

나) 비영리 단체 생명평화포럼을 조직한다.

의장이 수정 사유에 대한 설명을 하고 동의와 재청을 받아 참석 회원에게 가부를 물어 회칙 수정(안)이 통과되다.

13. 의장이 '안건 5. 기타 안건' 관한 건을 상정하니 추가 안건 없음으로 하다.

14. 회의록 채택에 관해 김성만 운영위원의 '운영위원회에 위임하자'는 의견에 다수 회원의 동의와 재청에 따라 카톡방에서 서면보고 받고 운영위원회에서 확정하기로 하다.

15. 의장 20시 20분에 폐회선언을 하고, 제18차 정기총회를 마치다.

□ 감사보고

✷ 사업감사보고

2022년 사업감사 보고서

2022년 생명평화기독연대 사업 감사.

1. 생평의 주요사업인 생명평화포럼이 10회에 걸쳐 지속적이고 안정적으로 진행되었습니다. 강연과 마음치유워크숍, 공동체영화상영, 문학기행 등 다양한 방식으로 진행된 점도 좋아 보입니다. 앞으로도 다양한 방식으로 포럼의 형식과 내용을 풍성하게 하고, 다른 단체들과 협력사업 등을 통해 참여자들의 폭을 넓혀가는 노력이 지속적으로 이루어지길 기대합니다.

2. 회원사업으로 영화공동체상영과 1박 2일 수련회가 진행되었고, 회원생일에는 모바일 선물을 통해 회원들을 챙기는 센스^^도 돋보였습니다.

3. 연대사업으로도 인천시민사회와 인천기독교계와 의미있는 직,간접적인 연대사업을 진행하였습니다.

4. 실무자가 없는 상태에서 대표들과 운영위원들의 헌신과 참여로 꾸준하게 사업을 전개해 온 점이 참으로 놀랍고 자랑스럽습니다. 앞으로 더욱 풍성하고 알찬 사업을 전개해 나갈 수 있기를 기대해 봅니다.

2022년 12월 14일 감사 이진권 

✸ 회계감사보고

2022년도 회계감사 보고서

생명평화포럼의 일반적인 회계처리기준과 감사기준에 의거하여 2022년 회계 관련 기록 일체를 감사한 결과를 보고 드립니다.

감사 대상 기간 : 2022년 1월 1일 ~ 2022년 12월 31일
감사 대상 범위 : 월별 수입 지출 회계 관련 기록 일체
감사 실시 기간 : 2023년 1월 7일 ~ 1월 10일

전년도(2021년도)로부터의 이월액 1,299,666원 포함하여 15,036,307원 수입과 13,576,930원의 지출로 1,459,377원의 잔액이 2023년도로 이월됨을 확인하였습니다. 회원들의 매월 회비 수입이 평균적으로 50여만 원으로 총 6,120,000원이었고 단체와 개인의 후원이 5,830,000원이었습니다. 개인과 단체의 후원비율이 거의 50%에 육박하고 있어서 비중이 큰 편인데 수입구조의 다양성 측면에서의 장점은 있겠으나 후원구조의 불확실성을 고려해보면 회원들의 고정적이고 확실한 수입을 확대할 필요가 있겠습니다. 회비 수입 예산으로 잡았던 8,500,000원에 크게 못 미치는 회비 수입, 즉 회원들의 고정적인 회비 수입률이 70% 수준이어서 좀 더 수입률을 높여야 할 필요가 있고 개별 회원들의 관심과 애정 이상의 참여 및 신입회원 확보를 통하여 재정건전성을 확보할 필요가 있겠습니다.

매월 진행되는 포럼 진행비가 절대적인 지출의 대부분을 차지하고 있으므로 지출 대비 효과를 극대화할 수 있는 방안도 적극 모색하고 확보해나가야 할 것이라 봅니다.

코로나 상황에서도 수고하신 모든 분들에게 격려와 박수를 보냅니다.

2023년 1월 10일

감사　이 세 구

□ 안건심의

▦ 안건 1. 2022년 사업 및 결산 보고

1) 2022년 사업 보고

(1) 생명평화포럼

차수	날짜	제목	강사	유튜브 조회
180차	2/10	2022 세대공감 MZ세대에게 듣는다	조민경, 강진명, 이강민, 박승우	59회
181차	3/3	적대적 공생의 비극	한완상 박사 (전부총리/통일부장관)	25명
182차	4/7	마음 치유 콘서트	이진권 목사	26회
183차	5/12	유물이 품은 인천이야기	유동현 관장(인천시립박물관장)	37회
184차	6/9	그대가 조국(영화) 공동체 상영	진모영 감독	218회
185차	7/7	청년 정치	조민경(전 인천 연수구 의원) 김한별(전 인천시장 후보)	18명
186차	9/1	우크라이나 사태 이해와 국제질서 개편	조한범 박사	17명
187차	10/6	소설속 인천노동자이야기	양진채(소설가)	64회
188차	11/5	소설속 인천문학기행	양진채(소설가)	20명
189차	12/1	고려인 디아스포라	문영숙 작가	356회

생평은 2004년 설립부터 매년 10회의 포럼을 19년째 진행하고 있습니다.

— 장소: 길위의 꿈(인문학도서관)과 실시간 유튜브 진행

(2) 2022년 주요 활동

— 1월 20일 / 2022년 정기총회
— 4월17일(부활절) 고난받는 이웃과 함께하는 인천연합예배 공동주관
— 제36주년 인천 5.3 민주항쟁 계승대회
(일시: 2022년 5월 3일(화) 오후 5시, 장소: 주안쉼터공원)
— 2022년 "7.27 한강하구 평화의 배띄우기"주관단체 참여
— 8월 /김대중 대통령 서거 13주기 추모식 후원단체 참여
— 8월 수련회 8월 26일 ~ 27일 1박 2일(석모도 휴양림)
— 9월 6일 / 강화뉴스 이사장 이취임식 및 사무실 이전 개소식 — 후원 참여
— 9월 21일 / 2022년 한강하구'평화의 배띄우기"
— 10월 29일, 30일 / 전국 민주시민 합창 축전
— 10월 31일 / 종교재판 30년, 교회권력에서 묻다 — 공동주관: 생명평화포럼
— 11월 14일 / 2022년 인천 민족민주노동열사·희생자 합동추모제
— 11월 17일 /인천시민사회단체연대 후원 행사
— 11월 23일 / 영화 '태안'
(한국전쟁전 후 태안지역 민간인 학살을 다룬 다큐멘테이 감독 구자환)

(3) 2022년 특별 활동

1) 182차 4월 포럼: 마음의 치유로 구성하여 쉼과 명상 활동
2) 184차 6월 포럼: 주안 영화공간에서 "그대가 조국" 상영.
(생명평화포럼 영화초대권 62장 발권) 시네마토크 감독과 대화(진모영 감독, 박지훈 대표)
3) 8월 26일~27일: 수련회 (13명 참여)
현재까지 생평이 걸어온 길에 대해 박종렬 고문님의 이야기
나눔을 통해 생평의 태동과 앞으로 가야 할 방향을 회원이 공유하는

의미 있는 1박 2일 여정이었다.

4) 188차 11월 포럼: 인천 만석동일대 공장 및 부두를 함께 걸으며 문학기행 (일제강점시대 노동자의 삶부터 90년대 괭이부리말의 달동네까지)

5) 연대사업: 2022년에도 직접 참여와 간접 참여를 통해 연대사업은 지속되었다.

(4) 2022년 사업 평가

포럼사업

1) 총 열차례 진행되는 과정속에서 MZ세대에게 듣는 내용을 2회에 걸쳐 진행하였으며, 좀 더 젊음세대와 공감대를 형성하기 위한 시도가 이전 포럼 형태에서 변화하였다.

2) 184차 포럼은 공동체 영화를 선정하여 영화관람 후 감독과의 대화하는 현장포럼을 진행하여 포럼 방식을 변화하였다.

3) 187, 188차 포럼은 노동에 대한 이야기를 1차 포럼을 통해 듣고, 2차 포럼으로 현장을 탐방하는 방법으로 진행하였다. 이를 계기로 한정된 장소나 회원이 아닌 다양한 참여 방식을 통한 포럼으로 하니 호응도 좋았다.

— 2023년에도 추가로 진행하고픈 포럼의 형태인 것 같다.

회원사업

1) 영화 "그대가 조국"을 관람하며 일반 회원으로의 저변확대

2) 8월 수련회를 통해 박종렬 고문을 통해 현재까지 생평의 태동과 걸어온 길, 그리고 앞으로 가야할 방향을 회원(13명)이 공유하였다.

연대사업

2022년에도 직접 참여와 간접 참여, 후원을 통해 연대사업은 지속되었다.

2) 2022년 회계 보고

수입						
수입 구분		22년 예산	수입 금액	비율	예산대비	비고
회비	CMS	8,500,000	5,879,364	69%	△2,620,636	
	개별송금	500,000	250,000	50%	△250,000	박찬대
후원	단체	1,560,000	2,080,000	133%	520,000	인천교회, 나섬교회, 양곡교회
	개인	1,500,000	3,750,000	250 %	2,250,000	조형찬, 김광성, 인문학 여행 도서관
기타	이월금	1,332,607	1,332,607	100 %	0	이월금
	공모사업	1,200,000	1,200,000	100 %	0	평화도시공모사업
	기타수입		544,336		544,336	기타회비, 이자
합계		**14,592,607**	**15,036,307**	**103%**	**443,700**	

지출						
구분	지출 항목	22년 예산	지출 금액	비율	예산대비	비고
운영비	실무활동비	2,400,000	2,400,000	100 %	-	실무활동비
	사무비	200,000	14,760	7%	185,240	우편비
	비품구입비	100,000	-	0%	100,000	
	소계	2,700,000	2,414,760	89%	285,240	
조직사업비	포럼진행비	5,000,000	6,345,920	127%	△1,345,920	강사비, 진행비, 웹자보, 식사비
	수련회비	500,000	664,720	133%	△164,720	
	회의비	800,000	949,930	119%	△149,930	운영위원, 총준위 회의비
	경조비	300,000	453,000	151%	△153,000	
	정기총회	300,000	351,000	117%	△51,000	
	행동의날	200,000	64,000	32%	136,000	
	생평기행	500,000	-	0%	500,000	
	사업비	500,000	403,600	81%	96,400	생일자쿠폰,달력제작 비용
	소계	8,100,000	9,232,170	114%	△1,132,170	
연대사업	시민연대회비	600,000	600,000	100 %	-	

비	기사련	240,000	-	0%	240,000	
	연대활동비	600,000	600,000	100%	-	
	후원비	600,000	730,000	122%	△130,000	
	소계	2,040,000	1,930,000	95%	110,000	
예비비	예비비	1,752,607	-	0%	1,752,607	
	소계	1,752,607	-	0%	1,752,607	
합계		14,592,607	13,576,930	93%	1,015,677	
잔액		-	1,459,377			

3) 2022년 연대(후원) 사업내역

2월 세월호 추모 위원회

3월 한성임시정부 103주년 기념식

4월 5.3 민주항쟁 위원회
고난받는 이웃과 함께하는 부활절 연합예배

6월 영화 '그대가 조국' 공동체 상영

7월 한강하구 '평화의 배' 띄우기
김대중 대통령 서거 13주기 추모식

8월 8.15 자주평화통일대회
밀정의혹 김순호 퇴출과 경찰국 폐지 대책위원회

10월 인천 민족민주 노동열사 및 희생자 합동 추모제

11월 영화 '태안' 공동체 상영
김영승선생님 회고록 출판 기념회
국경선 평화학교 '남이랑 북이랑' 교실 기부
인천시민연대 재정기금 마련 '후원의 밤'
사단법인 함께걷는 길벗회

12월 5.3 합창단 정기 연주회
수주탈춤예수전(박형규 목사 기념사업회)
고려인 아동돌봄센터

수입 및 지출 결산 평가

수입:

2022년 예산 14,592,607원 대비 103%인 15,036,307원으로 목표액 대비 초과했으나, 가장 중요한 수입원인 CMS 수입이 69%로 미달하였습니다.

2023년도 안정적 운영을 위해 회원 확보에 더욱 노력해야 할 상황입니다.

단체 후원금도 목표를 초과하였으나 2023년에 조금 더 후원단체를 늘려야 합니다.

기타수입에 2021년 인천평화도시 공모사업금(120만원)이 포함되어 초과달성 되었습니다.

지출:

2022년 총 지출은 13,576,930원이며, 그 중 운영비 지출은 적절하였습니다.

포럼진행비가 연대사업으로 예산을 초과하는 강사비, 웹자보, 유튜브 비용 등의 지출로 예산을 초과하여 지출된 것으로 표기되었습니다.

하지만, 연대사업 단체의 후원을 받아 실제 지출은 약 400만원으로 예산을 약간 상회합니다.

수련회비, 회의비, 경조비는 지출이 초과되어 2023년 예산 편성에 반영이 필요합니다.

생평기행이 코로나와 여러 조건 맞지 않아, 몇 년 동안 집행하지 못하고 있는데, 2023년에는 추진하였으면 좋겠습니다.

사업비에 회원 조직관리 사업으로 커피쿠폰을 보내는데, 간혹 누락되는 경우가 있고, 카톡 친구 추가 등이 거절되어 미처리된 경우가 발생하였습니다.

이에 대한 새로운 방안모색이 필요합니다.

▦ 안건 2. 2023년 사업 및 예산 계획(안)

2023년 사업의 방향

1) 2022년의 포럼 형식의 변화를 계속 발전시켜 2023년도에 단순 발제, 발표 중심의 포럼에서 회원이 참여할 수 있는 포럼으로 진행하기로 하다. 아울러 포럼 유인물을 미리 배포하여 효율성을 높이기로 하다.

2) 포럼 진행과 관련하여 되도록 시리즈로 하며, 종교(이슬람, 성화 또는 음악을 통해 본 종교문화, 기독청년 활동사), 통일외교(평화학교 남이랑 북이랑, 포럼 및 방문), 생태환경과 경제(탄소중립과 수출), 노동(강연, 영화상영)등 새로운 시도를 하기로 하다.

3) 포럼 진행시 생평에 대한 안내문 및 회원가입 신청을 받아 수입 및 조직을 확대하기로 하다.

2023년 예산안

수입 내역							
수입 구분		2022년 예산	2022년 결산	비율	2023년 예산	22년실적 대비 증감	비고
회비	CMS	8,500,000	5,879,364	69%	7,000,000	-1,500,000	CMS 회원 확보 노력
	개별송금	500,000	250,000	50%	300,000	-200,000	
후원	단체	1,560,000	2,080,000	133%	2,500,000	940,000	인천, 나섬, 양곡
	개인	1,500,000	3,750,000	250%	3,000,000	1,500,000	
기타수입		1,200,000	1,744,336	145%	500,000	-1,244,336	기타 회비
이월금		1,332,607	1,332,607	100%	1,459,377	126,770	
합계		14,592,607	15,036,307	103%	14,759,377	166,770	

지출 내역							
구분	지출 항목	2022년 예산	2022년 결산	비율	2023년 예산	22년실적 대비 증감	비고
운영비	실무활동비	2,400,000	2,400,000	100%	2,400,000	0	실무자 2명
	사무비	200,000	14,760	7%	100,000	-100,000	
	비품구입비	100,000	-	0%	100,000		
	소계	2,700,000	2,414,760	89%	2,600,000	-100,000	
조직사	포럼진행비	5,000,000	6,345,920	127%	6,000,000	1,000,000	강사비, 진행비, 웹자보

업비	수련회비	500,000	664,720	133%	600,000	100,000	
	회의비	800,000	949,930	119%	900,000	100,000	운영위, 총준위
	경조비	300,000	453,000	151%	400,000	100,000	
	정기총회	300,000	351,000	117%	700,000	400,000	
	행동의날	200,000	64,000	32%	200,000	0	
	생평기행	500,000	-	0%	500,000	0	
	사업비	500,000	403,600	81%	500,000	0	생일자 쿠폰, 달력
	소계	8,100,000	9,232,170	114%	9,800,000	1,700,000	
연대사업비	시민연대 회비	600,000	600,000	100%	600,000	0	
	기사련	240,000	-	0%	-	-240,000	
	연대활동비	600,000	600,000	100%	600,000	0	
	후원비	600,000	730,000	122%	700,000	100,000	
	소계	2,040,000	1,930,000	95%	1,900,000	-140,000	
예비비	예비비	1,752,607	-	0%	459,377	-1,293,230	
	소계	1,752,607	-	0%	459,377	-1,293,230	
합계		**14,592,607**	**13,576,930**	**93%**	**14,759,377**	**166,770**	
잔액		-	**1,459,377**		-		

2023년 예산(안) 편성 기조

2022년 예산과 비슷하게 14,759,377원으로 잡았습니다.

수입항목에서 CMS 수입이 22년 결산에서 580만원으로 마감하여 100만원 더 추가 수입으로 책정하였고, 개인 및 단체 후원금은 22년 예산대비 초과 달성되어 23년 예산에 금액을 늘려서 책정했습니다.

지출항목에는 사무비에서 10만원 삭감하였고, 포럼진행비에서 가장 큰 비중을 차지하는 강사비를 30만원으로 책정하여 600만원으로 예산안을 잡았습니다.

이번 정기총회 비용을 감안하여 70만원으로 책정하였고, 기사련에는 최근 몇 년 동안 지출이 없어 2023년에는 예산에서 제외하였습니다.

예비비로 45만원을 편성했으며 예년에 비해 적은 금액이어서 운영에는 어려움이 따를 것이라고 예상됩니다.

따라서 2023년에 CMS회원과 후원단체 확보에 더욱 힘써야 할 것으로 봅니다.

▦ 안건 3. 기타 안건

– 포럼 강사 비용을 20만원에서 30만원으로 현실화하기로 하다.

□ 회의록 채택

□ 폐회선언

제20차 정기총회(2024년)

2024

謹賀
新年

생명의 봄, 우리가 평화를

"칼을 쳐서 보습으로 창을 쳐서 낫으로"

제 20차 정기총회

생명평화포럼

1부: 생명평화포럼 총회

2부: 사귐과 평화의 시간

일시: 2024. 1.18 (목) PM7시

장소: 여행인문학도서관 길위의 꿈

정기총회 식순

▩ 1부: 정기총회

❑ 의장선출

❑ 성원보고

❑ 개회선언

❑ 서기선출

❑ 회순통과

❑ 전차 회의록 낭독

❑ 감사(사업, 회계)

❑ 안건심의

안건 1. 2023년 사업 및 결산 보고

안건 2. 2024년 사업 및 예산 계획

안건 3. 인선의 건

안건 4. 기타안건

❑ 회의록 채택

❑ 폐회선언

▩ 2부: 식사(육해공)

▦ 1부: 정기총회

□ 의장선출

2024년 정기총회 총회준비위원장 (손인수)

□ 성원보고

안건 의결을 위한 참여회원 수 확인

□ 개회선언

□ 회의록 서기 선출

총회 참여 운영위원 중 의장이 호명하고 동의와 재청

□ 회순통과

순서지 2쪽 내용

□ 전차회의록 낭독

생명평화기독연대 제19차 정기총회 회의록

일시: 2023년 1월 13일(금) 18시 30분

장소: 여행인문학도사관 길위의 꿈

1. 19차 정기총회를 김성만 총회준비위원장의 환영의 인사말로 시작하다.
2. 총회준비위원장이 참석자의 동의를 얻어 정세일 공동대표를 의장으로 선출하다.
3. 의장이 본회 회칙에 ‘성원’에 관한 별도의 규정이 없음을 확인하고, 조형찬 운영위원이 30명이 참석하였음을 보고하다.
4. 의장이 18시 40분에 제19차 정기총회가 성원 30명으로 개회됨을 선언하다.
5. 회의록 서기에 김성만 운영위원을 만장일치로 선출하다.
6. 회순통과에 들어가, 총회자료집의 회순대로 진행하기를 동의와 재청을 받아 통과하다.
7. 총회준비위원장이 전차 회의록을 보고하니 총회 자료집에 수록 문안대로 받기를 동의와 재청을 받아 참석회원에게 가부를 물어 원안대로 받다.
8. 이진권, 이세구 감사의 불출석으로 제출된 사업감사보고서와 회계감사보고서를 의장이 대독하고 별도의 질문이 없이 감사(監査)를 받다.
9. 의장이‘안건 1. 2022년 사업 및 결산 보고’의 건을 상정하다.

   김성만 운영위원이 2022년 사업보고와 총준위 평가(자료집 8,9쪽)를 보고하니 그대로 받자는 동의와 재청으로 참석회원의 가부를 물어 그대로 통과하다.

   조형찬 운영위원이 결산보고(총수입 15,036,307원과 총지출 13,576,930원, 잔액 1,459,377원)과 총준위 평가(자료집 10,11쪽)를 보고하니 그대로 받자는 동의와 재청으로 참석회원의 가부를 물어 그대로 통과하다.

10. 의장이'안건 2. 2023년 사업 및 예산 계획'을 상정하다.
    김성만위원이 사업 계획(안)을 조형찬위원이 예산(안)을 보고하고 이의 없음을 확인하여 동의와 재청을 받고 참석인원의 가부를 물어 원안(자료집 12,13쪽)을 그대로 받다.
11. 의장이'안건 3. 기타안건'을 상정하다
    1) 포럼강사비 현행 20만원에서 30만원으로 현실화(안)에 대한 설명이 있은 후 동의와 제청을 받아 가부를 물어 포럼 강사비를 회당 30만원으로 책정하다.
12. 회의록 채택에 관해 의견을 물으니 '운영위원회에 위임하고 생평 카톡방을 통하여 공개하자'는 동의와 재청에 절대 다수가 찬성하여 동의를 받다.
13. 상정 안건을 모두 마치고 폐회 동의를 받아 의장이 폐회를 선언하니 19시였다.

□ 감사보고

1) 사업감사보고

2022년 사업감사 보고서
2023년 생명평화포럼 사업 감사 1. 핵심사업인 월례포럼이 10회에 걸쳐 꾸준하고 안정적으로 진행되었습니다. 청중모집이 쉽지 않은 상황에서 적절한 주제와 강사발굴과 섬세한 홍보사업으로 평균 40~50명이 참여하는 놀라운 성과를 보여 주었습니다. 2. 회원 관리도 지속적이게 이루어져 20명의 회원이 증가하는 성과가 있었습니다. 상근자가 없는 상태에서 운영위원들의 자발적 활동으로 이루어 낸 성과이기에 더욱 소중합니다. 3. 다양한 연대활동도 꾸준히 감당함으로서, 지역사회에서의 책임을 함께 나누었습니다. 한 해 동안 수고 많이 하셨습니다. 2024년 1월 7일, 사업감사 이진권

2) 회계감사보고

2022년도 회계감사 보고서

생명평화포럼의 일반적인 회계처리기준과 감사기준에 의거하여 2023년 회계관련 기록 일체를 감사한 결과를 보고 드립니다.

감사 대상 기간: 2023년 1월 1일 ~ 2023년 12월 31일
감사 대상 범위: 월별 수입 지출 회계 관련 기록 일체
감사 실시 기간: 2024년 1월 8일 ~ 1월 10일

전년도(2022년도)로부터의 이월액 1,116,188원 포함하여 17,659,935원 수입과 15,872,990원의 지출로 1,786,945원의 잔액이 2024년도로 이월됨을 확인하였습니다. 회원들의 매월 CMS회비 수입이 작년보다 늘어서 평균적으로 매월 70여만원으로 총 8,300,000여원이었고 단체와 개인의 후원이 4,300,000여원이었습니다. 개인과 단체의 후원비율이 거의 50%에 육박하고 있어서 비중이 큰 편인데 수입구조의 다양성 측면에서의 장점은 있겠으나 후원구조의 불확실성을 고려해보면 회원들의 고정적이고 확실한 수입을 더 확대할 필요가 있겠습니다. 회원들의 고정적인 CMS수입이 예산보다 초과 수입되어 안정적인 운영에 기여한 점이 좋았습니다.

생평기행 예산은 사업진행에 어려움 때문에 집행되지 못한 점이 아쉬웁지만 연대사업비가 4분지1 정도나 집행되지 못한 것은 너무 많이 남았다고 봅니다. 앞으로는 많이 남게 될 경우 운영위 회의를 통해 연말 불우이웃돕기나 필요한 연대단체에 후원하는 것도 고려해보시면 좋을 것 같습니다.

어려운 상황에서도 수고하신 모든 분들에게 격려와 박수를 보냅니다.

2024년 1월 10일

감사 이 세 구

□ 안건심의

▦ 안건 1. 2023년 사업 및 결산 보고

1) 2023년 사업 보고

(1) 생명평화포럼

차수	날짜	제목	강사	인원
190차	2/9	해방자 예수와 한반도 현실	김근수 해방신학연구소장	33명
191차	3/7	진천규 기자의 앵글너머 북녘사람들이 보는 동북아 정세와 남북관계	진천규 통일TV 대표	50명
192차	4/6	전태일과 풀빵 한국노동현실과 연대	이수호 (전태일 이소선 장학재단 상임 이사장)	32명
193차	5/4	윤석열 정권의 노동정책 진단과 방향	하종강 교수	29명
194차	6/1	다음소희 공동체 영화 상영	정주리 감독, 하인호 (소년노동인권활동가)	55명
195차	7/6	윤석열정부의 외교 · 국방정책 평가와 전망	김종대 교수	60명
196차	9/7	윤석열정부의 에너지정책평가와 전망	이현석 위원	24명
197차	10/5	내가 가 본 구소련 한인독립투쟁사 현장	이원규(소설가)	75명
198차	11/2	시민 민주주의와 뉴스 리터러시	변상욱 앵커	55명
199차	12/12	거대 위기의 시대 대한민국 대전환	김누리 교수	50명

- 생평은 2004년 설립부터 매년 10회의 포럼을 20년째 진행하고 있습니다.
- 장소: 길위의 꿈(인문학도서관)과 실시간 유튜브 진행

(2) 2023년 주요 활동

— 2023 인천시민사회연대 신년하례회

일시: 1월 11일 수요일 낮 12시

— 1월 13일 / 2023년 정기총회

"계층을 넘어 통합으로 분단을 넘어서 통일로"

— 검찰독재와 전쟁위기를 막기 위한 비상시국회의

1월 19일 (종로5가 기독교회관) 원로 93명의 '비상시국회의'제안 기자회견

— 인천지역 평화통일단체 신년하례식

2023년2월6일(월) 오전 10시

— 2023 강화역사인물강좌 — 첫 번째

강화의 바울 항일민족운동의 선구자 — 성재 이동휘 선생의 삶과 사상

2월25일(토) 오후 3시 ~ 5시 강화중앙교회

— 2022 내가 살아 온 이야기 — 출간 기념 북 토크

3월2일(목) 오후 6시 30분 주안영상미디어센터 8층 오픈 스튜디오

— (사)부평광장 사무실 개소식) 김영철 이사장(생평평화포럼 자문위원)

2023년 3월 25일(토)오후 2시(부평구 신촌로 86-6)

— 한성임시정부 13도 대표자회의 104주년 기념대회

2023년 4월 6일(일)오후 15시 만국공원(현 자유공원)

— 일본육군조병창 병원건물 철거반대시민촛불집회 참석

— 고난받는 이웃과 함께하는 2023 부활절 인천연합예배

2023년 4월 9일(일)오후 3시 30분 / 하늘교회(연수구 옥련동 159-1)

— 정전70주년 한반도평화 인천행동〉출범과 〈427인 인천평화선언〉발표

기자회견:4월 27일(목) 오전 11시 30분, 인천시청

— 제37주년 인천 5.3민주항쟁계승대회

2023년 5월 3일(수)오후 6시 30분 주안쉼터공원

— 정전70주년 한반도평화 인천행동〉출범과 〈427인 인천평화선언〉발표

기자회견:4월 27일(목) 오전 11시 30분, 인천시청

— 친일매국 검찰독재정권 퇴진과 주권 회복을 위한 월요시국기도회
  주안1동 성당 2023년 6월 5일(월) 늦은 7시 30분
— 전국비상시국회의 6월 항쟁 36주년 온라인 만인공동회 (6/7) 오후7시
— 6월 민주항쟁 36주년 시민기념식 및 음악회(한국기독회관 2층 조예홀 1시)
  기념식 참여와 양회동 열사추모 연대집회, 촛불집회 참석
— 함세웅 신부 초청 시국 강연회
  중구 답동성당 사회사목센터 5층 2023년 6월 20일(화) 늦은 7시
— 정전 70주년 기념강연(미 · 중 갈등의 최전선 한반도 평화의 해법은?
  김준형(전 국립외교원 원장) 강화시민회의 2023년 6월 26일(월) 늦은 7시
— 국경선평화학교 준공식(2023년 6월 6일(화) 11:00~17:00)
— 6월민주항쟁 36주년 시민기념식 · 음악회 및 민주민족열사 · 희생자추모대회
— 8월 17일(목)김대중 대통령 서거 14주기 인천추모식
— 생명평화포럼수련회
  서울YMCA 영홍센터 8월25일~26일(1박 2일)
— 인천시민사회단체시민연대 활동가 평화기행(11월27일 ~11월30일)
— 제5회 5.3 합창단 정기 연주회
  2023년 11월 30일(목)늦은 7시 30분
— 인천시민사회단체시민연대 재정기금마련 후원행사
  2023년 12월 14일(목)늦은 6시 주안 1동 성당

(3) 2023년 특별 활동

— 제19차 정기총회: 1부, 2부(가족힐링 음악여행) 회원가족이 참여하는 총회
— 노동관련 시리즈 (3회): 192차~194차
— 8월 25일~27일: 생명평화포럼수련회
  후쿠시마 핵오염수 방류 규탄에 대한 피켓 진행
— 윤석열 정부의 정책관련 (노동,외교 · 국방정책,에너지정책)
— 연대사업: 2023년에도 직접 참여와 간접 참여를 통해 연대사업은 지속되었다.

2) 2023년 사업 평가

포럼사업

- 총 10회 진행되는 포럼 방향이 윤석열 정부의 정책관련(노동,외교 · 국방정책, 에너지정책) 현정권에 대한 평가와 방향으로 구성함
- 노동관련 시리즈 (3회) 192차, 193차, 194차 (193차 "다음소희" 공동체 영화 상영를 통해 지역 시민단체와 연대)

회원사업

- 조직적이고 지속적인 관리 체계 구축 마련과 일상적인 활동 및 정보(포럼 등) 유튜브 등을 통한 소통관리 원활하게 되었다.
- 2023년 CMS 회원가입이 20명(기존 5명 + 신규 15명). 소식지 및 회원가입 신청서를 비치하여 회원가입에 도움이 되었다. 생일자에게 커피 쿠폰을 주어 지속적인 회원 관리를 하였다.
- 생평기행을 계획했지만 실행에 옮기지 못한 부분도 있다.

연대사업

- 직접 참여와 후원 참여로 연대사업은 다른 해보다 광폭적인 활동영역 연대 사업으로 되었던 한해가 되었다.

▦ 안건 2. 2024년 사업계획 및 예산안

1. 2024년 사업의 방향

1) 22년, 23년 포럼형식의 변화속에 24년에도 생명평화포럼을 알리면서 시민의 공감이 되는 이야기를 포럼에 접목시키며, 문화와 함께 성장하는 포럼을 진행하려고 한다.

2) 2024년 2월에는 총회에서 인선된 대표, 고문, 자문위원, 운영위원을 중심으로 1박 2일 일정(2월23일~24일)으로 진행되는 수련회를 통해 생명평화포럼 20주년을 되돌아 보며, 앞으로 생명평화포럼 방향을 논의하는 시간을 준비하고 있다.

2023 결산 보고 및 평가

수입

수 입 구 분		2023년 예산	수입 누계액	비율	예산대비
회비	CMS	7,000,000	8,307,816	119%	1,307,816
	개별송금	300,000	600,000	200%	300,000
후원	단체	2,500,000	2,030,000	81%	- 470,000
	개인	3,000,000	2,318,000	77%	- 682,000
기타	이월금	1,459,377	1,459,377	100%	-
	20주년후원금	-	1,350,000	135%	1,350,000
	기타수입	500,000	1,594,742	319%	1,094,742
합 계		14,759,377	17,659,935	120%	2,900,558

지출

지 출 구 분	2023년 예산	수입 누계액	비율	예산대비
운 영 비	2,600,000	2,467,000	95%	- 133,000
포 럼 비	6,000,000	8,192,900	137%	2,192,900
조직 사업비	3,800,000	3,640,090	96%	- 159,910
연대 사업비	1,900,000	1,430,000	75%	- 470,000
예 비 비	459,377	143,000	31%	- 316,377
합 계	14,759,377	15,872,990	108%	1,113,613

잔액 1,786,945

3) 회원조직 사업으로 평화기행과 포럼 내용과 연관된 쉼이 있는 여행을 기획하려고 한다.

4) 회원참여가 있는 행동의 날(피켓시위, 세월호 10주년, 지역현안)에 적극적으로 참여한다.

2. 2024년 예산안

2024년도 예산안

수 입 내 역									
수 입 구 분		2023년 예산	2023년 결산	비율	2024년 예산	예산대비비율	결산대비비율	23년대비 증감	비 고
회비	CMS	7,000,000	8,307,816	119%	9,000,000	129%	108%	2,000,000	CMS 회원 확보 노력
	개별송금	300,000	600,000	200%	500,000	167%	83%	200,000	
후원	단체	2,500,000	2,030,000	81%	2,500,000	100%	123%	0	인천, 양곡.
	개인	3,000,000	2,318,000	77%	2,500,000	83%	108%	-500,000	
기타	이월금	1,459,377	1,459,377	100%	1,786,945	122%	122%	327,568	
	20주년후원금		1,350,000	#DIV/0!	2,000,000	#DIV/0!	148%	2,000,000	20주년 행사 후원금 적극유치
	기타수입	500,000	1,594,742	319%	1,713,055	343%	107%	1,213,055	수련회 회비, 뒷풀이 회비
합 계		14,759,377	17,659,935	120%	20,000,000	136%	113%	5,240,623	

2023년 연대(후원) 사업내역 (12. 13. 기준)

3월 고난받는 이웃과 함께 하는 부활절, 부평광장
6월 7.27 한강하구중립수역평화축제
8월 김대중대통령추모
9월 정전70년 학술심포지움
10월 인천민주화 합동추모제
11월 영화상영 통일로, 5.3합창단
12월 인천시민연대 재정기금 마련 '후원의 밤'

2023년 결산 보고

수입 : 2023년 예산 14,759,377원 대비 119%인 17,635,274원으로 목표액 대비
수입은 초과 달성 되었습니다.
가장 중요한 CMS 수입이 안정적으로 확보되어 결산을 잘 마무리하게 되었습니다.
20주년 후원금이 최초에 예산안에 반영되어 있지 않았으나 내년을 준비하면서
정세일대표님이 수입 목표달성에 가장 노력하였습니다.

지출 : 대부분의 지출은 적정하였습니다.
운영비 지출은 94%정도로 정확하였고, 달력 우편비 감안하여 예산안대로 처리될 예정입니다.
포럼비가 예산대비 137% 많이 지출되었습니다. 그러나 실제는 강사님(이원규), 웹자보(김광성, 김구) 비용등이
숫자상으로만 지출되었고, 뒷풀이 비용으로 95만원이 다시 수입으로 잡혔습니다.
이를 상계처리하면 실지출은 590만원으로 예산안대로 지출처리 되었습니다.
조직사업비도 예산안대로 집행되었으나 각 항목별로는 편차가 있습니다.
수련회비 지출이 76만원이지만 참가자 수입이 22만원 있어서 적당했습니다.
정기총회비용이 음악행사비용을 예산안대비 초과 지출되었습니다.
여전히 생평기행 예산이 있으나 2023년도 역시도 집행을 하지 못했습니다.
연대사업비에 시민연대 회비는 완납하였고, 후원비 지출이 예산 대비 적게 지출되었습니다.
전체적으로는 예산안 대비 89% 지출로 잔액 1,922,684원이 이월처리되어 비교적 무난하게 회계운영이 되었습니다.

▦ 안건 3. 2024년 인선의 건

1. 2024년 총회준비위원회에서는 다음과 같이 논의하여 총회에 인선을 제안합니다

1) 공동대표: 김광성, 김영호, 윤미경, 임병구, 정세일

2) 고문: 김정택, 박종렬, 유동우, 이민우

3) 자문위원: 고보선, 김구, 김영철, 박찬대, 신영욱, 윤인중, 이상선, 이진

4) 운영위원: 김광성, 김도진, 김성만, 김영호, 손인수, 윤미경, 윤현수, 윤혜영, 이재병, 임병구, 장성숙, 전용철, 정세일, 조형찬, 황치빈

5) 운영위원장: 손인수

6) 감사: 김종철(사업), 최형근(회계)

▦ 안건 4. 기타 안건

지 출 내 역									
구분	지출 항목	2023년 예산	2023년 결산	비율	2024년 예산	예산대비비율	결산대비비율	23년대비 증감	비 고
운영비	실무활동비	2,400,000	2,400,000	100%	2,400,000	100%	100%	0	실무자 2명
	사무비	100,000	67,000	67%	100,000	100%	149%	0	달력 배송비, 기타
	비품구입비	100,000	-	0%	100,000	100%	#DIV/0!	0	
	소 계	**2,600,000**	**2,467,000**	95%	**2,600,000**	100%	105%	0	
포럼비	강사비	3,000,000	3,392,000	113%	3,000,000	100%	88%	0	강사비 30
	진행비	2,000,000	2,000,000	100%	2,000,000	100%	100%	0	웹자보 10, 유튜브 5, 안내지 5
	기타	1,000,000	2,800,900	280%	1,000,000	100%	36%	0	뒷풀이 비용
	소계	**6,000,000**	**8,192,900**	137%	**6,000,000**	100%	73%	0	
조직 사업비	수련회비	600,000	763,290	127%	700,000	117%	92%	100,000	
	회의비	900,000	944,800	105%	900,000	100%	95%	0	운영위원회의비
	경조비	400,000	350,000	88%	400,000	100%	114%	0	운영위원의 애경사, 기타
	정기총회	700,000	1,004,000	143%	300,000	43%	30%	-400,000	총준위 회의비, 총회 비용
	행동의날	200,000	50,000	25%	200,000	100%	400%	0	
	생평기행	500,000	-	0%	500,000	100%	#DIV/0!	0	
	20주년 행사	-	-	#####	3,500,000	#DIV/0!	#DIV/0!	3,500,000	20주년 백서 발간, 행사비
	사업비	500,000	528,000	106%	500,000	100%	95%	0	생일자 쿠폰, 달력
	소 계	**3,800,000**	**3,640,090**	96%	**7,000,000**	184%	192%	3,200,000	
연대 사업비	시민연대회비	600,000	600,000	100%	600,000	100%	100%	0	인천시민연대 회비
	연대활동비	600,000	380,000	63%	600,000	100%	158%	0	
	후원비	700,000	450,000	64%	700,000	100%	156%	0	
	소 계	**1,900,000**	**1,430,000**	75%	**1,900,000**	100%	133%	0	
예비비	예비비	459,377	143,000	31%	2,500,000	544%	1748%	2,040,623	
	소 계	**459,377**	**143,000**	31%	2,500,000	544%	1748%	2,040,623	
합 계		**14,759,377**	**15,872,990**	108%	**20,000,000**	136%	126%	5,240,623	
잔 액		-	1,786,945		-				

□ 회의록 채택

□ 폐회선언

제21차 정기총회(2025년)

정기총회 식순

▩ 1부: 정기총회

❑ 의장선출

❑ 성원보고

❑ 개회선언

❑ 서기선출

❑ 회순통과

❑ 전차 회의록 낭독

❑ 감사보고(사업, 회계)

❑ 안건심의

안건 1. 2024년 사업 및 결산 보고

안건 2. 2025년 사업 및 예산 계획

안건 3. 기타안건

❑ 회의록 채택

❑ 폐회선언

▩ 2부: 사귐과 평화의 시간

▦ 1부: 정기총회

☐ 의장선출

2025년 정기총회 총회준비위원장 (손인수)

☐ 성원보고

안건 의결을 위한 참여회원 수 확인

☐ 개회선언

☐ 회의록 서기 선출

총회 참여 운영위원 중 의장이 호명하고 동의와 재청

□ 회순통과

순서지 2쪽 내용

□ 전차회의록 낭독

제20차 정기총회 서기록

일시: 2024년 1월 18일 오후 7시

장소: 여행인문도서관 길위의 꿈

□ 제20차 총회 준비위원회 손인수 위원장의 본 위원회 진행 결과에 대한 설명을 한 후 제20차 정기총회 개회를 위한 임시 의장 선출을 제안하다.

□ 임시의장 선출

정기총회 진행을 위하여 임시 의장 추천을 요청하다. 조형찬 운영위원이 정세일 상임대표를 추천하니 동의와 제청을 받아 임시 의장으로 선출하다.

□ 성원보고 및 개회선언

총회 성원을 확인하니 25명 참석하여 개회 정족수가 되므로 19시 20분에 제20차 정기총회 개회를 선언하다.

□ 임시 서기선출

회의록 작성을 위하여 임시 서기 추천을 제안하니 김성만 운영위원이 윤현수 운영위원을 추천하고 의장이 동의와 제청을 받아 선출하다.

□ 회순채택

총회의 원할한 진행을 위하여 총회 준비위원회에서 제안한 원안을 그대로 채택하기로 동의하니 가부를 물어 참석자 전원의 '예'로 회순을 채택 하다.

□ 전차 회의록 낭독

의장이 김성만 운영위원을 전차 회의록 낭독자로 지명하고. 낭독 후 채택을 요청하여 서면대로 받기를 동의하니 제청을 받아 서면대로 채택하다.

□ 감사보고 및 채택

이진권 사업감사와 이세구 회계감사의 불출석으로 제출된 사업감사 보고서와 회계감사 보고서를 조형찬 위원이 대독하고 별도의 질문이 없이 서면으로 받기로 김영호 공동대표의 동의와 참석자 모두의 제청으로 감사 보고서를 채택하다.

□ 결산보고 및 안건심사

① 의장이 안건 1. '2023년 사업 및 결산 보고'의 건을 상정하다.
김성만 운영위원이 2022년 사업 보고, 조형찬 운영위원이 결산 보고하니 '지출표의 "수입 누계액"을 "지출 누계액"으로 수정한 후 그대로 받자는 동의와 재청을 받아 가부를 물어 참석자 전원이 '예'하니 그대로 통과하다.

② 의장이 안건 2. '2024년 사업계획 및 예산 안'을 상정하다.
손인수 총회 준비 위원장이 보고하니 세부적인 사업내용은 새로 선출된 운영위원회의 워크숍 (24년 2월 23~24일 예정)에서 논의와 결정을 위임키로 하고 동의와 제청을 받아 가부를 물어 참석회원 만장일치로 받다.

③ 의장이 안건 3. '2024년 인선의 건'을 상정 하다.
총회준비위원회에서 부의한 원안을 동의와 제청을 받아 가부를 물어 승인하다.
새로 선임된 임원 명단은 아래와 같다. (이하 가나다순)

- 고문: 김정택, 박종렬, 유동우, 이민우
- 자문위원: 고보선, 김구, 김영철, 박찬대, 신영욱, 윤인중, 이상선, 이진
- 감사: 김종철(사업), 최형근(회계)
- 공동대표: 김광성, 김영호, 윤미경, 임병구, 정세일
- 운영위원장: 손인수
- 운영위원: 김광성, 김도진, 김성만, 김영호, 윤미경, 윤현수, 윤혜영, 이재병, 임병구, 장성숙, 전용철, 정세일, 조형찬, 황치빈

④ 의장이 안건 4. '기타 안건'을 상정하였으나 이견이 없으므로 의장이 20주년 행사 준비와 관련한 설명과 장성숙 운영위원의 평화담론을 현안 사업에 추가할 것을 건의하는 내용을 청취한 후 안건 상정 없이 마치다.

□ 회의록 채택

회의록 채택에 관해 의견을 물으니 운영위원회에 위임키로 하고 동의와 재청을 받아 채택하기로 하다.

□ 폐회선언

20차 정기총회 폐회 동의를 받아 의장이 20시 30분에 폐회를 선언하다.

기록자: 임시 서기 윤현수 ㊞

□ 감사보고

1) 사업감사보고

2024년 사업감사 보고서

생명평화포럼은 나라의 혼란스러운 상황 속에서도 꾸준히 생명과 평화를 실천하며 활동을 이어왔습니다. 이를 가능케 한 모든 회원분들께 깊이 감사드립니다. 2024년 한 해 동안의 활동을 아래와 같이 보고드립니다.

---

1. 포럼 운영
2024년에는 기존 연간 10회의 정기 포럼을 9회로 축소하여 진행하였습니다. 지난 20년간 코로나와 같은 어려움 속에서도 매년 10회씩 꾸준히 개최해온 전통을 이어오던 중, 올해 이를 지키지 못해 아쉬움이 남습니다. 하지만 참여자의 열의와 활발한 토론 덕분에 의미 있는 포럼을 지속할 수 있었습니다.

2. 20주년 기념 사업
2024년은 생명평화포럼 창립 20주년이 되는 뜻깊은 해였습니다. 백서 발간을 포함한 다양한 기념사업을 계획했으나, 실행으로 이어지지 못한 점이 아쉽습니다. 향후 이러한 기념사업을 성공적으로 추진할 수 있도록 철저히 준비해야겠습니다.

3. 회원 간 교류와 발전 논의
   - **2월 워크숍, 8월 수련회, 생평기행**등 다양한 활동을 통해 동학운동 전적지를 방문하며 회원 간의 친목을 도모하고, 포럼의 발전 방향에 대해 깊이 논의하였습니다. 그러나 논의를 명확한 결과물로 이어지지 못해 아쉬움이 남습니다.
   - 앞으로는 보다 실질적이고 구체적인 발전 계획을 도출하기 위해 노력하겠습니다.

4. 회원 및 재정 확장
2024년 포럼에는 예년에 비해 많은 인원이 참석하였고, 내용 또한 더욱 심도 있고 다양하게 구성되었습니다. 특히, 회원이 13명 증가하면서 안정적인 수입 기반이 마련되었습니다. 이는 포럼의 지속 가능한 발전에 긍정적인 신호로 작용할 것입니다.

5. 지역사회 참여
생명평화포럼 회원들은 **인천시민촛불 행동**에 적극 참여하며 윤석열 탄핵을 위한 시민연대 활동에 기여하였습니다. 지역 시민단체로서 책임을 다하며 생명평화포럼의 가치를 널리 알리는데 앞장섰습니다.

2024년은 몇 가지 아쉬움이 있었던 한 해였지만, 생명평화포럼의 긍정적인 이미지를 더욱 확장시키는데 성공적인 해였습니다. 이를 위해 힘써주신 모든 회원분과 운영위원분들께 깊은 감사의 마음을 전합니다.
2025년에는 더욱 알찬 활동과 성과로 생명평화포럼의 가치를 더 확산시킬 수 있기를 희망하며, 모든 회원분들의 지속적인 관심과 참여를 부탁드립니다.
감사합니다.

2025년 1월 5일 **사업감사 김종철** 김종철

2) 회계감사보고

2024년도 회계감사 보고서

생명평화포럼의 일반적인 회계처리기준과 감사기준에 의거하여 2024년 회계관련 기록 일체를 감사한 결과를 보고 드립니다.

감사 대상 기간: 2024년 1월 1일 ~ 2024년 12월 31일
감사 대상 범위: 월별 수입 지출 회계 관련 기록 일체
감사 실시 기간: 2025년 1월 2일 ~ 1월 5일

전반적인 경제적 어려움과 불확실한 정치상황 속에서도, 24년 한해도 예산수립과 집행에 고생하신 업무노고에 깊은 감사를 드립니다.

전년도(2023년도)로부터의 이월액 1,786,945원 포함하여 19,821,439원 수입과 14,140,380원의 지출로 5,681,059원의 잔액이 2025년도로 이월됨을 확인하였습니다.

시민사회 단체의 특성상 회원들의 자발적인 참여로 운영이 되고 있는 현실에서, 후원회원의 증가와 단체 및 개인들의 후원이 늘었다는 것은 생명평화포럼의 역할과 향후 방향성에 대하여 시사하는 부분이 크다 할 것입니다.

예산수립과 집행에 고생하신 모든 분들의 노고에 다시 한번 감사드리며, 다음 사항에 대하여 권고하여 드립니다.

① 결산내역과 통장사용 내역을 비교하여 확인하기 어려운 부분이 있습니다. 제출하여 주신 통장사용내역의 구분칸에 사용내역을 명기하여 주시기를 권고드립니다.
② 예산수립과 진행과정 중 조직사업비 예산의 절반을 차지한 '생평20주년 행사'의 집행이 전혀 없었으며, 연대사업비의 연대활동비 집행이 25%에 그쳤습니다. 또한 수련회비의 집행이 예산대비 184%를 초과하는 등 예산 수립과 집행의 차이점을 보여, 사업계획과 예산 수립시 좀 더 숙의과정을 거쳐주시기를 당부드립니다.

수고 많으셨습니다.

2025년 1월 5일
감사 최형근

□ 안건심의

▦ 안건 1. 2024년 사업 및 결산 보고

1) 2024년 사업 보고

(1) 생명평화포럼

차수	날짜	제목	강사	인원
200차	3/7	팍스아메리카나의 몰락과 대한민국의 선택	김준형 교수 (전 국립외교원장)	70명
201차	4/2	이승만을 내세운 극우세력의 기만과 음모	임헌영 민족연구소 소장	45명
202차	5/7	청 · 일 전쟁과 오늘의 동북아 정세	홍용덕 한신대외래교수 전)한계레 신문기자	40명
203차	6/6	인천의 현대사, 평화의 길을 찾아서	장회숙 인천도시디자인 연구소장	20명
204차	7/4	미술로 본 인권 연대, 환경,평화	공주형 교수 (한신대, 미술평론가)	35명
205차	9/5	글로벌 사우스와 한반도 평화	백원담 성공회대 석좌교수	60명
206차	10/10	경제윤리 관점에서 본 뉴라이트와 극우 기독교	강원돈 한신대 명예교수(기독교 윤리학)	55명
207차	11/7	미국 대통령 당선자와 한반도 평화	이재봉 원광대 명예교수	45명
208차	12/5	탈세습 자본주의, 성장패러다임 전환	윤홍식 교수 인하대학교 사회복지학과	50명

생평은 2004년 설립부터 매년 10회의 포럼을 21년째 진행하고 있습니다.

— 장소: 길위의 꿈(인문학도서관), 실시간 유튜브 진행

(2) 2024년 연대 활동

3월	한부모 가족과 함께하는 부활절 연합 예배에 5만원을 헌금
6월	인천시민사회단체 연대회의 후원 행사에 10만원을 후원
7월 7/20	한강 배띄우기 행사에 적극 참여
9월	인천 상륙작전의 역사적 성찰 세미나'에 20만원을 후원
10월	2024 인천민족민주노동열사·희생자 합동추모제'에 5만원을 후원
10월 23일	윤석열 정권 퇴진 인천 시국 대회'와 관련해서 적극 홍보 및 참여
	노후희망유니온이 주최하는 '노장년합동 결혼식'에 5만원을 후원

(3) 2024년 특별 활동

2월 23~24일 운영위원회 워크숍(강화도)

8월 23~24일 동학 유적지 답사

2) 2024년 사업 평가

(1) 포럼사업

2024년도 200차 포럼은 김준형 전 국립외교원장의 '팍스 아메리카의 몰락과 대한민국의 선택'이라는 주제로 시작하여 208차 '탈세습 자본주의, 성장 페러다임 전환'이란 주제로 9차례 진행됨. 윤석열 정부의 외교, 국방 경제 정책을 비판하는 주제로 시작되어 사회 대전환의 시대를 맞이하는 포럼으로 마무리 됨.

청일전쟁 130주기 관련 포럼: 청일전쟁 당시의 동북아 정세를 포럼 강연을 통해 듣고 '평화의 길을 찾아서'라는 주제로 청일 · 러일 전쟁과 관련된 지역을 답사하는 포럼을 진행함. 이후에 인천 지역사회에서 이와 관련된 강연과 행사가 어어짐.

지역 현안 및 문화: 지역 사회의 오랜 현안이였던 애관극장 문제를 포함한 '제물포 르네쌍스와 구도심 개발'이라는 주제의 포럼을 계획함. 추진 단계부터 어려움을 예상하였으나 지역 현안에 대한 다양한 의견을 들어보겠다는 의지로 계속 추진하였으나 강연자의 사정으로 취소됨.

문화 분야는 미술평론가 공주형 교수의 '미술로 본 인권'이라는 주제로 진행하여 미술

작품에 나타난 인권 의식을 알게 되었고, 인권 운동에 대한 미술가들의 선도적인 노력도 알게 됨.

(2) 회원사업

조직적이고 지속적인 관리 체계 구축 마련과 일상적인 활동 및 포럼 및 유튜브 등을 통하여 원활하게 소통이 이루어짐.

2024년 CMS 신규 회원이 13명이 늘어났으며 현재 87명이 활동함.

포럼 행사장에 회원가입 신청서를 비치하고 회원 가입을 홍보함.

(3) 연대사업

직접 참여와 후원 참여로 시민 연대사업은 다른 해보다 활동 영역이 확대됨. '인천시민사회단체 연대회의' 후원 등의 시민 연대사업을 후원하고, '한강 평화의 배띄우기 교동도 평화 순례길' 참가 등 다수의 연대 사업에 동참함.

서울 광화문, 여의도, 한남동 등의 윤석열 정권 퇴진 및 탄핵 시국대회와 '윤석열 즉각 퇴진·사회대개혁 비상행동'에 참여하였고, 부평역, 구월동에서 진행된 '인천시민촛불' 집회 등에 연대하여 참여함.

3) 2024년 결산보고

(1) 2024년 결산

가) 수입: 2,000만원 예상하였고, 실제 수입이 1,982만원으로 결산되었습니다. 목표 대비 99% 수입이 되었습니다. 그러나 여전히 실무자 비용의 실질적 지급 없이 개인 후원금으로 입금되었고, 기타 수입에 포럼 뒷풀이 비용, 수련회 회비, 생평기행 회비 등의 수입으로 수입예산에 근접하여 마감됨.

단지, 20주년 후원금 목표를 200만원 계상하였으나 60만원 수입으로 마감되어 아쉬움이 남으며, 그럼에도 매월 CMS 수입원이 70만원 이상이 되었고, 교회 후원 등으로 수입원이 안정화됨.

2024년도 결산보고

(단위: 원)

수 입 구 분		2024년 예산	수입 누계액	비율	예산대비	비 고
회비	CMS	9,000,000	8,717,349	97%	- 282,651	CMS 회원 수입
	개별송금	500,000	980,000	196%	480,000	임병구, 황선필, 김도진, 노태구, 손인배, 이상선, 박찬대
후원	단체	2,500,000	3,280,000	131%	780,000	인천교회, 양곡교회, 나섬교회
	개인	2,500,000	1,750,000	70%	- 750,000	이재병, 조형찬, 윤미경, 김성만
기타	이월금	1,786,945	1,786,945	100%	-	
	20주년후원금	2,000,000	600,000	30%	- 1,400,000	맹완재, 유동우
	기타수입	1,713,055	2,707,145	158%	994,090	포럼 뒷풀이, 수련회 회비
합 계		20,000,000	19,821,439	99%	- 178,561	

구분	지출 항목	2024년 예산	지출 누계액	비율	예산대비	비 고
운영비	실무활동비	2,400,000	2,400,000	100%	-	이재병 10, 조형찬 10
	사무비	100,000	11,080	11%	- 88,920	우편비, 인증서
	비품구입비	100,000	-	0%	- 100,000	
	소 계	2,600,000	2,411,080	93%	- 188,920	
포럼비	강사비	3,000,000	2,550,000	85%	- 450,000	강사비 30
	진행비	2,000,000	1,700,000	85%	- 300,000	유튜브 10, 포스터 10
	기타	1,000,000	1,950,900	195%	950,900	포럼 뒷풀이
	소계	6,000,000	6,200,900	103%	200,900	
조직 사업비	수련회비	700,000	1,289,760	184%	589,760	워크샵, 수편회
	회의비	900,000	843,400	94%	- 56,600	운영위원회 회의비
	경조비	400,000	400,000	100%	-	자녀결혼 및 부모님 상
	정기총회	300,000	493,000	164%	193,000	총준위 회의비, 총회비용
	행동의날	200,000	-	0%	- 200,000	
	생평기행	500,000	666,000	133%	166,000	동학운동 유적지 답사
	20주년 행사	3,500,000	-			
	사업비	500,000	166,400	33%	- 333,600	후원 회원의 생일 커피 발송
	소 계	7,000,000	3,858,560	55%	358,560	
연대 사업비	시민연대회비	600,000	600,000	100%	-	인천시민연대 회비
	연대활동비	600,000	150,000	25%	- 450,000	5.3합창단, 김대중대통령 추모식
	후원비	700,000	650,000	93%	- 50,000	부활절, 한강배띄우기, 인천노장년결혼추진위, 인천상륙작전 고찰포럼.
	소 계	1,900,000	1,400,000	74%	- 500,000	
예비비	예비비	2,500,000	269,840	11%	- 2,230,160	인천시 보조사업 환급
	소 계	2,500,000	269,840	11%	- 2,230,160	
합 계		20,000,000	14,140,380	71%	- 2,560,520	
잔 액		-	5,681,059			

나) 지출: 2024년 결산 결과 1,414만원으로 지출 예산 2,000만원의 71%를 지출하였음. 운영비 93%, 포럼비 103%, 조직사업비 55%, 연대사업비 74%, 예비비 11%의 지출을 하였음. 실제로는 실무자 비용이 대부분 다시 후원금으로 들어왔으며, 포럼의 뒷풀이 비용 195% 지출, 수련회비 184%, 생평기행 133% 초과 지출되었으나, 참석자들의 회비가 기타 수입으로 입금되어 실질은 지나친 초과 지출은 아님. 20주년 행사비 350만원 예산을 책정하였으나 전혀 집행되지 않았으며, 사업비는 매년 집행했던 달력을 제작을 하지 않아서 33% 지출로 그쳤고, 연대활동비도 25% 지출로 그쳐서 사업의 부진함을 보여줌.

잔액: 5,681,059원을 2025년도로 이월함.

▦ 안건 2. 2025년 사업계획 및 예산안

1) 2025년 사업의 방향

(1) 포럼 사업

2025년은 사회 대전환의 흐름에 적합한 포럼을 분야별로 진행하겠습니다. 복지와 민생, 통일, 교육 분야 등에서 시민들이 실감할 수 있는 내용으로 구성하고, 지역 현안 문제는 지역의 관련 단체와 연대하여 추진할 계획임.

(2) 회원 사업

조직적이고 지속적인 관리 체계를 마련하고 일상적인 활동 및 포럼과 유튜브 홍보 등을 통한 회원 및 일반 시민과의 소통을 확대하기로 함.

포럼 주제와 연관된 쉼이 있는 1박 2일의 여름 수련회를 실시하기로 함.

포럼 및 수련회에 젊은 세대가 더 많이 참여할 수 있도록 노력하기로 함.

(3) 연대 사업

여러 시민단체 사회활동에 직접 참여와 후원 참여로 시민단체와 협력을 강화하기로 함.

사회대개혁 비상행동 등의 집회 활동에 시민단체와 연대하여 적극적으로 참여하기로 함.

2025년도 예산안

수입 내역									
수 입 구 분		2024년 예산	2024년 결산	비율	2025년 예산	예산대비비율	결산대비비율	24년대비 증감	비 고
회비	CMS	9,000,000	8,717,349	97%	10,000,000	111%	115%	1,000,000	CMS 회원 확보 노력
	개별송금	500,000	980,000	196%	1,000,000	200%	102%	500,000	
후원	단체	2,500,000	3,280,000	131%	3,000,000	120%	91%	500,000	인천, 양곡, 나섬
	개인	2,500,000	1,750,000	70%	2,000,000	80%	114%	-500,000	
기타	이월금	1,786,945	1,786,945	100%	5,681,059	318%	318%	3,894,114	
	20주년후원금	2,000,000	600,000	30%	1,000,000	50%	167%	-1,000,000	20주년 행사 후원금 적극유치
	기타수입	1,713,055	2,707,145	158%	2,318,941	135%	86%	605,886	수련회 회비, 뒷풀이 회비
합 계		20,000,000	19,821,439	99%	25,000,000	125%	126%	5,000,000	

지 출 내 역									
구분	지출 항목	2024년 예산	2024년 결산	비율	2025년 예산	예산대비비율	결산대비비율	23년대비 증감	비 고
운영비	실무활동비	2,400,000	2,400,000	100%	2,400,000	100%	100%	0	실무자 2명
	사무비	100,000	11,080	11%	100,000	100%	903%	0	
	비품구입비	100,000	-	0%	100,000	100%	#DIV/0!	0	
	소 계	2,600,000	2,411,080	93%	2,600,000	100%	108%	0	
포럼비	강사비	3,000,000	2,550,000	85%	3,000,000	100%	118%	0	강사비 30
	진행비	2,000,000	1,700,000	85%	2,000,000	100%	118%	0	웹자보 10, 유튜브 5, 안내지 5
	기타	1,000,000	1,950,900	195%	2,000,000	200%	103%	1,000,000	뒷풀이 비용
	소계	6,000,000	6,200,900	103%	7,000,000	117%	113%	1,000,000	
조직 사업비	수련회비	700,000	1,289,760	184%	1,300,000	186%	101%	600,000	
	회의비	900,000	843,400	94%	1,000,000	111%	119%	100,000	운영위원회의비
	경조비	400,000	400,000	100%	500,000	125%	125%	100,000	운영위원의 애경사, 기타
	정기총회	300,000	493,000	164%	700,000	233%	142%	400,000	총준위 회의비, 총회 비용
	행동의날	200,000	-	0%	200,000	100%	#DIV/0!	0	
	생평기행	500,000	666,000	133%	700,000	140%	105%	200,000	
	20주년 행사	3,500,000	-	0%	3,000,000	86%	#DIV/0!	-500,000	20주년 백서 발간, 행사비
	사업비	500,000	166,400	33%	500,000	100%	300%	0	생일자 쿠폰
	소 계	7,000,000	3,858,560	55%	7,900,000	113%	205%	900,000	
연대 사업비	시민연대회비	600,000	600,000	100%	600,000	100%	100%	0	인천시민연대 회비
	연대활동비	600,000	150,000	25%	600,000	100%	400%	0	
	후원비	700,000	650,000	93%	700,000	100%	108%	0	
	소 계	1,900,000	1,400,000	74%	1,900,000	100%	136%	0	
예비비	예비비	2,500,000	269,840	11%	7,300,000	292%	2705%	4,800,000	
	소 계	2,500,000	269,840	11%	5,600,000	224%	2075%	4,800,000	
합 계		20,000,000	14,140,380	71%	25,000,000	125%	177%	5,000,000	
잔 액		-	5,681,059		-				

(4) 특별 사업

"생명포럼 20주년 백서"를 2025년 상반기에 발간하고, 그 기념행사로 회원들을 초대하는 가칭 '생평 회원의 밤' 행사를 추진하기로 함.

2) 2025년 예산안

(1) 2025년 예산안

① 수입과 지출을 2,500만원으로 2024년 대비 125% 증액하여 책정하였음. 실제는 이월금이 400만원 정도 증액됐음을 감안하면 실질은 2024년 대비 100만원 정도 증액된 금액이라 할 수 있음.

② 수입에 CMS회원 추가로 확보하여 월 90만원 이상 되도록 하는 노력이 필요함. 이를 위해 회원 확보를 위한 다양한 활동이 요구됨.

③ 지출 예산은 2024년 지출 내역 결산을 고려하여 포럼의 기타, 수련회비, 회의비, 정기총회 등을 증액하였음.

④ 지출에 2025년 생명평화포럼 20주년 백서발간 및 행사 비용으로 300만원을 책정하였음.

▦ 기타 안건

□ 회의록 채택

□ 폐회선언

II. 상반기 평가서 자료

본회는 창립 이후부터 6월 상반기를 지나고 7, 8월 경 상반기 평가회 모임을 때때로 가졌다. 그리고 이 평가회는 여름 수련회로 대체하여 수련회 프로그램 중에 상반기 평가를 넣어 진행하고 있다.

이는 이름 그대로 상반기를 평가하고 하반기를 준비하는 의미를 가지는 모임이고, 그 자료도 총회 자료집에 준하는 것이다. 하지만 이 자료는 1월 총회에서 다시 기술되어 중복되므로 여기서는 상반기 평가서들 중 하나인 “2013년 상반기 평가서”만 사례로 넣기로 한다.

생명평화기독연대
2013 상반기 평가서

일시: 8월 11일(일) 오후 6시

장소: 인천여성노동자회 1층 게스트하우스

▦ 생명평화 기독연대 회칙

개정 의견이나 변동이 없으므로 여기서는 기재하지 않는다.

● 2013년 사업 상반기 평가

1. 사업계획 및 평가

1.1. 조직

1.1.1. 운영위원회

— 운영위원회 진행 중, 5월 운영위 진행하지 못함.

— 신학위원회, 평화위원회 조직 재설치, 각 위원장 위촉.

조양근 전도사(평화교회) 위촉 건이 있었으나, 본인 고사로 진행되지 못함.

⇒ 추후 2~3명의 운영위원을 발굴하여 운영위원으로 위촉할 예정.

회차	날짜	주요 결정사항	참석
1월 총회	1 .3	총회, 2013년 사업계획 및 예산 심의, 확정	15
84차	2. 3	LT, 생평교육마당, 상반기포럼 건	6
85차	3. 10	4월포럼, 행동의날 건	8
86차	4. 14	5/6월포럼, 행동의날 건	8
87차	6. 30	하반기포럼 계획건, 상반기 평가 수련회, 운영위원장 사임 건	7
상반기 평가	8. 11	상반기 활동평가 및 하반기 계획 건	

1.1.2. 사무국

— 운영위원장이 사업 및 회원 전반을 공동대표와 협의하여 사무국을 운영하였음.

— 천승현 운영위원장, 5월15일 인천민주평화인권센터 사무국장으로 근무하게 됨에 따라

사임 안 제출된 상태.

⇒ 운영위원장(사무국장) 후임 인선을 해야 하는 상황. WCC 총회 이후 실무자 임명 가능할 것으로 예상.

1.1.2. 회원 및 후원회원, 후원교회

— 연말까지 신입회원 30명 입회 목표, 현재까지 진행 없음.

— 후원교회: 인천(10), 평화(5), 나섬(5), 새봄(5), 초원(5)

2.2. 교육, 훈련 구조

2.2.1. 생명평화 월례포럼

— 현안을 중심으로 하여 포럼 주제를 정하고, 시의성있는 포럼을 통해 포럼 참여를 높이는 기조에서, 기독교를 주제로 한 도서의 저자(역자)를 초청하여 공부하는 시간으로, 상반기 5회에 거쳐 진행하고, 상반기 평가를 통해 다음 회차를 결정한다.

— 운영위원회에서 도서 및 강사를 정한다.

— 진행에 있어 써클방식을 도입하여 발제-순환식 대화(질의응답)-발제자 총합으로 진행한다.

회차	날짜	강사	주제	참여
91	13. 02. 07	정원진	기독교의 심장 1, 2장	20명
92	03. 07	정원진	기독교의 심장 3, 4장	19명
93	04. 04	정원진	기독교의 심장 5, 6장	8명
94	05. 02	정원진	기독교의 심장 7, 8, 9장	10명
95	06. 07	정원진	기독교의 심장 10, 11, 12장	10명

⇒ 상반기 포럼은 『기독교의 심장』(마커스 보그/김진우 옮김, 한국기독교연구소)로 5개월 동안 한 권을 같이 읽고 토론.

⇒ 하반기 포럼은 “생명평화와 영성”이란 주제로 진행할 예정.

9월 (영성과 정치) 이진권: 비통한 사람들의 정치학

(영성과 침묵) 이진권: 온전한 삶으로의 여행

(영성과 생명) 이병철: 생명운동 이야기 (우리밀살리기운동 등)

(영성과 공동체) 최철호: 아름다운 마을공동체 이야기

(영성과 사회) 박총: 욕쟁이 예수

2.2.2. 생명평화 써클모임

— 써클모임은 3개월 12주 완성형 프로그램을 진행한다는 원칙.

— "온전한 삶으로의 여행"(파커 팔머) 이라는 제목으로 진행.

— 4월 2일(화)부터 6월 18일(화)까지 진행.

— 총 12명 등록, 8명 수료.

— 인천비폭력평화영성센터로 주최 및 진행.

2.2.3. 생명평화 리더쉽트레이닝(L.T)

— 생평 회원 워크샵으로 진행.

3월 10일(일) 오후 6시~12시, 인천시민연대에서 총 14명 진행.

— 생명평화기독연대 10년 운동을 마감하고, 새로운 10년을 준비하기 위한 워크샵으로 이진권 평화위원장이 진행.

3. 사업

3.1.1. 행동의날

— 35차까지 진행된 행동의 날은 기도회로부터 시작하여 1인기도 형태로 변화 수용되어 진행되어 왔으나, 2013년부터는 기도를 통해 메시지를 전달하는 방식에서 연대하는 방식으로 진행한다.

— 1달에 1번씩 운영위에서 현장이나 연대행사 하나를 정하여, 집중하고, 나누며 친교하는 시간을 가진다.

— 정기사업에서 매월 진행하나, 비정기 사업으로 바뀜.

— 고난주간 생명, 평화, 정의의 세부 소기도제목은

1) 생명 — 신자유주의 경제질서로 피폐해진 농촌과 4대강을 위하여 지속가능한 미래 — 핵 없는 사회를 위하여

2) 평화 — 한반도 평화협정 체결과 강정 구럼비의 온생명을 위하여

3) 정의 — 비정규직 노동과 부당한 해고가 없는 사회를 위하여 공권력에 의한 의문사 진상규명을 위하여

회차	날짜	주제	참여인원
36차	2/13	재의 수요일 (쌍용차해결, 콜트콜텍, 4대강 복원)	6명
37차	3/25	고난주간 특별 1인기도 (생명, 평화, 정의)	2명
38차	3/26	고난주간 특별 1인기도 (생명, 평화, 정의)	1명
39차	3/27	고난주간 특별 1인기도 (생명, 평화, 정의)	2명
40차	3/28	고난주간 특별 1인기도 (생명, 평화, 정의)	3명
41차	3/29	고난주간 특별 1인기도 (생명, 평화, 정의)	2명
42차	4/15	한반도 평화와 화해를 촉구하는 1인기도	2명
43차	4/16	한반도 평화와 화해를 촉구하는 1인기도	1명
44차	4/17	한반도 평화와 화해를 촉구하는 1인기도	1명
45차	4/18	한반도 평화와 화해를 촉구하는 1인기도	3명
46차	4/19	한반도 평화와 화해를 촉구하는 1인기도	2명

3.2.1. 홍보

— 홈페이지(까페 포워딩) 진행이 안되고 있음.

— 뉴스레터 3월까지 발송하고 그 이후 진행사항 없음.

— 개인 페이스북 중심으로 활동현황을 알리고 있는 실정.

3.3.1. 기독교사회선교 사진전

— 기획의도: WCC부산총회에 기사련이 맡은 하나의 마당을 진행하는 것으로 기획했으나, WCC 부산 총회 참석 여부는 별도로 하고, 인천지역의 민중선교에 대한 자료를 모으고 확보함과 동시에, 사진전을 통해 민중선교에 대한 이해와 공감의 폭을 넓힌다.

— 4월달부터 시작하려 했으나, 예산이 진행되지 못하여 진척을 하지 못함.

— 9월부터 준비하여 하반기 11월부터 사진전 진행할 예정.

— 자료 출처:

가) 생평 고유 자료, 생평 후원교회, 계양산 골프장 반대 시민대책위,

나) 연대단체: 인천민중교회운동연합, 인천목정평,

다) 통일, 정세: 감리교사회연대(샘터교회),

라) 노동: 인천사회복지선교회(일꾼교회), 동인교회(이국선 목사님 사모님), 동일방직해고자모임(김용자)

마) 청년: EYC, KSCF

바) 복지: 인천교회, 해인교회, YMCA삼산복지관

사) 빈민: 사랑방교회

4. 연대

4.1. 전국

— 기독교사회선교연대회의에 연대단체 참여하는 중

4.2. 지역

— 인천시민사회단체연대에 회원 단체로 참여한다.

— 인천지역 내 정전협정 60주년을 기념하는 사업(특히 한강하구평화의배띄우기)에 조력하기로 했으나, 별도 행사 없었음.

4.3. 종교간 대화

— "인천지역 섬 연구모임"을 중심으로, 혹은 지역 현안을 중심으로 4대 종단이 적극 결합하는데 조력하기로 했으나, 주로 모임이 일요일에 진행되어 적극 참여하지 못함.

— 불교 및 원불교의 주요 기념일을 중심으로 이웃 종교와 적극적으로 종교간대화에 참여하기로 했으나, 올해는 진행되지 못함.

5. 예산 평가

5.1. 2013년 예산 상반기 평가

5.1.1. 수입부(2013.1.1. ~ 2013.7.31)

분류 항목	2013년 예산	합계	예산 대비 결산	비고
이월금	89,462	89,462	100%	
전기이월금	89,462	89,462	100%	
회비	9,000,000	2,340,000	26%	
월정회비	8,000,000	3,840,000	48%	
참가회비	1,000,000	100,000	10%	회원워크샵
후원금	4,900,000	700,000	14%	
교회후원	3,600,000	1,450,000	40%	
특별후원	1,300,000	0	0%	wcc사진전
기타	10,538	92	1%	
결산이자	538	92	17%	
기타	10,000	0	0%	
수입부합계	14,000,000	5,390,092	39%	

8월 10일 잔액: 1,634,146원

5.1.2. 지출부(2013.1.1. ~ 2013.7.31)

분류 항목	2013년 예산	합계	예산 대비 결산	비고
인건비	4,300,000	700,000	16%	
인건비	4,300,000	700,000	16%	2012년 70만
사무비	1,860,000	564,990	30%	
통신비	340,000	359,190	106%	
홈피운영비	100,000	0	0%	도메인 관리비
웹진운영비	120,000	29,700	25%	
기타사무비	300,000	77,880	26%	
비품구입비	800,000	0	0%	캠코더, 녹음기
CMS유지비	200,000	98,220	49%	
조직사업비	6,620,000	2,156,310	33%	
포럼	1,800,000	1,046,530	58%	
행동의날	300,000	193,000	64%	
WCC사진전	1,200,000	0	0%	60*2만
써클모임	1,000,000	0	0%	12주*2회차
리더쉽트레이닝	300,000	303,300	101%	2월
조직운영비	360,000	25,000	7%	위원회활동비
홍보비	200,000	3,980	2%	달력및발송비
아카데미	300,000	0	0%	
수련회	360,000	0	0%	
회의비	300,000	168,500	56%	
경조비	500,000	416,000	83%	
연대사업비	1,220,000	820,000	67%	
시민연대	600,000	300,000	50%	
기사련	120,000	120,000	100%	
연대활동비	500,000	400,000	80%	
예비비	0	0	0%	
예비비	0	0	0%	
지출부합계	14,000,000	4,241,300	30%	

III. 총회준비위원회(총준위) 자료

생평은 회칙에 따라 매년 총회 전에 총회준비위원회(약칭 총준위)를 구성하고, 여기서 결의된 사항을 총회에 상정하여 추인을 받는다.

해마다 총준위 회의록이 있지만 대표적인 사례만 수록한다.

2010년도 총준위 1차 안

▸ 총회 일정, 내용 정하기

총회 일시: 1월 13일(목) — 1월 운영위 / 1월 9일(일) 7시

장소: 새봄교회

내용: 1부/예배, 2부/총회. 2010 회원상, 포럼 개근(정근)상 수상

2010년 활동 평가

1. 조직

1) 회의 및 모임

(1) 운영위원회

새로운 운영위원 영입으로 13명의 운영위원체제로 매월 셋째 주일 저녁에 모임.

가) 운영위원 명단: 윤인중, 정한식, 정세일, 김영호, 이진권, 백영민, 이승용, 이세구, 김옥순, 천승현, 차성수, 김영수

나) 2010 운영위원회 회의 일정 및 주요 결정사항

회차	날짜	주요 결정 사항	참석
52	1.14	총회일정확정/1월 27일, 사무실을 새봄교회로 이전키로	11
53	2.8	새로운 운영위원 선임, 2010년도 사업계획검토및 확정	6
54	3.21	상반기생평포럼내용확정, 고난주간금식기도회, 월웹진 발행키로	7
55	4.18	생명평화기행/6.12 여주 확정. 매월 행동의 날— 셋째 주 목요일	7
56	5.23	4대강의 고난받는 생명을 위한 촛불기도회— 6월17에 진행키로	7
57	6.20	일본평화통신사맞이 인천지역모임을 타단체와 논의하기로 함	9
58	7.18	상반기 활동평가 및 하반기 계획	10
59	9.26.	생명평화 기독아카데미 진행계획 논의	4
60	10.24	아카데미 내용,일정 확정, 리플렛 시안 검토	6
61	11.21	7차 총회준비위원회 구성	8
62	12.19		

참고 자료 — 2010 운영위원 출석 현황

	1월	2월	3월	4월	5월	6월	7월	8월	9월	10월	11월	12월
김영호	/				/						/	
윤인중	/	/	/	/	/	/	/				/	
정세일	/	/	/	/	/	/	/		/		/	
정한식	/	/		/		/	/			/		
이진권	/	/	/	/	/	/	/		/	/	/	
백영민	/	/		/	/	/	/			/	/	
이세구			/			/	/			/	/	
이승룡		/	/		/	/	/		/	/		
김영수	/											
김옥순				/		/	/				/	
천승현			/	/	/	/	/		/	/	/	
차성수	/		/									

다) 평가

— 새로운 운영위원들의 참여로 회의가 안정화, 활성화되었다. 그러나 운영위원들의 과반수 이하 참여하는 경우가 있는 점을 개선할 필요가 있다. 이를 위해 위원들의 책임적 참여를 가능케 하는 구조를 만들어 가는 것이 필요.

— 새로운 운영위원으로 김광성 회원 추천.

(2) 포럼

매월 첫째 주 목요일에 새봄교회에서 진행

날짜	내용	강사	참여 인원
2/17	요한복음 새롭게 보기	김진호 목사	
3/4	요한복음 새롭게 보기 2	김진호 목사	15인
4/1	오늘의 새로운 예수 이해	김규항 씨	21인
5/6	신학의 새로운 패러다임	김준우 목사	15인
6/3	한국사회와 기독교	최형묵 목사	12인
7/1	생명평화운동과 기독교	주요섭 씨	7인
9/2	진보적 교회와 교인들의 역할	김민웅 목사	18인
10/7	기독교사회운동과 영성	김홍일 신부	11인
11/4	한국교회의행태, 전망, 과제	이혁배 교수	10인
12/2	초대교회에서의 먹고 마심의 의미	우진성 박사	12인

(평가)

안정성을 가지고 지속적으로 진행한 것은 좋은 성과였다. 그러나 참석 인원이 고정화되고, 주제에 대한 계획적 추진이 부족했다.

앞으로 3개월 단위로 소주제를 정해서 진행하자는 대안이 제시 되었고, 인천지역 에큐메니칼 운동의 공론의 장이 되도록 노력하자(인천민교나 목정평과 공동기획, 내지는 공동주최 방안에 대해 열린 입장으로 논의해 나가자).

(3) 회원 및 후원회원, 후원교회

— 현재 회원은 38명, 후원회원은 30명으로 파악됨(2009년 대비, 후원회원 3명 증가)

— 현재 회비와 모임에 참여하고 있는 회원은 13명 정도

— 현재 7개의 후원교회(인천평화, 나섬, 새봄, 인천교회, 수도, 초원, 옥천제일)가 있음

(평가)

— 회원/후원회원 체계가 구별이 별 의미가 없으니 모두 회원체계로 하고, 모든 회원들에게 웹진이나 문자서비스가 가능한 시스템을 구축하자.

— 회원들을 관리하고 확장하며, 서비스를 체계적으로 할 수 있는 단위를 구성하자.

<2010 현재 회원, 후원회원 명단>

번호	이름	연락처	회비 납부	모임 참가	비고
01	곽경전		○	×	EYC출신,부평시민모임
02	김광성		○	○	인도소풍 경영
03	김경호		○	×	
04	김상곤		×	×	
05	김상목		○	×	소성교회 목사
06	김석봉		○	×	남북평화재단 사무국장
07	김영수		○	×	갈산사회복지관장
08	김영호		○	○	현 공동대표
09	김옥순		○	○	운영위원
10	김종필		○	×	노동자(노선문 전회원)
11	김태인		○	×	인천녹소연 전대표
12	류재성		×	○	희년교회 목사
13	박경란		○	×	교사, 평화교회 교우
14	박종렬		○	○	전 대표
15	백영민		○	○	운영위원
16	안태용		○	×	전 노선문 총무, 귀농
17	윤인중		○	○	공동대표
18	이강희		○	×	자영업, 평화교회 교우
19	이민우		○	×	교사
20	이세구		○	○	운영위원
21	이승용		○	○	운영위원
22	이재춘		○	×	Y 간사
23	이종철		잠시중단	○	생평 전 사무국장
24	이준모		○	×	해인교회 목사
25	이진권		○	○	운영위원장
26	이택규		○	×	지평교회 목사
27	임병구		○	×	전교조 활동
28	임희영		○	×	전 동인교회 부목사
29	정다혜		○	×	대학생
30	정세일		○	○	공동대표
31	정한식		○	○	
32	조성일		○	×	Y 간사
33	천승현		○	○	운영위원
34	차성수		○	○	운영위원
35	최성곤		○	×	자영업
36	최경희		○	○	새봄 지역아동센터
37	최재성		×	×	인천 녹소연 운영위원장
38	최광식		×	○	

후원회원

번호	이름	연락처	회비 납부	모임 참여	비고
01	강은숙		○	×	
02	양향미		○	×	
03	김정환		○	×	
04	김혜선		○	×	
05	김정범		○	×	의사, 인천인의협
06	박영희		○	×	
07	송기윤		○	×	
08	송정로		○	○	인천in 대표
09	원학운		○	×	예본교회 교우
10	이영희		○	×	자활 실무자
11	이용찬		○	×	Y 간사
12	이우재		○	×	온고재 대표
13	이재윤		○	×	교사,예본교회
14	이종순		○	×	
15	이혜경		○	×	
16	이혜진		○	×	
17	임익철		○	×	
18	장인순		○	×	
19	전병화		○	×	교사
20	정재원		○	×	
21	정형서		○	×	
22	조인영		○	×	전 송현샘 교회 목사
23	최정희		○	×	
24	원용진		○	×	새봄교회 교우
25	윤은미		○	×	새봄교회 교우
26	이경원		○	×	새봄교회 교우
27	김성기		○	○	푸른생협 상무
28	송하경		○	×	사회복지사
29	김종철		○	×	인천교회 교우
30	조철상		○	×	인천교회 교우

(4) 위원회

각 위원회(생명, 평화)가 존재하지만, 참여회원들과 활동은 정지 상태.

(평가 및 대안)

실질적인 회원들의 참여가 가능한 모임으로 재편하자.

조직의 활성화를 위해

① 포럼 위원회 – 포럼의 기획 및 운영

② 조직,홍보 위원회 – 회원 관리 및 확대, 온라인, 오프라인 홍보 체계 마련 및 실천

③ 지역활동위원회 – 촛불집회 진행 및 연대행사 참여. 등으로 재편하고, 운영위원들이 모두 1인 1위원회에 참여하도록 하자

2. 운영

1) 사무국

운영위원장 1인의 반상근 체제로 운영하고 사무국을 새봄교회로 이전하였음

(평가)

– 1인의 반상근 체제의 불안정성을 극복하기 위해 반상근자, 위원회 팀장의 공동회의 및 집행체계를 마련하도록 하자.

– 내년도를 준비하면서 새로운 반상근 실무자를 구하는 것으로 하고, 이와 연동하여 사무실 이전 문제도 고려해 보기로 한다.

2) 재정

– 수입: cms 70여만원, 후원금 40여만원, 합계 110여만원

지출: 인건비/50만, 관리비/20만, 연대비/10만, 사업비/30만, 합계/110여만원

– 현재 상황에서 수입, 지출이 거의 비슷하게 맞추어져 있어 적자는 발생하지 않음.

(평가)

내년도에는 CMS 100만원, 후원금/ 60만원 정도의 목표를 세우고 활동하자.

3. 홍보

— 월 1회의 온라인 소식지 발간이 이루어짐
— 홈페이지는 활성화되고 있지 못함.
— 생평 소개와 회원 확보를 위한 소리플렛 작성(4,000장)
(평가)
정기적인 월 웹진 발행은 큰 성과였다. 그러나 회원들 전체에 대한 웹진 및 문자서비스 체제가 정비되어야 하고 홈페이지를 포함한 온라인 보다 활발한 소통 및 참여 방안이 필요

4. 사업

1) 매월 월례포럼 진행 — 10회, 연 평균인원 — 13여 명
2) 6월부터 매월 행동의 날로 정하고 '4대강의 생명, 평화를 위한 촛불기도회'를 동암역 북광장에서 진행

회차	날 짜	주 관	참여 인원
1	6/17	사무국	20여 명
2	7/15	사무국	15여 명
3	8/19	평화교회	50여 명
4	9/16	나섬교회	40여 명
5	10/21	예본교회	40여 명
6	11/18	새봄교회	20여 명
7	12/16	사무국	15명

(평가)
— 생평의 이름으로 지역에서 꾸준하게 4대강 문제를 가지고 촛불집회를 진행한 점은 성과였다. 그러나 여전히 회원들의 참여가 제한적이다.
— 내년에는 4대강의 생명과 서해의 평화라는 화두를 가지고 생명평화촛불기도회를 지속하는 것이 필요하다. 또한 지역의 기독교운동의 역량이 함께 참여할 수 있도록 제안하고 그러한

구조를 만들어 가도록 노력하자. 이를 위해 생평 내부에 진행팀(지역활동위원회)을 구성하여 집행체계를 강화하도록 하자.

3) 가족과 함께하는 '생명 평화 기행'

일시: 2010년 6월 12일, 장소: 여주 일대 4대강 공사현장, 신륵사

참여교회, 인원: 3개 교회, 20여 명

(평가) 이전에 끊어졌던 맥을 다시 회복하여, 회원 행사로 기획하고, 진행한 것은 의미 있었으며, 이를 앞으로 더욱 보완, 발전시켜 나가도록 하자.

4) 제1회 생명평화 기독아카데미 — 기후재앙시대에 녹색교회를 꿈꾼다

일시: 2010년 11월 13, 20, 27일(토) 오후 2~4시, 장소: 인천교회

회차	내용	강사	참여인원, 교회
1	기후변화의 실상과 대안찾기	김제남	12명, 5교회
2	기후변화에 대한 신학적 성찰	장윤제	7명, 6교회
3	기후변화에 대한 교회의 대안과 녹색교회 만들기 워크	유미호	11명, 4교회

(재정)

지출 홍보비 — 190,000 (포스터/15만, 플랑/4만)

강사비 — 600,000 (20만 * 3인)

자료집 제작비 — 250,000 (2,300 * 110부)

수입 참가비 — 10만, 후원금 — 30만(기장인천노회사회부), 생평 — 64만

(평가)

— 충분히 좋은 내용으로 의미 있는 시도였는데, 조금 성급한 감이 있었고, 참여 대상에 대한 정확한 설정과 이해가 부족했으며, 진행 시점과 일시가 부적절하였다.

참가비 설정도 고려해봐야 하며, 이후에는 소통과 참여가 실질적으로 가능한 지역교회를 발굴하고 연대하여 개최하는 것이 바람직할 것 같다.

5. 연대

1) 지역

— 2010 고난주간 계양산 살리기 금식기도회 진행

일시 / 2010년 3월 29일(월)~4월 3일(토) 장소 / 계양산 하늬재 고개

— 2010 지방선거연대와 진보 교육감 당선을 위한 일파만파 운동에 참여.

— 인천시민사회단체연대 회원단체로 참여하면서 활동함.

— 2010 석가탄신일 축하 플랑카드 전달 / 인천불교회관

— 인천쌀 보내기 시민운동본부에 회원단체로 참여

— 인천사회포럼 참가담체로 참여.

일시 / 11월 17일, 주제 / 인천의 도시비전과 시민사회의 과제

— 서해평화를 위한 인천 시민선언에 참여.

— 인천지역 기독교 단체들과의 간담회 / 12월 8일

참여단체: 인천목회자정의평화실천협의회, 인천민중교회운동연합, 생명평화기독연대

2) 전국 단위

— 2010 기독교사회포럼 참여

일시: 4월 26(월) ~ 27일(수) / 2010 기독교 사회포럼 참여

주제: 기독교 사회운동의 성찰과 희망

— 2010 그리스도인 선언에 회원들과 함께 참여

— 기독교사회선교연대회의에 회원단체로 참여
— 4대강 살리기 4대종단 성직자 기도회 참여 / 10월 4~6일

(평가)

부족한 역량으로 인천지역 사회에서 기독교운동을 대표하는 단체로 일정 정도의 역할을 감당해 왔다. 연대활동에 대한 회원들과의 충분한 내용 공유와 활동의 분담이 필요하며, 전국 기독교운동 네트워크와의 보다 의식적인 결합도 필요하다.

<생명평화 포럼 목차>

회차	날짜	강사	주제	참여
1	04. 3.26	김정수	평화운동과 그리스도인의 역할	20명
2	4.29	조경두	인천지역 환경현안	10명
3	6.24	조정현	현 기독운동의 흐름과 연대방향	12명
4	7.12	정강길	새로운 민중신학의 영성론과 기독운동	18명
5	8.26	정강길	민중신학의 전개과정과 새로운 대안모색	31명
6	9.23	정강길	한국교회의 현황과 새로운 기독운동	21명
7	10.28	김종희	한국교회의 개혁과제와 기독언론의 역할	18명
8	11.25	김종원	한국교회에서 평신도 사회운동의 의미와 역할	19명
9	12.23	윤인중	2005년 기독연대 방향과 사업계획에 대하여	15명
10	05.1.27	구미정	21세기 지구화시대의 생태여성신학과 실천운동	23명
11	2.24	정연복	평신도 예수 이야기	14명
12	3.24	김덕기	'역사적 예수' 제3탐구의 딜레마와 그 해결책	16명
13	4.28	장왕식	현대 과정신학의 의의와 전망	13명
14	5.26	이현주	생명평화의 길	40명
15	6.23	권진관	한국사회 속에서 민중신학의 역할	10명
16	7.28	이민우	생명평화기독연대에 대한 제언	9명
17	8.25	유상태	목회현장에서 느끼는 한국교회 개혁	11명
18	9.22	이형용	종교성, 사회운동의 철학적,정신적 지평	19명
19	10.27	이현주	믿음	42명
20	11.17	이현주	소망	33명

21	11.24	이현주	사랑	60명
22	12.22	임병구	2005년 평가 및 송년회	23명
23	06.2.23	강원돈	신자유주의시대와 크리스챤 경제윤리	
24	3.23	이대수	지역자치와 교회의 역할	
25	4.27	김상근	에큐메니칼 교회의 역할	
26	5.25	김현수	청소년 대안교육	
27	6.29	이주화	타종교와의대화: 이슬람 종교와 문화	
28	8.24	유영재	평택사태와 미국의 전략적 유연성	
29	9.28	안철환	도시농업 — 생태도시 아바나 사례	
30	10.29	김조년	기독교 생명평화운동에 대하여	
31	11.23	개척자들	기독교 평화운동사례— 개척자들의 신앙과행동	
32	07.1.25	박태순	우리사회 갈등현황과 해결방안	
33	2.22	박병상	지구온난화와 인천의 난개발	
34	3.22	임영신	평화로 가는 길— 이라크 평화운동 나눔	16명
35	4.26	임종한	지역에서 협동공동체를 어떻게 만들 것인가?	8명
36	5.31	윤인중	계양산 나무 위 생활 나누기	11명
37	6.28	김찬호	생명평화운동에 대하여	11명
38	8.23	이택규	멕시코 해외선교 경험 나누기	4명
39	9.27	최원경	네 이웃을 네 몸 같이 사랑하라	12명
40	11.1	오세제	2207 대선을 읽는 법	9명
41	12.6	이재영	아나벱티스트의 평화사상	11명
42	08.2.21	도법	생명평화 탁발순례기	
43	3.27	김경호	생명평화와 예수살기운동	
44	4.24	홍세화	보수화된 한국사회, 진보운동의 과제	25명
45	5.29	고상균	차별받아 마땅한 사랑은 그 어디에도 없다	
46	6.26	오강남	李시대, 한국교회, 예수는 없다	
47	9.25	한상봉	영성과 사회적 실천의 통합, 어떻게?	
48	10,23	김영철	세계화에 대한 교회의 대응	
49	11.27	김진호	민중신학과 새로운 신학운동	
50	09.2.12.	이현주	한국교회가 극복해야 할 종교관 1	
51	3.12	류상태	한국교회가 극복해야 할 종교관 2	
52	4.9	박득훈	한국교회가 극복해야 할 사회관 3	
53	5.14	김은규	한국교회가 극복해야 할 신관	
54	6.11	이상성	한국교회가 극복해야 할 교회관	
55	8.13	하종강	한국교회의 개혁 과제	

56	9.10	김희헌	종교와 과학과의 대화	
57	10.15	개그넌	우주 전쟁 시대의 평화	
58	11.22	이덕주	한국교회에 있어서 기독교 사회주의 1	
59	11.29	이덕주	한국교회에 있어서 기독교 사회주의 2	
60	10.2.17	김진호	요한복음 새롭게 보기 1	
61	3.4	김진호	요한복음 새롭게 보기 2	15명
62	4.1	김규항	오늘의 새로운 예수 이해	21명
63	5.6	김준우	신학의 새로운 패러다임	15명
64	6.3	최형묵	한국사회와 기독교	12명
65	7.1	주요섭	생명평화운동과 기독교	7인
66	9.2	김민웅	진보적 교회와 교인들의 역할	18인
67	10.7	김홍일	기독교사회운동과 영성	11인
68	11.4	이혁배	한국교회의 행태,전망,과제	10인
69	12.2	우진성	초대교회에서의 먹고마심의 의미	12인

6. 회칙 개정안

1) 조직과 관련된 몇 가지 사항의 변경

취지) 조직의 현실 변화(운영위원장 교체 예상 등)를 반영하고, 회칙의 일반적 관례를 반영하여 다음과 같이 변경.

내용)

1. 17조 임기 항은 삭제하고 해당 항목에 임기를 명기한다.
2. 8조 4번의 ‘운영위원장 선출’을 삭제한다.
3. 12조 공동대표 항목을
   1) 공동대표는 이 모임을 대표하며, 5인 이내로 하고, 임기는 2년으로 연임할 수 있다.
   2) 공동대표 중 1인을 호선하여 상임대표로 둘 수 있다.
4. 13조 운영위원회 항목을

1) 지위. 운영위원회는 총회의 위임을 받은 이 모임의 상설 의결기구이다.

2) 구성. 운영위원회는 당연직 운영위원(공동대표, 각위원장, 사무국장)과 운영위원회에서 인준된 자 등으로 구성하며 15인 이내로 한다. 회의의 원활한 운영을 위해 운영위원장을 호선으로 선출한다.

3) 임기. 운영위원 임기는 2년이며 연임할 수 있다.

4) 회의. 매월 1회 운영위원장이 소집하며, 위원장 및 또는 위원 1/3 이상의 요구 시 임시회의를 소집할 수 있다.

5) 권한과 의결사항. 운영위원회의 권한과 의결사항은 아래와 같다.

1. 2. 3. 4 동일

5항에서 총회에 부의할 안건 심의와 의결 → 총회에 부의할 안건 '채택'으로 6. 7.항 동일

5. 15조 감사 항목에 '임기' 내용 추가.

감사는 사업과 재정을 감사하며 2명으로 하고, 임기는 2년으로 연임할 수 있다.

2) '고문 및 자문위원' 항목 추가

취지: 본회가 지역 내에서 대표적인 에큐메니칼 운동체로서 자기위상을 높이기 위하여 본회의 취지에 공감하며 함께 협력할 수 있는 지역의 원로들과 전문가들이 참여할 수 있는 조직의 틀을 마련한다.

(내용)

제17조 고문 및 자문위원

1. 고문 – 교회와 지역사회의 원로 중에서 약간 명의 고문을 위촉할 수 있다.

2. 자문위원 – 이 모임의 활동 전반에 대한 정책 자문을 구하기 위해 자문위원을 위촉할 수 있다.

기존 회칙	변경 회칙(안)
8조 4항 공동대표, 감사, 운영위원장 선출	공동대표, 감사 선출
12조 공동대표는 이 모임을 대표하며, 5인 이내로 한다.	1. 공동대표는 이 모임을 대표하며, 5인 이내로 하고, 임기는 2년으로 연임할 수 있다. 2. 공동대표 중 1인을 호선하여 상임대표로 둘 수 있다.
13조(운영위원회) 운영위원회는 이 모임의 상설 의결기구이고, 당연직 운영위원(공동대표, 운영위원장, 각 위원장, 사무국장)과 공동대표에 의하여 인준된 운영위원으로 15인 이내에서 구성되어 매월 1회 정기회의를 가지며, 다음의 사항을 심의, 의결한다.	1. 지위. 운영위원회는 총회의 위임을 받은 이 모임의 상설 의결기구이다. 2. 구성. 운영위원회는 당연직 운영위원(공동대표, 각위원장, 사무국장)과 운영위원회에서 인준된 자 등으로 구성하며 15인 이내로 한다. 회의의 원활한 운영을 위해 운영위원장을 호선으로 선출한다. 3. 임기. 운영위원 임기는 2년이며 연임할 수 있다. 4. 회의. 매월 1회 운영위원장이 소집하며, 위원장 및 또는 위원 1/3 이상의 요구시 임시회의를 소집할 수 있다. 5. 권한과 의결사항. 운영위원회의 권한과 의결사항은 아래와 같다.
13조 4항 — 총회에 부의할 안건 심의와 의결	총회에 부의할 안건 '채택'
15조(감사) 감사는 사업과 재정을 감사하며 2명으로 한다.	감사는 사업과 재정을 감사하며 2명으로 하고, 임기는 2년으로 연임할 수 있다.
17조(임기) 공동대표, 운영위원장, 감사의 임기는 2년으로 하고, 연임할 수 있다.	삭제
	제17조 고문 및 자문위원 1. 고문 — 교회와 지역사회의 원로 중에서 약간 명의 고문을 위촉할 수 있다. 2. 자문위원 — 이 모임의 활동 전반에 대한 정책 자문을 구하기 위해 자문위원을 위촉할 수 있다.

2013년
생명평화기독연대 10차 정기총회 준비위원회 회의 자료

일시: 2013년 12월 6일(금) 오후8시 ~ 7일(토) 낮1시

장소: 강화도 백영민 운영위원 집

 생명평화기독연대

▦ 생명평화 기독연대 회칙

● 2013년 사업 상반기 평가

1. 사업계획 및 평가

1.1. 조직

1.1.1. 운영위원회

— 운영위원회 진행 중, 5월 운영위 진행하지 못함.

— 신학위원회, 평화위원회 조직 재설치, 각 위원장 위촉.

조양근 전도사(평화교회) 위촉 건이 있었으나, 본인 고사로 진행되지 못함.

→ 추후 2~3명의 운영위원을 발굴하여 운영위원으로 위촉할 예정(장남덕, 박찬대, 김종철, 이상선).

회차	날짜	주요결정사항	참석
1월 총회	1 .3	총회, 2013년 사업계획 및 예산 심의, 확정	15
84차	2. 3	LT, 생평교육마당, 상반기포럼 건	6
85차	3. 10	4월포럼, 행동의날 건	8
86차	4. 14	5/6월포럼, 행동의날 건	8
87차	6. 30	하반기 포럼 계획건, 상반기 평가 수련회, 운영위원장 사임 건	7
상반기 평가	8. 11	상반기 활동평가 및 하반기 계획 건	5
89차	9. 8	실무자 채용 건, 박형규 목사 추석인사 건, 100회포럼 건	5
90차	10. 14	총준위 구성 건	5
91차	11. 17	총준위 구성 건	

1.1.2. 사무국

— 운영위원장이 사업 및 회원 전반을 공동대표와 협의하여 사무국을 운영하였음.

— 천승현 운영위원장, 5월15일 인천민주평화인권센터 사무국장으로 근무하게 됨에 따라 사임 안 제출된 상태.

→ 운영위원장(사무국장) 후임자로 이광민 선임.

1.1.3. 회원 및 후원회원, 후원교회

— 연말까지 신입회원 30명 입회 목표, 현재까지 진행없음.

— 후원교회: 인천(10),평화(5),나섬(5),새봄(5),초원(5)

2.2. 교육, 훈련 구조

2.2.1. 생명평화 월례포럼

— 현안을 중심으로 하여 포럼 주제를 정하고, 시의성있는 포럼을 통해 포럼 참여를 높이는 기조에서, 기독교를 주제로 한 도서의 저자(역자)를 초청하여 공부하는 시간으로, 상반기 5회에 거쳐 진행하고, 상반기 평가를 통해 다음 회차를 결정한다.

회차	날짜	강사	주제	참여
91	3. 02. 07	정원진	기독교의 심장 1,2장	20명
92	03. 07	정원진	기독교의 심장 3,4장	19명
93	04. 04	정원진	기독교의 심장 5,6장	8명
94	05. 02	정원진	기독교의 심장 7,8,9장	10명
95	06. 07	정원진	기독교의 심장 10,11,12장	10명
96	9.12	이진권	비통한 사람들의 정치학	12명
97	10.10	이병철	영성과 생명운동	10명
98	11.7	최철호	아름다운 마을공동체 이야기	9명
99	12.5	박총	일상과 영성	13명

— 운영위원회에서 도서 및 강사를 정한다.

— 진행에 있어 써클방식을 도입하여 발제-순환식 대화(질의응답)-발제자 총합으로 진행한다.

⇒ 상반기 포럼은 [기독교의 심장] (마커스 보그 저)로 5개월동안 1권을 같이 읽고 토론.

⇒ 하반기 포럼은 [생명평화와 영성]이란 주제로 진행할 예정.

9월 (영성과 정치) 이진권: 비통한사람들의 정치학

10월 (영성과 생명) 이병철: 생명운동 이야기 (우리밀살리기운동 등)

11월 (영성과 공동체) 최철호: 아름다운 마을 공동체 이야기

12월 (영성과 사회) 박총: 욕쟁이예수

2.2.2. 생명평화 써클모임

— 써클모임은 3개월 12주 완성형 프로그램을 진행한다는 원칙.

* 상반기

— "온전한 삶으로의 여행"(파커 팔머) 이라는 제목으로 진행.

— 4월2일(화)부터 6월18일(화)까지 진행.

— 총 12명 등록, 8명 수료.

— 인천비폭력평화영성센터로 주최 및 진행.

* 하반기

— "비통한 사람들을 위한 정치학"을 주제로 진행 중.

2.2.3. 생명평화 리더쉽트레이닝 (L.T)

— 생평 회원 워크샵으로 진행.

3월 10일(일) 오후6시~12시, 인천시민연대에서 총 14명 진행.

— 생명평화기독연대 10년 운동을 마감하고, 새로운 10년을 준비하기 위한 워크샵으로 이진권 평화위원장이 진행.

3. 사업

3.1.1. 행동의날

— 35차까지 진행된 행동의 날은 기도회로부터 시작하여 1인기도 형태로 변화 수용되어 진행되어 왔으나, 2013년부터는 기도를 통해 메시지를 전달하는 방식에서 연대하는 방식으로 진행한다.

— 1달에 1번씩 운영위에서 현장이나 연대행사 하나를 정하여, 집중하고, 나누며 친교하는 시간을 가진다.

— 정기사업에서 매월 진행하나, 비정기 사업으로 바뀜.

— 고난주간 생명, 평화, 정의의 세부 소기도제목은

1) 생명 — 신자유주의 경제질서로 피폐해진 농촌과 4대강을 위하여
지속가능한 미래 — 핵 없는 사회를 위하여
2) 평화 — 한반도 평화협정 체결과 강정 구럼비의 온생명을 위하여
3) 정의 — 비정규직 노동과 부당한 해고가 없는 사회를 위하여
공권력에 의한 의문사 진상규명을 위하여

회차	날짜	주제	참여인원
36차	2/13	재의 수요일 (쌍용차해결, 콜트콜텍, 4대강 복원)	6명
37차	3/25	고난주간 특별 1인기도 (생명, 평화, 정의)	2명
38차	3/26	고난주간 특별 1인기도 (생명, 평화, 정의)	1명
39차	3/27	고난주간 특별 1인기도(생명, 평화, 정의)	2명
40차	3/28	고난주간 특별 1인기도 (생명, 평화, 정의)	3명
41차	3/29	고난주간 특별 1인기도 (생명, 평화, 정의)	2명
42차	4/15	한반도 평화와 화해를 촉구하는 1인기도	2명
43차	4/16	한반도 평화와 화해를 촉구하는 1인기도	1명
44차	4/17	한반도 평화와 화해를 촉구하는 1인기도	1명
45차	4/18	한반도 평화와 화해를 촉구하는 1인기도	3명

46차	4/19	한반도 평화와 화해를 촉구하는 1인기도	2명
47차	7/4	국정원 선거개입 촛불집회 참여	6명
48차	9/16	고난받는이들과함께하는 기도회 (콜트콜텍, 고난함께 공동)	3명

3.2.1. 홍보

— 뉴스레터 3월까지 발송하고 그 이후 진행사항 없음.

— 개인 페이스북 중심으로 활동현황을 알리고 있는 실정.

3.3.1. 기독교사회선교 사진전

— 기획의도: WCC부산총회에 기사련이 맡은 하나의 마당을 진행하는 것으로 기획했으나, WCC 부산 총회 참석 여부는 별도로 하고, 인천지역의 민중선교에 대한 자료를 모으고 확보함과 동시에, 사진전을 통해 민중선교에 대한 이해와 공감의 폭을 넓힌다.

— 4월달부터 시작하려 했으나, 예산이 진행되지 못하여 진척을 하지 못함.

4. 연대

4.1. 전국

— 기독교사회선교연대회의에 연대단체 참여하는 중

4.2. 지역

— 인천시민사회단체연대에 회원 단체로 참여한다.

— 인천지역 내 정전협정 60주년을 기념하는 사업(특히 한강하구평화의배띄우기)에 조력하기로 했으나, 별도 행사 없었음.

4.3. 종교간 대화

— [인천지역 섬 연구모임]을 중심으로, 혹은 지역 현안을 중심으로 4대 종단이 적극 결합하는데 조력하기로 했으나, 주로 모임이 일요일에 진행되어 적극 참여하지 못함.

— 불교 및 원불교의 주요 기념일을 중심으로 이웃 종교와 적극적으로 종교간대화에 참여하기로 했으나, 올해는 진행되지 못함.

5. 예산 평가

5.1. 2013년 예산 상반기 평가

5.1.1. 수입부 (2013.1.1~2013.7.31)

분류항목	2013년예산	합계	예산대비결산	비고
이월금	89,462	89,462	100%	
전기이월금	89,462	89,462	100%	
회비	9,000,000	5,467,600	61%	
월정회비	8,000,000	5,367,600	67%	
참가회비	1,000,000	100,000	10%	회원워크샵
후원금	4,900,000	1,900,000	39%	
교회후원	3,600,000	1,850,000	51%	
특별후원	1,300,000	50,000	4%	wcc사진전
기타	10,538	284	3%	
결산이자	538	284	53%	
기타	10,000	0	0%	
수입부합계	14,000,000	7,457,346	53%	

— 5.1.2. 지출부(2013.1.1~2013.7.31)

분류항목	2013년예산	합계	예산대비결산	비고
인건비	4,300,000	1,450,000	34%	
인건비	4,300,000	1,450,000	34%	2012년 70만
사무비	1,860,000	798,150	43%	
통신비	340,000	545,170	160%	
홈피운영비	100,000	0	0%	도메인관리비
웹진운영비	120,000	29,700	25%	
기타사무비	300,000	108,780	36%	
비품구입비	800,000	0	0%	캠코더,녹음기
CMS유지비	200,000	114,500	57%	
조직사업비	6,620,000	3,198,540	48%	
포럼	1,800,000	1,464,360	81%	
행동의날	300,000	193,000	64%	
WCC사진전	1,200,000	0	0%	60*2만
써클모임	1,000,000	0	0%	12주*2회차
리더쉽트레이닝	300,000	303,300	101%	2월
조직운영비	360,000	390,000	108%	위원회활동비
홍보비	200,000	3,980	2%	달력및발송비
아카데미	300,000	0	0%	
수련회	360,000	186,400	52%	
회의비	300,000	201,500	67%	
경조비	500,000	456,000	91%	
연대사업비	1,220,000	1,090,000	89%	
시민연대	600,000	400,000	67%	
기사련	120,000	180,000	150%	
연대활동비	500,000	510,000	102%	
예비비	0	0	0%	
예비비	0	0	0%	
지출부합계	14,000,000	7,457,346	53%	

6. 회원명단

No	성명	출금금액	출금일	비고
1	8김경호	10,000	4	
2	8김광성	20,000	4	
3	8김상목	10,000	4	
4	8김영수	10,000	4	
5	8김영호	30,000	4	
6	8김종필	10,000	4	
7	8김태인	10,000	4	
8	8박경란	10,000	4	
9	8박종렬	50,000	4	
10	8백영민	10,000	4	
11	8윤인중	50,000	4	
12	8이강희	10,000	4	
13	8이민우	20,000	4	
14	8이승용	10,000	4	
15	8이재춘	10,000	4	
16	8이진권	10,000	4	
17	8임병구	10,000	4	
18	8임희영	10,000	4	
19	8정세일	10,000	4	
20	8조성일	10,000	4	
21	강은숙	10,000	4	
22	김광오	10,000	4	
23	김정범	10,000	4	
24	김정환	10,000	4	
25	김종철	10,000	4	
26	안태용	5,000	4	
27	원용진	10,000	4	
28	원학운	10,000	4	
29	이망기	10,000	4	

30	이세구	10,000	4	
31	이영희	10,000	4	
32	이용찬	5,000	4	
33	이우재	10,000	4	
34	이재윤	10,000	4	
35	이혜경	10,000	4	
36	이혜진	10,000	4	
37	임익철	10,000	4	
38	전병화	20,000	4	
39	정다혜	5,000	4	
40	정재원	10,000	4	
41	정형서	10,000	4	
42	차성수	10,000	4	535,000
43	강병수	10,000	25	
44	강태욱	10,000	25	
45	김성기	10,000	25	
46	박찬대	30,000	25	
47	송하경	10,000	25	
48	우재인	10,000	25	
49	이상선	10,000	25	
50	장남덕	10,000	25	
51	천승현	10,000	25	
52	최정임	10,000	25	120,000
53	김형기	일시불		

7. 2014년 계획 토론

6.1. 2014년 인선 검토안

공동대표: 김영호, 윤인중, 정세일

운영위원: 김종철, 김형기, 박찬대, 이상선, 이세구, 이진권, 장남덕, 천승현

사무국장: 이광민

운영위원회: 공동대표 + 운영위원 + 사무국장

감사: 백영민(회계감사), 임병구(사업감사)

* 고문 위촉: 박형규, 조화순(현재: 김정택, 이민우, 박종렬)

* 운영위원 사임요청: 김영수

6.2. 주요 사업 토론

1) 영성 훈련 및 실천 계획

— 인천지역 평화훈련 제도화에 선도적으로 진입할 필요.

— 평화감수성 훈련(HIPP, 성인대상), 비폭력대화, 써클프로세스, 회복적써클 등을 일반인 대상으로 진행. ⇒ 사회단체보조금. 2014년 하반기

— 인천비폭력영성훈련센터, 새봄교회와 관계 정립 필요

2) 기도, 예식

— 사회적 문제를 내용으로 담은 절기 및 주일(간) 예식 개발 (재의 수요일, 사순절, 탈핵주일, 부활주일, 고난주간, 성금요일, 5.18민주화운동기념주일, 8.15평화통일주일, 생명밥상주일, 종교개혁주일, 대림절, 고난받는이들과함께하는성탄)

— 2014년 특별 기도회 사업 (평화아시아경기대회 개최를 위한)

2014년 3월 4일(아시안게임 200일 전)

3) 생태적 활동

— 강화도에서 무뽑기, 고구마캐기, 감자캐기와 같은 활동. 아이들 온가족이 함께할 수 있는 체험활동

4) 기타 안건

2015년
생명평화기독연대 12차 정기총회 준비위원회 (2차 회의)

일시: 2015년 12월 17일(목) 오후 7시

장소: 부평역 소천

참석: 김영호, 김종철, 김형기, 이광민, 이상선, 이진권

1. 개회기도

2. 전차회의 보고

2.1. 조직

인선총회 준비 / 새로운 조직구성 논의 (운영위, 사무국, 회원, 교회)

— 다양한 교회 단위에서 참여 필요

— 여성회원 10명 영입 목표

— 공동대표에 윤인중 목사 사임, 이상선 목사 선임

— 신임 운영위원: 맹완재, 조형찬, 김상회, 김영철, 황치빈(반려)

— 현 운영위원 중 활동 지속여부 문의 (박찬대, 이세구, 이진권)

2.2. 회칙 개정안 논의

1) 총회에서 상임위원을 선출하여 상임위원단 구성

2) 상임위원단에서 실무 담당자(공동대표, 감사, 운영위원)를 선출

(임기 이후에도 소속감과 책임감을 갖게 하기 위함)

3) 상임위원단에는 역대 임원 모두 포함

임기: 공동대표(2년 임기, 3회 연임 가능), 감사/위원(임기만 정함)
4) 초선 대표가 운영위원장 겸임 / 매년 변경

2.3. 포럼

2~4월(총선), 5월(총선 분석), 6~7월(영성), 9~10월(종교개혁)

3. 2015 사업 평가 및 2016 사업계획 수립 (중·장기 발전계획)

3.1. 2015 사업 평가

조직 — 운영위원회, 사무국(사무실), 회원(100명 목표), 후원교회(에큐메니컬 전 교단 대상, 운영위원단이 후원교회 일정 중 예배에 참여), 생명평화 노래모임
교육 — 생명평화포럼(논찬, 자료집), 꿈 모임, 침묵기도학교
사업 — 행동의 날(절기 활용), 작은교회 박람회(에큐메니컬 연합사업), 홍보사업, 종교간 소통 프로젝트(2014 포럼 주제와 연관), 세월호 1616 기도운동
연대 — 기독교사회선교연대회의, 인천시민연대, 인천연합예배위원회

3.2. 2016 사업계획

4. 12차 총회 실무

4.1. 개회예배 (주의만찬 예식)
4.2. 회칙 개정(안) 논의
4.3. 사업감사(백영민 목사), 회계감사(윤인중 목사), 단체 계좌 변경 건
4.4. 회원 참여 독려 방안

5. 폐회기도

□ 별첨자료

※ 재정(12/16까지 결산)

[수입부]				
분류항목	예산	당기	금년 누계	비고
이월금	1,096,691	-	1,096,691	
전기이월금	1,096,691	-	1,096,691	2014 이월금
회비	8,500,000	440,000	7,529,960	
회비수입	8,000,000	440,000	7,429,960	CMS
참가회비	500,000	-	100,000	
후원금	3,400,000	250,000	2,790,000	
교회후원	2,800,000	100,000	1,940,000	인천교회(10)
특별후원	600,000	150,000	850,000	정세일 대표 후원
기타	3,309	-	974	
결산이자	1,309	-	974	
기타	2,000	-	-	
수입부 합계	-	690,000	-	
전월 이월금	-	671,125	-	
총액	13,000,000	1,361,125	11,417,625	

12/16 잔액: ₩ 503,145

[지출부]				
분류항목	예산	당기	금년 누계	비고
인건비	3,900,000	-	3,300,000	
인건비	3,900,000	-	3,300,000	(30 * 11)
사무비	1,500,000	10,180	856,100	
통신비	500,000	-	64,990	크로샷 서비스 이용료(1월)
사무실 유지비	600,000	-	550,000	(5 * 11 = 55)
웹진운영비	100,000	-	-	
기타사무비	100,000	2,000	11,420	은행 수수료
비품구입비	100,000	-	27,000	
CMS유지비	100,000	8,180	202,690	cms 수수료
조직사업비	4,900,000	647,800	4,825,620	
포럼	2,000,000	297,800	2,837,480	강사료(20), 다과(97,800)
행동의 날	300,000	-	-	
침묵기도학교	500,000	-	100,000	
꿈 모임	500,000	-	100,000	
조직운영비	300,000	-	327,800	
홍보비	300,000	350,000	665,500	2016 생태달력 구입
수련회	200,000	-	220,000	
회의비	300,000	-	387,840	
경조비	500,000	-	287,000	
연대사업비	1,220,000	200,000	1,932,760	
시민연대	600,000	-	550,000	
기사련	120,000	-	120,000	
연대활동비	680,000	150,000	890,000	내일을여는집(5), 핵그련(10), 인천in(10), 계승사업회(3), 세월호(3), 금속노조(3), 장준하(10), 마을사람들(5), 녹지축(5), 에큐메니안(10), 인천민주열사추모(5), 노사모(5), 평통사(5), 김성윤 목사(10)
작은교회박람회	500,000	-	222,760	
종교간 대화	500,000	50,000	150,000	성탄절 연합예배 헌금
예비비	800,000		-	
예비비	800,000		-	
지출계	-	857,980	10,914,480	
12/16 잔액	-		503,145	
총액	13,000,000	1,361,125	11,417,625	

회원명부 (1)

NO	이름	연락처	이메일	소속	회원구분
1	강병수			전 시의원	회원*
2	강은숙			국어교사	회원*
3	강태욱			운동초심	회원*
4	김경호				회원*
5	김광성			인도소풍 경영	회원*
6	김광오			인천교회 담임목사	회원*
7	김상목			소성교회 목사	회원*
8	김상회			ingbook 대표	회원*
9	김성기			푸른생협 상무	회원*
10	김성만			대우자동차 노동조합	회원*
11	김영수			갈산사회복지관장	회원*
12	김영준			인천교회 장로	회원*
13	김영호			공동대표	회원*
14	김재용			변호사	회원*
15	김정범			의사, 인천인의협	회원*
16	김정환				회원*
17	김종철			운영위원	회원*
18	김종필			노동자(노선문전회원)	회원*
19	김태인			인천녹소연 전대표	회원*
20	김형기			공동대표	회원*
21	맹완재			남구 학산마을센터	회원*
22	박경란			교사, 평화교회교우	회원*
23	박종렬			고문	회원*
24	박찬대			운영위원	회원*
25	백영민			목사	회원*
26	안태용			전노선문총무, 귀농	회원*
27	우재인			인천교회 집사	회원*
28	원용진			새봄교회 교우	회원*
29	윤미경			도서출판 다인아트	회원*
30	윤인중			공동대표	회원*
31	이강희			평화교회 교우	회원*
32	이광민			생평 실무자	회원*
33	이망기			새봄교회 교우	회원*
34	이민우			고문	회원*
35	이상선			운영위원	회원*
35	이상선			운영위원	회원*
36	이세구			운영위원	회원*
37	이영희			자활 실무자	회원*
38	이은주				회원*
39	이재병			시의원	회원*

NO	이름	연락처	이메일	소속	회원구분
40	이진권			운영위원	회원*
41	이혜진				회원*
42	임병구			인천교육연구소 소장	회원*
43	임희영			유촌교회 담임	회원*
44	장남덕			평화교회 교우	회원*
45	전병화			교사, 나섬교회	회원*
46	정다혜			대학원생	회원*
47	정세국			장로, 인천EYC 동지	회원*
48	정세일			공동대표	회원*
49	정한식			예본교회 목사	회원*
50	정형서			새안의원 원장	회원*
51	조성일			YMCA부장	회원*
52	조형찬			인천교회 집사	회원*
53	황치빈				회원*
54	강경태				회원
55	강은영				회원
56	곽경전			부평시민모임	회원
57	김상곤				회원
58	김승희			목사	회원
59	김영철			한국기독교문제연구소	회원
60	김옥순			주부	회원
61	김정택			고문	회원
62	김혜선				회원
63	류재성			인천목정평 대표	회원
64	석일			나섬교회 담임	회원
65	손인배			동인교회	회원
66	송숙자				회원
67	송하경			사회복지사	회원
68	유동우				회원
69	이승용			나섬교회 집사	회원
70	이우재			온고재 대표	회원
71	이재춘			Y 간사	회원
72	이종철			초대 사무국장	회원
73	이준모			해인교회 목사	회원
74	전용철				회원
75	정재원				회원
76	조경숙			공익조합동행사무국장	회원
77	조정현			기사련(생선연)	회원
78	차성수			YMCA시민중계실	회원
79	최경희			새봄지역아동센터	회원
80	최광식			시인	회원
81	최성엽			인천교회 장로	회원

NO	이름	연락처	이메일	소속	회원구분
82	최재성			인천 녹소연 상임이사	회원
83	최정임			인천시민연대	회원
84	강건일			행동하는 시민모임	포럼참석
85	강재석			인권센터	포럼참석
86	김은신			쑥골도서관	포럼참석
87	문병인			고용복지나눔협동조합	포럼참석
88	박미라				포럼참석
89	서미영				포럼참석
90	송일수				포럼참석
91	심자섭				포럼참석
92	오이봉			해인교회	포럼참석
93	옥효정			노사모	포럼참석
94	원미정				포럼참석
95	윤경순				포럼참석
96	이상림				포럼참석
97	이성수				포럼참석
98	이세영				포럼참석
99	이영오				포럼참석
100	이종민				포럼참석
101	이총각				포럼참석
102	이택규			지평교회 담임	포럼참석
103	이하선				포럼참석
104	이하준			새봄교회	포럼참석
105	이희정				포럼참석
106	장중엽				포럼참석
107	전미경				포럼참석
108	조성혜			인권센터	포럼참석
109	조옥화				포럼참석
110	김문경			푸른나무심리센터 대표	포럼참석
111	최정주				포럼참석

2024년
생명평화포럼 20차 정기총회 총회준비위원회 (1차 회의)

일시: 2023년 12월 01일(금) 오후 7시 ~ 8시

참석: 김성만, 윤현수, 손인수, 조형찬, 최형근. 김구(참관)

장소: 만복집

회의 내용

1) 총회준비위원장으로 손인수를 선출하다.

2) 총회준비위원회 서기로 조형찬을 선임하다.

3) 안건논의

1. 총회준비위원회 회차 진행에 관한 안

2024년도 정기총회 준비일정과 총회를 다음과 같이하기로 하다.

1차회의: 2023년 12월 01일(금) 19시

2차회의: 2023년 12월 13일(수) 19시

3차회의: 2024년 01월 11일(목) 19시

20차총회: 2024년 01월 18일(목) 19시

2. 회차별 일정과 논의사항에 관한 안

— 1차 회의는 본 회의로 하고, 총회준비위원회 회의 차순 및 논의사항에 관한 안을 정하다.

— 2차 회의는 12월 13일(수)로 예정하고, 2023도 사업 평가 및 결산에 대한 사항을 정리하여 논의하기로 하다.

— 3차 회의는 2024년 01월 11일(목)로 예정하고, 2024년도 사업기조 및 예산에 대한 사항을 논의하기로 하다.

3. 총회 준비에 관한 사항

— 총회 회의 순서에 성원보고에 관하여 앞으로 정족수를 확인하여 위임등의 방법을 통해 소속감과 참여의식을 높이기로 하다. 단 이번 총회에서 회칙을 먼저 개정하고, 정족수의 회원 관리명단을 정리하기로 하다.

— 이번 인선총회를 통해서 공동대표 5인체제를 구성하며, 여성대표를 세우기 위해 선임방안을 마련하고, 운영위원회도 여성위원을 선임하기 위한 인선작업을 진행키로 하다.

— 총회 이전에 인선과정을 마무리하여 총회에 인선명단을 제안하기로 하다.

— 총회 시작시 기도 대신에 묵상 명상등의 방법으로 대체하기로 하다.

— 총회 주제를 12월 13일까지 제안 받기로 하다.

4. 2024년 정기총회 일정에 관한 안

— 일시: 2024년 01월 18일(목) 19시.

— 장소: 길위의 꿈 — 여행인문학도서관에서 하기로 하다.

5. 기타

— 카톡방을 잘 활용하여 총회 준비해 가기로 하며, 회의를 마치다.

(2차 회의)

일시: 2023년 12월 13일(수) 오후 7시~9시

참석: 김성만, 윤현수, 손인수, 조형찬, 최형근. 김구(참관)

장소: 길위의 꿈

회의 내용

1) 1차 회의록 보고: 서기가 보고하니 그대로 받기로 하다.

2) 안건 토의.

1. 2023년 사업보고

보고 자료 중 주요 활동 사항을 생평평화포럼 주관 사업과 참여 사업으로 구분하여 정리하기로 하다.

각 포럼의 취지와 목적을 정리하여 사업보고를 하기로 하다.

회원사업에 신규회원 가입현황, 회원 관리, 회원확보 방안에 관한 사항을 정리하기로 하다.

2. 2023년 결산보고

2023년 수입(17,635,274원)과 지출(15,712,590원)을 자료를 토대로 정리하여 보고하다.

비교적 무난한 재정의 지출이었으나 20주년 행사관련하여 재정이 부족하고, 20주년 행사에 맞는 2024년 예산을 잘 계획하기로 하다.

3. 회원점검 및 관리

CMS회원 명단(59명)을 토대로 회비 미납 회원 관리를 3개월 이상 지속 연체 시 그 회원의 CMS 납부 의사를 파악하여 회원 관리를 하기로 하다.

생일자 및 달력 배송에 관한 최선의 방법을 더 모색하기로 하다.

4. 인선사항

공동대표 5인(정세일, 김영호, 김광성, 윤미경, 임병구)을 선정하여 수락 여부를 파악하기로 하다.

구체적인 영역 및 역할분담을 정하여 활동하기로 하다.

운영위원도 추가로 선정하고 운영위원장을 두기로 하다.

현재 운영위원 중 활동이 없는 분들의 상황을 파악하기로 하다.

5. 정기총회

제목을 카톡방을 통해서 선별하기로 하다.

회의 참여 및 정족수에 관한 사항을 추가 논의하기로 하다.

일정 및 뒷풀이 장소를 확정하다.

총회 차순을 정리하기로 하다.

6. 3차 회의 안건

안건으로 2024년 사업계획, 예산안을 논의하기로 하다.

7. 기타

200차 포럼과 20주년 행사를 별도로 진행하는 방안을 구상하기로 하다.

생평포럼을 시대적 이슈와 일정 주제에 방향성에 관해 논의하다.

일반 시민참여, 젊은이의 참여 방안에 관하여 논의하다.

카톡방을 잘 활용하여 총회 준비해 가기로 하며, 회의를 마치다.

(3차 회의록)

일시: 2024년 01월 11일(목) 오후 7시 ~ 9시

참석: 김성만, 손인수, 조형찬, 김구(참관)

위임: 윤현수, 최형근

장소: 길위의 꿈

회의내용

1) 2차 회의록 보고: 서기가 보고하니 그대로 받기로 하다.

2) 안건 토의.

1. 2024년 사업계획

1) 2024년 사업의 방향

① 22년, 23년 포럼형식의 변화속에 24년에도 생명평화포럼을 알리면서 시민의 공감이 되는 이야기를 포럼에 접목시키며, 문화와 함께 성장하는 포럼을 진행하려고 한다.

② 2024년 2월에는 총회에서 인선된 대표, 고문, 자문위원, 운영위원회 중심으로 1박 2일 일정(2월23일~24일)으로 진행되는 수련회를 통해 생명평화포럼 20주년을 되돌아 보며, 앞으로 생명평화포럼 방향을 논의하는 시간을 준비하고 있다.

③ 회원조직 사업으로 평화기행과 포럼 내용과 연관된 쉼이 있는 여행을 기획하려고 한다.

④ 회원참여가 있는 행동의 날(피켓시위, 세월호 10주년, 지역현안)

2) 2024년 예산안

① 수입과 지출을 2,000만원으로 2023년 대비 136% 증액하여 책정하였다.

② 2024년 생명평화포럼 20주년 후원금을 200만원으로 증액하고 20주년 행사비용으로 350만원을 책정하였다.

3) 정기총회

① 표지를 선택하고 총회 회의 순서를 정하다.

② 총회 이후 식사는 육해공을 예약하여 가기로 하다.

4) 2024년 인선사항

① 고문으로 김정택, 박종렬, 유동우, 이민우를 추천하다.

② 자문위원으로 고보선, 김구, 김영철, 박찬대, 신영욱, 윤인중, 이상선, 이진을 추천하다.

③ 운영위원으로 김광성, 김도진, 김성만, 김영호, 손인수, 윤미경, 윤현수, 윤혜영, 이재병, 임병구, 장성숙, 전용철, 정세일, 조형찬, 황치빈을 추천하며 운영위원장으로 손인수를 추천하다.

④ 사업감사로 김종철, 회계감사로 최형근을 추천하다.

⑤ 소위원회 구성하여 제안하기로 하다.

기타 등등 카톡방을 잘 활용하여 총회 준비해 가기로 하며, 회의를 마치다.

IV. 역대 임원 명단

	2004. 10. — 창립	2006. 1. — 2차	2007. 1. — 3차	2008. 1. — 4차	2009. 1. — 5차	2010. 1. — 6차	2011. 1. — 7차
고문							
자문위원							
감사	김상목 김상곤	김상목 김상곤	김상목 김상곤	유동우 김상목	유동우 김상목	박종렬 김상곤	박종렬 이승용
공동대표	박종렬 이민우	박종렬 이민우	박종렬 윤인중	박종렬 윤인중 김영호	박종렬 윤인중 김영호	윤인중 정한식 정세일 김영호	윤인중 정한식 정세일 김영호
운영위원장	윤인중	윤인중	윤인중	정한식	정한식	이진권	이진권
운영위원							윤인중 정한식 정세일 김영호 이진권 백영민 이승용 이세구 김옥순 천승현 차성수 김영수
위원회 위원장	정강길 백영민 이진권 이강희	정강길 백영민 이진권 이강희	정강길 백영민 이진권 이강희	정강길 백영민 이진권 이강희	정강길 백영민 이진권 이강희	백영민 이진권	백영민 이진권
사무국	이종철	김석봉	김석봉				
회원	38명	49	39	34		38	38
후원회원	11명	30	38	44		41	41
후원교회 및 기관	나섬교회 등 8처	11	13	9			

	2012. 1. — 8차	2013. 1. — 9차	2014. 1. — 10차	2015. 1. — 11차	2016. 1. — 12차	2017. 1. — 13차	2018. 1. — 14차
고문			박종렬 김정택 이민우	박종렬 김정택 이민우	박종렬 김정택 이민우	박종렬 김정택 이민우	박종렬 김정택 이민우
자문위원							
감사	이승용 김종철	이승용 김종철	백영민 임병구	이승용 김종철	이승용 김종철	이승용 김종철	윤인중 백영민
공동대표	김영호 윤인중 정세일	김영호 윤인중 정세일	김영호 김형기 윤인중 정세일	김영호 김형기 윤인중 정세일	김영호 김형기 윤인중 정세일	김영호 김형기 이상선 정세일	김구(김형기) 김영호 이상선 정세일
운영위원장	천승현	천승현	천승현	천승현		이상선	이상선
운영위원	김영수 김영호 김형기 백영민 석 일 윤인중 이세구 임병구 정세일 천승현	김영수 김영호 김형기 백영민 석 일 윤인중 이세구 임병구 정세일 천승현	김영호 김종철 김형기 박찬대 윤인중 이광민 이상선 이세구 이진권 정세일 천승현	김영호 김종철 김형기 박찬대 윤인중 이상선 이세구 이진권 장남덕 정세일 천승현	김영호 김종철 김형기 박찬대 윤인중 이상선 이세구 이광민 이진권 정세일	김상회 김성만 김영호 김종철 김형기 맹완재 박찬대 윤인중 이상선 이세구 이광민 이진권 정세일 조형찬	김 구 김성만 김영호 김종철 맹완재 윤인중 이상선 이세구 이진권 이화규 정세일 조형찬 황치빈
위원장	백영민 이진권	김형기 이진권	김형기 이진권	김형기 이진권	김형기 이진권	김형기 이진권	김형기 이진권
사무국			이광민	이광민	이광민	이광민	
회원			30	31	34	31	47
후원회원			40	57	49	54	
후원교회 및 기관			5	2	3	3	3

	2019. 1. — 15차	2020. 1. — 16차	2021. 1. — 17차	2022. 1. — 18차	2023. 1. — 19차	2024. 1. — 20차	2025. 1. — 21차
고문	박종렬 김정택 이민우	박종렬 김정택 이민우	박종렬 김정택 이민우	박종렬 김정택 이민우	박종렬 유동우 김정택 이민우	박종렬 유동우 김정택 이민우	박종렬 유동우 김정택 이민우
자문위원					고보선 김 구 김영철 백영민 신영욱 윤인중	고보선 김 구 김영철 박찬대 신영욱 윤인중 이상선 이 진	고보선 김 구 김영철 박찬대 신영욱 윤인중 이상선 이 진
감사	윤인중 백영민	윤인중 백영민	김 구 이화규	이진권 이세구	이진권 이세구	김종철 최형근	김종철 최형근
공동대표	김영호 이상선 정세일	정세일 (상임) 김영호 이상선 황치빈	정세일 (상임) 김영호 이상선 황치빈	정세일 (상임) 김영호 이상선 황치빈	정세일 (상임) 김영호 이상선 황치빈	정세일 (상임) 김광성 김영호 윤미경 임병구	정세일 (상임) 김광성 김영호 윤미경 임병구
운영위원장	이상선	이상선	이상선	이상선	이상선	손인수	손인수
운영위원	김성만 김영호 김종철 맹완재 박찬대 윤현수 이상선 이세구 이진권 정세일 조형찬 황치빈	김성만 김영호 김종철 맹완재 박찬대 윤현수 이상선 이세구 이진권 정세일 조형찬 황치빈	김성만 김영호 김종철 맹완재 박찬대 윤현수 이상선 이세구 이진권 정세일 조형찬 황치빈	김광성 김성만 김영호 김종철 박찬대 손인수 윤현수 이상선 임병구 정세일 조형찬 황치빈	김광성 김성만 김영호 김종철 박찬대 손인수 윤현수 이상선 임병구 정세일 조형찬 황치빈	김광성 김도진 김성만 김영호 손인수 윤미경 윤현수 윤혜영 이재병 임병구 장성숙 전용철 정세일 조형찬 황치빈	김광성 김도진 김성만 김영호 손인수 윤미경 윤현수 윤혜영 이재병 임병구 장성숙 전용철 정세일 조형찬 황치빈
위원장							
사무국							
회원	47						
후원회원							
후원교회 및 기관	나섬교회 등 8곳						

제 4 부

운영위원회 회의록
— 주요 회차 운영위원회

생명평화기독연대 33차 운영위원회
(2008년 4월 14일)

□ 일 시: 2008년 4월 14일(월) 늦은 7시

□ 장 소: 본 사무실 교육실

♣ 성원 확인: 박종렬, 윤인중, 김영호, 유동우, 김상목, 백영민, 차성수, 임희영, 김영수 이진권, 김석봉, 임병구, 정한식

□ 보고사항

Ⅰ. 전 회의록보고

▷ 참석자: 박종렬, 윤인중, 김영호, 백영민, 김영수, 김상목, 이진권, 김석봉, 차성수, 임희영, 정한식

1. 보고

— 전 회의록, 교육, 훈련, 조직, 실천사업, 각 위원회, 연대사업, 활동일지, 재정 순으로 문건 내용대로 보고함. 위원회 보고 중 다음과 같은 내용이 추가됨.

※생명위원회 — 계양산 시민대책위 워크숍이 7일(금) 실시되었음.
생명의 강 살리기 종교인 100일 순례단 출정식(애기봉) 참석
종교환경회의 총회 참석

※평화위원회 — '한강하구 평화의 배 띄우기' 4번째 행사를 5개 지역 연합으로 진행 중. 평화의 배 띄우는 행사에 대한 새로운 방법 모색이 요구되는 시점. '평화 길라잡이' 교육을 하반기 중 기획 예정

— 김석봉 위원께서 기사련 관련한 보고함.

※ 기사련 — 2008년 사업으로 비정규직, FTA, 경부운하 관련 지속적 활동

※ 기독교사회포럼 — 4월 28일(예정)

7월초 8월말 경 대표자회의 겸 수련회(예정)

조직— 조직위원장: 조정연 회장

집행위:월 1회

주제 — 프로그램 팀에서 차기회의에 상정키로 함.

— 세대간 소통에 대한 문제와 젊은 세대 발굴 및 육성에 대해 고민 중.

2. 결정사항

① 3월 포럼에 대한 건 — 다음과 같이 결정 함.

주제 — 생명평화와 예수살기[현 기독교운동과 새로운 운동을 모색하며...]

일시 — 2008년 3월 27일(목) 늦은 7시

장소 — 생명평화기독연대 교육실

강사 — 김경호 목사(들꽃향린교회)

② "생명의 강을 지키는 인천지역 종교인 대책위" 조직 제안에 대한 건

— 원안대로 실천 가능한 사업을 중심으로 하되 지역현안 문제에 대해서도 관심을 가지며 접근키로 함.

③ 4월 포럼에 대한 건

— "종교와 사회운동"이란 주제로 홍세화 씨를 강사로 초청키로 함.

④ 운하탐사에 대한 건

— 종교대책위로 결합키로 하고 탐사기행식으로 100일 순례탐사팀과 1박 2일 예정으로 합류키로 함. 예정일: 16일(일) 오후 5시~17일(월)까지.

⑤ 기타

— 홈페이지 용량 조정에 대한 건. 차성수 위원께 위임하기로 함.

3. 차기회의 — 4월 14일 늦은 7시. 본 사무실 교육실.

4. 공지

— 남북평화재단에서 실시하는 개성관광(4월 16일)

Ⅱ. 교육, 훈련

① 포럼

주제: 예수살기

강사: 김경호 목사(들꽃향린교회)

일시: 2008년 3월 27일(목) 늦은 7시

장소: 교육실

참석인원: 11명

Ⅲ. 조직

① 회원현황

회원: 44명

후원회원: 34명

후원교회: 8교회(인천평화, 수도, 초원, 강동, 홍광, 지평, 나섬, 동광)

② 노래모임 — 임희영, 박성호, 김경아. 송숙자. 정미영, 발경란, 한창훈

Ⅳ. 실천사업

① 계양산골프장건설저지운동: 촛불집회를 중심으로 진행 중.

화요일 저녁 7시 — 계산역 6번 출구, 부평문화의 거리, 가좌동 가좌시장 앞

Ⅴ. 위원회 보고

① 생명위원회 — 계양산골프장 건설 저지 인천시민대책위 활동

② 평화위원회 — 한강하구 관련

③ 홍보위원회 — 회지 발간

Ⅵ. 연대사업

① 콜트대책위

"콜트악기 정리해고자 원직복직 및 비정규직 노동자를 위한 인천지역 종교인기도회"

일시: 2008년 4월 17일(목) 늦은 6시 30분

장소: 부평역 택시승강장

② 대운하건설저지를 위한 인천지역 종교인대책위 기자회견

일시: 2008년 4월 3일(목) 오전 11시

장소: 인천불교회관 3층

결의내용:

▷ 1차 준비모임에서 종단별 대표자와 연락책임자를 정하였으니 그 자체로 조직적 성격이 완성된바 발족이 된 것으로 가늠한다.

▷ 3차 모임을 순례단과 합류하여 반나절 정도 동참키로 한다.

일시: 2008년 4월 28일 아침 7시

집결 장소: 인천시청 앞

※ 회의 내용은 차량 이동시 버스 안에서 한다.

VII. 활동일지

3월 17일 — 대표자회의(시민연대)

18일 — 촛불집회(가좌동)

콜트대책위 관련 중재(인천시청 기업지원과)

26일 — 대운하저지를 위한 종교인대책위 준비모임(답동, 사회복지센터 3층)

27일 — 포럼

28일 — 소리지기 공연

4월 1일 — 콜트대책위 집행위(민주노총)

3일 — 대운하저지를 위한 종교인대책위 기자회견(인천불교회관)

4일 — 공동대표단회의(시민연대)

8일 — 콜트 및 비정규직 노동자를 위한 종교인기도회 준비모임(민주노총)

촛불집회(가좌동)

VIII. 재정보고

— 붙임자료 참고

□ 안건토의

1. 홈페이지 재개설에 대한 건
   주문사항: 현재 홈페이지가 가동되지 않습니다. 재개설의 방법에 대해 논의하여 주십시오.
2. 출판사 등록에 대한 건
   주문사항: 본 단체 이름으로 출판사를 등록코자 합니다. 제안 설명 청취후 가부를 결정하여 주십시오.
3. 포럼에 대한 건
   주문사항: 4월 정기포럼이 아래와 같이 개최될 예정입니다. 최종 확정하여 주십시오.
   ********************* 아래 ********************
   주제: 한국교회와 사회운동
   강사: 홍세화 선생
   일시: 2008년 4월 24일(목) 늦은 7시
   장소: 본 사무실 교육실
4. 생명의 강 살리기 종교인 순례단 탐사기행
   주문사항: 4월 3일 기자회견 후 개최된 회의에서 종교인 탐사기행을 아래와 같이 결정하였습니다. 참석 가능한 규모를 검토, 확정하여 주십시오.
5. 현수막 설치에 대한 건
   주문사항: 원불교 대각일(소태산 박종빈 1916.4.20)이 4월 28이랍니다. 이에 축하현수막을 본 단체명으로 설치했으면 합니다. 논의, 확정하여 주십시오.
6. 기타

□ 공지

□ 차기회의

□ 폐회

붙임 — 1

수입부

3월 03일~4월 11일 현재

관	항	목		금액
수입	이월금	3월3일 이후 이월금		231,331
		소 계		231,331
	회 비	후원회비	동광교회	300,000
			초원교회	50,000
			나섬교회	100,000
			수도교회	50,000
			강동교회	150,000
			홍광교회	50,000
		회원회비	백영민	100,000
		CMS	3월분	776,790
		소 계		1,576,790
수입 합계 1,808,121				

지출부

관	항	목			금액
지출	운영비	경상유지비	임대료	2월분	170,000
			공과금	2월분	95,340
		소계 265,340			
		인건비	급여	3월분	700,000
		소계 700,000			
	행사비	포 럼	강사료	김경호 목사	100,000
		소계 100,000			
	사업비	업무추진비	회의비	식대	10,000
			계좌이체료	급여	1,200
		소계 11,200			
	연대사업비	단체회비	시민연대	2,3월분	100,000
		경조비	소리지기	공연	30,000
			마을사람들	개소식	50,000
		소계 180,000			
	지출 합계 1,256,540				

4월 11일 현재 잔액: 1,808,121 — 1,256,540 = 551,581

생명평화기독연대 53차 운영위원회
(2010년 2월 8일)

□ 일시 – 2010년 2월 8일(월) 저녁 7시

□ 장소 – 새봄교회

□ 성원 확인: 윤인중, 정한식, 김영호, 정세일, 백영민, 이진권 김영수, 임병구, 차성수 (이승용, 이세구, 천승현)

□ 보고

1. 52차 회의

일시 — 2010년 1월 14일(목) 저녁 7시

장소 — 새봄교회

참석자 — 박종렬, 정세일, 윤인중, 백영민, 김영호, 김유호, 임병구, 이진권, 송면규, 정한식. 위임: 김석봉, 차성수

결정사항:

1. 총회 일정에 대한 건
   — 1월 28일(목) 저녁7시. 새봄교회에서 개최키로 함.
2. 포럼에 대한 건
   — 총준위로 위임키로 함.
3. 기타 — 공간(사무실) 이용에 대한 건
   — 새봄교회를 이용키로 하되 재정운영과 관련된 사항은 총준위로 위임키로 함.
   차기회의 — 2월 8일(월) 저녁7시. 새봄교회.

2. 6차 정기총회

— 일시: 2010년 1월 28일(목) 오후 7시, 장소: 새봄교회

— 자세한 내용은 회의록 참조.

3. 조직

1) 회원 — 전월 동일

2) 후원회원 — 전월 동일

3) 후원교회 — 전월 동일

4. 연대

— 1월 29일(금) / 계양산 시민위원회 확대 회의 참여

* 주요결정사항 / 2월 21일(일) 오후 2시, 시민산행, 2월 22일부터 하늬재에서 100일 릴레이 농성 시작

— 2월 2일(화) / 2010 인천 지방선거연대(가칭) 결성을 위한 간담회 참여.

5. 재정

수입부

관	항	목	금 액	비 고
수입	이월금	전월 이월	46,880	
		소계	46,880	
	회원회비	강영숙	10,000	
		이준모	240,000	작년회비일괄납부
		회원 CMS	690,000	12.1월분
		소계	935,000	
	후원회비	후원회원 CMS	660,000	12,1월분
		인천교회	100,000	
		옥천제일교회		
		초원교회		
		수도교회	50,000	
		소계	810,000	
	합계		1,791,880	

지출부

관	항	목	내 역	금 액	비 고
지출	인건비	운영위원장	.	500,000	퇴직금 미지급
		소계		500,000	

	사무비	통신료	426-3226	23,570	
		홈피호스팅		11,000	
		소계		34,570	
	관리비	임대료	1월	200,000	
		공과금	1월	131,630	
		소계		331,630	
	연대사업비	분담금	시민연대 1,2	100,000	
		소계		100,000	
	조직사업비	회의비	운위,총회	110,500	
		소계		110,500	
	업무추진비	CMS	은행수수료	26,140	
			정액이용료	56,010	
			인터넷뱅킹	1,000	
		이체 수수료		1,200	
		생명평화등록세		18,000	
		소계		102,350	
	합계			1,179,050	
	잔액			612,830	

6. 기타

□ 안건

1. 운영위원회 구성 및 운영위원 선임의 건.

   주문사항) 새로운 운영위원 선임과 운영위원회 구성을 결정하여 주십시오.

   — 새로운 운영위원 영입: 이승용(나섬), 이세구(새봄), 김옥순, 천승현(신대원생)

   — 2010 운영위원회 구성: 윤인중, 정한식, 정세일, 김영호(공동대표), 이진권(운영위원장), 백영민(생명위원장), 김영수, 차성수 * 신임 운영위원

   — 정기 운영위원회 일정 확정

2. 총회 회의록 채택의 건

   주문사항 — 6차 총회 회의록을 검토하고 채택해 주십시오.

3. 2010 상반기 사업계획 확정의 건

   상반기 사업 계획 확정 안내

   주문사항 — 상반기 사업계획을 검토하여 확정하여 주십시오.

① 생평평화 월례 포럼 진행

— 위상정립: 회원들 친교의 장 및 대외적 홍보 및 접촉의 통로로

— 일정: 매월 둘째 주 목요일로 진행

일시	주제	강사
2/17	요한복음 새롭게 보기	김진호 목사
3/11		
4/8		
5/13		
6/10		
7/8		

— 주제 및 강사 선정.

② 영성 공부 및 수련 모임 진행

— 위상정립: 생평운동의 영적 샘터 역할을 하고, '사회운동과 영성의 균형'을 위한 공부와 수행의 장으로

— 일정: 매주 또는 격주 형태의 공부 및 수련 모임/ 거룩한 독서, 관상기도
매월 하루 피정 진행(토요일에)

③ 소모임 구성 및 운영

효율적인 모임 구성과 운영 전략

— 청년, 학생 세대 모임

④ 정보출판위원회 신설 및 웹진 발행

— 회원들간의 원활한 소통과 온라인 상의 홍보활동을 위해 월 1회 웹진과 주간 소식지를 발행하기로 하고, 이를 위해 정보출판위원회를 신설.

⑤ 회원 증대 운동

생평의 역동성을 높이고, 재정의 안정성과 활동력을 높이기 위해 현재 40여 명의 회원과 30여 명의 후원회원에서 60여 명의 회원과 40여 명의 후원회원(총 100명의 회원구조)를 올해에 달성하도록 역량을 모은다(운영위원들이 모범적으로 2인 이상의 신규 회원을 모으도록 한다).

4. 2010 인천 지방선거 연대 참여의 건

주문사항 — 2010년 인천 지방선거 연대 참여 여부를 확정하여 주십시오.

(가칭) 지방선거연대의 활동목표와 주요 사업내용

활동목표: 민주진보진영의 선거대연합을 통한 지방선거 승리

민주적, 진보적 가치에 기초한 공동의 정책공약개발

시민사회의 생활정치역량 확대를 위한 시민후보의 진출

민주진보진영의 연대의 공고화와 이를 통한 2012 선거 승리의 지역적 기반 마련

주요사업: ① 조직사업: 인천시민선언, 투표참여캠페인, 시민문화제

② 정책사업: 공동정책토론회, 공동정책개발기구형성, 공동정책 만들기

③ 시민후보 지원사업

④ 후보단일화 관련 사업: 정당과의 정치협상, 선거대연합을 위한 시장 예배 서약 식 등

⑤ 교육자치선거와의 협력 등등

요구사항 — 연대 조직에 참여(공동대표단 참여, 월 1회 회의 참여 등)

5. 기타

□ 공지: — 2월 생명평화 월례포럼 / 2월 18일(목) 19시, 새봄교회

— 계양산 살리기 시민산행 / 2월 21일(일) 14시, 계양산공원관리 사무소

□ 차기회의

□ 폐회

생명평화포럼 200차 운영위원회 회의록
(2023년 3월 23일)

☐ 일시: 2023년 3월 23일(목) 오후 6시 30분

☐ 장소: 여행인문학도서관 길위의 꿈

☐ 운영위원(12): 김광성, 김성만, 김영호, 김종철, 박찬대, 손인수, 윤현수, 이상선, 임병구, 정세일, 조형찬, 황치빈

1. 개회

— 정세일 상임대표 기도 후 정세일 상임대표 사회로 운영위 회의를 시작하다.

2. 성원 보고

— 김성만 운영위원이 아래와 같이 참석자 5명 위임 4명임을 보고하다.

참석: 김광성, 김성만, 손인수, 정세일, 조형찬 (5명)

위임: 김종철, 윤현수, 임병구, 이상선 (4명)

참관: 김구, 최형근 (2명)

3. 개회 선언

— 운영위원 12명 중 9인 참석 및 위임으로 성수가 되어 개회를 선언하다.

4. 전차 회의록 보고

— 김성만 위원이 전차(199차) 운영 회의록을 보고하니 그대로 받기로 하다.

5. 사업 보고

1) 제191차 생명평화포럼

— 주제: "앵글너머 북녘 사람들이 보는 동북아 정세와 남북관계"

— 강사: 진천규 통일 대표
— 일시: 2023년 3월 7일(화) 오후 7시
— 장소: 여행인문학도서관 길위의 꿈
— 포럼 참여한 현황: 대면(50명), 비대면(102회)

6. 회계 보고

— 조형찬 위원이 첨부한 회계보고서(2월 28일 기준 잔액 1,374,497원)를 보고하니 그대로 받다.

7. 안건 토의

1) 2023년 포럼 기획(노동)

— 제192차 생명평화포럼(2023년 4월 6일)
- 제목: 전태일과 풀빵, 부제: "한국 노동 현실과 연대"
- 강사: 이수호(사단법인 풀빵 상임 이사장)
- 강사 의전 관련 포럼 당일(4월 6일) 강사님께서 늦은 6시 포럼 장소에 도착 예정이며, 정세일 상임대표님과 저녁식사를 진행한다.

— 제193차 생명평화포럼(2023년 5월 4일)
- 주제: 윤석열 정권의 노동정책 진단과 향방
- 강사: 하종강(성공회대학교 노동아카데미 주임교수)

— 제194차 생명평화포럼(2023년 6월 1일)
- 주제: 〈다음소희〉 공동체 영화 관람
- 일정: 6/1(목) 19시
- 장소: 영화공간 주안 3관(98석)
- 행사: 19시 상영 후 GV 약 40분(총 3시간 극장 사용)
  감독과 대화 진행(대담자는 하인호 학생노동인권 전문가)

- 공동주관: 생명평화포럼, 인천시민사회단체연대
- 후원: 인천시민사회단체연대, 국민건강보험노동조합 인천지역본부, 노동희망발전소, (사)인천민주화운동계승사업회
- 대관 신청 완료되어 비용 처리: 주안공간 대관료 150,000원, 배급사 392,000원

— 홍보 포스터 제작

- 제192차, 제193차, 제194차 전체 포럼을 소개하는 홍보 포스터 제작 및 포럼 차수별 별도 포스터 제작하며, 포럼 안내지도 추가로 총 4면으로 구성하여 192차 포럼시 배포한다

2) 생명평화포럼 20주년 행사건(2024년 1월)

- (가칭)백서출간위원회 발족하여 생명평화포럼 20년 기념하며, 단순 자료집을 넘어 상세 서술하며, 좌담회 2회 정도 진행하면서 회람과 수정을 통해 생명평화포럼 20주년 행사 기념하기로 하였다. 이에 김구 목사님께서 출간위원장 맡아 주시기로 하며 예상위원으로는 백영민, 윤인중, 김영호, 이상선, 김석봉, 천승현 하며, 추가 인원은 (가칭)백서출간위원회 결정하며, 위원회 활동을 위한 재정적인 부분은 생명평화포럼 적극 지원하기로 하다

3) 행동의 날 참여의 건

— 한성임시정부 13도 대표자회의 104주년 기념대회
2023년 4월 6일(일)오후 15시 만국공원(현 자유공원)
⇒ 원안대로 통과하고 참가회비 5만원으로 결정하다

— 사)부평광장 사무실 개소식. 김영철 이사장(생평평화포럼 자문위원)
2023년 3월 25일(토) 오후 2시(부평구 신촌로 86-6)
⇒ 원안대로 통과하고 당일 정세일 상임대표가 개소식에 참석하기로 하며, 비용

발생시 비용를 생명평화포럼에서 처리하기로 하다.

— 일본육군조병창 병원건물 철거반대시민촛불집회
매일 저녁 6시 부평캠프마켓 정문

— 고난받는 이웃과 함께하는 2023 부활절 인천연합예배
2023년 4월 9일(일) 오후 3시 30분
하늘교회(연수구 옥련동 159-1)
⇒ 원안대로 통과하고 참가회비 5만원으로 결정하다.

8. 광고 및 기타 사항

9. 차기회의 일정 결정

2023년 4월 21일(금) 늦은 6시 30분(여행인문학도서관 길위의 꿈)

10. 폐회

김구 목사 기도하고 폐회를 선언하다.

생명평화포럼 232차 운영위원회 회의록
(2025년 11월 20일)

☐ 일시: 2025년 11월 20일(목) 오후 7시
☐ 장소: 투썸플레이스 석바위시장점
☐ 참석: 김성만, 김영호, 손인수, 이재병, 조형찬
(이하 위임) 김광성, 윤미경, 윤현수, 임병구, 황치빈(운영위원 12명 중 10명 출석)

성원 보고 및 개회 선언

손인수 운영위원장이 성원 점검하고 개회 선언을 하다.

전차 회의록 보고

서면 보고를 그대로 받기로 하다.

주요 사업 보고

1. 11월 포럼

— 11월 6일 저녁 7시 '길위의 꿈'에서
— "한강을 살려야 인천에 생명, 평화가 온다"를 주제로 『한강 1968』 저자 김원 박사를 강사로 하여 개최
— 32명이 참석

2. 회원초청 문화행사 일환으로 '인천시립합창당 특별 공연'에 30여 명이 참석하다.
3. 인천지역연대에 5만원, 도시산업선교회에 5만원을 후원하다.

회계 보고

— 조형찬 회계가 10월 회계, 회원별 회비 납부 상황을 보고하다.

— 그대로 받기로 하다.

안건 토의

1. 12월 포럼 준비

— 12월 4일 오후 7시 '길위의 꿈'에서 김창수 인천도시연구소 소장을 강사로 '우리의 도시, 더 깊은 민주주의 공동체'를 주제로 개최하는 건을 검토, 점검하다.

2. 2026년 총회

— 2026년 총회준비위는 '포럼준비위'에서 맡기로 하다.

— 2026년 1월 22일(목) '길위의 꿈'에서 개최하기로 하다.

— 감사위원, 임원 연임 확인 및 추천을 받기로 하다.

— 2부 순서로 백서 출판기념회를 하기로 하다.
백서 발간 연관으로 김영호 대표를 총회 준비위 참관인으로 초청하기로 하다.

3. 20주년 백서 발간 건

— 백서발간위원회를 손인수(위원장), 조형찬, 임병구, 윤미경, 김영호, 이재병, 김성만을 위원으로 새로 구성하기로 하다.

— 김영호 공동대표에게 백서 발간 실무 위임을 추인하다.

— 100부를 인쇄하고 190*260 판형으로 본문은 단색으로 하되 이미지 자료(포스터, 웹자보, 사진)는 칼라 인쇄를 하기로 하다.

— 김영호 공동대표로부터 백서 발간의 구성, 목차, 개략적 내용, 원고 청탁, 일정 등에 대한 보고를 청취하다.

— 12월 중순에 견적서를 백서발간위에 제출, 운영위에 보고하고 계약금을 지출하기로

하다.

— 발간 일정: 12월 20일 1차 편집, 1월 10일 원고 마감, 1월 15일 인쇄, 1월 22일 총회 후 출판기념회를 개최하기로 하다.

— 추가 비용은 예비비에서 지출하기로 하다.

4. 2026년 2월 포럼

— 2026년 2월 5일(목) 저녁 7시 '길위의 꿈'에서 개최

— 주제: "팔레스타인 제노사이드"

— 강사: 김상기 목사(제노사이드 관련 연구자, 박사. 최근 팔레스타인 제노사이드 관련된 책 번역자)

기타 사항

— 임병구 공동대표 장로 취임 예배에 5만원을 헌금하기로 하다.

운영위원회 사진들

제5부

생명평화포럼 사진 및 웹포스터

/// 2008년(40~49차) ///

■ 40차 포럼: 홍세화(소성교회)

44차 포럼, 오세제(동암 사무실)

46차, 오강남

/// 2009년(50~59차) ///

■ 50차 포럼: 이현주 목사, "한국교회가 극복해야 할 종교관 1"

■ 57차 포럼: 개그넌(미국 평화운동가), "우주전쟁시대의 평화"

/// 2010년(60~69차) ///

60차, 61차(2010년 2~3월) 김진호 목사(새봄교회)

63차(2010. 5. 6.) 김준우 박사

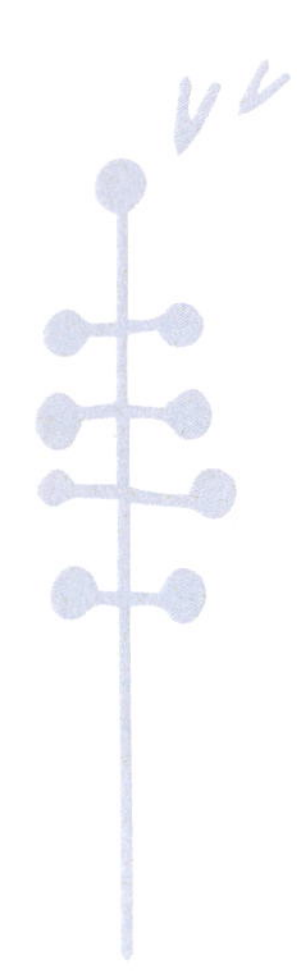

66차(2010. 9. 2.) 김민웅 박사, "진보적 교회와 교인들의 역할"

67차(2010. 10. 7.) 김홍일 신부

/// 2011년(70~79차) ///

70~72차(2011년 2~4월) 포럼. 이현주 목사,
"예수 그리스도 — 평화의 길, 생명의 길 및 예수 혁명"

/// 2012년(80~90차) ///

81차(2012. 2. 2.) 이수호 선생, "선거, 정치에 있어서 기독교인의 역할"

82차(2012. 4. 5.) 이재정 전 장관, "종교, 선거, 정치"(인천교회 본당)

/// 2013년(91~99차) ///

97차 이병철 선생

96차 이진권 목사

98차 최철호 목사

99차 박총 선생

/// 2014년(100~109차) ///

■ 100차 포럼: "박형규 & 조화순 목사 토크콘서트"

No. ______________

"생명평화기독연대 100차 포럼 기념"

토크 콘서트

- 일시 : 2014년 2월 16일 (일) 오후5시
- 장소 : 기장 인천교회 (간석동 380-1번지 / 간석동 수림공원 옆)

이야기 손님 : 박형규 목사, 조화순 목사
그리고 노래와 시와 만찬

초청자 : 김영호, 김정택, 박종렬, 윤인중, 이민우, 정세일

토크 콘서트 순서

- 5시 : 토크 콘서트
- 7시 : 만찬

후원금액 : 10,000원
입금계좌 - 국민은행 273802-04-063690 예금주 : 윤인중

- 주최 : 생명평화기독연대
- 후원 : 감리교 사회연대, 인천목회자정의평화실천협의회, 인천민중교회운동연합

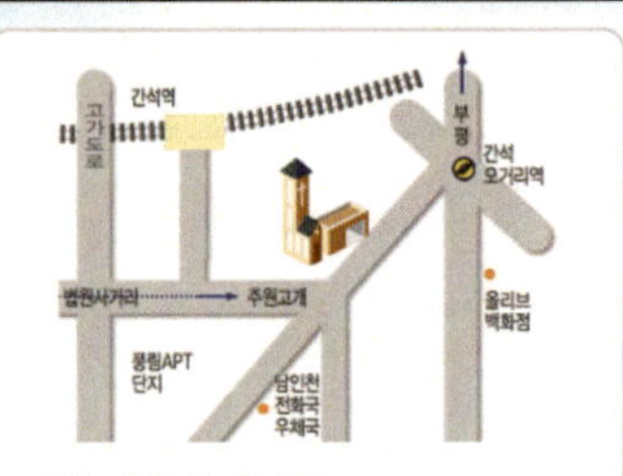

- 버스 : 2, 6, 13, 15, 780
- 전철 : 국철 간석역 1번출구(남광장) 도보 5분

"길과 현장에게
희망을 묻다."

조화순
강은영
시인
일) 늦은 5시

"길과 현장에게
희망을 묻다."
이야기 손님 : 박형규, 조화순
사회자 : 하종강
공연 : 황푸하, 강은영
최광식 시인
일시 : 2014년 2월 16일 (일) 늦은 5시
장소 : 인천교회

일시 : 2014년 2월 16일 (일) 늦은 5시
장소 : 인천교회

■ 103~109차 포럼: 종교 간 대화 일곱 마당

[107차 생명평화포럼]

- 종교간의 대화 다섯째 마당 -

원불교 바로알기

- 진리, 역사, 신앙, 수행 -

2014년 10월 2일 (목) 오후 7:30분
기장 인천교회

이경환 교무

1984년 2월 인하대학교 건축공학과 졸업
1986년 6월 원불교 성직자 出家
1993년 1월 원불교 경남교구 신마산교당 교무
1995년 1월 원불교 영산대학교 법인사무국 주임
1996년 1월 부산시 덕천종합사회복지관 총무부장
1998년 1월 원불교 중앙총부 교정원 기획실 주임
2000년 1월 원불교 경기·인천교구 사무국 총무과장
2003년 1월~20010.1.15 원불교 경기·인천교구 사무국장
2007년 3월~2009년 3월 6·15 공동행사 준비위원회 경기본부 종교인 대표
2009년 3월 ~ 탈북인 지원기관 평화의 집 경기·인천지부장
2010년 1월 ~ 원불교 경인교구 부천시 오정교당 교무
2011년 1월 ~ 부천종교인 평화회의 운영이사

기장 인천교회 (간석동 수림공원 옆)
주소 : 인천광역시 간석동 380-7

〈 생명평화기독연대 〉

109차 생명평화포럼

종교간의 대화 일곱째 마당

자속(自贖)과 대속(代贖) 그 불이(不二)적 관계를 말하다

⋆ 토착화 신학의 시각에서 ⋆

2014년 12월 18일 (목) 오후 7:30
기장 인천교회
*인천광역시 간석동 380-7 (간석동 수림공원 옆)

이정배 교수님은 감리교신학대학교에서 토착화 신학의 전통을 공부하시고 동 대학원에서 일아(一雅) 변선환 선생을 사사하였습니다.
이후 스위스 바젤 대학교에서 공부하면서 '유교와 기독교 간의 만남'을 주제로 논문을 쓰셨고 1986년부터 모교의 교수로 재직하시며 후학들과 20년 이상을 함께 지내고 계십니다.

지금까지 토착화 신학과 생태(환경)신학을 '한국적 생명신학'이란 이름하에 연결짓고자 하셨으며 이 선상에서 종교와 과학 간의 대화와 관련된 책을 번역하고 쓰기도 하셨습니다.
또한 多夕학회에서 多夕 유영모 선생을 연구하고 있으며, 신학사, 과학사 그리고 예술사를 아울러 서구 기독교를 재구성하는 작업을 하고 계십니다. 그밖에 강원도 횡성에서 독서와 기도 그리고 노동이 아우러지는 '현장顯藏 아카데미'를 꾸미는 일을 준비하고 있으며 우리 시대 대안교회인 겨자씨 공동체와의 만남을 소중한 인연으로 알고 열심히 설교하고 계십니다.

〈 생명평화기독연대 〉

/// 2015년(110~119차) ///

[110차 생명평화포럼]

동방박사 이야기로 본

과학과 종교

2015년 2월 5일 (목) 오후 7시 30분
기장 인천교회

과학신학, 인지과학 분야의 학제적 연구와 강의를 하고 있다. 연세대학교 (조교수), 명지대학교 (겸임조교수), 센트럴 오클라호마 주립대학교 (교환교수)에서 강의했다. 현재 호서대학교 부교수이며, 조직신학회 편집위원장, 인지과학회 출간위원장, 수학사학회 (학술이사), 수리논리학회 (재무이사), 과학사상 연구회에서 일하고 있다.

주요 저서로는 『과학자들은 종교를 어떻게 생각할까』, 『과학으로 기독교 새로 보기』, 『신의 존재에 대한 괴델의 수학적 증명』, Gödel and Cognitive Science, 『새로 보는 과학기술』 (공저) 등이 있으며, 주요 번역서로는 『양자물리학 그리고 기독교신학』, 『논리적 딜레마: 괴델의 생애와 업적』 등이 있다.

현우식 교수

〈 생명평화기독연대 〉

[111차 생명평화포럼]

토마스 머튼의 사회적 영성 : 죄스러운 방관자

2015년 3월 5일 목요일
기장 인천교회
(남동구 경인로 561번길 7, 간석동 수림공원 뒷편)

강사 : 문영석 (강남대학교 국제지역학부 교수, 국제토마스머튼학회 한국지부 회장)

Thomas Merton (1915-1968)

토마스 머튼이 살았던 미국의 겟세마니 트라피스트 수도원은 지상에서 가장 엄격한 수행을 하는 수도원 중의 하나이다. 몇 년 전 한국에서도 "위대한 침묵"이란 영화로 커다란 반향을 일으켰던 카르투시안 수도원과 쌍벽을 이루는 수도단체이다. 이런 엄률 수도원들은 일단 한번 입회하면 특별한 일이 없는 한 평생 동안 외출하지 않고 한 수도원에 정주하며 "묵언정진"(默言精進)한다. 그러나 철저하게 세속을 등지고 침묵 속에서 살았던 머튼의 목소리는 오히려 세상의 어느 누구보다 크게 반향을 일으켰다는 점은 역설이 아닐 수 없다. 머튼이 세상을 향해 외친 반전(反戰)사상과 평화사상은 그의 사회적 영성의 핵심이며 이 시대 크리스천들의 삶의 향방을 알려 주는 이정표이다.

[생명평화기독연대]

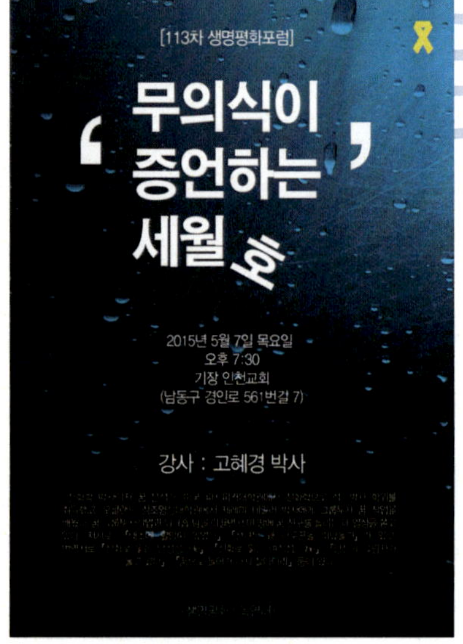

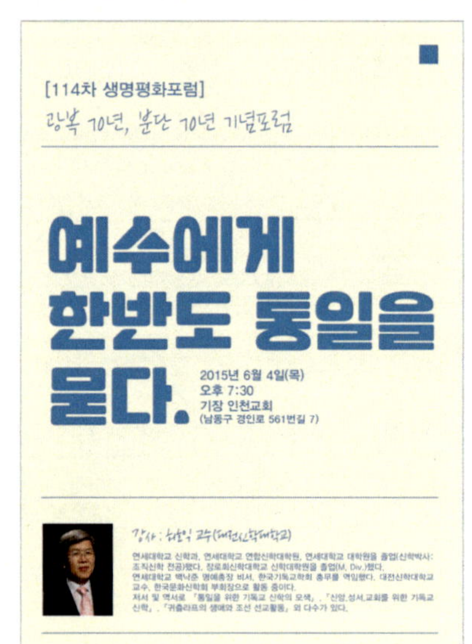

사악한
시대를 향한
원로학자의
경종
장소: 인천교회 2층 본당

[115차 생명평화포럼]
"광복 70년, 분단 70년을 참회한다"
사악한
시대를 향한
원로학자의
경종
광복 / 분단 70년,
한국사회의 반성과 과제
2015년 7월 9일 (목) 오후 7:30
기장 인천교회 (간석동 수림공원 옆)
강사 : 이만열 (숙명여자대학교 명예교수)

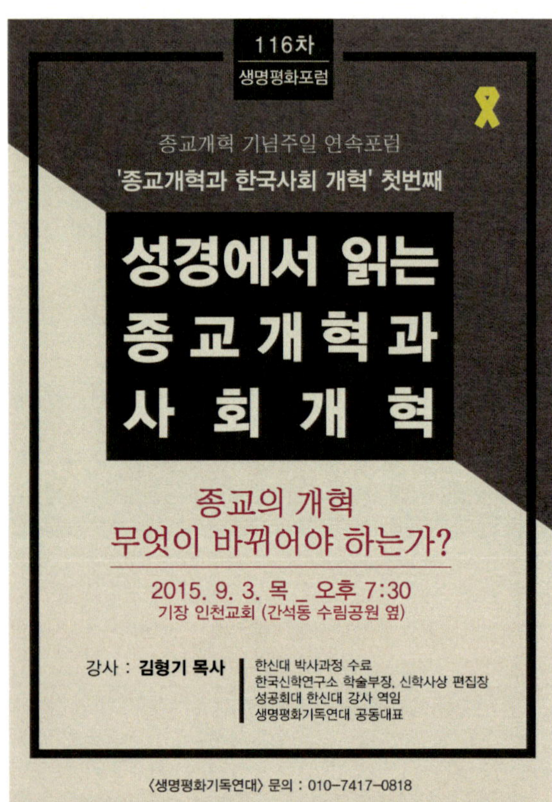
116차
생명평화포럼
종교개혁 기념주일 연속포럼
'종교개혁과 한국사회 개혁' 첫번째
성경에서 읽는
종교개혁과
사회개혁
종교의 개혁
무엇이 바뀌어야 하는가?
2015. 9. 3. 목 _ 오후 7:30
기장 인천교회 (간석동 수림공원 옆)
강사 : 김형기 목사
한신대 박사과정 수료
한국신학연구소 학술부장, 신학사상 편집장
성공회대 한신대 강사 역임
생명평화기독연대 공동대표
〈생명평화기독연대〉 문의 : 010-7417-0818

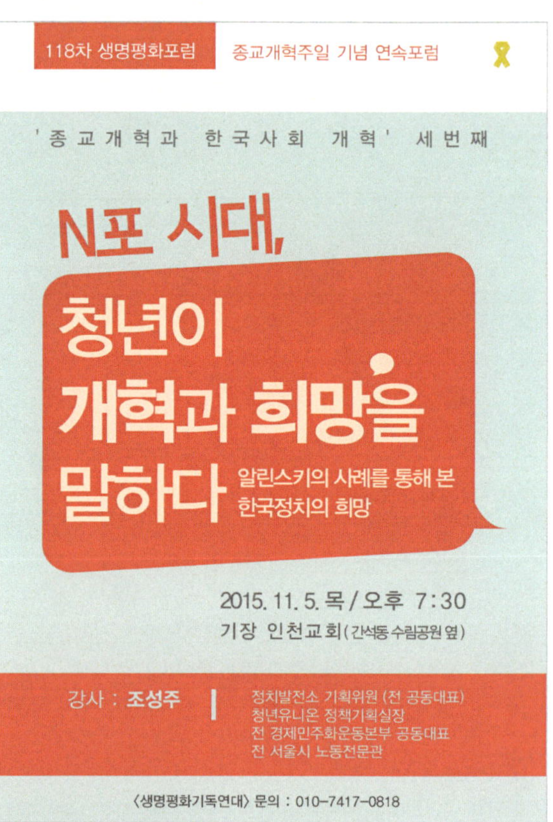
118차 생명평화포럼
종교개혁주일 기념 연속포럼
'종교개혁과 한국사회 개혁' 세번째
N포 시대,
청년이
개혁과 희망을
말하다
알린스키의 사례를 통해 본
한국정치의 희망
2015. 11. 5. 목 / 오후 7:30
기장 인천교회(간석동 수림공원 옆)
강사 : 조성주
정치발전소 기획위원 (전 공동대표)
청년유니온 정책기획실장
전 경제민주화운동본부 공동대표
전 서울시 노동전문관
〈생명평화기독연대〉 문의 : 010-7417-0818

2015 생명평화포럼
일시 : 매월 첫째주 목요일 오후 7시 30분 장소 : 인천교회

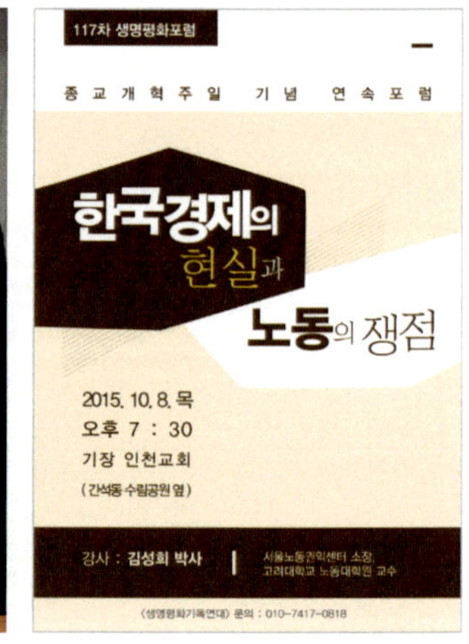
117차 생명평화포럼
종교개혁주일 기념 연속포럼
한국경제의
현실과
노동의 쟁점
2015. 10. 8. 목
오후 7 : 30
기장 인천교회
(간석동 수림공원 옆)
강사 : 김성희 박사
서울노동권익센터 소장,
고려대학교 노동대학원 교수
〈생명평화기독연대〉 문의 : 010-7417-0818

■ 119차 포럼: 2015년 한국사회와 인천을 돌아보며

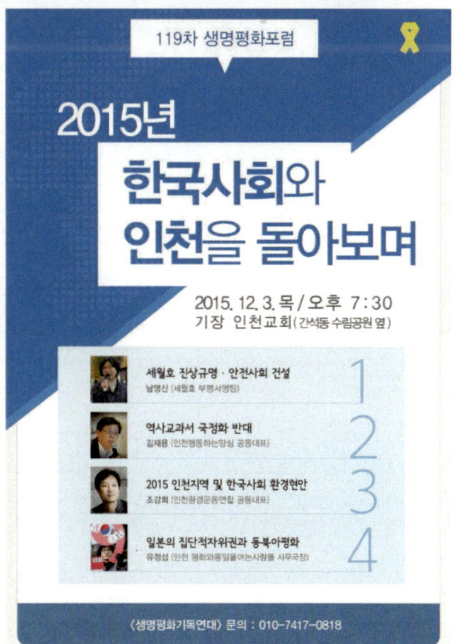

/// 2016년(120~129차) ///

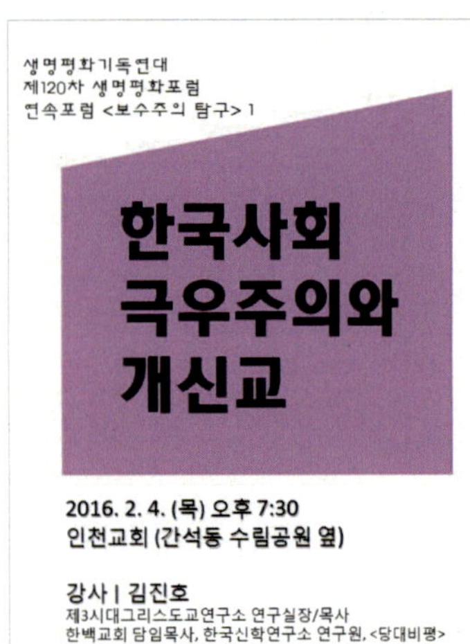

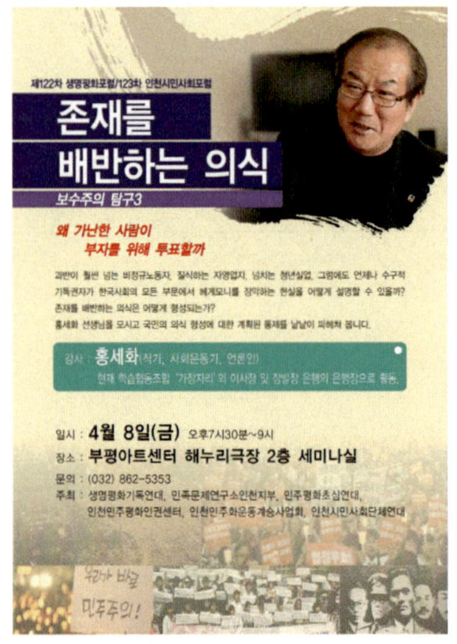

[124차 생명평화포럼]
두려움과 침묵을
떨쳐버리고
이제는
말해야 할 때
성소수자에 대한
기독교적 이해
6.2(목)
PM 7:30
기장 인천교회
(간석동 수림공원 옆)
(사진: 박김형준)
강사 : 임보라 목사
- 기장 섬돌향린교회 목사
- NCCK 청년학생선교연구와 협력위원회 부위원장
- 기장 여교역자협의회 교육위원장
- 청소년성소수자 위기지원센터 띵동 운영위원
- 한국 HIV/AIDS감염인연합회 KNP+ 자문위원
공저: "하느님과 만난 동성애"(2010), "내게 찾아온 은총"(2012), "자유인의 교회"(2013), "곁에 서다"(2014)
생명평화기독연대
사무국 전화 : 010-7417-0818
e-mail : kms21nice@gmail.com

[125차 생명평화포럼]
여 성 적
관 점 에 서
위 험 사 회 를
성 찰 하 다
7.7(목)
PM 7:30
기장 인천교회
(간석동 수림공원 옆)
강사 : 최순양
이화여대 초빙교수. 감신대, 한신대에서도 가르치고 있으며 '평화를 만드는 교회'에서 부목사로 사역하고 있다.
주 연구분야는 부정신학과 과정신학을 가지고 여성신학을 소개하는 것과 탈식민주의 인간론을 통해 한국사회에서 긍정되어야 할 신학적 인간론을 구상하고 있다. 또한 한국교회와 여성의 정체성 형성에 관한 연구도 진행 중에 있다.
공저 - 한국신학의 선구자들(2014, 너의오월), 21세기 세계여성신학의 동향(한국여성신학회 엮음, 2014, 동연), 위험사회와 여성신학(2016, 동연) 등.
생명평화기독연대
사무국 전화 : 010-7417-0818
e-mail : kms21nice@gmail.com

127차, 128차 생명평화포럼
정치가
인간을
구원할 수
있을까?
박상훈 대표
(후마니타스)
기독교와 정치학의 만남
PM 7:30
기장 인천교회
(간석동 수림공원 옆)
10.6(목) | 기독인에게 정치란 무엇인가
11.3(목) | 기독인에게 민주주의란 무엇인가
생명평화기독연대
사무국 전화 : 010-7417-0818
e-mail : kms21nice@gmail.com

129차 생명평화포럼
영세교
최태민을
파헤친다
최태민-최순실-박근혜의 연결고리
12.1(목)
PM 7:30
기장 인천교회
(간석동 수림공원 옆)
허호익 교수
(대전신학대학교)
연세대학교 신학과, 연세대학교 연합신학대학원, 연세대학교 대학원을 졸업(신학박사: 조직신학 전공)했다. 장로회신학대학교 신학대학원을 졸업(M. Div.)했다. 연세대학교 백낙준 명예총장 비서, 한국기독교학회 총무를 역임했다. 대전신학대학교 교수, 한국문화신학회 부회장으로 활동 중이다. 저서 및 역서로 『통일을 위한 기독교 신학의 모색』, 『신앙.성서.교회를 위한 기독교 신학』, 『귀츨라프의 생애와 조선 선교활동』외 다수가 있다.
생명평화기독연대 | 사무국 전화 : 010-7417-0818
e-mail : kms21nice@gmail.com

2100/1800

종교개혁 500년 기념 생명평화 포럼 개혁시리즈

사회변혁운동으로서 종교개혁과 동학

"내가 세상에 화평을 주러 온 줄로 생각지 말라 화평이 아니요 검을 주러 왔노라" (마 10:34)

136차	9월 7일 (목)	사회변혁운동으로서 종교개혁	**이승무** 소장 (순환경제연구소 / 경제학 박사)
137차	10월 19일 (목)	국제 정치 경제와 종교개혁	**이승무** 소장 (순환경제연구소 / 경제학 박사)
138차	11월 09일 (목)	종교개혁과 동학혁명	**정관영** 교수 (루터대 외래교수)

※ 부평아트센터 세미나실(2층) / 매차, 오후 7시 30분 부터~

/// 2018년(140~149차) ///

■ 141~145차 포럼: 평화 만들기 특집

/// 2019년(150~159차) ///

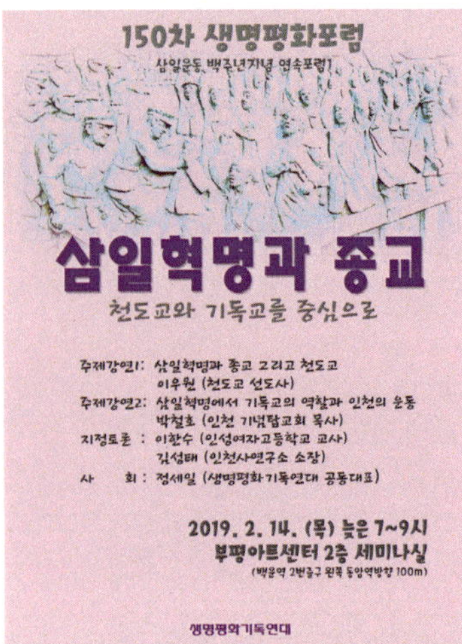

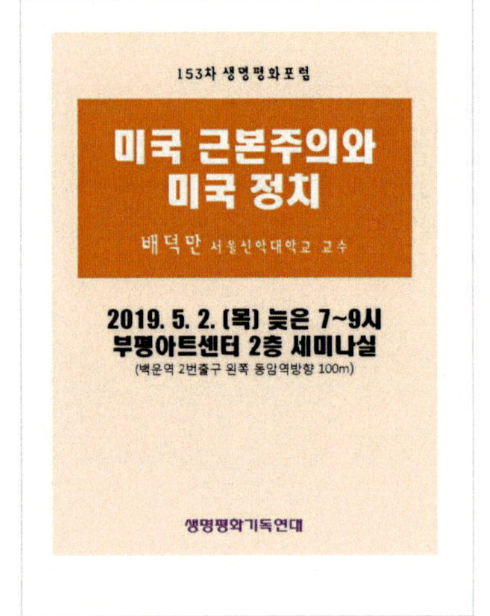

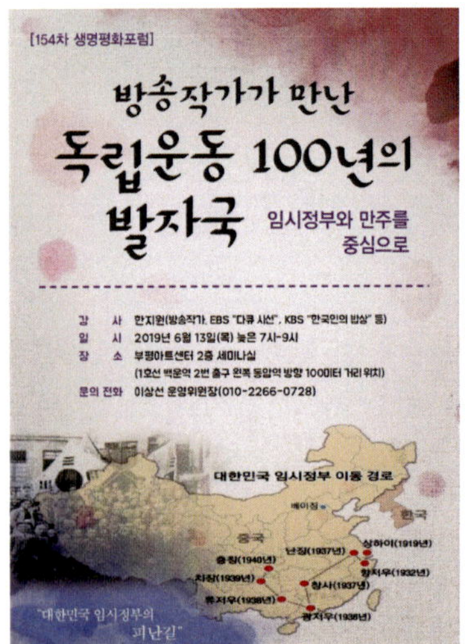

/// 2020년(160~169차) ///

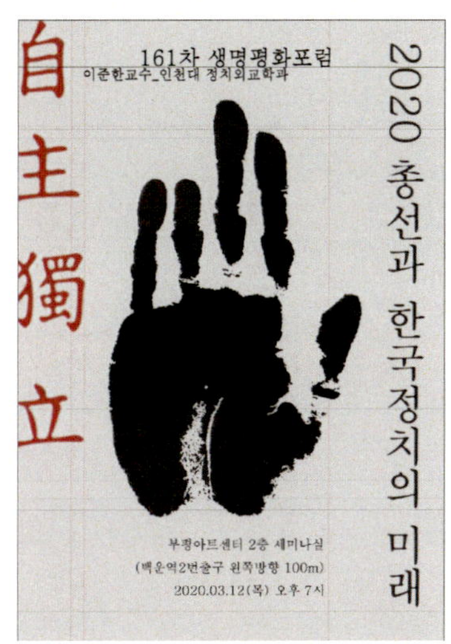

■ 163~168차 포럼: 시민평화강좌(6강)

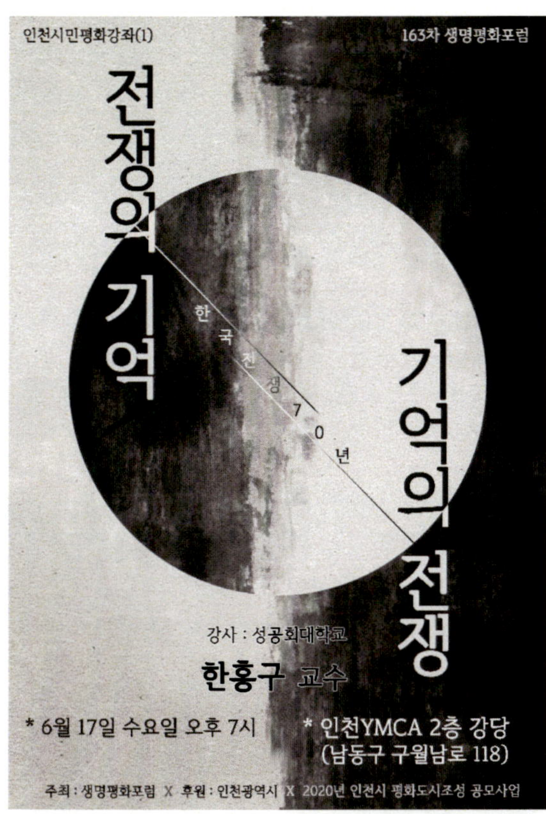
인천시민평화강좌(1)
163차 생명평화포럼
전쟁의 기억
한국전쟁 70년
기억의 전쟁
강사 : 성공회대학교
한홍구 교수
* 6월 17일 수요일 오후 7시
* 인천YMCA 2층 강당
(남동구 구월남로 118)
주최 : 생명평화포럼 X 후원 : 인천광역시 X 2020년 인천시 평화도시조성 공모사업

인천시민평화강좌－2
164차 생명평화포럼
70년,
전쟁상태를
끝내자
"정전협정을 평화협정으로.."
강사 문경환
국민주권연대 정책위원장
2020년 7월 2일(목)
오후7시
-
인천 YMCA 1층 아카데미실
(남동구 구월남로 118)
주관 생명평화포럼 후원 인천광역시 2020년 인천시 평화도시 공모사업

인천시민평화강좌-3
165차 생명평화포럼
인천상륙작전,
어떻게 볼 것인가?
미국 문서로 본 인천상륙작전
강사 전갑생
서울대 사회발전연구소
2020년 8월 20일(목)
오후7시
-
인천 YMCA 1층 아카데미실
(남동구 구월남로 118)
주관 생명평화포럼 후원 인천광역시 2020년 인천시 평화도시 공모사업

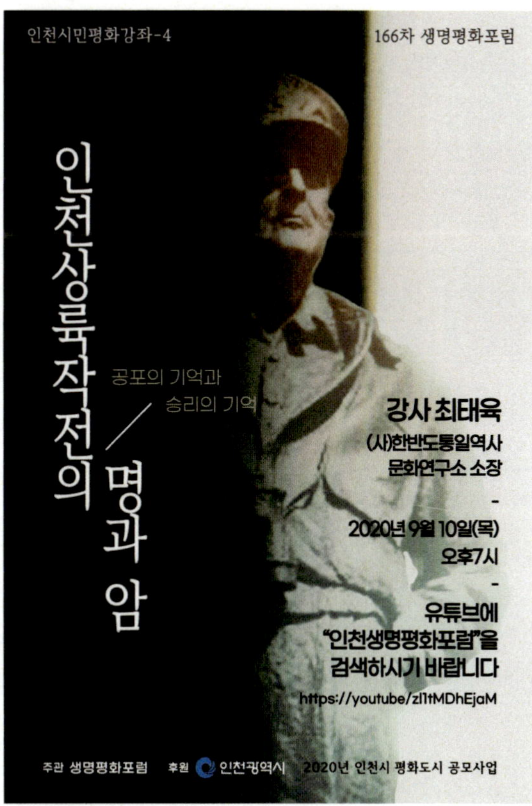
인천시민평화강좌-4
166차 생명평화포럼
인천상륙작전의
명과 암
공포의 기억과
승리의 기억
강사 최태육
(사)한반도통일역사
문화연구소 소장
-
2020년 9월 10일(목)
오후7시
-
유튜브에
"인천생명평화포럼"을
검색하시기 바랍니다
https://youtube/zl1tMDhEjaM
주관 생명평화포럼 후원 인천광역시 2020년 인천시 평화도시 공모사업

인천시민평화강좌-5
167차 생명평화포럼
유엔사를 통한 한반도 개입전략
강사 정욱식 평화네트워크 대표
2020년 10월 15일(목) 오후7시
유튜브에 "인천생명평화포럼"을 검색하시기 바랍니다
https://youtube/zl1tMDhEjaM
주관 생명평화포럼
후원 인천광역시
2020년 인천시 평화도시 공모사업

한반도의 미래
미국의 세계 패권 전략과

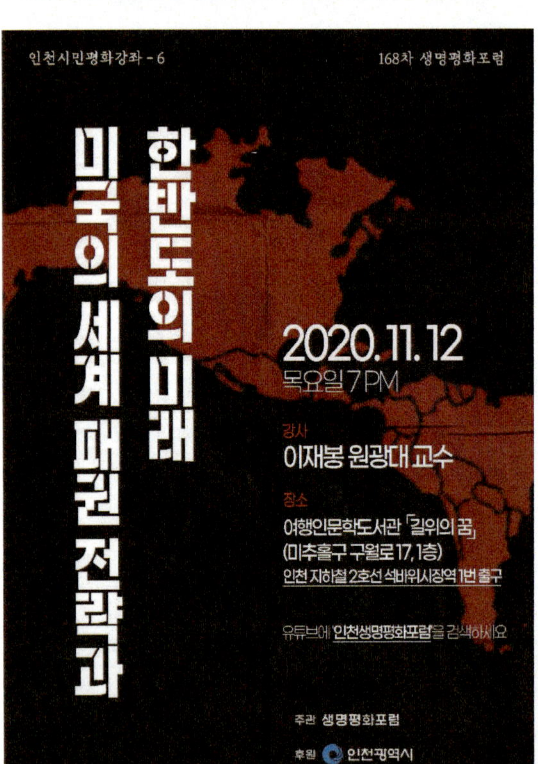
인천시민평화강좌 - 6
168차 생명평화포럼
한반도의 미래
미국의 세계 패권 전략과
2020.11.12
목요일 7PM
강사
이재봉 원광대 교수
장소
여행인문학도서관 「길위의 꿈」
(미추홀구 구월로 17, 1층)
인천 지하철 2호선 석바위시장역 1번 출구
유튜브에 '인천생명평화포럼'을 검색하세요
주관 생명평화포럼
후원 인천광역시
2020년 인천시 평화도시 공모사업

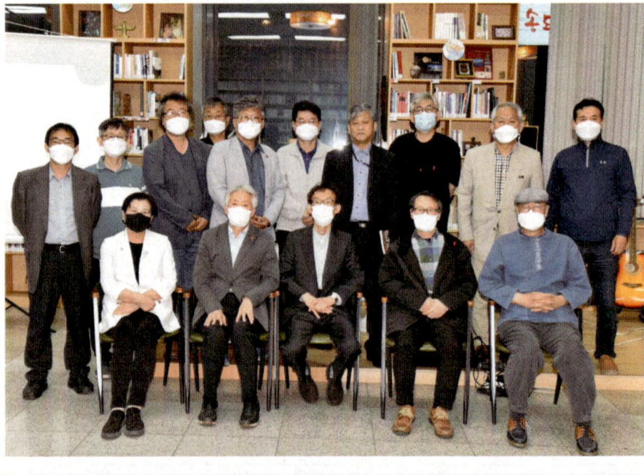

한반도의 미래
미국의 세계 패권 전략과

평화 순례
1차
2020년 인천시 평화도시 공모사업
한국전쟁 70주년 성찰과
평화도시 인천의 모색
중구일대
인천보도연맹 학살과 미군 폭격의 현장
코스
중구청 → 인천경찰서 → 제일교회 → 켈로부대 → 자유공원
해설
이희환 인천도시공공성네트워크 대표
일시
2020년 6월 27일(토) 오전 10시 ~ 13시
집결지
인천역
참가비 없음 / 점심식사비는 개별지참 / 음료 및 다과 제공
주관 생명평화포럼 후원 인천광역시
평화 순례
2차
2020년 인천시 평화도시 공모사업
한국전쟁 70주년 성찰과
평화도시 인천의 모색
영흥도 순례
미군의 섬점령작전과 민간인 학살 현장
코스
미 해군 첩보기지
해설
최태육 (사)한반도통일역사문화연구소 소장
일시
2020년 8월 29일(토) 오전 9시 ~ 14시
집결지
부평역 파출소 앞(※ 영흥도 버스로 이동)
참가비 없음 / 점심식사비는 개별지참 / 음료 및 다과 제공
문의처 | 이희환 010-7445-8400
주관 생명평화포럼 후원 인천광역시
평화 순례
3차
2020년 인천시 평화도시 공모사업
한국전쟁 70주년 성찰과
평화도시 인천의 모색
부평미군기지 순례
일제의 전쟁동원과 미군부대 현장
코스
부평미군부대 → 백마장 입구 → 기지촌(미쓰비시 사택 등)
해설
김현석 인천민속학회 이사
일시
2020년 10월 10일(토) 오전 10시 ~ 13시
집결지
2001 아울렛 앞
참가비 없음 / 점심식사비는 개별지참 / 음료 및 다과 제공
문의처 | 이희환 010-7445-8400
주관 생명평화포럼 후원 인천광역시
평화 순례
4차
2020년 인천시 평화도시 공모사업
한국전쟁 70주년 성찰과
평화도시 인천의 모색
전쟁의 도시 인천 순례
인천 전쟁 기억(상징물)탐방
코스
수봉공원 → 인천상륙작전기념관
해설
유창호 인하대 사학과 강사
일시
2020년 11월 21일(토) 오전 10시 ~ 13시
집결지
제물포역 남부역(수봉공원과 인천상륙작전기념관 사이 버스로 이동)
참가비 없음 / 점심식사비는 개별지참 / 음료 및 다과 제공
문의처 | 이희환 010-7445-8400
주관 생명평화포럼 후원 인천광역시

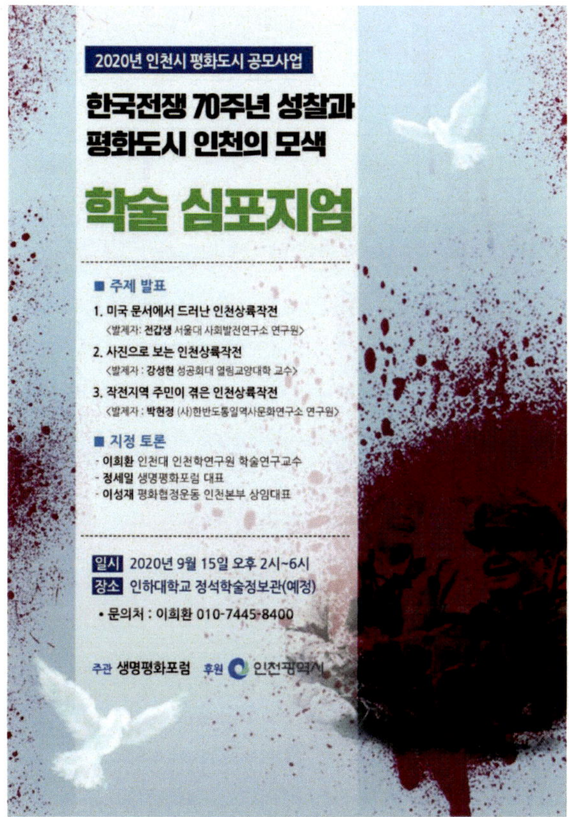
2020년 인천시 평화도시 공모사업
한국전쟁 70주년 성찰과
평화도시 인천의 모색
학술 심포지엄
■ 주제 발표
1. 미국 문서에서 드러난 인천상륙작전
〈발제자 : 전갑생 서울대 사회발전연구소 연구원〉
2. 사진으로 보는 인천상륙작전
〈발제자 : 강성현 성공회대 열림교양대학 교수〉
3. 작전지역 주민이 겪은 인천상륙작전
〈발제자 : 박현정 (사)한반도통일역사문화연구소 연구원〉
■ 지정 토론
- 이희환 인천대 인천학연구원 학술연구교수
- 정세일 생명평화포럼 대표
- 이성재 평화협정운동 인천본부 상임대표
일시 2020년 9월 15일 오후 2시~6시
장소 인하대학교 정석학술정보관(예정)
• 문의처 : 이희환 010-7445-8400
주관 생명평화포럼 후원 인천광역시

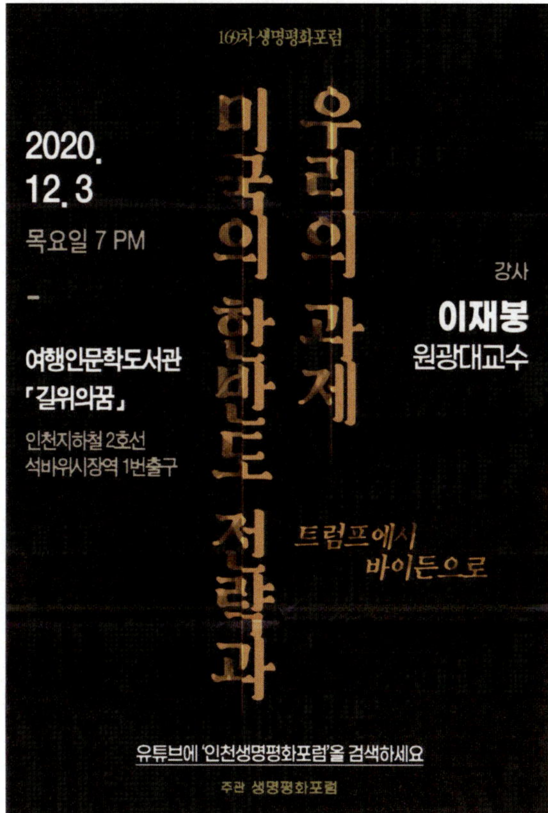
169차 생명평화포럼
미국의 한반도 전략과
우리의 과제
트럼프에서
바이든으로
2020.
12. 3
목요일 7 PM
-
여행인문학도서관
「길위의꿈」
인천지하철 2호선
석바위시장역 1번출구
강사
이재봉
원광대교수
유튜브에 '인천생명평화포럼'을 검색하세요
주관 생명평화포럼

/// 2021년(170~179차) ///

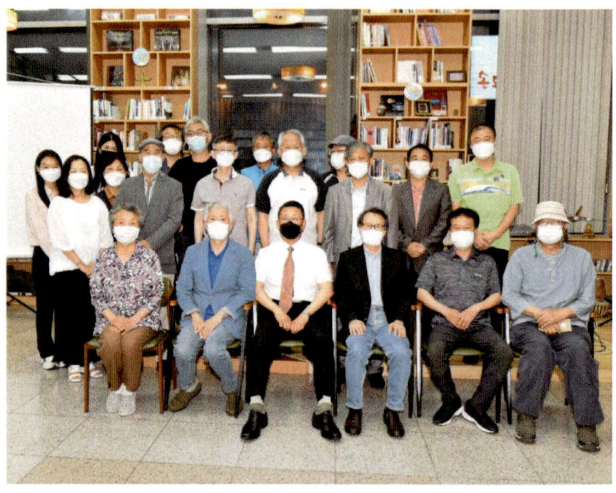

제177차 생명평화포럼
평화도시조성사업
인천의 전쟁과
평화로 가는 길
강좌1. 전쟁의 상처와 기억
평화라운지(Break Time)
강좌2. 분단 이후 인천이 겪은 전란
강사 이재봉 박사
(원광대학교 정치외교학과 명예교수)
2021. 10. 21(목) 6시 30분
여행인문학도서관 길위의꿈
(인천지하철 2호선 석바위시장역 1번 출구)
YouTube '인천생명평화포럼' 을 검색하세요
주관 생명평화포럼
공동주관 길위의 꿈

INCHEON
READING
FESTIVAL
2021 인천독서대전
10 30 - 11 7

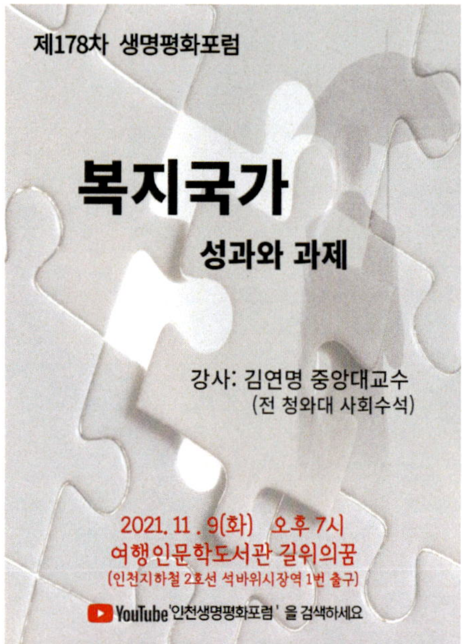
제178차 생명평화포럼
복지국가
성과와 과제
강사: 김연명 중앙대교수
(전 청와대 사회수석)
2021. 11. 9(화) 오후 7시
여행인문학도서관 길위의꿈
(인천지하철 2호선 석바위시장역 1번 출구)
YouTube '인천생명평화포럼' 을 검색하세요
주관 생명평화포럼
공동주관 길위의꿈

INCHEON
FESTIVAL
2021 인천독서대전
2021 10 30 - 11 7

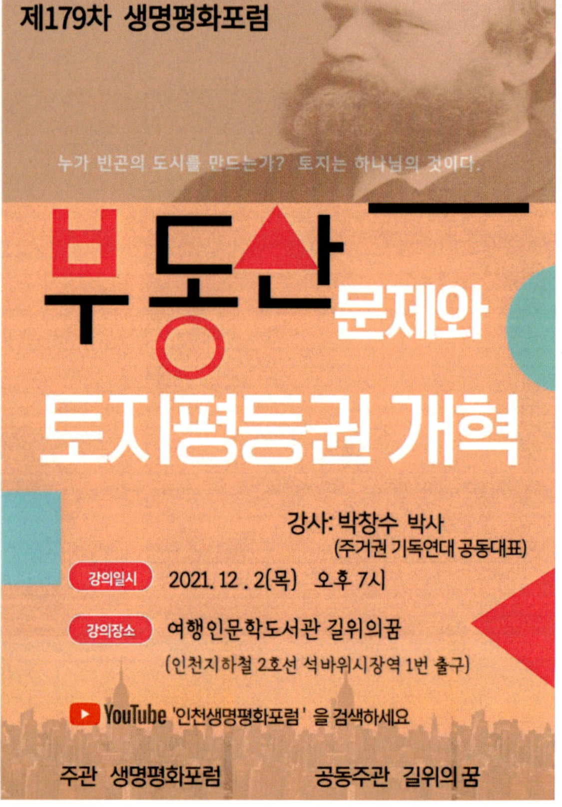
제179차 생명평화포럼
누가 빈곤의 도시를 만드는가? 토지는 하나님의 것이다.
부동산 문제와
토지평등권 개혁
강사: 박창수 박사
(주거권 기독연대 공동대표)
강의일시 2021. 12. 2(목) 오후 7시
강의장소 여행인문학도서관 길위의꿈
(인천지하철 2호선 석바위시장역 1번 출구)
YouTube '인천생명평화포럼' 을 검색하세요
주관 생명평화포럼
공동주관 길위의 꿈

2022년(180~189차)

■ 181차 포럼: 적대적 공생의 비극(한완상)

적대적공생의 비극

한반도는 아프다

왜 남한의 극우와
북한의 극좌는 공생하는가?

강사: 한완상 박사
(전 부총리/통일부장관)

일시 2022. 3. 3(목) 오후 7시
장소 여행인문학도서관 길위의꿈
(인천지하철 2호선 석바위시장역 1번 출구)

주관 생명평화포럼 공동주관 길위의꿈

YouTube '인천생명평화포럼' 을 검색하세요

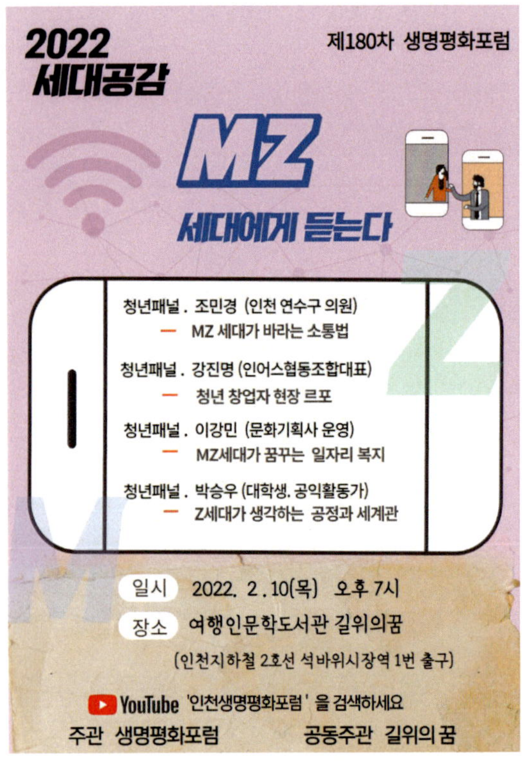
2022
세대공감
제180차 생명평화포럼
MZ
세대에게 듣는다
청년패널 . 조민경 (인천 연수구 의원)
— MZ 세대가 바라는 소통법
청년패널 . 강진명 (인어스협동조합대표)
— 청년 창업자 현장 르포
청년패널 . 이강민 (문화기획사 운영)
— MZ세대가 꿈꾸는 일자리 복지
청년패널 . 박승우 (대학생. 공익활동가)
— Z세대가 생각하는 공정과 세계관
일시 2022. 2. 10(목) 오후 7시
장소 여행인문학도서관 길위의꿈
(인천지하철 2호선 석바위시장역 1번 출구)
YouTube '인천생명평화포럼' 을 검색하세요
주관 생명평화포럼 공동주관 길위의꿈

제189차 생명평화포럼
문빅토르작'강제이주열차'
출처:남도일보
우크라이나 사태로 다시 생각하는
고려인 디아스포라
-잊혀진 역사
강사:문영숙 작가
(최재형 기념사업회 이사장)
일 시 2022. 12. 1(목) 오후 7시
장소 여행인문학도서관 길위의꿈
(인천지하철 2호선 석바위시장역 1번 출구)
YouTube '인천생명평화포럼' 을 검색하세요
주관 생명평화포럼 공동주관 길위의꿈

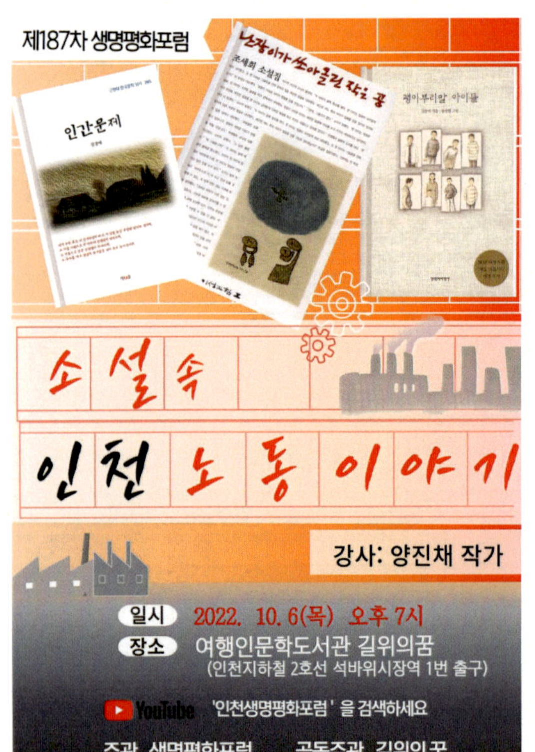
제187차 생명평화포럼
인간문제
난장이가 쏘아올린 작은 공
조세희 소설집
괭이부리말 아이들
소 설 속
인 천 노 동 이 야 기
강사: 양진채 작가
일시 2022. 10. 6(목) 오후 7시
장소 여행인문학도서관 길위의꿈
(인천지하철 2호선 석바위시장역 1번 출구)
YouTube '인천생명평화포럼' 을 검색하세요
주관 생명평화포럼 공동주관 길위의꿈

소설속 인천 노동자이야기
인천이라는 지도를 들고, 소설가 양진채와 떠나는 문학기행
동일방직
만석부두
괭이부리말
도시산업선교회
조선기계제작소
<인천 노동자의 길>
동인천 북광장 출발- 도시산업선교회- 조선기계제작소(현 두산산업차량) - 괭이부리말 - 만석부두 입구(조세희 [난쏘공]) - 만석부두 - 강경애 [인간문제] - 동일방직 .
탐방일시: 2022년 11월 5일 토요일 오후 3시 - 5시
집결장소: 동인천 역 광장 참가비: 무료. (저녁식사 제공)
참가신청: 신청폼 으로 참가신청을 해주세요. 탐방인원 20명 마감
문화오아시스 길위의꿈 여행인문학도서관 생명평화포럼

/// 2023년(190~199차) ///

■ 192~194차 포럼: 노동 강좌 시리즈

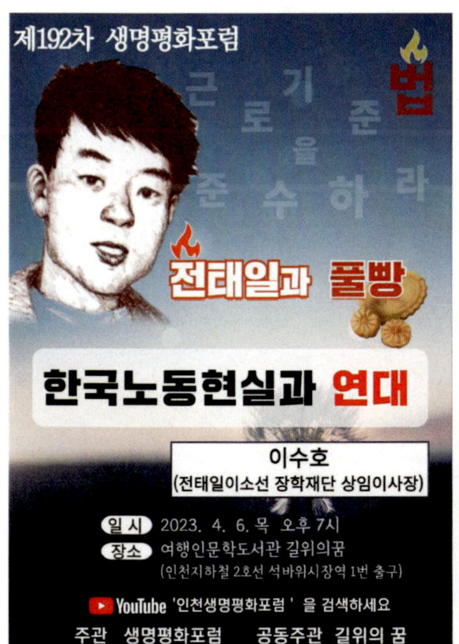

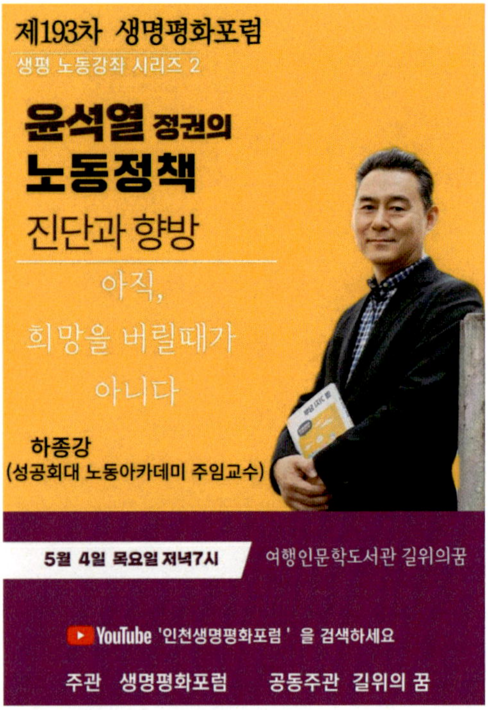

제193차 생명평화포럼
생평 노동강좌 시리즈 2
윤석열 정권의
노동정책
진단과 향방
아직,
희망을 버릴때가
아니다
하종강
(성공회대 노동아카데미 주임교수)
5월 4일 목요일 저녁7시
여행인문학도서관 길위의꿈
YouTube '인천생명평화포럼' 을 검색하세요
주관 생명평화포럼
공동주관 길위의 꿈

북카페에서
책 한권 어때요?

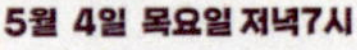

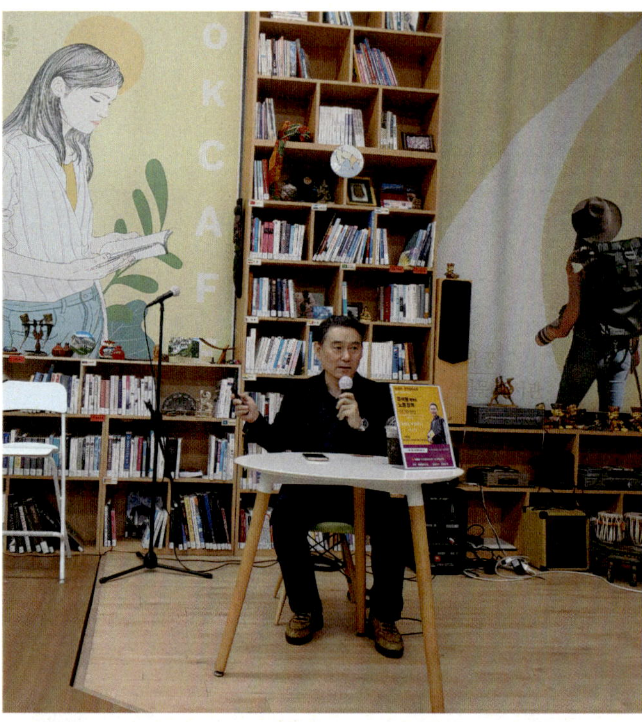

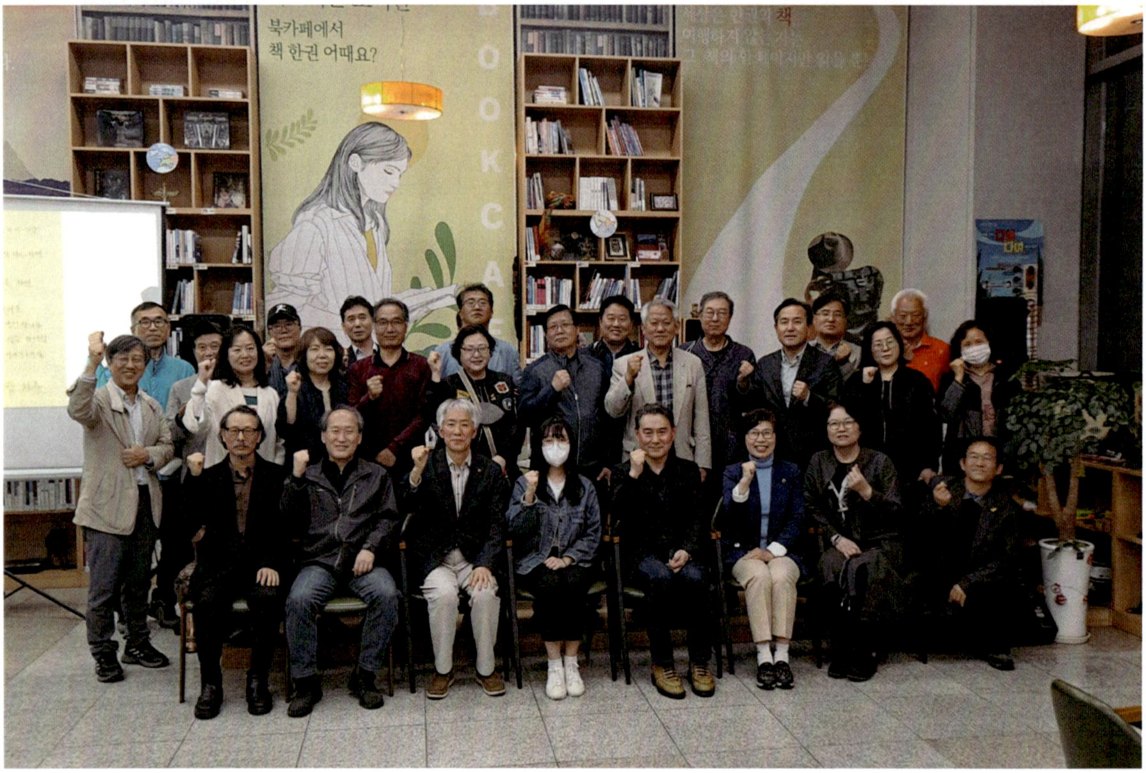

제194차 생명평화포럼
생평 노동강좌 시리즈 3
다음소희
GV 공동체
영화상영
정주리 감독과의 대화
진행: 하인호 청소년노동인권활동가
6월 1일 목요일 저녁6시40분
영화공간 <주안 > 3관
※인천시민과 함께 하는 무료영화상영 입니다.
※상영시작10분 전에 입장해주시기 바랍니다.
주관: 생명평화포럼 공동주관: 인천시민단체연대
후 원: 인천민주화운동계승사업회/ 노동희망발전소/ 국민건강보험노동조합인천본부

第195차 생명평화포럼
윤석열 정권의
외교·국방정책
평가와 전망
김 종 대
연세대 통일연구원 객원교수
(전 국회의원)
7월 6일 (목) 저녁7시
여행인문학도서관 길위의꿈
(인천지하철2호선 석바위시장역 1번 출구)
YouTube '인천생명평화포럼' 을 검색하세요
주관 생명평화포럼 공동주관 길위의 꿈

N372517 E1410157
第196차 생명평화포럼
윤석열정부의 에너지정책
평가와 전망
강사 이헌석 위원
에너지정의행동 정책위원
전 정의당 기후정의일자리위원회 공동위원장
2023년 9월 7일 (목) 오후 7시
여행인문학도서관 길위의꿈
(인천지하철 2호선 석바위시장역 1번출구)

第197차 생명평화포럼
내가 가 본 구소련
한인독립투쟁사 현장
-홍범도와 김경천을 중심으로
강사: 이원규(소설가)
10월 5일 (목) 저녁7시
여행인문학도서관 길위의꿈
(인천지하철2호선 석바위시장역 1번 출구)
YouTube '인천생명평화포럼' 을 검색하세요
주관 생명평화포럼 공동주관 길위의 꿈

第198차 생명평화포럼
윤석열 정권 언론탄압의 시대
시민 민주주의와
뉴스 리터러시
"시민참여로
언론생태계 바뀌야"
강사 변상욱 앵커
CBS 대기자
11월 2일 (목) 저녁7시
여행인문학도서관 길위의꿈
(인천지하철2호선 석바위시장역 1번 출구)
YouTube '인천생명평화포럼' 을 검색하세요
공동주최: 생명평화포럼 / 인천참언론시민연합

第199차 생명평화포럼
거대 위기의 시대
신자유주의의 부활,
수구의 귀환,
역사의 퇴행,
평화에서 대결로...
현 정부가 일으키는 거대한 위기의 회오리 속에서
우리는 어디로? 무엇을?
2023.
12. 12. (화)
늦은 7시
여행인문학도서관 '길위의꿈'
(인천지하철 2호선 석바위시장역 1번출구 앞)
강사: 김누리 (중앙대 교수)
대한민국
우리는 어디에 서 있고 어디로 갈 것인가
대전환

/// 2024년(200~208차) ///

■ 200차 포럼 및 20주년 기념 행사

한권 어때요?

제201차 생명평화포럼
이승만을 내세운
극우세력의
기만과 음모
안녕하십니까? 생명평화포럼의 201차 포럼은 '이승만을 내세우는 극우보수세력의 기만과 음모'라는 주제로 민족문제연구소인천지부와 공동주관으로 민족문제 연구소 임헌영 소장님을 모셔서 강연을 진행합니다.
강연을 통해 극우세력의 뿌리와 그들의 음모와 기만 행위를 파헤쳐 보고, 왜 민족문제연구소의 첫째 과제가 '친일 청산'인가도 생각하게 되는 기회가 되길 바라며 많은 참여 부탁드립니다.
임헌영
민족문제연구소 소장
2024. 4. 2.(화) 19:00
여행인문학도서관 <길위의 꿈>
인천지하철 2호선 석바위시장역 1번출구
주최 | 생명평화포럼, 민족문제연구소인천지부 주관 | 생명평화포럼

제203차 생명평화포럼
인천의 현대사,
평화의 길을 찾아서
6월 포럼
6월 포럼은 지난 포럼과 관련하여 조일/조미 통상조약이 체결된 장소와 그 이후에 발생한 청일/러일 전쟁의 발발 지역을 찾아가는 답사 프로그램으로 진행합니다.
함께 한반도에서 인천의 지정학적 위치와 의미에 대하여 생각을 공유하고자 합니다. 많은 참여 부탁드립니다.
2024. 6. 6.(목)
10~15시(10시 집합)
연안부두 상트페테르부르크 광장
답사코스 연안부두, 월미도, 만국공원 일원
참가비 1만원(점심 식사비)
입금계좌 국민 224601-04-234020(생명평화포럼)
주최·주관 | 생명평화포럼 문의 | 손인수 운영위원장(010-9580-3598)

제202차 생명평화포럼
청·일전쟁과
오늘의 동북아정세
포럼에 오셔서 동아시아와 유럽이라는 두 질서의 충돌 과정에서 강권 정치에 희생된 한반도의 운명을 되돌아보며 또한 오늘의 동북아시아와 한반도의 정세를 냉정하게 판단하고 현재의 위기를 극복할 수 있는 방안을 이끌어내는 계기가 되기를 바랍니다.
홍용덕
2024. 5. 7.(화) 19:00
여행인문학도서관 <길위의 꿈>
인천지하철 2호선 석바위시장역 1번출구
주최 | 생명평화포럼 주관 | 생명평화포럼

제205차 생명평화포럼
글로벌 사우스와
Global South
한반도 평화
백원담
성공회대 석좌교수
서방 편향·대미 종속적 시각에서
탈피하여 세계 패권의 변화와
새로운 흐름을 읽는다.
2024. 9. 5.(목) 19:00
여행인문학도서관 <길위의 꿈>
인천지하철 2호선 석바위시장역 1번출구
주최·주관 | 생명평화포럼

제206차 생명평화포럼
경제윤리 관점에서 본
뉴라이트와 극우 기독교
최근 윤석열 정부는 주요 장관뿐만 아니라
독립기념관장까지도 뉴라이트 인사를 임명하였습니다.
뉴라이트가 주장하는 식민지근대화론과 신자유주의는 어떤 문제가 있는가?
사회적 가난과 생태계 위기, 금융수탈의 문제를 해결하는 데에 온 힘을 기울여 오신
한신대 강원돈 교수님을 모셔서 그들 주장의 허구와 모순을 경제 윤리 관점에서 살펴봅니다.
강원돈
한신대 명예 교수(기독교 윤리학)
[기독교 경제윤리론] 저자
2024. 10. 10.(목) 19:00
여행인문학도서관 <길위의 꿈>
인천지하철 2호선 석바위시장역 1번출구
주최·주관 | 생명평화포럼

시끄러운 도서관
북카페에서
책 한권 어때요?
BOOK CAFE

제207차 생명평화포럼
미국
대통령 당선자와
한반도 평화
현재 한반도의 위기감이 점점 커지면서, 우리 국민들도 차기 미국대통령에 대한 관심이 어느 때보다도 뜨거운데, 이에 생평포럼은 한반도 평화와 미국 정치에 대해 연구하고 계신 이재봉 교수님을 모셔서, 차기 미국 대통령의 한반도 정책에 대하여 진단하는 시간을 가져보려 합니다. 많은 분들의 관심과 참여 부탁드립니다.
이재봉
원광대 교수
2024. 11. 7.(목) 19:00
여행인문학도서관 <길위의 꿈>
인천지하철 2호선 석바위시장역 1번출구
주최·주관 | 생명평화포럼

제208차 생명평화포럼
"경제가 성장해도 국민에게 행복을 주지 못하는
성장 방식을 바꾸자!"
탈 세습 자본주의,
성장 페러다임 전환
대한민국은 세계10위권의 경제강국인 반면
출산율 및 노인빈곤율 1위로 국가소멸을 염려하는 나라다.
모두 잘살게 됐다고 하지만 정작 국민은 행복하지 않다.
경제적 불평등과 양극화가 심화됐고, 사회 여러곳에 누적된 문제들이 터져 나오고 있다.
이런 가운데 '사회대개혁', '사회대전환'을 요구하는 목소리가 커지고 있다.
"복지를 통해 성장방식을 전환해야 한다"고 주장하는
윤홍식교수의 이야기를 듣고 생각해 보려고 한다
윤홍식 교수
인하대학교 사회복지학과
복지국가재구조화연구센터
2024. 12. 5.(목) 19:00
여행인문학도서관 <길위의 꿈>
인천지하철 2호선 석바위시장역 1번출구
주최·주관 | 생명평화포럼

/// 2025년(209~218차) ///

■ 209차 포럼: 사회대개혁의 방향과 전망(조희연)

@지구방위대인천

@지구방위대인천

제210차 생명평화포럼
탄핵심판 이후의
한국정치
서복경 교수
더가능연구소 대표
2025. 3. 6.(목) 19:00
여행인문학도서관 <길위의 꿈>
인천지하철 2호선 석바위시장역 1번출구
주최·주관 | 생명평화포럼

제211차 생명평화포럼
다시 만난 세계
탄핵연합에서 선거연합,
정부연합까지
'최소 강령 최대 연합'으로
연합정치의 길로 나아가서
내란세력 청산과
사회대개혁 실현해야...
김태일 교수
사회대개혁정책포럼 대표
前장안대 총장
2025. 4. 3.(목) 19:00
여행인문학도서관 <길위의 꿈>
인천지하철 2호선 석바위시장역 1번출구
주최·주관 | 생명평화포럼

■ 212차 포럼

제212차 생명평화포럼
남태령에서 다시 만난
시민주권의 세계
전봉준투쟁단과 시민 응원봉의 연대로
남태령 대첩을 이끈 김후주님을 모셨습니다.
그 날의 감회와 청년 농부가 그리는 '새로 만날 세계'를
들어 봅니다. 국민주권전국회의 상임집행위원장의
포부와 기대도 공유하려고 합니다.
청년농부 김후주
국민주권전국회의
상임집행위원장
2025. 5. 15.(목) 19:00
여행인문학도서관 <길위의 꿈>
인천지하철 2호선 석바위시장역 1번출구
주최·주관 | 생명평화포럼

■ 213~214차 포럼: 한국사회의 극우화와 개신교

제216차 생명평화포럼
내란 극복과
국민주권을 지키는
시민성 교육
2025. 10. 2.(목) 19:00
여행인문학도서관 <길위의 꿈>
인천지하철 2호선 석바위시장역 1번출구
내란을 겪으며 민주주의가 얼마나 취약한 제도인가를 깨달았습니다.
시민들의 민주역량을 키워 민주주의가 더욱 튼튼한 제도로 자리잡도록 하는 시민 교육의 중요성도 절감하게 되었습니다.
국민이 주권자임을 자각하고 민주시민으로 성장하도록 만드는 방안을 함께 고민하는 자리입니다.
제216차 포럼
강연자 김거성
주최 주관 | 생명평화포럼

제217차 생명평화포럼
한강을 살려야
인천에 생명,
평화가 온다
2025. 11. 6.(목) 19:00
여행인문학도서관 <길위의 꿈>
인천지하철 2호선 석바위시장역 1번출구
한강은 서울로만 흐르지 않으며, 한강 하구는 인천과 경기로 이어집니다. 한강이 인천을 거쳐 황해로 흐르는 물길이 될 때 평화의 길이 열립니다. 한강의 생태가 되살아나고 모든 생명이 바다와 강을 오갈 수 있도록 함께 이야기 나누고자 합니다.
제217차 포럼
강연자 김원
주최·주관 | 생명평화포럼

제218차 생명평화포럼
우리의 도시
더 깊은 민주주의 공동체
강연자 김창수
'인문도시'의 이상과 목표 그리고 민주주의의 진화:
2025. 12. 4.(목) 19:00
여행인문학도서관 <길위의 꿈>
인천지하철 2호선 석바위시장역 1번출구
주최·주관 | 생명평화포럼

제 6 부

연도별 주요행사표 및 특별행사

/// 2005~2009년 ///

■ 2007년 계양산 롯데골프장 저지 시위 및 반대 운동

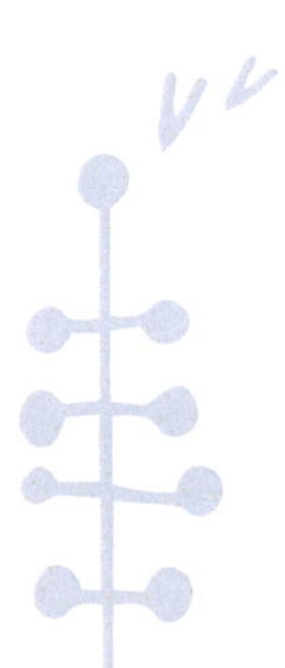

■ 2007년 한강하구 평화의 배 띄우기

한강하구와 인천의 평화, 생태적 대안을 찾아서
일시 : 2007. 6. 25 (월) 14:00~17:00 장소 : 부평구청 중회의실
2007한강하구평화의배띄우기 인천조직위원회

무역항이 되려면

4대강 사업을 멈춰야 4대강이 삽니다
한국기독교장로회 생태공동체운동본부
생명의 강 살리기 100일 금식기도회

2010 고난주간
계양산의 생명과 평화를 바라는 금식 기도회
인천목회자정의평화실천협의회, 인천민중교회운동연합, 생명평화기독연대

계양산 골프장 저지! 시민자연공원 조성!
3차 릴레이 단식농성
계양산 골프장 건립 반대!!

KTX
여행사

생명평화 기독

한미
FTA 폐기!
4대강 보 철거!
한미 FTA 폐기!
4대강
제주해군기지
한미 FTA
1%만을
위한
한미FTA 반대
2011.11.24

SOJU 3 소주
HOF
필드
COFFEE&HOF
FIELD
2011.11.24

인천앞바다의 평화를 위한

평화를
사랑
합니다
전쟁을
반대
합니다

잊지않겠습니다
박근혜가
책임져라

성탄 예배

이야기 손님 : 박형규, 조화순
사회자 : 하종강
공연 : 한동하, 강은영
최광식 시인
일시 : 2014년 2월 16일 (일) 늦은 5시
장소 : 인천교회

생명평화기독연대

응답하라!
쌍차!
힘내라!
김정욱·이창근!

2015 생명평화포럼
7시 30분 장소 : 인천교회

생명포차&동거차도 미역판
(임) 우리 함께 가는길

화합로
Hwahap-ro

생평여름수련회 4-4
계양산이 부릅니다!
생평 여름 수련회
2017. 8. 25. (금) 오후 6시 - 26. (토) 오후 2시
계양산 일대 / 회비 1만원
25일 상반기 보고 쇼
보양식 파티
한밤의 작은 음악회
26일 계양산 등반
점심 공동식사
수련회 열리는 곳
계양구 둑실동 194-2
/ 둑실안길 97
〈개별출발〉
계양역에서 마을버스 2번(둑실동행) 승차, 종점에서 하차하면 바로 앞집. (약 30분)
집결: 25일 오후 6:00 계양역
민박집 이동: 오후 6:30
• 세면도구 지참
• 문의: 010-6361-2503
생명평화기독연대

삼보7호

제5회 7.27 한강하구

KORAIL

최근 작업 일기

제 150차 생명평화포럼
삼일혁명과 종교
● 2019 . 2 . 14 (목)

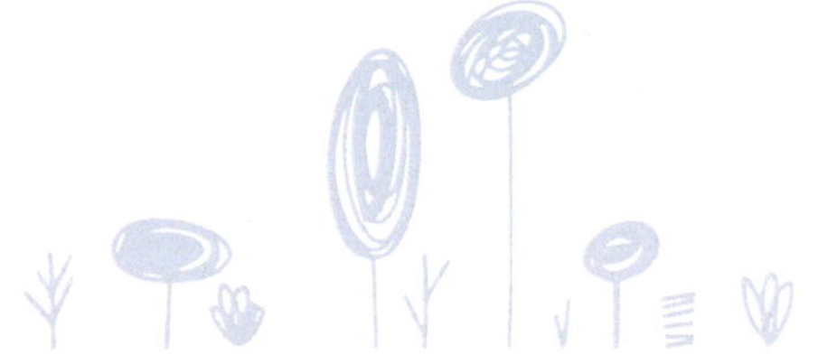

/// 2020~2025년 ///

시민평화강좌

| 주관 | 생명평화포럼 | 후원 | 인천시 2020년 인천시 평화도시 공모사업

제163차 생명평화포럼

1강

| 강사 | 한흥구 성공회대 교수

전쟁의 기억, 기억의 전쟁/ 한국전쟁 70주년

여행인문학도서관 길위의 꿈 강연자료
인천 생명평화포럼

한국 복지국가 : 성과와 과제

2021.11.09(목)

김연명

(중앙대 사회복지학과 교수)

2025. 12. 4.(목) 19:00
여행인문학도서관 <길위의 꿈>
인천지하철 2호선 석바위시장역 1번출구
주최·주관 | 생명평화포럼

FESTIVAL
2021인천독서대전
2021. 10.30.(토) - 11.7.(일)

민주화 운동 유산
노동산업 유산
인천시는
인천도시산업선교회 철거를
방관하지 마십시요.
인천시는 방관말고
인천도시산업선교회를
존치하라!
방직공장 · 노동자숙소를
세계문화유산으로 등재한
영국!
인천도 가능합니다.
우리가 지켜야 할 유산이
있습니다.
인천시는 방관말고
인천도시산업선교회를
존치하라!!

샘터 어린이집
T.516-6459
인천민주화운동 발생지 조형물 제막식
샘터교회 (민중교회 운동)
2023. 12. 28.(목)
인천민주화운동계승사업회

평화순례

샘터 어린이집
T.516-6459

현대유람선
해 양 장

동학농민혁명기념재단
동학농민혁명기념공원 역사탐방 "잃어버린 시간 속으로"
"1894, 녹두꽃의 기억"
교육대상 초등4학년이상 단체(5~20명 내외)/초등·중고등·성인·일반
교육기간 2024년 8월 1일 ~ 11월 30일 까지(매주 화~금)
교육내용 시간여행자가 되어 QR영상콘텐츠를 활용 미션 해결 역사탐방 활동
신청기간 2024년 7월 22일 ~ 10월 31일 까지
신청방법 동학농민혁명기념재단 홈페이지 예약 접수/ 전화신청
문 의 기념사업부담당자 : 노소희 (063-530-9498)
박경숙 (063-530-9497)

제203차 생명평화포럼
인천의 현대사,
평화의 길을 찾아서
6월 포럼
6월 포럼은 지난 포럼과 관련하여 조일/조미 통상조약이 체결된 장소와 그 이후에 발생한 청일/러일 전쟁의 발발 지역을 찾아가는 답사 프로그램으로 진행합니다.
함께 한반도에서 인천의 지정학적 위치와 의미에 대하여 생각을 공유하고자 합니다. 많은 참여 부탁드립니다.
2024. 6. 6.(목)
10~15시(10시 집합)
연안부두 상트페테르부르크 광장
답사코스 연안부두, 월미도, 만국공원 일원
참가비 1만원(점심 식사비)
입금계좌 국민 224601-04-234020(생명평화포럼)
주최·주관 | 생명평화포럼 문의 | 손인수 운영위원장(010-9580-3598)

신미양요
어재연장군
수(帥)자기
영구 반환을 모색하기 위한 토론회
帥
장소 변경
○ 일시 I 2024년 2월21일(수) 오후2시~5시
○ 장소 I 전교조 인천지부 중회의실
(인천 남동구 미래로 32 비전타워 / 인천시청앞 기호일보 빌딩 9층)
주제발표
○ 신미양요의 성격, 수자기의 환수방안-Thomas Duvernay교수(영남대학교)
※ 어재연장군 추모및 통역 - 어재선 이사장(어재연장군 4대손 / 신미양요 기념사업회)
○ 약탈문화재 반환 사례 및 수자기 대응방안 - 황평우 소장(한국문화유산정책연구소)
토론자
○ 전문가 - 신효승 박사(동북아역사재단 연구원)
○ 인천지역 - 이희환(인천대 인천학연구원 학술연구교수)
○ 강화지역 - 박용철(강화군의회 군의원)
○ 참관 - 문화재청 국제협력과 백현민 사무관 / 인천광역시 문화유산과
주최 변경
공동주최 단체
강화시민회의, 노동희망발전소, 민족문제연구소 인천지부,
민주주의실현 정치개혁 인천시민행동, 생명평화포럼,
인천도시공공성네트워크

바
다
가
쓰
레
기
통
이
나
핵오염수
방 류
5천만이
결사반대!
바다를
핵폐기장화 하는
한국과
일본 정부를
규탄한다!

3학년 2학기
포스터 속 QR코드로 전국서포터즈 오픈채팅방 접속하기

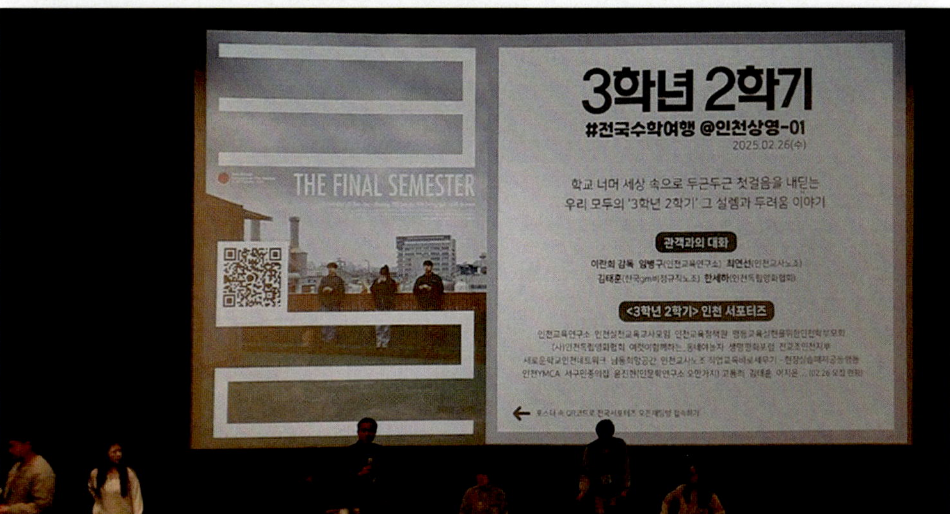
3학년 2학기
#전국수학여행 @인천상영-01
2025.02.26(수)
THE FINAL SEMESTER
학교 너머 세상 속으로 두근두근 첫걸음을 내딛는
우리 모두의 '3학년 2학기' 그 설렘과 두려움 이야기
관객과의 대화
<3학년 2학기> 인천 서포터즈

생명평화포럼기행
광복 '80
전쟁 '75
평화와
통일을 기원하는
DMZ 기행
분단 현장을 답사하며 완성하지 못한 해방의 의미를 돌아보고
전쟁의 상흔을 극복해 평화를 이루고 통일로 나아가기를
바라는 '생명평화포럼기행'에 회원 여러분을 초대합니다.
행사일시 2025. 8. 29.(금)~30.(토)
출발시간 | 1차 8. 29.(금) 9:00. 2차 8. 29.(금) 13:00
신청기간 2025. 7. 14.(월)~18.(금)
신청비용 5만원 (국민 22460104234020, 생명평화포럼)
문 의 손인수 생명평화포럼 운영위원장(010-9580-3598)
주최·주관 | 생명평화포럼

생명평화포럼기행
광복 '80
전쟁 '75
평화와 통일을 기원하는 DMZ 기행
2025. 8. 29.(금)~30.(토)

촛불기도회와 일인시위

한미
FTA 폐기!
4대강 보 철거!
한미 FTA 폐기!
살려내라! 4대강
중단해라! 제주해군기지
날치기무효! 한미 FTA
1%만을
위한
한미FTA 반대
2011.11.24

死
생명평화기독연대
2011.10.27

"생명평화기독연대"가
시민들에게 묻습니다!!
평화의섬 제주도 강정마을에서
민주적 절차를 무시하고
세계적 희귀지형
구럼비바위를 깨부수고
콘크리트 해군기지를
만들어도 좋은가?
"칼을 쳐서 쟁기를 만들고
창을 쳐서 낫을 만들어라"
생명평화기독연대

중단하라!
키리졸브/독수리(KR/FE)연습
대결 격화
대화 찬물
전쟁위기 고조!
시작하라!
한반도 비핵화 · 평화협정 대화
분단에서 통일로
대결에서 평화로
민족 공존 공영으로!

"생명평화기독연대"가
시민들에게 묻습니다!!
세계적 희귀지형
구럼비바위를 깨부수고
콘크리트 해군기지를
만들어도 좋은가?
생명평화기독연대

병원 · 국제성모병원 정상화를 위한 인천시민대
인천지역 시민사회단체
단식농성 8일
"병원비가
너무 비싸요"
인천성모병원의
극단적 수익추구 경영,
피해는
인천시민에게로
천주교 인천교구가 직접
나서서 해결해 주세요.
수술 잘 하는 병원?
수술 필요한 병원!!
인천성모병원을
바로잡겠습니다.

살려 주세요!!
4대강 사업은 우리를 죽이는 사업입니다.
HYUNDAI

굴욕적인
'위안부' 합의는
무효입니다
10억엔 필요없다!
일본은 법적책임져라!
일본군 '위안부'문제 해결을 위한
서명운동
한미일군사동맹 대가로
소녀상 팔아넘겼나?

뭐래니 21세기에
국정교과서
반댈세
국민갈등 조장하는
교과서 국정화
당장 철회하라!!
국민갈등 조장하는
교과서 국정화
당장 철회하라!!
국정교과서
국정교과서
OUT!!!
역사교육 망치는
국정교과서
반대! 반대!

뭇생명의 터전을 빼앗는
<검단~장수간도로계획> 폐지 촉구
종교계 선언

1억 5천만년 동안 흘러온
내성川은 天이다
내성천
굽이쳐 흐르게 해주세요
생명평화기독연대

박근혜가
책임져라

/// 한강하구 평화의 배 띄우기 ///

2006. 7. 27. 한강하구 평화의 배 띄우기 조직위원회

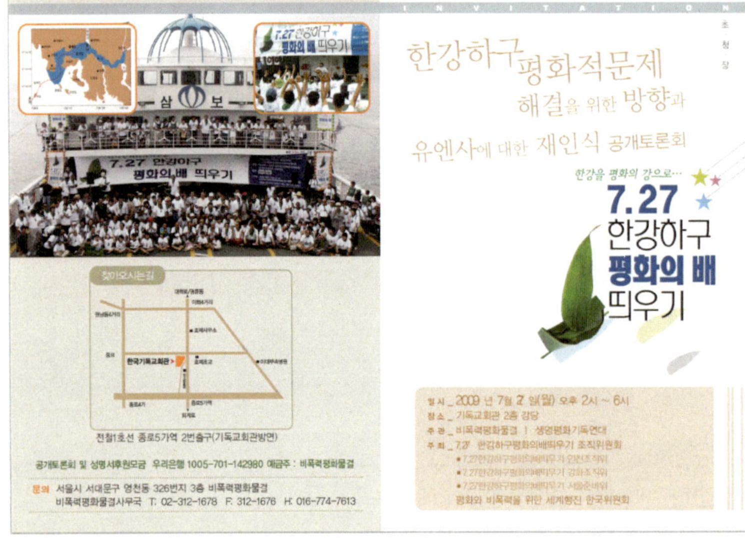

■ 생명평화 청소년 캠프

/// 고난받는 이들과 함께하는 예배 ///

/// 생평성례 ///

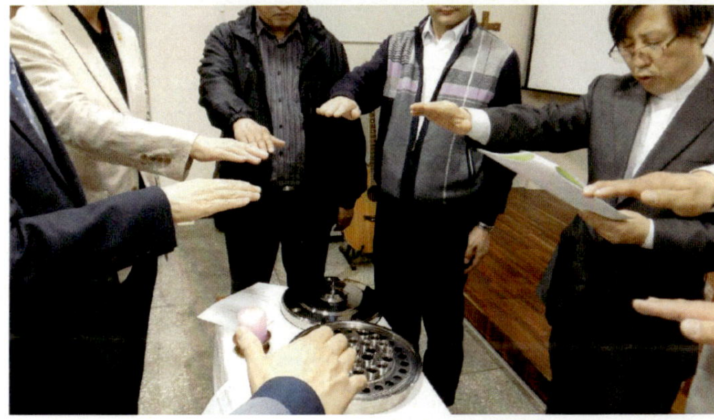

생 평 성 례
Sacrate Domini

첫 모임
2017년 4월 16일 7시
인천평화교회

생평성례는 생명평화기독연대가 기독교사회운동단체의 정체성을 확립하기 위해 봉행하는 월례예전입니다. 우리는 설교위주 예배방식을 지양하고 의식중심으로 영성의 고양을 추구하려고 합니다. Sacrate Domini는 그 별칭이며, "성별하여 주님께"라는 뜻으로 새깁니다.
<장소> 성말로 33 / 구월동 1163-13 (3층) <연락> 010-2266-0728

생명평화기독연대

/// 강좌-인문학 강좌 외 ///

클라우드 2+1

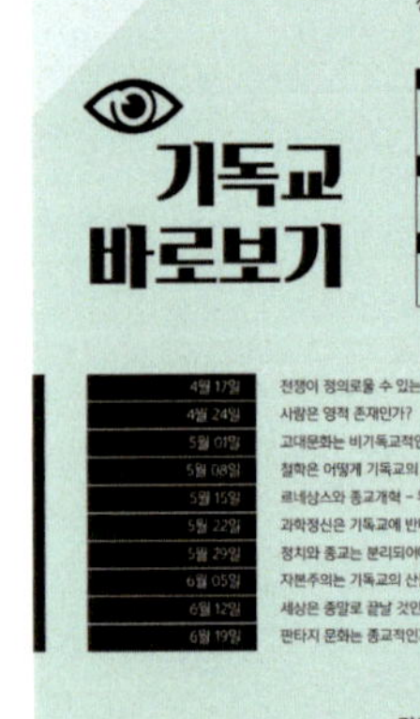
생명평화 교양강좌 1기
기독교 바로보기
일시 :
매주 일요일
오후 5:00 ~ 6:30
장소 :
바보주막
회비 :
전 강좌 3만원
(간식과 자료를 제공합니다. 대학생 무료)
4월 17일 전쟁이 정의로울 수 있는가?
4월 24일 사람은 영적 존재인가?
5월 01일 고대문화는 비기독교적인가?
5월 08일 철학은 어떻게 기독교의 언어가 되었는가?
5월 15일 르네상스와 종교개혁 - 무엇을 하려고 했는가?
5월 22일 과학정신은 기독교에 반대되는가?
5월 29일 정치와 종교는 분리되어야 하는가?
6월 05일 자본주의는 기독교의 산물인가?
6월 12일 세상은 종말로 끝날 것인가?
6월 19일 판타지 문화는 종교적인가?
김구(형기)
생명평화기독연대 공동대표
생명평화기독연대

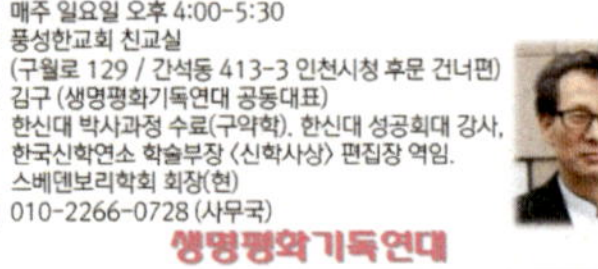
생명평화 교양강좌
2기, 2017 상
문학,
성경을 해석하다
성경과 신학의 눈으로 문학읽기
5월 14일 시적 이미지와 성경의 이미지
- W워드워즈 〈무지개〉, RM릴케 〈가을날〉
5월 21일 가인에게도 미래는 있는가?
- J스타인벡 〈에덴의 동쪽〉
5월 28일 어른들을 위한 성경동화
- 마크 트웨인 〈허클베리핀의 모험〉
6월 4일 아합과 요나 - 무엇의 상징인가?
- H멜빌 〈백경〉
6월 11일 문학적 성경해석의 백미
- JRR톨킨 〈반지의 제왕〉
일시 매주 일요일 오후 4:00-5:30
장소 풍성한교회 친교실
(구월로 129 / 간석동 413-3 인천시청 후문 건너편)
강사 김구 (생명평화기독연대 공동대표)
한신대 박사과정 수료(구약학). 한신대 성공회대 강사,
한국신학연소 학술부장 〈신학사상〉 편집장 역임.
스베덴보리학회 회장(현)
문의 010-2266-0728 (사무국)
생명평화기독연대

제1회 생명평화 기독아카데미
기후재앙시대에
녹색교회를 꿈꾼다
1강 11월 13일 / 기후변화의 실태와 그 대안 찾기 / 김제남 (녹색연합 정책위원장)
2강 11월 20일 / 기후변화에 대한 신학적 성찰 / 장윤재 (이화여대 기독교학부 교수)
3강 11월 27일 / 기후변화에 대한 교회의 대안과 녹색교회 만들기 워크샵 / 유미호 (기독교환경운동연대 정책실장)
• 일 시 : 11월 13일, 20일, 27일(토) 오후 2시 - 4시
• 주 최 : 생명평화 기독연대
• 장 소 : 새봄교회 (인천 지하철 계산역 4번 출구 근처)
• 연락처 : 548-0676 / 010 - 5660 - 6889 (이진권 목사)
• 참 가 비 : 3 만원 (1강좌 신청시 1만원) / 입금계좌 : 국민 273802-04-063690 윤인중
인천교회
서울
부평 서울
가좌IC
경인고속도로
간석오거리
수원
간석역
수림공원예식장
주안
한일주유소
주공아파트
시청
남동IC
석바위

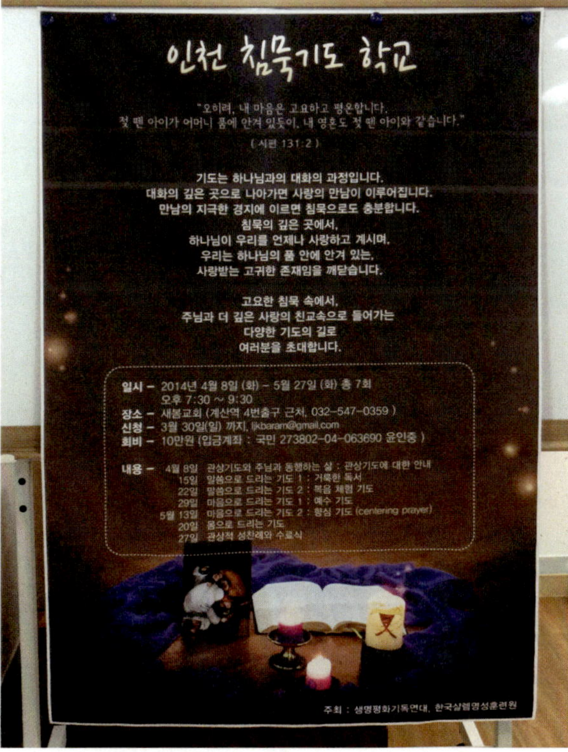
인천 침묵기도 학교
"오히려, 내 마음은 고요하고 평온합니다. 젖 뗀 아이가 어머니 품에 안겨 있듯이, 내 영혼도 젖 뗀 아이와 같습니다."
(시편 131:2)
기도는 하나님과의 대화의 과정입니다.
대화의 깊은 곳으로 나아가면 사랑의 만남이 이루어집니다.
만남의 지극한 경지에 이르면 침묵으로도 충분합니다.
침묵의 깊은 곳에서,
하나님이 우리를 언제나 사랑하고 계시며,
우리는 하나님의 품 안에 안겨 있는,
사랑받는 고귀한 존재임을 깨닫습니다.
고요한 침묵 속에서,
주님과 더 깊은 사랑의 친교속으로 들어가는
다양한 기도의 길로
여러분을 초대합니다.
일시 – 2014년 4월 8일 (화) – 5월 27일 (화) 총 7회 오후 7:30 ~ 9:30
장소 – 새봄교회 (계산역 4번출구 근처, 032-547-0359)
신청 – 3월 30일(일) 까지, ljkbaram@gmail.com
회비 – 10만원 (입금계좌 : 국민 273802-04-063690 윤인중)
내용 – 4월 8일 관상기도와 주님과 동행하는 삶 : 관상기도에 대한 안내
15일 말씀으로 드리는 기도 1 : 거룩한 독서
22일 말씀으로 드리는 기도 2 : 복음 체험 기도
29일 마음으로 드리는 기도 1 : 예수 기도
5월 13일 마음으로 드리는 기도 2 : 향심 기도 (centering prayer)
20일 몸으로 드리는 기도
27일 관상적 성찬례와 수료식
주최 : 생명평화기독연대, 한국샬렘영성훈련원

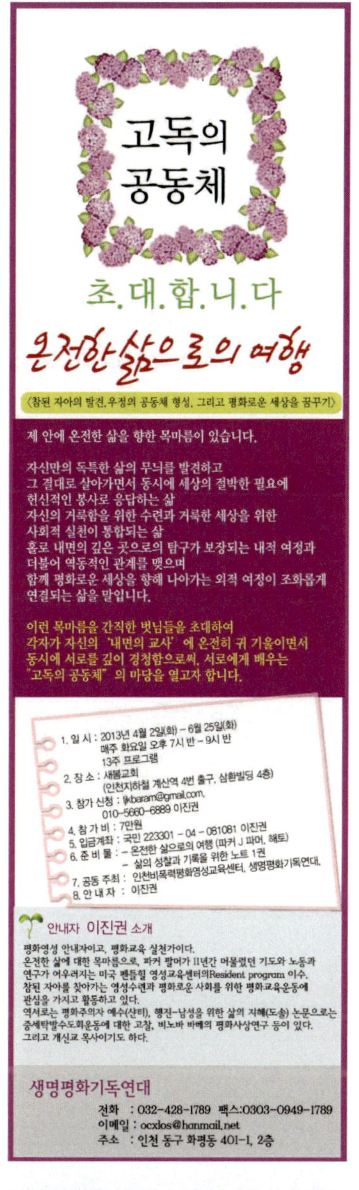
고독의 공동체
초.대.합.니.다
온전한 삶으로의 여행
〈참된 자아의 발견, 우정의 공동체 형성, 그리고 평화로운 세상을 꿈꾸기〉
제 안에 온전한 삶을 향한 목마름이 있습니다.
자신만의 독특한 삶의 무늬를 발견하고
그 결대로 살아가면서 동시에 세상의 절박한 필요에
헌신적인 봉사로 응답하는 삶
자신의 거룩함을 위한 수련과 거룩한 세상을 위한
사회적 실천이 통합되는 삶
홀로 내면의 깊은 곳으로의 탐구가 보장되는 내적 여정과
더불어 역동적인 관계를 맺으며
함께 평화로운 세상을 향해 나아가는 외적 여정이 조화롭게
연결되는 삶을 말입니다.
이런 목마름을 간직한 벗님들을 초대하여
각자가 자신의 '내면의 교사' 에 온전히 귀 기울이면서
동시에 서로를 깊이 경청함으로써, 서로에게 배우는
"고독의 공동체" 의 마당을 열고자 합니다.
1. 일 시 : 2013년 4월 2일(화) – 6월 25일(화) 매주 화요일 오후 7시 반 – 9시 반 13주 프로그램
2. 장 소 : 새봄교회 (인천지하철 계산역 4번 출구, 삼환빌딩 4층)
3. 참가 신청 : ljkbaram@gmail.com, 010–5660–6889 이진권
4. 참 가 비 : 7만원
5. 입금계좌 : 국민 223301 – 04 – 081081 이진권
6. 준 비 물 : – 온전한 삶으로의 여행 (파커 J 파머, 해토) – 삶의 성찰과 기록을 위한 노트 1권
7. 공동 주최 : 인천비폭력평화영성교육센터, 생명평화기독연대.
8. 안 내 자 : 이진권
안내자 이진권 소개
평화영성 안내자이고, 평화교육 실천가이다.
온전한 삶에 대한 목마름으로, 파커 팔머가 11년간 머물렀던 기도와 노동과 연구가 어우러지는 미국 펜들힐 영성교육센터의Resident program 이수.
참된 자아를 찾아가는 영성수련과 평화로운 사회를 위한 평화교육운동에 관심을 가지고 활동하고 있다.
역서로는 평화주의자 예수(산티), 행진–남성을 위한 삶의 지혜(도솔) 논문으로는 중세탁발수도회운동에 대한 고찰, 비노바 바베의 평화사상연구 등이 있다.
그리고 개신교 목사이기도 하다.
생명평화기독연대
전화 : 032–428–1789 팩스:0303–0949–1789
이메일 : ocxlos@hanmail.net
주소 : 인천 동구 화평동 401–1, 2층

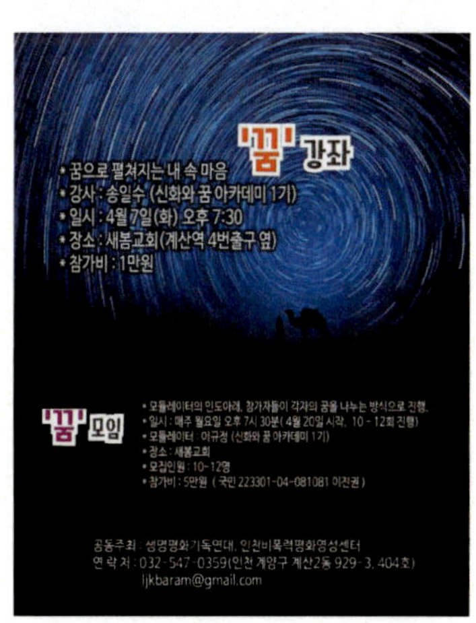
'꿈' 강좌
• 꿈으로 펼쳐지는 내 속 마음
• 강사 : 송일수 (신화와 꿈 아카데미 1기)
• 일시 : 4월 7일(화) 오후 7:30
• 장소 : 새봄교회(계산역 4번출구 옆)
• 참가비 : 1만원
'꿈' 모임
• 모듈레이터의 인도아래, 참가자들이 각자의 꿈을 나누는 방식으로 진행.
• 일시 : 매주 월요일 오후 7시 30분(4월 20일 시작, 10 – 12회 진행)
• 모듈레이터 : 이규정 (신화와 꿈 아카데미 1기)
• 장소 : 새봄교회
• 모집인원 : 10–12명
• 참가비 : 5만원 (국민 223301-04-081081 이진권)
공동주최 : 생명평화기독연대, 인천비폭력평화영성센터
연 락 처 : 032-547-0359(인천 계양구 계산2동 929-3, 404호)
ljkbaram@gmail.com

/// 생평 기행, 수련회, MT ///

초록빛펜션
Green Color Pension

추억 어린 열차,
펼쳐지는 호수,
정겨운 사람들과
한적한 계곡으로
2018
생평 여름수련회
8월 24-25일
가평 초록빛펜션

2024년 생명포럼 동학농민혁명 유적답사

일시: 2024.8.23.(금) - 2024.8.24.(토)
장소 및 숙소: 정읍, 부안 일원, 변산 자연휴양림
참가자:정세일 윤인중 정준택 이재병(1조) 손인수 전용철 김조황찬(2조)
윤미경 이영실 정바아(3조)

1일차 일정
출발(09시) : 1조 - 부평구청역 2,3조 - 인천시청
점심 식사(13시) : 두승산 콩마을
동학농민혁명기념관(14:20 - 17:20)
전봉준 고택(17:40 -18:20)
저녁 식사(20시)

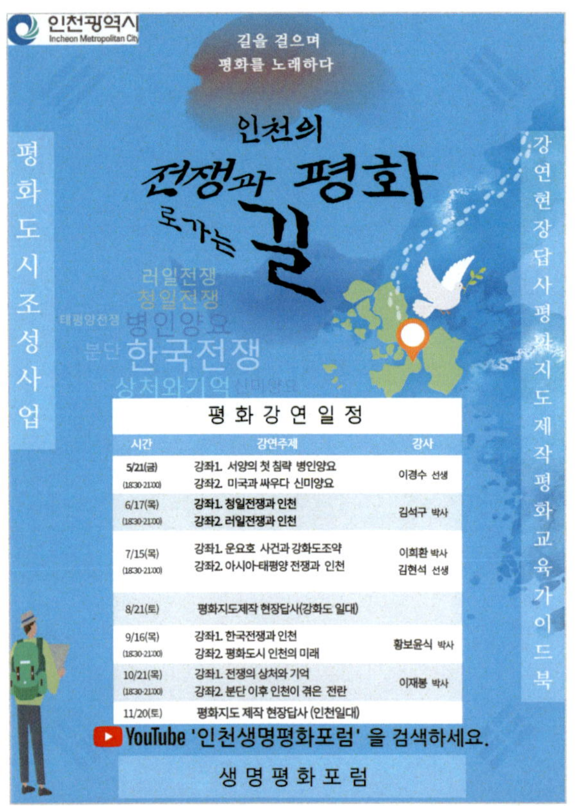

/// 평화도시 공모사업 ///

인천광역시
Incheon Metropolitan City
길을 걸으며
평화를 노래하다
인천의 전쟁과 평화로 가는 길
평화도시조성사업
강연현장답사평화지도제작평화교육가이드북
러일전쟁
청일전쟁
태평양전쟁
병인양요
분단
한국전쟁
상처와기억
평 화 강 연 일 정
시간 | 강연주제 | 강사
5/21(금) (18:30-21:00) | 강좌1. 서양의 첫 침략 병인양요 / 강좌2. 미국과 싸우다 신미양요 | 이경수 선생
6/17(목) (18:30-21:00) | 강좌1. 청일전쟁과 인천 / 강좌2. 러일전쟁과 인천 | 김석구 박사
7/15(목) (18:30-21:00) | 강좌1. 운요호 사건과 강화도조약 / 강좌2. 아시아-태평양 전쟁과 인천 | 이희환 박사 / 김현석 선생
8/21(토) | 평화지도제작 현장답사(강화도 일대)
9/16(목) (18:30-21:00) | 강좌1. 한국전쟁과 인천 / 강좌2. 평화도시 인천의 미래 | 황보윤식 박사
10/21(목) (18:30-21:00) | 강좌1. 전쟁의 상처와 기억 / 강좌2. 분단 이후 인천이 겪은 전란 | 이재봉 박사
11/20(토) | 평화지도 제작 현장답사 (인천일대)
YouTube '인천생명평화포럼' 을 검색하세요.
생 명 평 화 포 럼

평화도시 인천
전쟁의 길,
평화의 길
김석구
김현석
이경수
이재봉
이희환
황보윤식
지음
생명평화포럼
엮음
병인양요
아시아-태평양전쟁
3.8선과 한반도 분단
통일과 평화
6.25전쟁
신미양요
청일전쟁
조일수호조규
운요호사건
동연

월미도원주민희생자위령비
이 위령비는 1950년 한국전쟁 인천상륙작전 당시 유엔군 소속
미군의 폭격으로 월미도에서 무고하게 희생
기리기 위해 「진실·화해를위한과거사정리위
건립하였다.
(신원이 확인된 희생자)
정용구, 우소시경, 문정숙, 이대수, 이종필, 장태성, 장성례, 장태관,
주성만, 문이만 외 100명
2021. 10. 5.

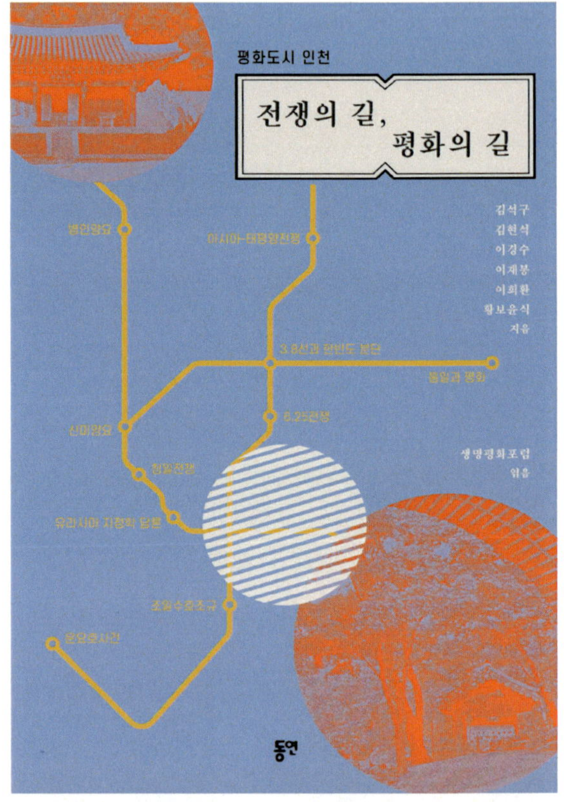

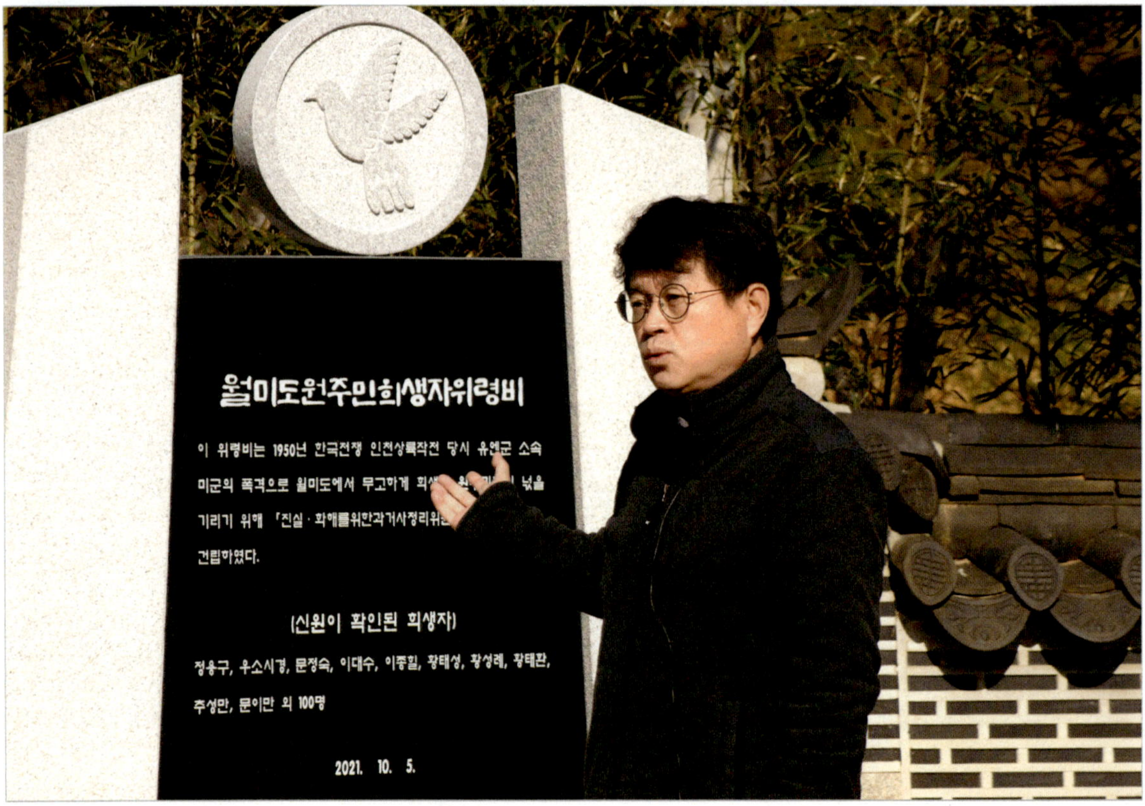

병인박해
(병인양요)
제너럴셔먼호 사건

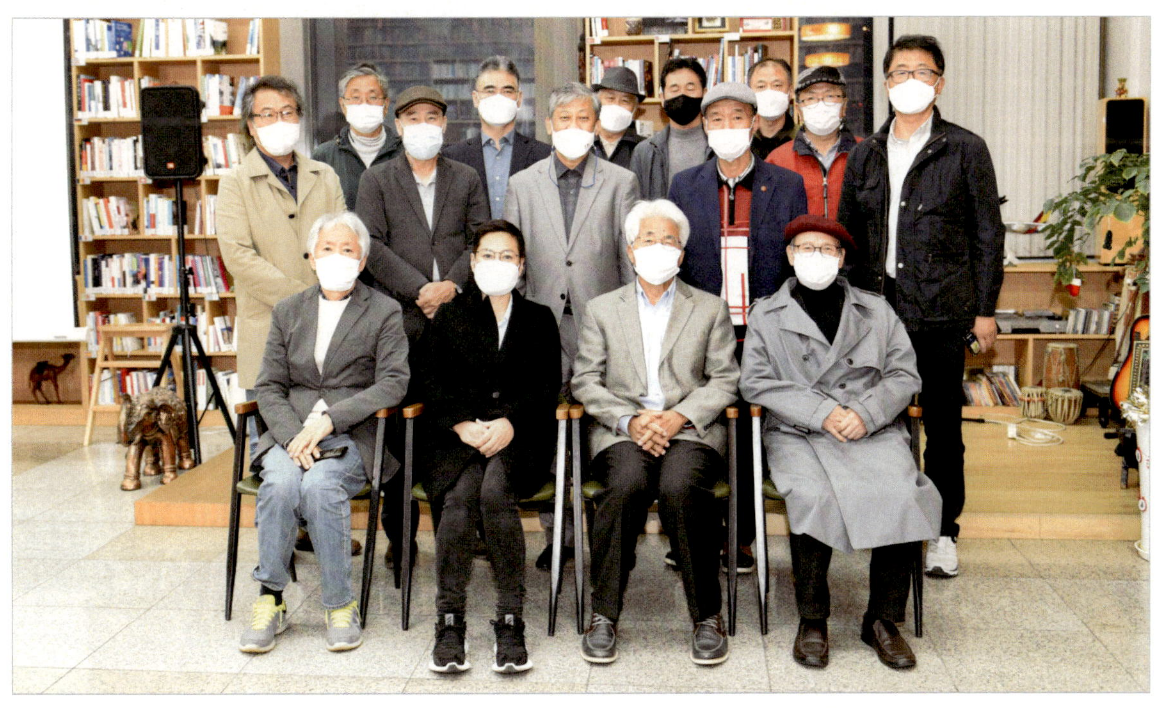

2010 계양산
반딧불이 축제
도심 숲 속 반딧불이와 함께하는 가을밤마실
계양산 반딧불이 축제 개막식
장 소 : 서운체육공원
일 시 : 2010년 8월 28일(토) 오후5시 참여행사 / 7시 공연
계양산 반딧불이 탐사 일정 및 신청
장 소 : 계양산 나비농장, 솔숲, 군부대 일대
일 시 : 2010년 8월 29일~9월 12일, 저녁6시30분~9시
신청기간 : 8월 9일부터 선착순 접수
신청방법 : http://cafe.naver.com/gyeyangsan 공지사항에 댓글 달아주세요.
(네이버까페에서 '계양산 반딧불이 축제'를 검색하세요.)
문 의 : 032 - 544 - 0615
주 최 : 계양산 반딧불이 축제 조직위원회
후 원 : 인천의제21
후원계좌 : 130014-56-171091 농협 조현재
(본 행사에 도움 주실 분들의 후원을 기다립니다.)

취임 100여일 2mb, 2번의 개념상실 반성문...
촛불 경치 감상을 늘어놓더니만
결국 미쿡을 믿으라네요... 참나~!
개념탑제를 기둘리다간 4년도 모자랍지여.
운하삽질에, 민영화에, 방송장악에... 사고뭉치 정부!
좀 더 나룻~나룻~ 구워 봅시당~!
나하나 끕이야 하다가는, 2mb가 거덜낸다네~ 인천시민
6.25 수 촛불대행진
부평 문화의 거리 저녁 7시
준비아이템 - 기자 시선 끌기 자작 손피켓
각종 취박별 방어 아이템
가족부대, 연인부대, 친구부대 환영! 촛불 등 기본 전투 아이템 제공
6월 17일 부평문화의거리 촛불문화제에서...
photo by 한결같이(네이버 카페 진보선언)

청년 광복군 장준하
귀 · 국 · 기 · 념 · 호 · 프 · 데 · 이
호프데이 진행 일정
3:00 ~ 3:15 예인스토리 공연
3:15 ~ 3:20 장준하 영상 (5분)
4:00 ~ 4:15 인디언수니 공연
5:00 ~ 5:15 신재창 공연
6:00 ~ 6:15 허영택 공연
6:15 ~ 6:20 장준하 영상 (5분)
7:00 ~ 7:15 마린 공연
7:15 ~ 7:18 시민행동 박상희대표 초대말씀 (3분)
8:00 ~ 8:15 인디밴드 소리내 공연
8:15 ~ 8:30 애장품 경매 진행 : 최광기
9:00 ~ 9:15 인디밴드 레드로우 공연
9:15 ~ 9:20 장준하 영상 (5분)
특별 초대 손님 표창원 교수
특별 재능기부 김신 화백 (캐리커처) | 최광기 (애장품경매 진행)
북한 미술품 깃털로 붙힌 송학, 고급 중국명주, 오설록 명차 등
명사들의 애장품 경매에 도전해보세요!
애장품 기부하신 분들 인명진 · 오영석 · 권호경 · 김영주 · 강 광 · 김민배
강경신 · 비 공 · 김상근 · 김원웅 · 배태진 · 한홍구
장준하 특별법 제정을 위한 공청회
일시 : 2013년 9월 4일(수) 오후 2시 장소 : 백범김구기념관 컨벤션홀
주관 : 장준하특별법제정시민행동 주최 : 많은 유관단체와 협의 중
특별법 제정으로 장준하선생님 사건을 비롯한 수많은 미해결 의문사, 국가폭력에 의한
인권유린 사건에 대한 진실을 밝히고, 정의와 인권이 살아 숨쉬는 민주주의를 이룩합시다.
그 첫 발! 장준하 특별법 공청회에 여러분을 초대합니다.
표창원 교수와 만납시다!
표창원교수의 장준하특별법제정시민행동 특별강연
9월 27일(금) 오후 7시 30분
참가비 : 무료
장소 : 카톨릭청년회관 바실레오홀 2층
많은 참석 부탁드립니다.

R E M E M B E R
세월호 참사
진상규명을 위한
월례기도회
주님, 언제까지 나를 잊으시렵니까?
나에게 응답하여 주십시오. 주, 나의 하나님,
내가 죽음의 잠에 빠지지 않게 나의 두 눈에 불을 밝혀 주십시오.
_시편 13:1-3
일시 & 장소
2021년 11월 18일(목) 저녁 7시 30분
해인교회
(인천시 계양구 계산 2동 계양산로 91)
기도회 영상 중계 YouTube
416그리스도인
주최_세월호 참사를 기억하며 연대하는 그리스도인
주관_고난함께인천연합예배, 기장 인천노회 정의평화부, 생명평화기독연대
문의_김성호 목사 (나섬교회, 010.8465.0683)

내가 살고 싶은 인천
선택 2014
내가 살고싶은 인천을 만드는 선택 2014시민넷 발
일시 : 2014년 4월 14일(월) 오전10시 30분 장소 : 인천광역시청

조국의 평화와 통일, 남북관계 발전을 위한 전민족대회
인천 준비위원회 발족 기자회견
일시 2017년 7월 12일(수) 오후 2시 장소 인천시청 본관 앞

/// 작은교회 박람회 ///

생명평화기독연대
하늘에는 영광! 땅에는 평화!
인천평화교회
세월호
간담회
2015 생명평화포럼

2014 생명평화포럼
2015 생명평화포럼

인천침묵기도학
연대
한강하구 평화의 배 띄우기

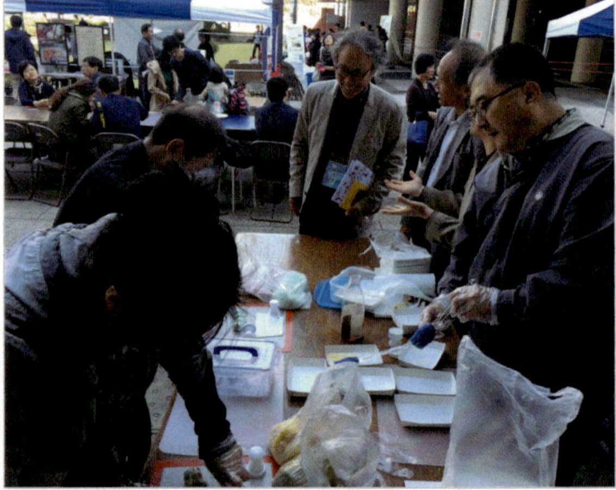

2016년 총선에서 초선 국회의원이 된 박찬대 의원 축하 모임

인천시민사회 연속 정책토론회 <1>

한강하구 평화정착 토론회

일시 : 2025년 10월 29일(수), 오후 1시
장소 : 인천시의회 별관 3층 문화복지위원회 세미나실

2005년에 시작된 7.27한강하구평화의배띄우기 사업이 올해로 20주년입니다.
이번 토론회를 통해 한강하구의 의미를 되새기고
평화정착을 위한 활동방향을 나누는 자리를 마련했습니다.

문의: 010-3800-2314

<발제>
· 정전협정과 한강하구의 의미 / 서보혁 통일연구원 선임연구위원
· 한강하구 평화정착 및 평화의배 활동방향 / 장정구 2025평화의배조직위 공동집행위원장

<지정토론> 좌장 : 이성재 조직위 상임공동대표
· 함경숙 강화주민
· 유경희 인천광역시의회 문화복지위원장
· 유준호 인천광역시 정책기획관
· 박인규 인천시민사회단체연대 공동대표
* 지정토론 후 참석자 자유토론

· 공동주최
강화시민회의, 개성문화원, 생명평화포럼, 인천기독교협의회 화해와정의위원회, 인천시민사회단체연대, 인천자주통일평화연대, (사)평화어머니회
· 주관: 2025 7.27한강하구평화의배띄우기조직위원회
· 후원: [농협] 301-0081-3149-61 인천시민사회단체연대

제7부

내가 만난 생평

생명평화기독연대

하나님께서 하늘을 창조하여 펴시고, 땅을 만드시고, 거기에 사는 백성에게 생명을 주시고, 땅 위에 걸어 다니는 사람들에게 목숨을 주셨다. 주 하나님께서 이렇게 말씀하신다. "나 주가 의를 이루려고 너를 불렀다. 내가 너의 손을 붙들어 주고, 너를 지켜 주셔서, 너를 백성의 언약과 이방의 빛이 되게 할 것이니"(이사야 42장 5-6절).

올해 새 여름이 막 시작될 무렵, 21대 대통령이 선출되었습니다. 작년 연말, 순간의 일촉즉발이 있었지만, 그럼에도 고비를 넘어 우리는 새로운 선택을 했습니다. 이제와 생각하면 한편 엄중(嚴重)하였고, 그러면서도 드라마틱한 상황을 겪어낸 과정이 아닐 수 없습니다.

민주주의에서 다수의 선택이 우선함에 동의합니다. 오늘의 시대에서 최선의 제도인지는 어느 면에서 의문이 없지는 않지만, 그래도 합리적 제도라 판단하기에 그렇습니다.

그럼에도 "다수의 사람이 잘못을 저지를 때에도 그들을 따라가서는 안 되며, 다수의 사람이 정의를 굽게 하는 증언을 할 때에도 그들을 따라가서는 안 된다"(출 23장 2절)라 하신 말씀을 생각합니다. 어쩌면 이미 출애굽 때부터 하나님은 '다수의 사람이 잘못을 저지를 때'를 보셨던 것인가!

어떤 이유로 다수가 작당(作黨)한다면, 만일 그 작당이 '선 혹은 의'가 아닐 경우, 어떻게 할 수 있을까?

돌이켜 보면, 그런 작당이 불행히도 우리의 역사에서 비일비재(非一非再)하지 않았던가 합니다. 분명 하나님의 오래전 말씀인데 오늘에도 여전함에 신비롭기마저 합니다. 그렇다면 신앙인만큼은 말씀에 담긴 하나님의 섭리를 탐구하고 기도해야 할 것입니다. 의를 이루려는 부르심이 무엇이고, 어떻게 이루어 가시려는 것인지를!

지난 6월 3일, 다행히도 우리는 다수의 '선'으로 '의'를 이뤘습니다.

"나 주가 의를 이루려고 너를 불렀다."

가물거리는 생각으론, 2012년도쯤인가부터 생평에 참여 하게 된 것 같습니다. 교회에 함께 하던 후배의 권유가 동기유발이었습니다. 그래 모임에 처음 출석했을 때, 물론 이미 안면이 있는 분들도 있지만 낯선 분들도 있었지만, 마치 신학기에 새 학년의 반에서의 첫날인 듯 그때처럼 그런 설렌 마음이었던 기억입니다.

20년의 생평.

그리스도인 신앙의 하나는 부름에 고백하는 것임을 믿습니다. 그 신앙인들의 생평이기에 "너를 불렀다"란 말씀에 경건해 집니다. 더군다나 "의를 이루려고"라 하신 분이 주님이시기에 더욱 숙연(肅然)합니다.

주님께서 의를 이루려고 생평을 부르고 20년….

생평에게는 그 부름이 깊은 감동과 진한 불호령으로 들려졌음을 생생히 추억합니다. 주님께서 부르셨고 함께 의를 이루려 하신다면, 생평은 그야말로 이사야서에서의 '나의 종'에 버금가기에, 오직 '의'를 세우고 지키기 위해 전력을 다하기를 다짐했을 것입니다.

그리고 지금, 약관(弱冠)이 된 청년 생평으로 '상한 갈대를 꺾지 않으며 꺼져가는 등불을 끄지 않으며, 진리로 공의를 베푸는 것'에 주목하며 주님과의 동행을 멈추지 않도록 노력하고 기도합니다.

'주님이 부른 의를 이루는 길'에 신앙인이라면, 소수가 될지라도 다수가 될지라도, 그 보다는 온전함을 잃지 않고 곧바르게 '의'를 향해 걷고 있는 생평의 이립(而立)을 꿈꿉니다.

생평 20년을 함께 살아 온 20년 지기님들의 평안과 강건을 기도드립니다.

20년의 생평을 감사하며,

이상선

(생명평화포럼 전 공동대표, 운영위원장)

인천에서 생명평화기독연대로 일하기

0. 왜, 어떻게, 무엇을

생평을 처음 만난 날.

2007년 봄, 인천 EYC 후배이자 교사인 임병구 선생이 나와 정세일 선배님에게 긴히 할 말이 있으니 같이 만나자는 요청을 해왔다. 부천역 근처 어느 조용한 식당에서 만났을 때 임 선생은 '생명평화기독연대'에 대해 설명하면서 같이 참여할 것을 제안했다. 당시 정세일 선배는 대기업의 상무였던 관계로 몹시 분주한 상황이라 나중에 참여하겠다고 하고, 나는 그만큼은 바쁘지 않았던 관계로 즉시 그 제안을 받아들이고 모임에 참석하게 되었다. 이것이 생평과 인연의 시작이었다.

당시 생평에 대해 들었을 때 내 첫인상은 매우 '신선'했다. '내가 이런 모임도 모르고 누굴 만나고 뭘 하고 돌아다녔던가?' 회개(?)하는 마음이었다. 과문하여 이런 참된 기독교 신앙인들의 모임에 대해 전혀 듣지 못하였지만, 최소한 모태신앙인이자 종교란에 버젓이 "기독교"라고 쓰는 내가 종교적 실천이나 진지한 신앙적 모색이 전무했다는 자책에 이르게 되었다. 그리고 나는 한국교회와 목사들의 부패상이나 엇나가는 모습을 그저 못마땅히 쳐다보고만 있었다는 자성도 했다. 교회를 개척하신 아버님 덕분(?)에 창립 때부터 오랫동안 줄곧 다니고 있던 출석 교회도 도무지 내 신앙과는 맞지 않은 모습, 설교, 공동체 행태만 보여 자포자기하는 심정으로 그저 Church Man으로 그럭저럭 지내 오던 나였다.

'맞아, 기독교는 그런게 아니지!', '최소한 기독교인이라면 뭔가 사회를 향해 의미 있는 일을 해야 하지 않겠어?', '한국 개신교가 이렇게 엇나가는 꼴을 그저 바라만 보는 것, 가만히 있는 것도 불의에 동조하는 것이라 하지 않았던가?'

드디어 물 만난 고기처럼 생평의 존재를 알게 되고는 기독교 신앙과 실천에 대해서도 이런저런 생각을 많이 하게 되었다.

그런데 막상 생평에 나가고 보니 생평에 참여한 회원 중에 흔하지 않은 '장로'라는 타이틀로 인해 일약 공동대표로 비약하게 되었다. 인물도 참 없지….

생평 회원으로서 요즈음의 나의 화두는 '기독교가 이 땅과 이 사회에 어떤 의미가 있는가?', '인류의 미래에는 또 어떤 메시지를 줄 수 있을까?', '그래도 애착이 남은, 습관적으로 무던히도 다녀온 교회가 무언가 한국 사회에서 존재 이유를 가져야 하지 않겠는가'라는 소박하지만은 않은 희망이다. 그 희망을 실현하는 장이자 도구로서 생평을 생각한다. 그런 생평이 좌초하지 않기를 바라는 마음이 오늘 발제의 사유이다.

1. 왜 이렇게 지지부진한가, 무엇이 문제인가? — 영성의 부재

언어가 존재를 규정한다. 영성의 시대라고들 한다. 엄밀히 영성이 절실히 요청되는 시대이다. 홍수에 먹을 물이 없는 것처럼. 그런데 언제부터 영성 타령인가? 자주 거론하지도 않았고, 여러 사람이 쓰지 않던 '영성'이 내게로 왔다.

기독교 운동의 한계에 대한 평가를 왜 영성 부재라고 하는가? 흔히 말하는 맹신적 몰입(성령)이 없고, 무기력증과 나태함을 지속적으로 극복할 힘의 원천이 없어 보이기 때문이라 생각한다. 과연 이 시대에 우리에겐 영성이 없는가?

감성이 영성이다. 영성이란 신적 감정이라 할 수 있지 않을까. 여기서의 신을 보편적이고도 세속적인 개념으로 번안하면, 소아적 자아를 벗어나 보편에 맞닿음을 이룬다는 뜻이라 할 수 있지 않을까. 1970, 80년대 일반적으로 가는 뻔한 삶의 길을 놔두고 대의에 투신한 감성이 영성이 아니고 무엇이겠는가?

이미 영성은 내 안에 있다. 우리 안에 존재하고 있었다. 슐라이어마허는 "종교란 절대의존의 감정이다"라고 했다. 여기서의 감정은 감상이 아니다. 동시에 이성이라는 맏아들의 그늘에 가려 기를 못 펴는 셋째 아들도 아니다. 1970, 80년대 감성은, 때로 무기력해 보이지만, 그 안에 종교성이 있다고 생각한다. 그러나 다만, 지금은 그 열정이 식었다. 다시 말해 영성이 식었다.

일전에 홍세화 씨가 강연을 했을 때, 그는 조선일보 지국의 사례를 들면서 열정적으로 일하는 보수주의자들과 말만 하는 진보주의자들을 대비하였다. 물론 홍 선생도 너희들 들어, 그런 의미보다는 자기 반성적인 이야기로 그 말을 했다.

이미 있는 영성을 다시 찾을게 아니라 열정적인 영성을 회복하는 길을 찾아야 한다.

2. 어떻게 할 것인가? — 달팽이 걸음으로

흔히들 왕도는 없다고 한다. 성경에는 해 아래 새로운 것이 없다고 한다. 대단한 해법이란 건 없다.

2008년 생평 여름 수련회 때 생평의 존폐를 가름할 토론을 하자고 모여서 이야기하던 당시 당시 공동대표이던 윤인중 목사의 발제는 "그저 지금 이대로, 나 혼자 남더라도…"였다.

2007년 김조년 교수님이 소성교회에서 생평 특강을 하였을 때 그는 기독교운동, 사회변혁운동을 어떻게 할 것인가에 대한 해법에 대해 나름대로 이야기했다. 그런데 그 요지가 "더디더라도, 꾸준히, 지금 걸음 그대로, 낙담하지 말고… 진보적 사회운동에 왕도는 없으며, 역사는 흐른다"고 했던 기억이 있다.

바야흐로 디지털 시대에도 아날로그의 보존 가치는 여전히 있다. 역설적이게도 정보가 넘쳐나는 시대에 막상 만들어진 정보는 있되 만드는 정보, 콘텐츠는 없다. 디지털은 운용 방식이나 전달 방법의 진보이지 사유의 진보는 아니다.

꾸준히 순교하지도 자폭하지도 말고 지금 이 걸음 이대로 콘텐츠를 만들어 가자. 우리 사회, 한국교회의 문제점과 그 너머의 대안을 만들기 위해….

3. 지금, 무엇을 할 것인가? — 나무를 심는 사람들

한국교회가 바닥을 칠 시기가 언제인가? '이 길이 아닌데…' 하면서 뒤돌아보는 그 시점에 누구 남아 있을 것인가? 기독교에 미래가 있는가? 그들만의 리그 말고, 이 사회에 어떤 의미가 있는가?

이런 물음들에 누가 대답할 것인가? 장 지오노의 "나무를 심는 사람들"과 우공이산의 비유가 있다. 그 물음에 대답해야 하는 그 자리에 우리가 서 있어야 하지 않겠는가?

운영(돈)이 문제인가? 운영이 문제가 아니라 신념의 문제이다. 다시 말해 신념을 머릿속에 가두어 두지 않고 구체화하려는 의지와 실천의 문제이다.

과실을 그저 따 먹기만 하려는 사람은, 날로 먹으려는 습성이 배인 사람이 아니라면, 달리 말해 그 나무가 과실을 맺을 것이라고 기대를 못 하거나, 아니면 아예 그런 생각조차 해 본 적이 없는 사람이다. 심은 대로 거두는데, 심기는 했나? 그저 묵묵히 나무를 심어 가는 수밖에 없다.

4. 반전, 오늘

위의 글은 2008년 8월 8일 생평수련회 때 발표한 나의 발제문이었다(물론 조금 다듬었지만). 생평 20년사 백서 편집을 맡아 이것저것 자료를 뒤적이다 보니 사진도 나오고 이 글도 나왔다. 그래서 원래 위 중제목 "4. 반전, 오늘"의 자리에는 "4. SWOT 분석"이 있었다.

별반 변화가 없이 제자리걸음을 하는 듯한 생평을 좀 더 부흥시켜 보자는 뜻으로 우리 생평의 강점(S), 약점(W), 기회(O), 위협(T)이 무엇인지 열심히 적고, 또 그걸 분석하는 수련회였고, 이건 그 앞에 발표한 발제문이었다.

이걸 다시 소환하는 이유는 17년 전 그때의 기독교 운동이란 그 상황이 지금도 그리 다르지 않기 때문이라 생각한다. 지금 생평과 생평포럼은 인천에서 그야말로 손꼽힐 정도의 내용과 호응을 가진 영향력을 발휘하고 있다. 기쁘고도 자랑스러운 일이다. 하지만 우리의 기본은 여전히 기독교운동, 하나님 나라 운동임을 되새기자는 의미에서 기억의 저편에 있던 글을 다시 불러내었다.

우리의 욕망과 교만은 자주 '처음 사랑', 그 감격을 잊어버린다. 에베소교회처럼. 내가 처음 생평을 알게 되었던 그 기억을 재소환하려는 것도 이 상황에서 뭘 할 수 있을까,라는 회의에서 벗어나와 더불어 함께 생평운동을 했던 그 시간을 간직하기 위해서이다.

거안사위(居安思危): 편안한 곳에 거할 때 위태로움을 생각한다.
안불망위(安不忘危): 편안할 때도 위태로움을 잊지 않는다.
그러나 너에게 나무랄 것이 한 가지 있다. 그것은 네가 처음에 지녔던 사랑을 버린 것이다.

김영호
(생명평화포럼 공동대표)

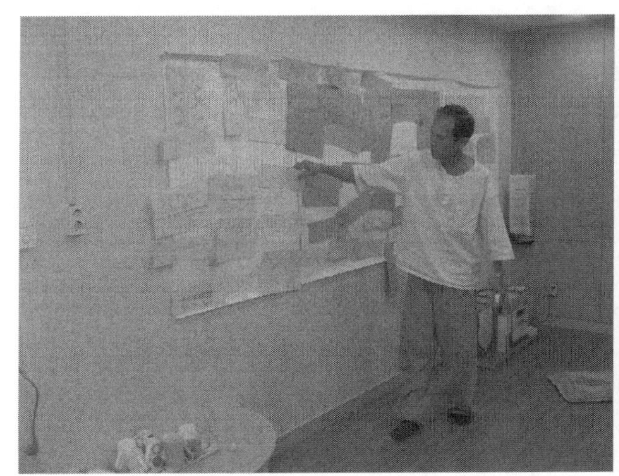

'생명평화기독연대'를 시작할 당시를 돌아보며

20년 전 일을 되짚어본다. 반성할 게 많았던 40대였다. 80년대 대중운동을 경험한 기독자로서 2000년대는 영혼에 대해 물어야 하는 시기였다. 세상은 겉은 변했지만 속은 여전했다. 세상이 그럴진대 사람이라고 다를 리 없었다. 겉은 달라진 듯 보이는 사람이 속까지 변하는 건 어려웠다. "새 사람을 입으라"는 가르침으로 돌아가야 했다. 목회자들이 먼저 나섰고 교회 안과 밖을 두루 경험한 평신도 운동가들을 물색했다. 인천기독청년협의회(EYC) 활동을 했던 나 또한 세상을 바꾸는 영성을 고민하고 있었다. 목회자와 평신도를 묶는 기독운동을 다시 열어보자는 데 적극 동의했다. 초창기에는 수련회로 모여 뜻을 모았다. 월례 포럼을 진행하면서 여름과 겨울에 진행한 회원 수련회가 고민을 나누는 마당이 되었다.

기억에 남는 수련회가 있다. 강화 오마이스쿨을 빌려 황토방에 둘러앉았다. 발제와 토론을 마치고 촛불 의식을 수행했다. 108배를 하면서 자신 속에 있는 생각들을 비워냈다. 노래도 부르고 애찬도 나눴지만 예수의 길을 진지하게 다시 돌아봤다. 대중운동이 지향해 온 사회적 과제들도 중요했지만 생명의 길은 차원이 다른 논의거리였다. 생명은 모든 가치에 우선했다. 평화는 단지 전쟁이 없는 외적 상태를 넘어 각자의 내면이 어떤 상태인지를 들여다보게 했다. 근원으로 돌아가 인간이 삶에 충일한 방식으로 운동할 수 있는 가능성을 살폈다.

질문은 철학과 신학으로 돌아갔고 답변은 세상을 초극하는 해방 과정에 집중했다. 기독교와 삶이 운동적 가치와 어떻게 이어질 수 있는지에 대해 캐물었다. 생명과 평화의 길을 사는 기독자로서 세상과 연대하는 방식을 만들어내고자 고심했다.

2006년에 여름 수련회 발제를 맡았다. 다시 그 기록들을 들춰 초기 논의 내용들을 남겨 본다. 어떤 고민들이 있었는지를 돌아보면 오늘 우리 물음에도 도움이 될 수 있겠다. 발제 제목은 "우리의 우물에서 우리의 샘물을"이었다. 신학 서적 제목에서 따왔지만 당시 기독운동이 처한 현실은 우리 우물이 말랐다고 진단하게 했다. 발제 내용 중에 아래 단락이 있다. 생명평화기독연대 운동이 어떤 성격을 지녀야 하는가에 대한 생각이었다. 우리 우물이 메말라 있다고 여겼으므로 오히려 현실을 초월하는 힘을 만들자는 내용이다.

"(우리 운동은) 초역사적인 전망까지 품어야 하므로 장기적이라는 성격을 갖습니다. 역사적인 변화를 추구하는 운동을 넘어서는 더 큰 전망을 만들어 가겠다는 포부는 초역사적인 신성성에 기대지 않을 수 없습니다. 인간과 역사에 대한 신뢰를 넘어서는 데까지 다다르려면 일희일비하지 않고 오래도록 운동을 지속시켜 나가려는 의지가 필요합니다. 그래서 장기적으로, 아니면 영원히 오지 않을 수도 있는 전망을 보려는 신심이 있어야 합니다. 세상을 넘어서는 가치를 창출해 내야 하므로 그게 어느 세월에 되겠느냐는 생각보다 될 때까지 해 보자는 낙관성이 필요합니다."

그 이전에는 2005년 12월 생명평화포럼에서 강의했다. 강의라기보다는 한 해 사업을 돌아보고 평가한 후 다음 해 사업을 제안하는 발제였다. 마지막 단락을 옮겨 본다. 20년이 지난 이 시점에서 다시 옛 생각을 더듬어 보는 일만으로도 새로운 각성이 온다. 우리가 시작한 것도 "때가 찼기" 때문이고 아직도 서성이고 있는 것 또한 아직 "때가 이르지 않았기" 때문이라고 여기면서 옛 다짐 글로 회고 글을 마무리한다.

"더 바란다면 운동을 하면서 영혼이 고갈되어 버린 이들의 상처를 보듬고 쉴 수 있는 대동의 자리를 여는 일도 우리 운동의 한 영역이 되어야 하지 않을까요? 안식이 필요한 사회에서 안식을 돕는 일은 종교계가 나서면 가능할 텐데 사회운동을 하는 이들을 쉬게 하거나 그들의 가족을 돌보는 기금을 만들겠다고 나서는 일도 우리가 먼저 나서야 하지 않을까요. 우리 운동의 동력이 욕망이 아니라 연민에서 나올 수 있기를 바라면서 그런 원리와 방식으로 내년 사업이 짜여지기를 바랍니다. 저는 '서둘지 않는다, 몰려다니지 않는다, 소수자의 입장을 우선 고려한다, 마음이 이끄는 쪽으로 움직인다' 그렇게 스스로를 다스리며 살려 합니다. 그렇게 살 수 있도록 도와주시기를 바랍니다."

임병구
(생명평화포럼 공동대표)

생명평화포럼 20년 백서 발간을 축하하며

저는 한신대학교 신학과를 졸업하고 인천교회를 다니고 있습니다.

학창 시절부터 신학 그 자체보다는 사회의 구조와 민주주의 문제에 더 많은 관심을 가져왔고, 신학 공부보다는 사회과학과 철학에 더 관심을 가졌고, 사회문제를 둘러싼 여러 현장에서 많은 시간을 보냈습니다. 이러한 문제의식은 이후 제 삶과 선택에도 지속적으로 영향을 주고 있습니다.

인천교회를 통해 생명평화기독연대가 정기적으로 포럼을 하고 있다는 사실을 알게 되었습니다. 처음에는 적극적으로 참여하기보다는, 이 공동체가 어떤 이야기를 하고 어떤 방향을 지향하는지 지켜보는 쪽에 가까웠습니다. 그러나 2014년 100회 포럼을 전후하여 꾸준히 포럼에 참여하게 되었고, 2016년부터는 운영위원으로 함께하며 이 공동체의 한발 더 가까이 동참하게 되었습니다.

운영위원으로, 또 회계를 맡으며 지난 10년을 생명평화포럼과 함께하게 되었습니다. 지난 20년 동안 생평은 크지 않은 규모 속에서도 포럼을 한 번도 멈추지 않았습니다. 정해진 시간에 모이고, 사회의 중요한 현안을 놓고 토론하며, 조금 더 낳은 사회를 위해 행동했습니다. 생명과 평화, 민주주의의 가치를 포기하지 않고 이 자리까지 왔습니다. 이는 결코 쉬운 일이 아니며, 오랜 시간 책임과 수고를 감당해 온 많은 이들의 헌신이 있었기에 가능한 일이었습니다.

회계의 시선에서 보면, 생명평화포럼의 운영은 늘 넉넉하지 않았습니다. 재정은 회원 회비와 후원에 의존해 왔고, 지출은 언제나 꼭 필요한 부분만 한정되어야 했습니다. 독립적인 재정 기반을 갖추었다고 말하기 어렵고, 상근 직원을 둘 수 있는 여건도 갖추지 못한 것이 현실입니다.

하지만 미래를 볼 때, 재정의 안정성 확보는 반드시 필요합니다. 이는 조직을 키우기 위한 목적이 아니라, 생명평화포럼이 지금까지 지켜 온 문제의식과 태도를 흔들림 없이 이어 가기 위한 최소한의 조건입니다. 재정이 어느 정도 예측 가능해질 때, 포럼의 기획도 보다 안정적으로 이어질 수 있고, 다음 세대에게 이 소중한 자리를 온전히 넘겨줄 준비도 가능해질 것입니다.

이러한 시점에 생명평화포럼 20년 백서가 발간된 것은 매우 뜻깊은 일입니다. 이는 우리

공동체가 단지 시간을 견뎌 온 것이 아니라, 기록으로 남길 만큼 의미 있는 길을 걸어왔다는 분명한 증거입니다. 이 백서는 지난 시간을 정리하는 동시에, 앞으로의 방향을 함께 모색하는 중요한 이정표가 될 것이라 믿습니다.

지난 20년 동안 생명과 평화, 민주주의의 가치를 포기하지 않고 이 자리를 지켜 온 모든 분께 깊은 존경과 감사의 마음을 전합니다. 생명평화포럼 20년 백서 발간을 진심으로 축하드리며, 이 공동체의 다음 걸음 또한 많은 이들의 신뢰와 연대 속에서 이어지기를 진심으로 응원하며 함께 하겠습니다.

조형찬
(생명평화포럼 운영위원)

부록

기타 자료

I. 단체 소개 자료 및 가입신청서

'생명평화기독연대'는

♠ 생명과 평화를 이루는 영성운동입니다.

그리스도 영성운동입니다.

개인과 가정, 교회와 일터, 삶의 영역에서 주님이신 예수 그리스도의 말씀과 생애를 배우고 증언하는 생활신앙운동입니다.

♠ 목회자와 평신도가 함께하는 공동체운동입니다.

목회자와 평신도가 함께하는 공동체운동입니다. 목회자와 평신도가 수직적 위계질서로 만나는 관계가 아닌 복음의 역동적인 전파를 위하여 수평적 협력관계로 만나는 공동체 운동입니다.

♠ 평화통일, 환경, 사회복지에 대한 실천운동입니다.

정의(Justice), 평화(Peace), 창조질서의 보전(Integrity of Creation)의 가치를 지역사회 속에서 평화통일운동, 환경운동, 복지운동으로 구체적으로 드러내는 사회적 실천운동입니다.

활동 내용

※ 교육, 훈련

— 생명평화포럼: 월례강좌 — 매월 4번째 목요일 오후 7시

— 독서모임: 매주 목요일 오전 7시 30분

— 영성수련: 년 2회 실시

※ 실천사업

— 반전 평화통일 운동

— 환경실천 운동

— 사회복지 운동

— 교회개혁 운동

— 소모임활동(밴드 찬양단)

※ 연대활동

— 기독교 사회운동 단체와의 연대활동

— 인천지역 시민사회운동단체와 연대활동

— 환경 및 평화통일 운동단체와 연대활동

— 종교간의 대화 및 연대활동

2008년

생명평화기독연대

공동대표: 박종렬, 윤인중, 김영호 운영위원장: 정한식

단체소개

'생명평화기독연대'는

◆생명과 평화를 이루는 영성운동입니다.

그리스도 영성운동입니다.
개인과 가정, 교회와 일터, 삶의 영역에서 주님이신 예수 그리스도의 말씀과 생애를 배우고 증언하는 생활신앙운동입니다.

◆목회자와 평신도가 함께하는 공동체운동입니다.

목회자와 평신도가 함께 하는 공동체운동입니다. 목회자와 평신도가 수직적 위계질서로 만나는 관계가 아닌 복음의 역동적인 전파를 위하여 수평적 협력관계로 만나는 공동체 운동입니다.

◆평화통일, 환경, 사회복지에 대한 실천운동입니다.

정의(Justice), 평화(Peace), 창조질서의 보전(Integrity of Creation)의 가치를 지역사회 속에서 평화통일운동, 환경운동, 복지운동으로 구체적으로 드러내는 사회적 실천운동입니다.

활동내용

※교육, 훈련
-생명평화포럼 : 월례강좌 - 매월 4번째 목요일 오후 7시
-독서모임 : 매주 목요일 오전 7시 30분
-영성수련 : 년 2회 실시

※실천사업
-민족 평화통일 운동
-환경실천 운동
-사회복지 운동
-교회개혁 운동
-소모임활동(핸드 찬양단)

※연대활동
-기독교 사회운동 단체와의 연대활동
-인천지역 시민사회운동단체와 연대활동
-환경 및 평화통일 운동단체와 연대활동
-종교간의 대화 및 연대활동

생 명 평 화 기 독 연 대

공동대표 : 박종렬, 윤인중, 김영호 **운영위원장** : 정한식

생명평화기독연대(생명평화포럼)

회원( ), 후원회원( )

가 입 신 청 서

이 름		생년월일	년 월 일
성 별	□ 남 □ 여 / □ 기혼 □ 미혼	추천인	
주 소			
연락처	휴대폰	E-mail	
CMS 자동이체 신청	주민번호	-	
	은행/계좌번호		
	회 비	□ 1만원 □ 2만원 □ 3만원 □ 5만원 □ 기타 ( )	
	본인은 회원(후원회원)으로 가입함과 동시에 CMS 자동이체 방식에 의해 회비를 납부하는 것에 동의합니다 년 월 일 신청인 : (서명)		

[illegible]
※ [illegible]

후원계좌 : 국민은행 224601 - 04 - 234020 생명평화포럼

생명평화기독연대

회원(　), 후원회원(　)

가 입 신 청 서

이 름			생년월일	년 월 일
성 별	□ 남 □ 여	□ 기혼 □ 미혼	추천인	
주 소				
연락처	휴대폰		E-mail	
CMS 자동이체 신청	주민번호			- x x x x x x x
	은행, 계좌번호			
	회 비	□ 1만원 □ 2만원 □ 3만원 □ 5만원 □ 기타 (　　　)		
	본인은 회원(후원회원)으로 가입함과 동시에 CMS 자동이체 방식에 의해 회비를 납부하는 것에 동의합니다. 년 월 일 신청인 (인)			

-개인정보유출을 방지하기 위해 주민번호 뒷 부분은 직접 전화로 확인하겠습니다.

후원계좌 : 국민은행 273802 - 04 - 063690 윤인중

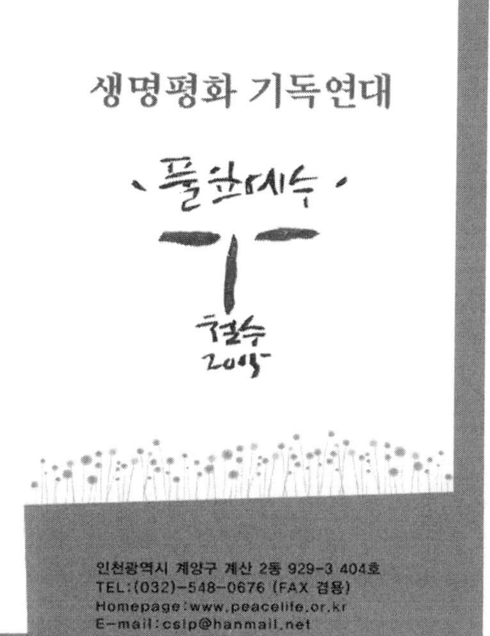

생명평화 기독연대가 추구하는 길

그리스도 영성운동

개인과 가정, 교회와 일터, 삶의 전 영역에서 주님이신 예수 그리스도의 말씀과 생애를 통하여 드러난 생명과 평화의 영성, 비움과 나눔의 영성을 배우고 익히며, 증언하는 생활 신앙운동

목회자와 평신도가 함께하는 공동체운동

목회자와 평신도가 수직적 위계질서로 만나는 관계가 아닌 복음의 역동적인 전파를 위해 수평적 협력관계로 만나는 공동체 운동

사 회의 전 영역에서 하나님의 나라를 이루어가는 기독교사회운동

정의, 평화, 창조질서의 보존이라는 가치를 지역사회속에서 평화, 통일 운동, 생명 운동, 복지 운동 등으로 구체적으로 드러내는 사회적 실천운동

교 회간의 연대와 일치, 이웃종교들과 대화와 만남을 추구하는 에큐메니컬 운동

개교회주의와 교단주의를 넘어 그리스도의 한 몸의 여러 지체됨을 추구하여, 다른 종교를 이해하여, 그들로부터 배우며, 함께 진리와 생명을 추구하는 공동체

생명평화포럼을 소개합니다 (2025년)

2004년에 설립한 생명평화기독연대는 예수의 기도문에 나타난 ‘이 땅에 하나님 나라, 곧 생명과 평화와 공의의 세상’을 이루고자 몸소 실천하려는 사람들이 모인 공동체입니다.

출범 초기부터 매달 열어온 포럼을 그리스도와 연대의 정신에 따라 ’생명평화포럼’이라는 이름으로 2019년에 인천광역시 비영리단체로 등록하여 동시대의 모든 이에게 개방하고 포럼과 사업을 이어가고 있습니다.

생명평화포럼은 생명과 평화의 가치를 가장 소중히 여기며, 권력자와 가진 자의 횡포와 탐욕에 맞서 약자와 소수자 그리고 가난한 자와 애통하는 자를 감싸고, 동시에 구조적 모순을 혁파하여 공의를 추구하는 결사공동체를 지향합니다.

그 일환으로 시대와 지역이 요구하는 어떠한 주제든 상황과 현장 중심의 전문가를 모시고 다양한 방식으로 매달 생명평화포럼을 열고 지역과 소통하고 있습니다.

회원제로 운영하고 있으며 회원가입서를 제출하시면 종교에 상관없이 누구나 회원이 되실 수 있습니다. 회비는 형편에 따라 납부하실 수 있습니다.

* 특별한 경우를 제외하고 매달 첫 목요일에 포럼을 엽니다.
(단, 정기총회와 여름수련회를 위하여 1월과 8월에는 쉽니다.)

** 회비(후원)계좌: 국민은행 224601-04-234020 (예금주: 생명평화포럼)

II. 생명평화포럼 명단(2025년 12월 현재)

고문	박종렬 유동우 김정택 이민우
자문위원	고보선 김구 김영철 박찬대 신영욱 윤인중 이상선 이진
공동대표	정세일(상임) 김광성 김영호 윤미경 임병구
감사	김종철 최형근

운영위원회

운영위원장	손인수
운영위원	김광성 김도진 김성만 김영호 손인수 윤미경 윤현수 윤혜영 이재병 임병구 장성숙 전용철 정세일 조형찬 황치빈

역대 회원 명단

강건일 강경태 강병수 강원돈 강은숙 강은영 강일원 강재석 강태욱 고보선 곽경전 구재용 권장식 권해형 김경호 김광성 김광오 김교홍 김 구 김국현 김금일 김길성 김덕윤 김도진 김말숙 김명희 김문경 김민주 김병은 김보식 김상곤 김상목 김상희 김석남 김석봉 김성기 김성만 김성준 김승기 김연국 김영수 김영일 김영주 김영준 김영철 김영호 김옥순 김요한 김용섭 김유호 김윤종 김은신 김은철 김재용 김정범 김정수 김정아 김정택 김정환 김종운 김종철 김종필 김종화 김진선 김태인 김형기 김혜선 남두현 노동천 노태구 노태손 류재성 맹완재 문남의 문병호 문세종 문장영 미광스님 민숙희 민홍기 박경란 박경숙 박미라 박병상 박성호 박영희 박정윤 박종렬 박찬대 박홍석 반미선 백영민 복기만 서미영 서은옥 서진권 석 일 석정규 성미경 손미선 손인배 손인수 송기윤 송숙자 송일수 송정로 송하경 신세미 신옥희 신지수 심자섭 심현빈 안상수 안태용 양재로 양향미 연창호 오이봉 오태수 옥효정 우재인 우재일 원미정 원용진 원학운 유동우 유봉희 유세움 유용균 윤경순 윤대기 윤미경 윤석철 윤은미 윤인종 윤인중 윤현수 윤혜영 이강희 이경원 이광민 이난경 이도희 이만기 이명숙 이민우 이병래 이상림 이상선 이성수 이세구 이세영 이승용 이영규 이영오 이영희 이용찬 이우재 이은주 이재병 이재윤 이재정 이재춘 이재형 이재훈 이종각 이종민 이종순 이종철 이주섭 이주재 이준모 이준호 이 진 이진권 이창숙 이청헌 이택규 이하선 이하준 이해경 이해진 이혜경 이혜숙 이혜진 이희정 이희환 임병구 임승호 임익철 임장국 임희영 장남덕 장성숙 장인순 장중엽 전미경 전병화 전용철 정강길 정경연 정다혜 정세국 정세일 정재원 정재헌 정준택 정진오 정찬홍 정한식 정형서 정희윤 조경숙 조성일 조성혜 조옥화 조유형 조인선 조인영 조정일 조정현 조철상 조형찬 조화순 주명애 차성수 차지영 천승헌 천승현 최경희 최광식 최성곤 최성군 최성엽 최성춘 최영민 최윤경 최재성 최정임 최정주 최정희 최지숙 최형근 하태훈 한계희 허 광 홍인성 황선필 황용원 황치빈

역대 후원교회 및 단체

III. 생명평화기독연대/생명평화포럼 회칙

□ 생명평화기독연대 회칙(2004년 제정, 2009년도 개정)

제1장 총칙

1조(명칭) 이 모임은 '생명평화기독연대'(약칭 기독연대)라 한다. 영문명은 Christian Solidarity for Peace and Life(약칭 CSPL)로 한다.

2조(사무실) 이 모임의 사무실은 인천광역시에 둔다.

3조(목적) 이 모임은 생명과 평화로 이끄시는 예수님의 뒤를 따라 지역사회에서 평화, 통일, 환경, 복지운동을 실천하는 것을 목적으로 한다.

제2장 회원

4조(자격) 회원의 자격은 모임의 목적에 동의하는 기독인으로 한다.

5조(가입) 소정의 절차에 따라 가입한다.

6조(권리와 의무) 회원은 본 모임의 의사결정, 행사에 참여할 수 있고, 선거권과 피선거권을 가지며, 회칙을 준수하고 정해진 회비를 납부해야 한다.

제3장 총회

7조(총회) 총회는 이 모임의 최고의사결정기구이며, 정기총회와 임시총회로 구분한다.

8조(총회의 의결사항) 총회는 다음 각 항의 사항을 심의, 의결한다.

1. 회칙의 제정, 개정
2. 사업결산과 재정결산
3. 사업계획과 예산
4. 공동대표, 감사, 운영위원장 선출
5. 기타 중요하다고 인정되는 사항

9조(소집) 정기총회는 매년 1월 공동대표의 명의로 소집한다.

10조(의결) 참석회원 과반수의 찬성으로 한다.

11조(임시총회) 임시총회는 운영위원회의 결의 또는 15인 이상 회원의 요청이 있을 때 소집한다.

제4장(조직)

12조(공동대표) 공동대표는 이 모임을 대표하며, 5명 이내로 한다.

13조(운영위원회) 운영위원회는 이 모임의 상설 의결기구이고, 당연직 운영위원(공동대표, 운영위원장, 각 위원장, 사무국장)과 공동대표에 의하여 인준된 운영위원으로 15인 이내에서 구성되어 매월 1회 정기회의를 가지며, 다음의 사항을 심의,의결한다.

1. 총회의 위임사항
2. 내규의 제정과 개정
3. 각 위원장, 사무국장의 선임
4. 특별위원회 구성
5. 총회에 부의할 안건 심의와 의결
6. 상근활동가 임면
7. 기타 운영에 관한 사항

14조(위원회) 이 모임의 원활한 사업수행을 하기 위하여 위원회를 둘 수 있다.

15조(감사) 감사는 사업과 재정을 감사하며 2명으로 한다.

16조(사무국) 사업의 원만한 수행을 위하여 사무국을 두며, 사무국에는 사무국장과 약간 명의 직원을 둘 수 있다.

17조(임기) 공동대표, 운영위원장, 감사의 임기는 2년으로 하고, 연임할 수 있다.

제5장 재정과 회계연도

18조(회계년도) 회계연도는 매년 1월 1일부터 12월 31일 까지로 한다.

19조(재정) 이 모임의 재정은 회원회비, 특별회비, 후원회비, 사업수입금, 기타수입으로 한다.

제6장 보칙

20조(준용) 회칙에 명시되지 않은 사항은 일반 관례에 따른다.

부칙

1조(효력) 이 회칙은 총회를 통과한 날로부터 효력을 발생한다.

2조(개정) 이 회칙은 총회에서 운영위원회, 또는 회원 10인 이상의 발의와 참석자 2/3 이상의 찬성으로 개정할 수 있다.

제정: 2004년 10월 10일

개정: 2005년 01월 27일

개정: 2009년 02월 05일

□ 생명평화포럼 회칙(2018년 개정)

제1장 총칙

1조(명칭) 이 모임은 '생명평화포럼'(약칭 생평)이라 한다. 영문명은 Life & Peace Forum으로 한다.

2조(사무실) 이 모임의 사무실은 인천광역시에 둔다.

3조(목적) 이 모임은 목적에 따른 다양한 주제의 포럼 및 회원모임의 실행을 통해 지역사회에서 생명, 평화의 가치를 지향하는 민주시민공동체를 실천하는 것을 목적으로 한다.

1. 인천지역사회에서 생명과 평화에 대한 관심을 확산한다.
2. 공정과 협력(협치)을 통한 시민의 민주적공동체 활성화에 참여한다.

제2장 회원

4조(자격) 회원의 자격은 모임의 목적에 동의하는 시민으로 한다.

5조(가입) 소정의 절차에 따라 가입한다.

6조(권리와 의무) 회원은 본 모임의 의사결정, 행사에 참여할 수 있고, 선거권과 피선거권을 가지며, 회칙을 준수하고 정해진 회비를 납부해야 한다.

제3장 총회

7조(총회) 총회는 이 모임의 최고의사 결정기구이며, 정기총회와 임시총회로 구분한다.

8조(총회의 의결사항) 총회는 다음 각 항의 사항을 심의, 의결한다.

1. 회칙의 제정, 개정.
2. 사업결산과 재정결산.
3. 사업계획과 예산.

4. 공동대표, 감사 선출.

5. 기타 중요하다고 인정되는 사항.

9조(소집) 정기총회는 매년 1월에 공동대표의 명의로 소집한다.

10조(의결) 참석회원 과반수이상의 찬성으로 결정한다.

11조(임시총회) 임시총회는 운영위원회의 결의 또는 15인 이상 회원의 요청이 있을 때 소집한다.

제4장 조직

12조(공동대표)

1. 공동대표는 이 모임을 대표하며, 5인 이내로 하고, 임기는 2년으로 연임할 수 있다.
2. 공동대표 중 1인을 호선하여 상임대표로 둘 수 있다.

13조(운영위원회) 조직의 원활한 운영을 위해 운영위원회를 둔다.

1. 지위: 운영위원회는 총회의 위임을 받은 이 모임의 상설 의결기구이다.
2. 구성: 운영위원회는 당연직 운영위원(공동대표, 각 위원장, 사무국장)과 공동대표에 의해서 인준된 자 등으로 구성하며 15인 이내로 한다.
3. 위원장: 회의의 원활한 운영을 위해 운영위원장을 호선으로 선출한다.
4. 임기: 운영위원 임기는 2년이며 연임할 수 있다.
5. 회의: 월 1회 개최하며, 공동대표 및 위원 1/3 이상의 요구 시 임시회의를 소집할 수 있다.
6. 의결: 참석인원 과반수이상의 찬성으로 결정한다.
7. 권한과 의결사항, 운영위원회의 권한과 의결사항은 아래와 같다.

가. 총회의 위임사항.

나. 내규의 제정과 개정.

다. 각 위원장 및 사무국장의 선임.

라. 특별위원회 구성.

마. 총회에 부의할 안건 채택.

바. 상근활동가 임명.

사. 기타 운영에 관한 사항.

14조(위원회) 이 모임의 원활한 사업수행을 하기 위하여 위원회를 둘 수 있다.

15조(감사) 감사는 사업과 재정을 감사하며 2명으로 하고, 임기는 2년으로 연임할 수 있다.

16조(사무국) 사업의 원만한 수행을 위하여 사무국을 두며, 사무국에는 사무국장과 약간 명의 직원을 둘 수 있다.

17조(고문 및 자문위원)

1. 고문: 교회와 지역사회의 원로 중에서 약간 명의 고문을 위촉할 수 있다.
2. 자문위원: 정책 자문을 구하기 위해 자문위원을 위촉할 수 있다.

제5장 정기사업 및 모임

18조(정기사업)

1. 정기사업으로 매월 포럼을 개최한다.
2. 포럼의 주제는 운영위원회에서 정하되, 회원들의 의견도 청취하여 정한다.

19조(회원모임)

1. 회원간의 친목을 위한 행사를 계획 실행한다.
2. 비정기적인 수련회나 워크숍을 개최 회원 및 단체의 발전을 도모한다.

제6장 재정과 회계연도

20조(회계년도) 회계연도는 매년 1월 1일부터 12월 31일까지로 한다.

21조(재정) 이 모임의 재정은 회원회비, 특별회비, 후원회비, 사업수입금, 기타수입으로 한다.

제6장 보칙

22조(준용) 회칙에 명시되지 않은 사항은 일반 관례에 따른다.

부칙

1조(효력) 이 회칙은 총회를 통과한 날로부터 효력을 발생한다.

2조(개정) 이 회칙은 총회에서 운영위원회, 또는 회원 10인 이상의 발의와 참석자 2/3이상의 찬성으로 개정할 수 있다.

제정: 2004년 10월 10일

개정: 2005년 1월 27일

개정: 2010년 1월 28일

개정: 2011년 1월 13일

개정: 2018년 1월 11일

생명평화포럼 (직인)

상임대표: 정세일 (인)

□ 생명평화포럼 회칙(2022년 개정)

제1장 총칙

1조(명칭) 이 모임은 '생명평화포럼'(약칭 생평)이라 한다. 영문명은 Life & Peace Forum으로 한다.

2조(사무실) 이 모임의 사무실은 인천광역시에 둔다.

3조(목적) 이 모임은 목적에 따른 다양한 주제의 포럼 및 회원모임의 실행을 통해 지역사회에서 생명, 평화의 가치를 지향하는 민주시민공동체를 실천하는 것을 목적으로 한다.

1. 인천지역사회에서 생명과 평화에 대한 관심을 확산한다.
2. 공정과 협력(협치)을 통한 시민의 민주적공동체 활성화에 참여한다.

제2장 회원

4조(자격) 회원의 자격은 모임의 목적에 동의하는 시민으로 한다.

5조(가입) 소정의 절차에 따라 가입한다.

6조(권리와 의무) 회원은 본 모임의 의사결정, 행사에 참여할 수 있고, 선거권과 피선거권을 가지며, 회칙을 준수하고 정해진 회비를 납부해야 한다.

제3장 총회

7조(총회) 총회는 이 모임의 최고의사 결정기구이며, 정기총회와 임시총회로 구분한다.

8조(총회의 의결사항) 총회는 다음 각 항의 사항을 심의, 의결한다.

1. 회칙의 제정, 개정.
2. 사업결산과 재정결산.
3. 사업계획과 예산.

4. 공동대표, 감사 선출.
5. 기타 중요하다고 인정되는 사항.

9조(소집) 정기총회는 매년 1월에 공동대표의 명의로 소집한다.

10조(의결) 참석회원 과반수이상의 찬성으로 결정한다.

11조(임시총회) 임시총회는 운영위원회의 결의 또는 15인 이상 회원의 요청이 있을 때 소집한다.

제4장 조직

12조(공동대표)

1. 공동대표는 이 모임을 대표하며, 5인 이내로 하고, 임기는 2년으로 연임할 수 있다.
2. 공동대표 중 1인을 호선하여 상임대표로 둘 수 있다.

13조(운영위원회) 조직의 원활한 운영을 위해 운영위원회를 둔다.

1. 지위: 운영위원회는 총회의 위임을 받은 이 모임의 상설 의결기구이다.
2. 구성: 운영위원회는 당연직 운영위원(공동대표, 각 위원장, 사무국장)과 공동대표에 의해서 인준된 자 등으로 구성하며 15인 이내로 한다.
3. 위원장: 회의의 원활한 운영을 위해 운영위원장을 호선으로 선출한다.
4. 임기: 운영위원 임기는 2년이며 연임할 수 있다.
5. 회의: 월 1회 개최하며, 공동대표 및 위원 1/3 이상의 요구 시 임시회의를 소집할 수 있다.
6. 의결: 참석인원 과반수이상의 찬성으로 결정한다.
7. 권한과 의결사항, 운영위원회의 권한과 의결사항은 아래와 같다.
   가. 총회의 위임사항.
   나. 내규의 제정과 개정.
   다. 각 위원장 및 사무국장의 선임.
   라. 특별위원회 구성.
   마. 총회에 부의할 안건 채택.
   바. 상근활동가 임명.
   사. 기타 운영에 관한 사항.

14조(위원회) 이 모임의 원활한 사업수행을 하기 위하여 위원회를 둘 수 있다.

15조(감사) 감사는 사업과 재정을 감사하며 2명으로 하고, 임기는 2년으로 연임할 수 있다.

16조(사무국) 사업의 원만한 수행을 위하여 사무국을 두며, 사무국에는 사무국장과 약간 명의 직원을 둘 수 있다.

17조(고문 및 자문위원)

1. 고문: 교회와 지역사회의 원로 중에서 약간 명의 고문을 위촉할 수 있다.
2. 자문위원: 정책 자문을 구하기 위해 자문위원을 위촉할 수 있다.

제5장 정기사업 및 모임

18조(정기사업)

1. 정기사업으로 매월 포럼을 개최한다.
2. 포럼의 주제는 운영위원회에서 정하되, 회원들의 의견도 청취하여 정한다.

19조(회원모임)

1. 회원간의 친목을 위한 행사를 계획 실행한다.
2. 비정기적인 수련회나 워크숍을 개최 회원 및 단체의 발전을 도모한다.

제6장 재정과 회계연도

20조(회계년도) 회계연도는 매년 1월 1일부터 12월 31일까지로 한다.

21조(재정) 이 모임의 재정은 회원회비, 특별회비, 후원회비, 사업수입금, 기타수입으로 한다.

제6장 보칙

22조(준용) 회칙에 명시되지 않은 사항은 일반 관례에 따른다.

부칙

1조(효력) 이 회칙은 총회를 통과한 날로부터 효력을 발생한다.

2조(개정) 이 회칙은 총회에서 운영위원회, 또는 회원 10인 이상의 발의와 참석자 2/3이상의 찬성으로 개정할 수 있다.

제정: 2004년 10월 10일

개정: 2005년 1월 27일

개정: 2010년 1월 28일

개정: 2011년 1월 13일

개정: 2018년 1월 11일

생명평화포럼 (직인)

상임대표: 정세일 (인)

Ⅳ. 생명평화포럼 등록증과 로고

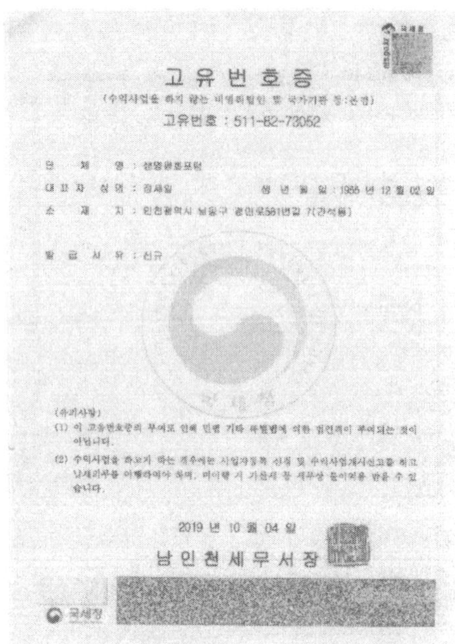

고 유 번 호 증

(수익사업을 하지 않는 비영리법인 및 국가기관 등:본점)

고유번호 : 511-82-73052

단 체 명 : 생명평화포럼

대 표 자 성 명 : 정세일　　　생 년 월 일 : 1955 년 12 월 02 일

소 재 지 : 인천광역시 남동구 경인로561번길 7(간석동)

발 급 사 유 : 신규

(유의사항)

(1) 이 고유번호증의 부여로 인해 민법 기타 특별법에 의한 법인격이 부여되는 것이 아닙니다.

(2) 수익사업을 하고자 하는 경우에는 사업자등록 신청 및 수익사업개시신고를 하고 납세의무를 이행하여야 하며, 미이행 시 가산세 등 세무상 불이익을 받을 수 있습니다.

2019 년 10 월 04 일

남 인 천 세 무 서 장

국세청

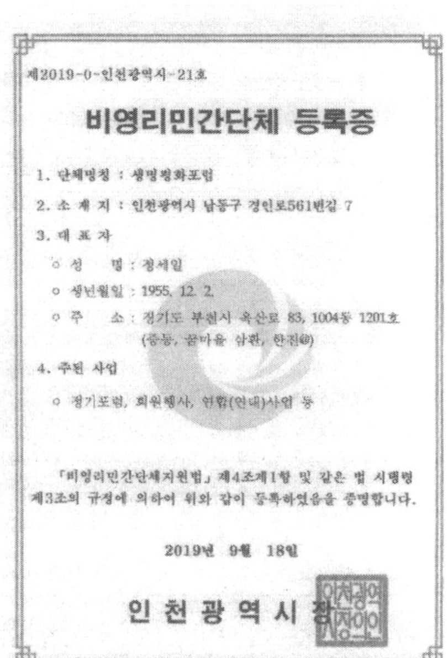

제2019-0-인천광역시-21호

비영리민간단체 등록증

1. 단체명칭 : 생명평화포럼

2. 소 재 지 : 인천광역시 남동구 경인로561번길 7

3. 대 표 자

ㅇ 성　　명 : 정세일

ㅇ 생년월일 : 1955. 12. 2.

ㅇ 주　　소 : 경기도 부천시 옥산로 83, 1004동 1201호 (중동, 꿈마을 삼환, 한진@)

4. 주된 사업

ㅇ 정기포럼, 회원행사, 연합(연대)사업 등

「비영리민간단체지원법」 제4조제1항 및 같은 법 시행령 제3조의 규정에 의하여 위와 같이 등록하였음을 증명합니다.

2019년 9월 18일

인 천 광 역 시 장

V. 고난받는 이들과 함께하는 생명

'2014 고난받는 이웃과 함께하는 부활절 연합예배'를 제안합니다

제안문 작성자: 천승현
(생명평화기독연대 간사)

1. 제안 취지

— '하나가 되어서' 주님 안에 머무르기를 원하시며(요 17:21) '네 이웃을 네 몸 같이 사랑하여라'(막 12:31)고 초대하시는 예수 그리스도의 음성에 귀기울이며, 인천의 뜻 있는 교회와 단체들이 모여 2014 부활절 연합예배를 드려 보자는 취지

— 그동안 '고난받는 이들과 함께하는 부활절(성탄절) 연합예배'가 서울에서 지속적으로 전개되었고, 교단과 입장을 초월하여 하나되어 모이는 아름다운 전통을 이어 왔던바 이런 전통을 인천지역에서 이어 받아, 지역 차원의 밑으로부터 하나되는 교회와 단체의 일치운동을 실험하고, 자그마한 디딤돌을 마련해 보자는 취지

— 건강한 인천 지역 교회들이 하나되어 지역의 어려운 이웃들을 돕는 연합예배를 드리고 작은 정성을 전달함으로서, '인천 지역과 함께하는 교회', '하나되어 이웃을 돕는 교회'의 아름다운 전통을 형성하고 알려 가자는 취지

2. 주제 설정(안)

— 기초생활수급 권리를 누리지 못하는 이웃과의 나눔

— 설정 취지

* 인천에서 드리는 첫 번째 연합예배인 만큼 다양한 교회들이 부담 없이 참여할 수 있으면서도, 시의성 있는 내용과 주제를 선정해 보자는 취지

* 최근에 있었던 세 모녀 자살사건 등 여전히 가난한 이웃들이 충분히 인간적 대우를 받지 못하는 한국사회의 현실을 직시하며, 이에 대한 그리스도인의 회개와 보다 안전하고 평화로운 사회를 염원하는 마음을 모아가 보자는 취지

— 인천 지역에 이에 해당하는 분들을 위해 활동하는 단체나 기관을 알아보고, 이들을 초청하여 연합예배 때, 그 실정을 증언으로 듣고, 모아진 헌금을 드리는 것으로 하자.

3. 예배 일시, 장소

— 일시: 2014년 4월 20일(부활주일) 오후 2시 30분

— 장소: 1안 — 부평역 광장(공원)

2안 — 구월동 예술회관 앞 광장

4. 예배

— 준비 찬양, 찬송, 대표 기도, 성경봉독, 특별찬양(가능하면), 설교, 성찬식, 주제 관련 증언, 봉헌 순서 등으로 진행

— 예배순서 담당자는 참여교회들의 다양성을 존중하고, 여성과 남성, 평신도와 목회자의 비율이 균형을 이룰 수 있도록 조정해 간다.

— 주제에 맞는 분을 초대해서 이와 관련된 증언을 듣고, 그 분야를 위해 봉헌하는 것으로 하자.

5. 예배 주최는 참여교회와 단체를 모두 명기하는 것으로 하자.

6. 소요 예산은 참여교회와 단체가 참가비를 내어서 충당하는 것으로 하자.

7. 행사 준비와 원활한 진행, 사후 보고를 위해서, 네이버에 카페 (가칭/ 인천연합예배-icus)를 개설하기로 하고, 이 행사와 관련된 통장을 하나 만들고 행사 실무를 담당할 개인(단체)를 다음 회의에서 정하는 것으로 하자.

8. 현재 참가 예상 교회나 단체

— '교회 2.0 목회자 운동' 참여 교회(더함 공동체 등)

— 인천 민중교회운동연합 소속 교회(새벽,송현샘,한울교회 등)

— 생명평화기독연대 및 관련 교회 (인천교회, 나섬교회, 평화교회 등)

— 인천 목회자정의평화 실천협의회 소속 목회자 및 교회

— 감리교 사회연대 소속 목회자 및 관련 단체 등

9. 다음 회의

— 3월 19일(수) 오후 3시, 더함공동체(www.withplus.org)

고난함께 인천 연합예배를 소개합니다

부활절과 성탄절에 예수님의 부활과 성탄의 의미를 지역 이웃과 함께 나누기 위해 인천 지역 교회와 단체들이 모여 연합예배를 드리고 헌금과 후원금을 고난받는 이웃과 함께 나눕니다. 모임의 정식 명칭은 '고난받는 이웃과 함께하는 인천 연합예배'입니다.

○ 함께해온 곳

— 2014 복지사각지대에 처한 이웃들을 위한 부활절 인천 연합예배
  세월호와 함께 침몰한 학생과 시민의 무사 귀환을 위한 기도회를 병행

— 2014 복지사각지대에 처한 이웃들을 위한 부활절 인천 연합예배

— 2014 괭이부리마을 이웃과 함께하는 성탄절 인천 연합예배

— 2015 분단 70년, 탈북 이웃과 함께하는 부활절 인천 연합예배

— 2015 사랑의 연탄나눔을 위한 성탄절 인천 연합예배

— 2016 폐지 모으는 어르신들과 함께하는 부활절 인천 연합예배

— 2016 북한 수재민을 위한 성탄절 인천 연합예배

— 2017 사할린 어르신들과 함께하는 부활절 인천 연합예배

— 2018 발달장애인과 함께하는 부활절 인천 연합예배
— 2019 배다리 역사문화마을 주민과 함께하는 부활절 인천 연합예배
— 2020 외국인 노동자들과 함께하는 부활절: 코로나로 예배 못 드리고 선물박스 전달
— 2021 미얀마 민주화를 지지하는 부활절 인천 연합예배
— 2022 외국인 노동자들과 함께하는 부활절 인천 연합예배
— 2023 가정경제 회복을 위한 인천그루터기센터 설립을 지원하는 부활절 인천 연합예배
— 2024 한부모 가족 청소년과 함께하는 부활절 인천 연합예배

*네이버 카페: http://cafe.naver.com/igonan

백서를 발간하며

교직을 퇴임하고 독서 모임과 인문학 강좌를 기웃거리는 고상한 백수였습니다. 어쩌다 생명평화기독연대라는 단체를 만났는데, 결국에는 광장까지 나가서 그동안의 안일함을 만회하려는 듯이 더욱 목청을 높였습니다. 친구들에게 우쭐대기도 했습니다.

이제 운영위원장 겸 2기 백서 발간편찬위원회 의장이 되어 백서를 준비하면서 생평의 과거를 만납니다. 만나면 만날수록 더욱 부끄러워집니다. 아! 이렇게 치열하게 살아왔구나. 이렇게 열심히 노력하며 이어져 왔구나.

드디어 백서를 발간합니다. 이 백서를 통하여 여러분 마음속의 정직하고 의로운 영을 다시 새롭게 하는 계기가 되었으면 좋겠습니다.

여기에 실을 글을 써주신 분들 또 백서 발간을 위해 문서 자료, 사진 자료를 제공하신 분들께 감사드립니다. 그리고 백서 발간을 위해 수고하신 1기, 2기 편찬위원들의 노고에 감사드립니다.

백서편찬위원장
손인수

2기 편찬위원 명단

손인수(위원장) 김성만 김영호 윤미경 이재병 임병구 조형찬

1기(2024년 8월) 편찬위원 명단

김구(위원장) 손인수 윤미경 이재병 임병구 조형찬

생명평화포럼 20년(2004~2025년) 백서
— 생명평화기독연대에서 생명평화포럼으로

2026년 1월 22일 처음 펴냄

지은이 | 생평20주년 백서편찬위원회
엮은이 | 생명평화포럼
펴낸이 | 김영호
펴낸곳 | 도서출판 아이워크북
등 록 | 제313-2004-000186
주 소 | 서울시 마포구 월드컵로 163-3
전 화 | 02-335-2630
팩 스 | 02-335-2640
이메일 | yh4321@gmail.com
인스타 | nstagram.com/dongyeon_press

ISBN 978-89-91581-49-4 03300